A SOCIEDADE DA NEVE

PABLO VIERCI

A sociedade da neve
Os dezesseis sobreviventes da tragédia dos Andes contam toda a história pela primeira vez

Tradução
Bernardo Ajzenberg

Edição especial de 50 anos

1ª reimpressão

COMPANHIA DAS LETRAS

Copyright © 2008, 2022 by Pablo Vierci

Grafia atualizada segundo o Acordo Ortográfico da Língua Portuguesa de 1990, que entrou em vigor no Brasil em 2009.

Título original
La sociedad de la nieve — Por primera vez los 16 sobrevivientes de los Andes cuentan la historia completa

Capa
Flavia Castanheira

Foto de capa e quarta capa
El País, Coleção Caruso, Uruguai. Fotograma do documentário *Vengo de un avión que cayó en las montañas*, de Gonzalo Arijón. © Ethan Productions — La Realidad

Preparação
Claudio Carina

Tradução dos textos de apresentação
Silvia Massimini Felix

Revisão
Ana Maria Barbosa
Ana Luiza Couto

Dados Internacionais de Catalogação na Publicação (CIP)
(Câmara Brasileira do Livro, SP, Brasil)

Vierci, Pablo
    A sociedade da neve : Os dezesseis sobreviventes da tragédia dos Andes contam toda a história pela primeira vez / Pablo Vierci ; tradução Bernardo Ajzenberg. — 2ª ed. (Edição especial de 50 anos) — São Paulo : Companhia das Letras, 2023.

    Título original: La sociedad de la nieve : Por primera vez los 16 sobrevivientes de los Andes cuentan la historia completa.
    ISBN 978-65-5921-351-1

    1. Acidentes aéreos – Andes, Região – 1972 2. Andes, Cordilheiras, dos, Região – Chile 3. Canibalismo – Andes, Região – 1972 4. Narrativas pessoais 5. Sobrevivência após acidentes aéreos, naufrágios, etc. I. Título.

22-127330   CDD-920

Índice para catálogo sistemático:
1. Cordilheira dos Andes : Chile : Sobreviventes : Narrativas pessoais 920

Cibele Maria Dias – Bibliotecária – CRB-8/9427

Todos os direitos desta edição reservados à
EDITORA SCHWARCZ S.A.
Rua Bandeira Paulista, 702, cj. 32
04532-002 — São Paulo — SP
Telefone: (11) 3707-3500
www.companhiadasletras.com.br
www.blogdacompanhia.com.br
facebook.com/companhiadasletras
instagram.com/companhiadasletras
twitter.com/cialetras

Aos amigos; de antes, de sempre, de então.

Sumário

Homenagem: Cinquenta anos 9
Carta de J. A. Bayona, maio de 2011 27

1. Março de 2006: voltar à montanha 31
2. Abandonados 37
3. A primeira morte: cair na cordilheira 51
4. A contagem regressiva 61
5. O adeus 76
6. Lenços na praça 83
7. A segunda morte 98
8. A história inacabada 103
9. O sol se esconde rápido 116
10. O diabo não dorme 123
11. Um salto no vazio 137
12. A glória efêmera 146
13. Os que viram demais 160
14. Uma cruz amassada com um braço arrancado 168
15. A terceira morte 181

16. Minhas conversas com Liliana 188
17. Condenados a caminhar 201
18. Vivendo com o mínimo 207
19. A salvação pelo leste 222
20. A longa travessia 229
21. Ninguém nos ouve? 244
22. Os filhos da cordilheira 253
23. Os buscadores 265
24. No limite 277
25. O abismo que escalamos 292
26. Amigos por toda a eternidade 301
27. "Venho de um avião que caiu nas montanhas" 315
28. Voar com as asas congeladas 327
29. A espera... 341
30. O que eu encontrei na montanha....................................... 348
31. Los Maitenes 361
32. "Siga em frente, papai" 367
33. O reencontro 382

Agradecimentos... 399
Passageiros e tripulantes do Fairchild 571 405
Créditos das imagens 407

Homenagem: Cinquenta anos

Em 2022, completam-se cinquenta anos de uma história que não tem ponto-final, que nunca termina de lançar alguma luz sobre o que aconteceu nos Andes em 1972, e sobre nós mesmos, pois a passagem do tempo não obscurece essa história — pelo contrário, a revive em uma constante reinterpretação dos fatos, assim como o próprio equilíbrio entre a vida e a morte nunca acaba de se decantar por completo.

Depois da publicação de *A sociedade da neve*, em 2008, continuei conversando com os sobreviventes, com os parentes dos que morreram e com outros participantes da tragédia, como os militares da Força Aérea Uruguaia que colaboraram na busca ou o coronel encarregado da última expedição ao local do acidente em janeiro de 1973, à procura de pistas que nos permitissem entender as razões e enterrar os mortos.

O que aconteceu nos Andes é tão extraordinário que atua como uma lente de aumento, destacando o que é relevante e deixando em evidência o intranscendente. A primeira lição que os sobreviventes aprendem é assim como uma metáfora: o frio que entrava pela abertura traseira era gélido, mas se eles se unissem para deixar a menor superfície exposta e, fundamentalmente, se se abraçassem, não morreriam congelados: "Me bata, sopre nas minhas costas, me abrace, me dê calor", dizem à pessoa ao seu lado. A partir daí, vão abandonando pelo caminho todos os preconceitos e mesquinharias da sociedade da planície, que não só não servem de nada, mas atrapalham em uma situação catastrófica, no pior lugar imaginável, perdidos, abandonados. Não surge o que as ficções apocalípticas preveem: o "salve-se quem puder", a matilha humana. Em vez disso, aparece o espírito de solidariedade, em que o mais importante é atender quem está mais machucado: a salvação é coletiva, com misericórdia e compaixão, pois cada vez que um deles morre, todos morrem um pouco.

O fato de alimentar-se dos corpos dos mortos produz, por sua vez, um vínculo diferente. O pacto de entrega mútua quando decidem que, se morrerem, os demais podem usar seus corpos como alimento para que um ou alguns deles alcancem o objetivo define que eles sairão de lá por si próprios ou nos músculos de seus companheiros. Todos sabem que são sobreviventes e, ao mesmo tempo, combustível. Aqueles que chegarem à outra margem sabem que voltarão pelos demais e pelos 29 que não regressarão com vida, a cujas famílias deverão contar o que aconteceu.

Em 22 de dezembro, depois de passar abruptamente da sociedade da neve para a da planície, os sobreviventes demoram a se adaptar, pois trazem a primeira impregnada no corpo e na alma, um vínculo que não se desfaz com facilidade e que nunca será completamente diluído: é difícil para eles dormir no plano horizontal, ficam tontos com a agitação ininteligível da planície, acham as buzinas da cidade atordoantes, pois temem que sejam avalanches. Esse estado especial faz com que, no início, eles só se entendam intimamente entre si. Seus parentes falam de um véu sutil que os envolve, a princípio para se protegerem do exterior, mas depois o véu muda de forma, sem se diluir por completo, para preservar essa sociedade intermediária e inédita.

Alguns até acham estranho abandonar aquele ambiente onde viveram experiências radicalmente diferentes. "Quando estávamos indo embora, depois do resgate, o avião foi ficando pequenininho. Eu deixava para trás 72 dias de sofrimento contínuo no corpo, na alma e na mente, sem um minuto de paz, exceto quando apagava. E pensei que levava de lá algo de bom; a paz que encontrei ali deveria ser encontrada na vida, e às vezes consegui isso", diz Coche Inciarte. Daniel Fernández Strauch nunca quis voltar ao local do acidente, para que não se desvanecessem alguns aprendizados que lhe penetraram fundo e que ele pretende conservar enquanto viver. Gustavo Zerbino chorava enquanto o helicóptero se afastava: "Não sei se de alegria ou de tristeza".

Eles experimentaram a absoluta incerteza, a genuína solidão, e ao regressar sentem uma eterna gratidão por estarem vivos. São lutadores, não se abatem, não se resignam. Superaram o medo convencional e experimentam mais curiosidade do que medo — o que lhes proporciona uma segurança e uma autoconfiança em si mesmas singulares. Eles sabem, consciente ou inconscientemente, que todos têm uma segunda chance, até mesmo uma segunda possibilidade de se redimir.

A CONTAGEM REGRESSIVA

Desde o momento do acidente, a situação é tão desesperadora que, por um relógio truculento, começa uma contagem regressiva, em uma busca enlouquecida e às cegas pela luz no fim do túnel, luz que só aparece quando os expedicionários veem o tropeiro Sergio Catalán na pré-cordilheira chilena. Até aquele momento, tudo é uma corrida contra o tempo, com informações incompletas, mediante tentativa e erro (até a saída em direção ao oeste acabou sendo equivocada), sempre por um fio, no próprio limite entre a vida e a morte.

No momento do acidente, dezesseis pessoas morreram e 29 ficaram vivas. No final, os números se inverteram: dezesseis vivos e 29 mortos. Eles aprenderam que, quanto mais adiassem a partida, mais companheiros morreriam: de ferimentos, de frio, de inanição, de imprevistos como a avalanche ou, quando a temperatura subisse no verão, das temíveis infecções que assolariam seus corpos indefesos (que tinham perdido boa parte do peso), as quais haviam se mantido à distância em um ambiente congelado de trinta graus abaixo de zero. Mas, ao mesmo tempo, se a partida fosse prematura, o risco seria enorme, pois todos poderiam sucumbir, como descobriram na caminhada do décimo primeiro dia, quando dois dos três expedicionários, Daniel Maspons e Numa Turcatti, acabaram morrendo.

Eles achavam que as coisas não poderiam piorar, mas aprenderam, com a avalanche de 29 de outubro, que isso também é um equívoco: as coisas sempre podem piorar, eles estavam no fundo de um poço sem fundo.

A contagem regressiva funcionava para todos: em primeiro lugar, para os feridos, porque seu tempo estava se esgotando; mas também era premente para os expedicionários, que arriscariam a vida e teriam de ponderar fatores tão desproporcionais e desconhecidos como o fato de que, se partissem mais cedo do que recomendava a prudência (conceito este que expirou na montanha, em que toda a epopeia foi marcada pela imprudência), eles arriscariam a vida de todos.

Esse manejo dos tempos pautou, de forma desesperadora, toda a peripécia. Como medir o tempo quando ele passa à custa dos amigos que morrem, como sopesar a quantidade de cadáveres que lhes restam para alimentar-se, como adivinhar o custo da inanição galopante, quando eles sabiam (porque aprenderam) que há um ponto sem volta, quando, não importa o quanto se empurre, é impossível subir a ladeira?

O relógio que pautou a contagem regressiva, a corrida contra o tempo, foram os mortos. Não há estatísticas, não há experiência, não há teoria, porque nunca acontecera nada semelhante. Todos sofreram, e não há como medir a intensidade desse sofrimento. Aqueles que foram ejetados quando o avião atinge o topo da montanha e se divide em dois; aqueles que voaram quando a fuselagem desliza vertiginosamente pela encosta dos Andes ou aqueles que morrem esmagados pelas ferragens e pelos assentos quando o avião para abruptamente contra o rebordo de neve. Aqueles que morrem na noite do acidente; aqueles que morrem mais tarde, devido aos ferimentos; os oito que morrem soterrados na avalanche e os três que sobrevivem a boa parte da epopeia e precipitam as partidas das expedições. Deram tudo para viver o máximo possível, fizeram o pacto de entrega mútua, sofreram a humilhação de ter que comer cadáveres, a claustrofobia da avalanche, viveram toda a agonia, mas morreram na praia, sem receber a recompensa.

Passado meio século, pode ser um momento propício para ajustar o foco naqueles que não voltaram, naqueles que deixaram um rastro de dor dilacerante que nunca será cicatrizado em suas famílias e amigos.

Dos feridos no acidente, a última a morrer foi Susy Parrado, irmã de Nando.

Os oito que morreram na avalanche fizeram tudo o que puderam, ou mais, para salvar a si mesmos e aos outros.

Marcelo Pérez del Castillo recebeu a dura tarefa de fazer o pouso de emergência na sociedade da neve, o que levou a cabo com coragem e gentileza, com uma nobreza que contagiou toda a peripécia, até o último minuto.

Juan Carlos Menéndez, que só conhecia Numa Turcatti e

Pancho Delgado, e que chegou ao avião por acaso, estava sempre pronto para o que fosse necessário, com sua personalidade tranquila, sem alarde.

Enrique Platero, com um físico privilegiado, reflete o estoicismo como ninguém: imediatamente esquece seu ferimento no estômago, pelo qual perde sangue e enfraquece, e está presente em todas as tarefas que exigem força.

Diego Storm, um aplicado estudante do segundo ano de medicina, embora não fosse um "médico de guerra", como Roberto Canessa ou Gustavo Zerbino, empregou todo o seu conhecimento e ternura para salvar Nando Parrado e tratar dos feridos desde o primeiro instante do desastre.

O soldado de primeira classe e técnico especialista Carlos Roque, mecânico do avião, depois do acidente perdeu a cadeia de comando, mas em seus dois anos de estudo na Aeronáutica aprendera claramente os conceitos de disciplina e hierarquia militar, por isso está no comando desse avião da Força Aérea, embora ele não passe de um monte de ferros retorcidos, enquanto em sua casa em Montevidéu uma criança de um ano e cinco meses o espera. No entanto, ele se junta ao grupo e ajuda no que pode, para que os sobreviventes procurem a cauda do avião, onde estão as baterias, para tentar fazê-lo funcionar, como Roque lhes explicou.

Daniel Maspons, o único homem de uma família com quatro irmãs, tenta desesperadamente partir porque sabe que, se não voltar, seu pai não será capaz de aguentar, e essa consternação é uma das explicações para sua participação na temerária expedição do décimo primeiro dia, onde aprenderam tudo o que faltava e souberam um pouco mais sobre o quão perdidos estavam.

Gustavo "Coco" Nicolich é um lutador, e sua personalidade se reflete nas duas cartas que escreveu na montanha, redigidas de uma só vez, impulsivamente, sem datação ou destinatário certo, nas quais reflete aquela zona cinzenta que no mesmo parágrafo traduz a esperança e a agonia, pois já vivem em um plano de consciência que não é real nem irreal. Ele menciona que aqueles que empreendem a primeira expedição no quarto dia "provaram ser os mais corajosos daqueles que restaram", dentre os quais cita Numa Turcatti, e destaca o papel dos "médicos" Canessa, Zerbino e Diego Storm. Também *aborda* a questão mais espinhosa com coragem e dedicação: "Uma coisa que você vai achar incrível, e eu também acho: hoje começamos a cortar os mortos para comê-los, não temos outro remédio [...]. Como a única coisa que interessa é a alma, não tenho por que ter um grande remorso, e se chegasse o dia em que eu, com meu corpo, pudesse salvar alguém, faria isso com prazer".

Liliana, com seus quatro filhos esperando por ela em Montevidéu, era a mãe do avião, aquela que com uma carícia curava melhor do que qualquer remédio que lhes faltava. É por isso que sua filha mais velha, María Laura, que tinha dez anos em 1972, me diz hoje que "mamãe era, em casa, a mesma que foi na montanha". Na carta que ela escreveu nos Andes, em 23 de outubro, pouco depois de ouvirem no rádio portátil que eles não estavam mais sendo procurados, ela observa: "Acho que isso é uma prova de Deus. Se sairmos daqui, Ele nos deu uma experiência que levarei por toda a vida; se não, espero que Deus ajude meus filhos, e eles nunca O culpem por nada. Cada pessoa tem seu destino, espero que a família cuide deles, não quero atribuir nenhuma responsabilidade a ninguém, eles logo saberão quem vai se ocupar deles". E termina dizendo: "Vocês não podem imaginar o belo grupo de jovens que nos acompanha".

A partir da avalanche, a morte é iminente, a vida na fuselagem é provisória e eles têm que partir o mais rápido possível, embora não saibam como, nem para onde, nem quando.

A morte dos últimos três marcou a reta final, quando o tempo se acelerou exponencialmente. Quanto mais se dilata e sofre, mais se encurtam os prazos, que agora não são medidos em dias ou horas, mas na pulsação dos corações que definham. "Se não se apressarem, eu não consigo", diz o inabalável Rafael "Basco" Echavarren ao amigo que fez na montanha, Daniel Fernández.

A morte de Arturo Nogueira, em 15 de novembro, precipitou a saída dos três expedicionários, que partiriam dois dias depois rumo ao leste, quando encontram a cauda e descobrem a chave para dormir no alto da montanha: o material isolante para o saco de dormir.

Arturo era um jovem sensível e inteligente, de 21 anos, jogador do Old Christians, habilidoso em todos os esportes, que, como ele conta na carta que escreveu na montanha para sua família, no acidente quebrou uma perna e feriu o tornozelo da outra, que estava inflamado, mantendo-o entrevado, na maior parte do tempo, nas redes penduradas ao lado do Basco Echavarren.

Coche Inciarte descreve a forma como o conheceu, quando saía da fuselagem para colaborar no que podia, derretendo neve para fazer água: "Quando conseguimos fazer água, vi o primeiro ato de misericórdia da montanha. Arturo Nogueira fez um litro de água rosa porque usou uma garrafa que tinha um remanescente de vinho, e começou a passar a garrafa sem prová-la primeiro, deixando para beber no final, e éramos 27 vivos, dava só para molhar os lábios, ninguém tomou um gole mais longo e, quando a garrafa voltou para Arturo, estava vazia, e, se não houvesse sol, ele ficaria dois dias sem beber água. Ele não tinha feito isso para si mesmo, tinha feito para os outros".

Em novembro, Arturo se debilita. Suas conversas anteriores sobre a vida em sociedade, sobre a utopia na planície, se transformam em metafísicas, revelando algo que todos estão vivendo: à medida que o fim se aproxima, a espiritualidade aumenta. A carta que ele escreve para a família e a namorada, pouco antes de morrer, termina assim: "Força, que a vida é dura, embora mereça ser vivida, mesmo em sofrimento. Coragem".

Em 3 de janeiro de 1973, o pai de Arturo publicou uma carta no jornal uruguaio *La Mañana*, em nome de sua família, que operou como um bálsamo para os sobreviventes: "Estas breves linhas, surgidas por um imperativo ineludível de nosso coração, desejam prestar, publicamente, nosso tributo de admiração e reconhecimento aos dezesseis jovens heróis sobreviventes da tragédia dos Andes". E mais à frente, acrescenta: "Convidamos todos os cidadãos de nossa pátria a alguns minutos de meditação sobre a imensa lição de solidariedade, coragem e disciplina que esses jovens nos deixaram, e que ela sirva a todos nós, para que aprendamos a deixar de lado nosso egoísmo mesquinho, a ambição desmedida e o desinteresse por nossos irmãos".

O Basco Echavarren morreu em 18 de novembro, um dia depois de a expedição ter partido para o leste. "O Basco se ofereceu para ir: ele se levantava, mas caía, pois lhe faltava uma perna, que estava muito ferida, já que o enxerto, quando juntamos a parte que tinha sido rasgada, sem antibióticos, não tinha funcionado. Então eu dizia: 'O Basco, com uma perna só, quer ir, e vocês com duas não se decidem'", conta Gustavo Zerbino.

"Quando eu ia até sua rede para lhe fazer companhia, perguntava se a ferida estava doendo ou se estava com frio, e ele sempre me respondia que não, que não doía, que estava tudo bem, mas eu percebia que doía, porque se eu encostasse na perna dele sem querer, ele pulava, e eu ficava paralisado; ou seja, ele também sentia, mas nunca se lamentava, pois sabia que suas queixas acrescentariam mais mal-estar àquele inferno", relata Daniel Fernández.

O Basco não escreveu cartas: "Não escrevo porque vou contar tudo pessoalmente". Daniel Fernández foi o primeiro a regressar a Montevidéu, junto com Bobby François, em 24 de dezembro, depois do meio-dia. Queria voltar o quanto antes e ir para o campo, para a natureza, sem que as pessoas o assediassem, mas tinha um compromisso prévio inadiável assim que chegasse: "Eu era a carta que o Basco nunca quis escrever". No carro até sua casa, seu pai lhe contou um fato que o deixou atônito: no período do limbo da busca, ele havia estabelecido uma intensa amizade com Ricardo Echavarren, o pai do Basco. Os dois trocavam informações, analisavam a cordilheira, que Ricardo percorria em teco-tecos, moviam céu e terra, semelhante em tudo ao vínculo que Daniel havia forjado com seu filho na montanha. Assim que entraram em casa, o pai dele ligou para Ricardo, como Daniel queria. Na manhã seguinte, 25 de dezembro, muito cedo, chegou toda a família: seus pais, suas três irmãs e sua namorada. Daniel começou a falar, a contar todos os detalhes da penúria do Basco nas montanhas, de sua integridade. A família o escutava em silêncio, não se ouvia uma mosca, e, embora a história fosse dura, não havia pranto nem exclamações ou lamentos. "Mas a coisa mais incrível sobre esse encontro em 25 de dezembro é que, como eu disse a eles, percebi que essa família era exatamente igual à que eu imaginava quando ouvia as histórias do Basco."

Beatriz Echavarren, sua irmã mais nova, me conta que "em casa, as fotos do Rafael nunca foram guardadas, ou nunca se sugeriu que 'aqui ninguém mais pode rir'. O que aconteceu é que minha mãe quis mudar de casa. No apartamento da rua Ponce ficava o quarto do Rafael, e isso a deixava triste".

Um mês depois, em janeiro de 1973, Ricardo Echavarren ligou para Daniel Fernández para dizer que iria aos Andes procurar o corpo do filho, como o Basco tanto clamava na montanha, acompanhado pelo pai de Gustavo Nicolich. Ricardo levou o filho a cavalo até que, quando chegou à cidade mais próxima, San Rafael, o detiveram porque faltava a documentação correspondente para transportar um corpo. Quando o liberaram, foi trazido de volta por um avião da Força Aérea Uruguaia. "E o enterraram no panteão 571 do Cemitério del Buceo, o mesmo número do avião que caiu na montanha, acompanhado pelos sobreviventes e muitas famílias daqueles que não voltaram", conta Daniel. Alguns companheiros dos Andes levaram as alças do caixão até o túmulo.

Numa Turcatti, como o Basco, também viajou por acaso. Não fazia parte dos Old Christians e, daqueles que sobreviveram ao acidente, ele só conhecia Pancho Delgado, seu amigo de longa data. Ele completou 25 anos em 30 de outubro, sepultado sob a avalanche. Era forte, de compleição musculosa, embora não muito alto.

Numa era, além disso, um personagem especial. Na corrida de obstáculos da montanha, ele colaborou em tudo, desde o primeiro momento, sem nunca medir o risco, sem fazer o menor cálculo sobre a energia que gastava e a que tinha de reservar para si. Participou da expedição do quarto dia, na partida desesperada do décimo primeiro dia, pouco depois de ouvir no rádio que as buscas haviam sido suspensas, e sempre quis participar das expedições finais, embora um ferimento sofrido durante a avalanche tenha infectado e piorado dia após dia, pois seus corpos não tinham mais defesas.

"Um homem íntegro desde a infância, professor do amor, amado para sempre, Numa Turcatti", definiu Gustavo Lussich, um companheiro de infância e juventude na escola onde estudou, o Sagrado Coração dos jesuítas em Montevidéu.

No avião, naqueles poucos dias de tragédia, ele conquistou o carinho e a admiração de todos. "Quando falo de Numa, começo a chorar: ele é a melhor pessoa que já conheci", diz Coche Inciarte. "Se eu tratava com ternura aqueles que vacilavam, Numa fazia isso muito melhor, porque nunca se cansava. Ele estava sempre ciente da angústia de todos. Irradiava paz, nunca vacilou; quando ele se aproximava era como se Jesus Cristo tivesse baixado, com a misericórdia à flor da pele, no olhar. Eu não sei de onde ele tirava tanta força."

Nando Parrado recorda que Numa viu algo muito angustiante na expedição no décimo primeiro dia. "Gustavo Zerbino não nos contava toda a verdade para não nos desencorajar. Quando perguntei a Numa, que não sabia mentir, ele disse: 'Até onde chegamos, tudo que se vê são mais montanhas'. Mas ele sempre quis ser um expedicionário. 'Quero ir', ele me dizia, mas eu me dava conta de que ele não podia, tinha se desgastado demais e estava machucado." Então Numa se aproximava de Daniel Fernández, sabendo que tinha influência sobre os outros, e tentava convencê-lo: "'Eu consigo, Daniel, acredite em mim'. Como eu dizia que a ferida o impedia, ele voltava a trabalhar mais, como um touro, puxando neve para desenterrar o avião depois da avalanche, para mostrar que sim, que ele conseguia".

Ao conhecer sua família, conseguimos entender melhor. "Em casa, sempre fomos ensinados a ter o mesmo respeito por todas as pessoas", diz seu irmão mais novo, Daniel. "Éramos uma família simples na qual nos encorajavam a ser genuínos, sem máscaras. O esforço era valorizado, e meu pai pregava com o exemplo, trabalhando de sol a sol. Mamãe acrescentava a ternura, a incondicionalidade para com os filhos. Isso significava que todos os amigos gostavam de ir à nossa casa, sempre eram bem-vindos, e é por isso que a casa era uma romaria de pessoas, com cinco irmãos, quatro deles homens. Por sua vez, Numa encarnava bem o lema da escola que frequentávamos, *'ut serviam'*, 'para que eu possa servir', ou aquele outro que o define: 'Viver a vida de tal sorte que viva permaneça na morte.'"

"Era uma família tão harmônica, que minha melhor juventude foi passada com eles", assegura Pancho Delgado, seu amigo de longa data.

"Ele era humilde, mas não submisso, tinha lá seu gênio.

Quando jogava futebol, era meio esquentado; não tolerava jogo sujo, embora jogasse duro", acrescenta o irmão Daniel. "Não permitia que se falasse mal dos amigos, nunca o ouvi criticar ninguém, tinha uma lealdade exacerbada, que pode ter se virado contra ele na montanha, pois não sabia ser egoísta."

"Nunca o imaginei vivendo na planície porque o conheci e o amei naquele tormento dos Andes", sustenta Coche. "Ele tinha dificuldade para comer, assim como eu. Fizemos isso quando estávamos no limite, só para sobreviver; perdi 45 quilos, ele perdeu mais. Depois da avalanche, a perna dele ficou infeccionada, como a minha. Nós dois nos operamos juntos, com uma lâmina de barbear. Mas ele se debilitou um pouco mais do que eu, porque havia se entregado muito, tinha sido muito generoso. É por isso que Numa é o último que morre e o primeiro que se sacrifica."

"Numa se imola para provocar a saída dos expedicionários, como se dissesse: 'Se eu morrer agora, primeiro paro de sofrer e, depois, também dou o impulso para que eles saiam'", assegura Gustavo Zerbino, que foi quem encontrou na mão fechada de Numa o bilhete que ele escrevera. "Com essa mensagem, ele falava aos expedicionários: 'Agora é com vocês'. Olhei para o Roberto e ele me disse: 'É isso, vamos sair amanhã.'"

"E não nevou em nenhum dos dez dias da expedição final, e havia lua cheia. Eles não caíram em uma fenda e, quando se depararam com um rio que poderia bloquear sua saída, escolheram o lado correto, o que lhes permitiu continuar. E no fim encontraram um tropeiro generoso", conclui Coche.

Pouco tempo depois do regresso a Montevidéu, alguns sobreviventes quiseram visitar a mãe de Numa — seu pai havia morrido — para lhe contar sobre como seu filho havia se comportado na montanha. O irmão mais novo, Daniel, que estava presente, relembra: "Mamãe ouvia em silêncio. Eles falavam, um por um, enquanto minha mãe revivia a vida do filho, aquele vazio que nunca foi preenchido. De repente, ela lhes pergunta: 'Em algum momento Numa falhou com vocês?'... e de certa forma ela recebeu a resposta que queria ouvir, o que também não a surpreendeu, mas reconfortou-a confirmar o que sempre acreditou: a morte de seu filho não tinha sido em vão."

JUAN ANTONIO BAYONA

Em abril de 2017, conheci em Londres Juan Antonio Bayona, o cineasta espanhol que em poucos anos se tornou um dos mais prestigiados do mundo. Fazia seis anos que "Jota" — como todos chamam Juan Antonio —, ao lado de sua companheira e produtora Belén Atienza, estava especialmente interessado em fazer um filme baseado no livro *A sociedade da neve*. Como já afirmara publicamente, ele havia utilizado o livro quando rodou seu filme *O impossível*, lendo trechos para os atores. Até o título, *O impossível*, foi inspirado em uma ideia recorrente de *A sociedade da neve*. Sua sensibilidade e seu talento imediatamente me cativaram, como mais tarde cativaram os sobreviventes e as famílias dos mortos que ele conheceu. Trabalhamos por muito tempo na versão que ele queria fazer, em Madri, Barcelona e Montevidéu, onde em 2018 entrevistamos longamente, mais uma vez, os sobreviventes e alguns amigos daqueles que não voltaram.

Finalmente, Jota achou a maneira que considerava mais apropriada para narrar a aventura.

Em 30 de julho de 2021, fui com Jota Bayona e Gustavo Zerbino à Biblioteca Nuestros Hijos, onde fomos recebidos por muitos dos filhos das mães que promoveram essa iniciativa em memória daqueles que não voltaram da montanha. Jota queria contar o ponto de vista do filme, mas, quando começou a explicar que aquele que geralmente é chamado de "herói" na sociedade da planície nem sempre chega ao seu destino na sociedade da neve, e sim morre na praia, fazendo todo o sacrifício mas sem receber qualquer recompensa, seus olhos se nublaram e sua voz ficou entrecortada. Porém todos entenderam perfeitamente o que ele queria dizer. Ele não conhecia nenhum dos presentes, mas era como se os conhecesse havia muitos anos, enquanto estávamos recriando a peripécia dos Andes.

Pouco depois, em 2 de agosto, fui com Jota e o ator uruguaio que interpreta Numa, Enzo Vogrincic, visitar a casa onde o jovem morou todos os seus 24 anos, na rua Tapes, no Prado, onde hoje funciona uma cooperativa agropecuária. Estávamos acompanhados pelos únicos irmãos que ainda vivem: Isabel, a mais nova, e Daniel. Isabel observava Enzo atentamente enquanto percorríamos a casa, a sala de jantar onde estudava com os amigos, o quarto que dividia com os irmãos, o porão no qual os homens jogavam futebol, com os mesmos armários de madeira que ainda mostram as marcas e os amassados das boladas. O tempo começou a se diluir. Quando chegamos ao fundo da casa, em que, quando eram crianças, nos dias chuvosos do verão, Numa apostava corridas com Daniel de uma fonte ao lado da porta dos fundos até a parede fronteiriça, a trinta metros de distância, para chegar à meta — a fonte de onde partiram, ensopados, com Numa sempre em primeiro lugar —, Isabel pega a mão de seu irmão mais velho (Enzo), porque tinha acabado de ganhar outra corrida.

Em 8 de outubro de 2021, pouco antes de os atores viajarem à Espanha para filmar (primeiro a Barcelona, para os ensaios, e depois a Sierra Nevada, além das cenas que seriam filmadas nos Andes argentinos e chilenos, no Uruguai e no Chile), organizou-se um encontro com os sobreviventes, em um clube de bairro nos arredores de Montevidéu. A reunião foi se contaminando de uma energia diferente, como se todos estivessem a dez centímetros acima do chão. Para onde quer que se olhasse, havia uma cena avassaladora: um grupo de sobreviventes girava em torno do capitão Marcelo para procurar diferenças físicas, pois ele era muito parecido; Daniel Fernández era chamado de Francisco por todos, Tintín era tratado por Agustín, os nomes dos atores, com a mesma naturalidade com que os sobreviventes chamavam os atores por seus próprios nomes, a ponto de haver um momento em que não se sabia quem era quem.

Todos os sobreviventes falaram e alguns, como Gustavo Zerbino, referiram-se aos mortos. Depois falaram os novos passageiros do avião. Susy Parrado leu um texto que escrevera sobre a morte e todos disseram que o que eles estavam vivendo não podia ser verdadeiro nem real, que estavam tocando o céu com as mãos, ou as estrelas, como disse Diego Storm, porque estava morto.

Em 10 de janeiro de 2022, as filmagens começaram em Sierra Nevada (Granada), em uma das três fuselagens rodeadas de neve recriadas nos mínimos detalhes, na Base do Campo Peñones. (A outra fica a mais de 3 mil metros, na montanha, em uma paisagem insolitamente semelhante ao Vale de las Lágrimas, embora em outra escala, e a terceira se localiza em um vale cercado por oliveiras.)

O platô se encontra dentro de um gigantesco hangar onde está o avião destruído, com neblina e telas que recriam o cenário do Vale de las Lágrimas. O avião acabou de cair, está nevando, e todos tremem de frio.

Jota Bayona, como alguns atores, havia sido contaminado uma semana antes com a imbatível variante ômicron da pandemia de covid-19 (alguns imponderáveis tinham que ocorrer para começar a recriar esta história), faltavam-lhe dois dias para terminar a quarentena e dirigia remotamente com uma voz firme e animada por um alto-falante que ninguém sabia de onde vinha.

A voz de Jota ajuda a nos situarmos no lugar, no momento e no estado espiritual da tragédia.

Uma multidão de técnicos, fotógrafos, cinegrafistas, técnicos de iluminação, eletricistas, engenheiros de som, figurinistas, maquiadores, artistas de efeitos especiais, médicos, usando abrigos de montanha, com gorros, luvas e máscaras, vão daqui para lá, acendem e apagam lâmpadas, movem assentos de avião, ultrapassam obstáculos, cadáveres, sobem em andaimes, operam uma grua gigantesca, como sombras; abro e fecho os olhos e são como zumbis, em um caos que, ao contrário do outro, é controlado.

Os atores, em mangas de camisa, tiritam e perambulam às cegas, tentando entender o que aconteceu, onde estão, orientados pela voz do além-túmulo, que cada vez parece vir de mais longe.

De repente, a filmagem faz uma pausa e as enormes portas do hangar se abrem. Olho de um lado para o outro e é a mesma paisagem, a montanha, a neblina, o frio, a nevasca; olho de um lado para o outro e não sei qual é real, ou irreal.

Os atores saem da fuselagem, alguns morreram ou vão morrer, outros estão sendo salvos, a voz do além continua a guiá-los, estou tão desorientado quanto eles, me aproximo por um momento da borda em que viveram em outubro de 1972, oscilando entre a vida e a morte. Estamos viajando.

P. V.
Junho de 2022

Carta de J. A. Bayona, maio de 2011

Descobri *A sociedade da neve* durante um longo processo de documentação para as filmagens de meu filme anterior, intitulado *O impossível*. Ambientado na Tailândia durante o tsunami de 2004, o filme é baseado na história real de uma família que sobreviveu à tragédia.

De todos os textos que li durante o longo processo de documentação prévio às filmagens, o seu não foi apenas o mais esclarecedor, mas foi uma reviravolta para todas as pessoas relacionadas ao filme, a quem eu confiava a leitura de seu livro como se fosse um tesouro.

O impossível foi influenciado por seu relato na medida em que todas as experiências extremas e profundas se tocam: a capacidade que o ser humano tem de se entregar ao outro; o sentimento de incerteza que revela a certeza da morte; o alívio e a culpa que vêm com a sobrevivência... A gama muito ampla de emoções e experiências que vocês viveram lá na montanha iluminou a todos nós (técnicos, atores e as pessoas que experimentaram o verdadeiro drama) de uma forma quase ofuscante, com a mesma intensidade com que seu sol batia na neve.

A *sociedade da neve* é um dos relatos mais impressionantes, inspiradores e reveladores que já li. O tempo passou, e a memória de sua narração continua nos comovendo. E não posso deixar de pensar que, ao fechar o livro, tive a sensação de que eu realmente não conhecia a história que pensava conhecer, que o que eu tinha lido ou visto antes era apenas a ponta do iceberg do que na verdade aconteceu lá, e que sua viagem deve ser contada nas telas com a mesma intensidade com que eu devorava as páginas.

Há algo que me atrai muito em sua história: é essa visão profundamente humana e otimista do homem. Acredito que "o coração nu" do qual Adolfo Strauch fala, "quando o ser humano se entrega ao outro", não foi realmente levado ao cinema. Acho que não há motivação melhor na hora de fazer um filme do que falar sobre a dignidade a que Roberto Canessa se refere quando menciona "a chance de viver a vida daqueles que não tiveram a oportunidade de fazê-lo". Acredito que sua história merece um filme que explique o verdadeiro contexto da montanha, que transmita o frio, a fome, que se expresse no idioma em que realmente se desenvolveu e, acima de tudo, que transmita a profunda espiritualidade que nasceu em sua sociedade, que ao ser tão profunda é universal e está à altura de todas as impossibilidades que viveram lá em cima.

Estou à sua disposição para falar o que acharem necessário ou responder a qualquer pergunta que queiram fazer. Na esperança de falar com vocês novamente, lhes envio um caloroso abraço da Espanha.

Muito obrigado,
J. A. Bayona

A SOCIEDADE DA NEVE

1. Março de 2006: voltar à montanha

Subir até a geleira no Vale de las Lágrimas em março de 2006, onde está sepultada a fuselagem do F571 que caiu no sopé das serras de San Hilario, entre os vulcões Tinguiririca e Sosneado, é uma experiência arriscada.

Implica um percurso longo, uma subida vagarosa de dois dias a cavalo em trilhas improvisadas, com menos de meio metro de largura, o precipício sempre ao lado, numa cordilheira cujas paisagens e alturas mudam de forma contínua, mas onde a vertigem do risco iminente está sempre presente. Avança-se devagar, passo a passo, seja na montanha ou quando se atravessam as correntes impetuosas de água gelada que descem da cordilheira arrastando tudo no caminho. Parecem querer levar até mesmo as mulas e os cavalos, que cambaleiam mas não caem, firmando os cascos entre as pedras no fundo antes de dar o passo seguinte. Alguns cavaleiros avançam de olhos vendados para evitar os sobressaltos, confiando no instinto dos animais.

A cada trecho surge uma imagem ou algum imprevisto que faz você tremer. Tempestades de neve e ventos irrompem subitamente. Uma mula desliza barranco abaixo por vários metros, esperneando e levantando tanta poeira que fica impossível observar o desenlace, até que consegue firmar os cascos numa saliência da descida, com o cavaleiro curvado e agarrado à crina. Um cavalo tropeça, apoia um joelho na trilha e fica se equilibrando no ar com as patas traseiras sobre o precipício. Uma mula de carga se assusta com a ventania e sai correndo em meio às rochas, galopando montanha abaixo, largando sua carga pelo caminho, enquanto um tropeiro dispara atrás dela a galope. Os códigos já estão se alterando; a vertigem integra a paisagem. O grupo se aproxima da pré-história.

Dois dias depois, quando se chega ao Vale de las Lágrimas, a quase 4 mil metros de altitude, no centro da cordilheira dos Andes, na fronteira entre o Chile e a Argentina, o panorama é grandioso e aterrador. Faz lembrar um anfiteatro monumental: ao centro, sobre um promontório de rochas, há uma cruz de ferro onde estão enterrados os restos dos mortos no acidente. Ao sul se divisa uma sucessão infindável de montanhas e picos que vão até o cabo de Hornos, no fim do continente. Ao norte, uma paisagem semelhante se estende até o Panamá, desdobrando seus 7240 quilômetros de extensão e constituindo um maciço montanhoso mais longo que o Himalaia; a oeste a visão se choca com um paredão de rochas e gelo de 5180 metros de altura, a serra de San Hilario, tão imponente que impede qualquer tentativa de se imaginar o horizonte. Para trás, a leste, retorna-se à Argentina, de onde veio o grupo a cavalo. Os infindáveis picos nevados culminam, na distância enevoada ao leste, no mais alto de todos: o vulcão Sosneado, de 6 mil metros de altura. Nessa paisagem de fim de mundo reina um silêncio inorgânico, interrompido de vez em quando pela violência do vento e o rangido da geleira.

É necessário deixar os cavalos, que precisam descer mil metros antes que o sol se ponha entre as montanhas para não morrerem congelados. Depois o grupo tem de caminhar mais oitocentos metros a oeste da cruz de ferro até o local exato onde a fuselagem do Fairchild está soterrada, no meio da geleira. Falta oxigênio, cada passo exige um esforço maior que o anterior. Náusea, confusão, dor de cabeça, o mal da altitude começa a se insinuar no corpo dos menos acostumados.

Quatro sobreviventes do acidente de 1972 fazem parte do grupo: Roberto Canessa, Gustavo Zerbino, Adolfo Strauch e Ramón "Moncho" Sabella. Acompanha-os também Juan Pedro Nicola, cujos pais faleceram no acidente. Como todos do grupo, ele traz o filho, para que conheça a sepultura onde descansam os restos de seus avós e dos outros que nunca mais voltaram. O filho observa o pai, que está absorto, o olhar perdido nas cinco agulhas de pedra com que o avião se chocou.

Quando a geleira fica mais próxima, e o paredão de neve da serra de San Hilario tem suas dimensões aumentadas, os integrantes do grupo precisam se amarrar uns aos outros e colocar crampons nas solas das botas antes de continuar a subida. A geleira, com a fuselagem bem no centro, está logo ali, atravessada de lado a lado por gretas de vinte a trinta metros de profundidade, dissimuladas por finas camadas de gelo. Três montanhistas profissionais vão à frente, sondando o terreno com suas piquetas e bastões. Alguns metros atrás seguem os quatro sobreviventes.

A paisagem que Gustavo Zerbino viu no dia 13 de outubro de 1972, às 15h35, momentos depois do acidente, quando a fuselagem destroçada encalhou no meio da geleira depois de deslizar a uma velocidade estonteante, ziguezagueando, chocando-se contra os conjuntos rochosos que surgem em meio à ladeira de neve, pouco mudou nesses 34 anos. A primeira coisa que ele viu, ao sul, foram as encostas abruptas cobertas de neve e coroadas no alto com as pontas de pedra observadas poucos momentos antes por Juan Pedro Nicola. As mais altas são as dos extremos, e foi contra uma dessas que se chocou a asa esquerda do avião, e seu ventre com as do meio, quando se deslocava com os motores roncando ao máximo, numa tentativa desesperada de evitar uma colisão que àquela altura, com a direção já totalmente perdida, era inevitável. Na direção do oeste, observado do ponto onde se encontra a fuselagem, o paredão de rochas cobertas de neve parece incrustado em posição vertical, humanamente inalcançável, a não ser por uma façanha acima de qualquer lógica, ou a menos que se esteja vivendo em uma sociedade desconhecida.

No dia 13 de outubro de 1972, às 15h37, Gustavo Zerbino, com dezenove anos de idade, pertencente ao grupo dos mais novos, vivenciava o mesmo que agora. Sentia falta de ar, não tinha forças, era assolado por dor de cabeça e estava muito confuso. Saiu ileso, mas precisava ajudar o amigo Roberto Canessa, da mesma idade, a escapar da armadilha onde caíra imobilizado debaixo de dois assentos arrancados inteiros pelo impacto que o deixaram preso entre ferros cortantes e pontiagudos. Imediatamente, os dois começam a retirar os assentos que prendem os demais, feridos ou ilesos. Para remover alguns cadáveres presos aos ferros retorcidos e aos destroços da fuselagem, precisam amarrá-los pelos pés usando os cintos de segurança e arrastá-los de quatro até a neve, para deixá-los ali sem mais, de bruços, a três metros do desastre.

Gustavo corre com determinação para ajudar no que pode. Não há tempo para pensar, apenas para colaborar com Roberto, que enquanto cuida de um ferido examina o pulso de um moribundo, momentos antes de improvisar um torniquete de emergência para conter o sangramento de Fernando Vásquez, que teve uma perna ferida pela hélice da asa direita que se soltou e avançou na direção do aparelho. Logo depois ele retorce a tíbia quebrada de Álvaro Mangino, encaixando-a no lugar e afastando-o do caminho: já foi atendido. Agora é a vez de outro, um companheiro emaranhado entre ferros, tremendo, com uma ferida na barriga, que logo se ergue para mostrar a Gustavo o tubo de metal cravado em suas entranhas.

— Não está doendo. Só sinto frio — diz Enrique Platero.

Hoje está tudo intacto. Como se o tempo tivesse congelado. Não há ferrugem nos restos do avião espalhados pelo local. Na asa esquerda, partida ao meio exatamente onde ficava a hélice, brilham com nitidez as velhas inscrições, o lugar de fabricação, a data, as instruções técnicas. O céu se fecha de repente e o grupo decide voltar oitocentos metros até o promontório de pedra onde está a cruz de ferro, ao lado da qual se montaram duas barracas especiais para a montanha.

Nuvens escuras avançam ameaçadoras, anunciando o vento e as tempestades de neve que logo fazem as barracas sacolejarem como se fossem arrancá-las do chão. Adolfo Strauch, que em 1972 pertencia ao grupo dos mais velhos, com 24 anos, anuncia a iminência de uma avalanche. Observa com atenção, e logo depois de fazer sua advertência ele mostra para a filha, Alejandra, como se produz um gigantesco desprendimento de neve acumulada no grande paredão a oeste, que provoca à sua passagem um forte estrondo e gera um rastro de vapor. Mas agora eles estão a salvo, a oitocentos metros de onde se encontram os destroços do avião de 1972.

De pé junto à cruz de ferro, com o braço sobre o ombro de Roberto Canessa, Gustavo Zerbino vibra como se estivesse vivendo um presente contínuo. Na noite anterior, no acampamento-base de El Barroso, numa barraca de montanha que dividiu com um de seus filhos, no meio do caminho para o Vale de las Lágrimas, Gustavo não conseguiu dormir, assolado por náuseas e pesadelos. Ao amanhecer, ele monta seu cavalo e sobe em silêncio, isolando-se no tempo. Quando consegue enxergar o Vale de las Lágrimas, já está a bordo do F571. Seu relato, agora, se mescla com suspiros, intercala-se com recordações tão vivas que ele chega a sentir que está dando um passo atrás, como em 1972, para se afastar dos destroços fantasmagóricos do avião partido.

No instante em que a aeronave se chocava com a agulha de pedra, às 15h30, depois de despencar por uma coluna de vácuo ilimitada, Gustavo livrou-se inconscientemente do cinto de segurança e ficou de pé no corredor, segurando com toda força os suportes metálicos que delimitavam os bagageiros, para não voar com o choque. Sentiu o impacto, e logo depois os assobios do vento gelado e da neve que castigavam sua cabeça, as costas e as pernas, e contou os segundos intermináveis que o corpo partido do avião levava patinando sobre o gelo até parar abruptamente, esmagando assentos e pessoas contra o compartimento de bagagens e o dos pilotos.

Roberto Canessa sente o impacto da asa contra as rochas e agarra a poltrona à sua frente com todas as forças. Surgem em sua mente imagens soltas, impetuosas e confusas, que o encaminham a um único desenlace: ele está protagonizando um acidente aéreo na cordilheira dos Andes. A qualquer momento ele se espatifará contra a montanha e conhecerá o que se esconde do outro lado da vida.

2. Abandonados
*Roberto Canessa**

Deve ter sido algum maldito cientista louco quem teve a ideia: em vez de cobaias, vamos deixar seres humanos no gelo. Que sejam jovens, para resistirem mais e não padecerem de doenças que já tragam consigo. Vamos tirar o oxigênio do ar para que fiquem tontos e alucinados. A maioria será de universitários, para ver se conseguem se virar, para ver como se organizam, como atuam em equipe, como planejam e resolvem criativamente os problemas. Vamos usar desportistas e ver se são capazes de resistir 72 dias, até que três deles e depois apenas dois tentem caminhar durante dez dias toureando o abismo, escalando a montanha para conseguir chegar aos vales. Vamos descobrir nesse laboratório sinistro como se forma a sociedade da neve. Vamos ver até quando eles resistem, o quanto conseguem suportar. Se ainda resistirem, transidos de frio, à beira do pânico, acrescentemos então mais uma armadilha, ainda mais cruel, se for possível ainda mais humilhante, para que desçam ao fundo do abismo, e quanto mais fundo, melhor.

O mais perverso nessa experiência é que posso dizer o que

pensava aquela cobaia submetida a tal castigo. Eu e os outros quinze que sobrevivemos.

O teste se torna ainda mais sinistro porque podemos observar como a cobaia experimenta, por tentativa e erro, como se engana, como entra na casinha errada e acredita vislumbrar a saída, cheia de esperança, como acredita ouvir os aviões de resgate quando se trata apenas de uma miragem. Vemos como ela sobe para o lado sul e quase morre de exaustão, quase fica cega; desce para o leste e quase congela. Que aprendam com seus erros, mas com a peculiaridade de que continuem realizando o teste, obstinadas, sem desfalecer, que sigam se movimentando, ainda que seja na direção errada.

Vamos continuar a humilhá-los, esticando a corda até o inimaginável. Que eles primeiro comecem a comer os músculos dos cadáveres e logo se vejam obrigados a passar para as vísceras, até terem de abrir os crânios a pauladas para chegar ao cérebro.

Vamos ver quantos ficarão pelo caminho, sobre quais se apoiará a última tentativa, por uma rota improvisada em direção ao oeste.

Na sociedade da neve os códigos eram completamente diferentes dos da sociedade dos vivos. O que se valorizava não era algo material, mas coisas intangíveis, como o fato de serem todos iguais, de pensarem no grupo, de serem fraternos, demonstrarem afeto ou abrigarem ilusões. Por isso o que mais quero na vida é resgatar essa sociedade da montanha, esse experimento único de comportamento humano que se realizou com base nos cinco conceitos mais simples que consigo imaginar: equipe, persistência, afeto, inteligência e, acima de tudo, esperança. Mas para reproduzir esse modelo é preciso conhecer os seus segredos, desvendar os seus mistérios.

Não consigo imaginar pobreza nem humilhação maiores do que as que vivemos na montanha. Mas retornamos da morte e aqui estamos. Podem perguntar, nós contamos. Muitos hoje estão escalando suas próprias cordilheiras, e podemos emprestar os métodos que nos ajudaram a sair da emboscada.

Retornamos à sociedade convencional, mas fizemos isso valorizando a vida de uma forma diferente, sabendo que um copo de água pode equivaler a várias horas de execução da árdua tarefa de derreter a neve com os raios de sol que se infiltram através das nuvens. Que qualquer pedaço de pão velho é infinitamente melhor do que o que tínhamos de comer na montanha, que o mais duro e sujo dos colchões é muitíssimo mais macio que o piso de metal partido e amassado de uma fuselagem gelada. E que se tenho comigo todos esses elementos, sou uma pessoa rica, tenho o necessário para viver, e o resto depende de mim, porque a qualquer momento o avião pode cair e você se dá conta de tudo o que tinha e perdeu.

O mundo achava que estávamos mortos, e não sem motivo. Mas íamos tentar voltar, e se conseguíssemos pediríamos à sociedade licença para entrar. E quando aparecemos em meio à bruma, a sociedade se sentiu culpada ou ignorante, porque seus prognósticos falharam e por isso ela nos acolheu e, a contragosto, aceitou tudo o que contamos.

Estávamos abandonados pela sociedade, mas nossas famílias nos procuravam com uma obstinação irracional. Eu, por exemplo, enviava mensagens mentais para minha namorada, Lauri, pedindo que levasse adiante a sua vida, que não sofresse, que não achasse que eu um dia voltaria e que se libertasse da tristeza de me amar e assim ficar presa a essa impossibilidade.

Meu pai me procurava porque sabia que, se fosse ele o desaparecido, eu também faria isso até debaixo da última pedra, até o último dia de minha vida. Minha mãe me procurava porque sabia que eu estava vivo, e o pai de Lauri, Luis Surraco, me procurava para consolar a filha, para dizer a mesma coisa que eu: não chore mais, Lauri, recomece a vida, seu namorado agora só existe em fotografias e na lembrança. Quando meu pai e Luis vieram nos procurar na montanha, minha namorada deu ao pai um par de meias de lã muito grossa, uma jaqueta e remédios para o estômago, dizendo: "Roberto está passando muito frio e usando as ferragens do avião caído para construir abrigos e se proteger". Assim como minha mãe, ela sempre teve certeza de que eu estava vivo e que estava transido de frio, o que era verdade: talvez seja por isso que durante os 71 dias na montanha usei o pulôver de lã grossa que ela havia tricotado para mim um ano antes. Até hoje, quando está comigo, minha mãe segue com os olhos as minhas idas e vindas, porque não quer me perder novamente. Então, o que estava mais certo? A verdade racional de meu pai e de Luis Surraco ou o sentimento irracional de minha mãe e minha namorada? Tudo estava tão deslocado que o racional se cruzava com o impossível, e a utopia superou a realidade.

Como nunca havia ocorrido algo assim, para a sociedade era impossível que tivéssemos nos chocado contra a montanha e continuássemos vivos, era impossível que conseguíssemos suportar o frio, era impossível atravessar aquela muralha de neve, rochas e gelo e mais impossível ainda continuar em frente, caminhando, quando só encontramos um sem-fim de montanhas brancas, em vez dos vales verdes que imaginávamos. Era impossível, sim. Mas a história dos Andes é uma sucessão de quimeras, de situações inconcebíveis.

Quando surgiu a ideia de nos alimentarmos dos cadáveres, não me pareceu algo novo. Eu já tinha a base teórica, pois havia lido sobre metabolismo no curso de medicina. Conhecia o ciclo de Krebs, sabia que a proteína pode se transformar em açúcar e que a gordura pode se transformar em proteína, e que poderíamos sobreviver com uma dieta exclusivamente à base de carne sem cair na inanição. E ali estavam as proteínas dos corpos dos amigos, mas eu não tinha permissão para tocar neles, além do desespero adicional de não poder pedir essa autorização porque eles já estavam mortos.

Até que encontrei a paz para as nossas consciências quando nos ocorreu considerar que, se eu morrer, entrego o meu corpo para que os outros o utilizem, que meus braços ajudem e minhas pernas caminhem e meus músculos se movam e façam parte do projeto da vida.

Quando me dei conta de que eu mesmo poderia vir a fazer parte da reserva de alimentos para os que estavam vivos, a única coisa que faltava era cortar um pedaço e engolir. Era o momento de passar para a ação que tanto se postergava e em que todos nós pensávamos, e senti que eu integrava o grupo dos que deveriam executar essa ação, junto com Adolfo Strauch e Gustavo Zerbino. Era uma corrida de revezamento, e naquele momento cabia a mim correr e levar o bastão, pois de uma hora para outra eu também poderia fazer parte daqueles que não podiam prosseguir, e nesse caso eu continuaria, porém no corpo de outros, como quase aconteceu comigo na avalanche.

Foi um passo gigantesco, embora tivéssemos de caminhar apenas alguns metros para chegar até a parte traseira da fuselagem partida — as consequências seriam irreversíveis, nunca mais seríamos os mesmos. Um passo difícil de ser compreendido em todas as suas dimensões. A começar pelo fato de se abrir uma roupa que muitas vezes reconhecíamos e fazer um corte impossível na carne congelada. Um mergulho no vazio. Foi uma tragédia maior do que o choque do avião, porque quando o avião se estatelou foi uma agressão externa, ao passo que cortar aqueles corpos foi iniciativa nossa.

Naquele momento me senti a pessoa mais miserável do mundo e me perguntei o que teria feito de tão mal para ser obrigado a assumir uma atitude tão humilhante. Os que nos observavam da fuselagem compartilhavam essa profunda tristeza conosco. Todos vivenciamos esse momento de degradação, de comer a própria morte. E por isso todos morremos um pouco naquele dia.

Pensei em minha mãe, que pouco antes, depois de um acidente com três colegas do colégio que tinham se afogado durante um passeio de canoa no rio da Prata, em frente à praia de Carrasco, tinha assegurado com grande convicção que jamais suportaria a perda de um filho, que não aguentaria a tragédia que estavam vivendo aquelas três mães que percorriam as praias, dia e noite, com lanternas, esperando o regresso dos filhos. Eu não podia falhar. Cada companheiro tinha um motivo, tão ou mais poderoso que o meu, que o impulsionava a engolir o primeiro pedaço. Deixamos de ser aqueles jovens alegres para nos transformarmos em seres antigos, jovens velhos, estigmatizados pela antropofagia, descendo e descendo até descobrir que não havia limite, porque o limite é a morte.

Começamos a conhecer a montanha, como quando descobrimos que se o vulcão Sosneado, ao leste, se cobrisse de nuvens, nessa noite haveria tempestade e tremeríamos de frio e de medo porque a montanha rugiria enlouquecida. Aprendemos que as avalanches que víamos circular aqui e ali não nos atingiriam, mas estávamos enganados, pois uma avalanche nos soterrou e tivemos de começar tudo de novo.

Afundávamos gradualmente num poço sem fundo. Porque nas primeiras horas depois da avalanche fomos obrigados a nos alimentar dos corpos dos que estavam ao nosso lado. Eu sabia que, se não desse esse passo e não mostrasse aos demais que esse era o único caminho, todos acabaríamos paralisados. Sentia que precisava seguir em frente e fazer coisas que nunca havia imaginado na vida, sem contar a dor que isso provocaria nas famílias dos que não voltariam. Talvez a medicina tenha me feito visualizar a situação como um cirurgião que consegue separar o físico do espiritual ao abrir o ventre e retirar determinado órgão.

Enterrados vivos, aprendemos a esperar. Como numa regressão tão intensa que voltamos a ser uma semente: uma vida possível, no subjuntivo, que não se sabe se realmente vai germinar. Mais uma vez as regras do jogo tinham mudado bruscamente, sem nos consultar. Antes nosso lar e nosso abrigo, a fuselagem se transformou numa armadilha mortal pairando sobre nós, capaz de nos trair a qualquer momento.

À certa altura cheguei a pensar que naquela terra de ninguém estávamos nos transformando em feras selvagens, que prevalecia em nós o nosso lado animal, que acabaria com o outro. Mas me enganei. Pois se é verdade que tivemos de fazer coisas que nenhum animal costuma fazer, como comer a sua própria espécie, fizemos isso mediante um pacto de sublime generosidade, essencialmente humano, e que me deixa emocionado até hoje: eu poderia ser o seu alimento amanhã. E na montanha vi gestos de generosidade e entrega que nunca mais voltei a ver na vida. E esses gestos, em especial vindo de pessoas gravemente feridas, que sabiam que iam morrer, obrigam você a dar tudo de si, até a última gota de sangue.

Quando voltava para a fuselagem, vindo das expedições à cauda do avião, e via como os amigos estavam deteriorados e desfigurados, com os cabelos compridos e hirsutos, a sujeira acumulada e os rostos tão definhados, cheios de olheiras, os ossos salientes nas sobrancelhas e as bochechas encovadas, eu me lembrava das ilustrações de um livro de Charles Dickens, *Um conto de duas cidades*, em que as crianças tinham rostos de velhos. Éramos esqueletos revestidos de pele caminhando, com lábios rachados e ressequidos e um permanente cheiro de cemitério.

Conheço os dois grupos porque no começo eu pertencia à comunidade do avião, ajudava no que podia, inclusive era o que curava os feridos com a ajuda de Gustavo Zerbino e Diego Storm. Logo pude observar como era aquele outro mundo fora do avião, quando tive de atender Gustavo no dia em que ele voltou totalmente acabado de uma caminhada pela montanha para o lado sul. Tinha perdido a visão, sentia como se tivesse areia nos olhos, eu tinha de mastigar a carne e pôr em sua boca assim, moída, pois seus dentes tinham se afrouxado; tinha de esfregar seus pés, que estavam congelados e ele não conseguia senti-los.

Um dos amigos, Arturo Nogueira, com as pernas quebradas, me disse: "Que sorte a sua, Roberto, de poder andar pelos outros". Foi aí que percebi que eu era a pessoa que devia fazer aquilo. E quando você assume essa ideia, começa a se transformar no sonho e nas ilusões dos outros, e anda tanto por você como também porque os outros depositaram em você uma confiança que nem mesmo você tem, porque controla uma informação e uma realidade que eles não podem conhecer nem sentir.

Assim começa a ser preparada a expedição final, algo materialmente possível, embora aparentemente impossível. Então raciocinei: vou fazer a minha parte e pedir a Deus que, se quiser nos ajudar, que ajude. Que se uma parede se interpuser à minha frente, que haja ranhuras onde eu possa cravar as unhas para escalá-la. Que se puser uma armadilha no meio do caminho, que deixe uma saída para que eu possa me desviar dela.

Pouco depois chegou a hora da verdade, quando não havia mais nenhum candidato para atravessar a cordilheira. Nando tinha o compromisso de sair daquela situação, uma necessidade imperiosa de voltar para o pai e dizer que nem tudo estava perdido, depois da morte da mãe e da irmã. Tintín já havia saído em expedições anteriores e se sentia bem e forte nesses deslocamentos, indo e vindo. Gostava de dar o máximo de si mesmo, e por isso não hesitou em fazer a caminhada final, aqueles sessenta quilômetros, ou 100 mil passos, porque estava disposto a dar tudo, apesar dos dois litros de sangue que havia perdido no momento do acidente, que formaram um coágulo gigante e que ele nunca conseguiu repor.

Essa sociedade da neve estava repleta de momentos sublimes, que de uma hora para outra podiam fazer você mergulhar novamente numa profunda incerteza. A melhor noite, e ao mesmo tempo uma das piores, foi durante o primeiro dia da expedição final, no sexagésimo primeiro dia, quando escalávamos a ladeira gigantesca, com Nando e Tintín. Subimos pelo paredão o dia inteiro, em um ângulo que nos provocava vertigem. Continuamos a subir à tarde, mas anoiteceu de repente, e um vento gelado passou a soprar. Nossas calças estavam molhadas e começaram a congelar. Não encontrávamos nenhum abrigo onde pudéssemos descansar e, eventualmente, dormir. A noite já estava caindo e com ela não conseguiríamos mais ver onde pisávamos, em meio a gretas e despenhadeiros. Mas quando o desespero já tomava conta de nós e eu chorava de frustração por não poder cumprir a nossa promessa de viver e dar vida aos nossos amigos, para nossa surpresa encontramos num recanto escondido da montanha uma pequena esplanada de pedra, dois metros por dois, com gelo e neve, onde conseguimos abrir o saco de dormir sobre as almofadas que nos isolavam do frio. Não podíamos imaginar, e foi mesmo difícil de acreditar, mas o vento de imediato se acalmou, a lua apareceu, surgindo diante de nós o vale infinitamente branco onde estava o avião, e as estrelas tão próximas, e pensei: não pode ser que isso seja lindo, que eu esteja desfrutando dessa imagem, com as Três Marias e a lua tão próximas. Mas era isso mesmo, e naquela noite me senti uma pessoa privilegiada por estar naquele lugar, senti que era a única pessoa, junto com meus companheiros, capaz de ver o universo daquela perspectiva. Pensei que a lua era um espelho por onde eu podia enxergar a minha casa e senti que um dia iria poder vê-la novamente em Montevidéu, sendo que minutos antes acreditava que a vida estava chegando ao fim. Aprendi para sempre que, quando você se sente perdido na imensidão, isso é apenas um sentimento.

Os homens agem conforme as circunstâncias. Nesse sentido, Nando, Tintín e eu formamos uma equipe de montanha. Os dois se apoiavam muito em minhas opiniões, e eu na vontade irrefreável de Nando de seguir em frente e na adesão incondicional de Tintín às decisões tomadas, o que ensejou uma simbiose funcional. Com Nando formei uma dupla perfeita, um completando o outro. A ela se soma, ao final, o tropeiro Sergio Catalán, que no verão leva as vacas para pastar na *"veranada"*, como chamam os pastores a uma área onde surge, aqui e ali, em meio ao gelo, um pasto verde e fresco em que os animais dão cria. Por isso ele as conhece de várias gerações, as mães e as crias, e tem de cuidar delas permanentemente, pois os pumas estão sempre em seu encalço. Como poderia abandonar uma vaca ou um bezerro dos quais cuidou a vida inteira? Ele tem um apego aos animais difícil de entender para quem não está na montanha. E não posso deixar de relacionar esse fato à reação que teve diante de nós. Como poderia abandonar dois jovens esfarrapados, que estão se arrastando depois de atravessar a cordilheira, se ele mesmo é um homem da montanha, um sobrevivente? Por isso teve a nobreza e a misericórdia de nos ajudar e fazer a sua própria travessia para nos salvar. Sempre acreditei que nada nesse acidente foi fruto do acaso. E que se o mesmo episódio tivesse acontecido em local mais próximo da civilização, e não na pré-cordilheira andina tão distante da mão de Deus, e tivéssemos de pedir a alguém que nos ajudasse, em uma estrada qualquer, é possível que não tivéssemos tanta sorte. Mas encontramos um homem simples e bom como Sergio Catalán, que foi capaz de largar seu trabalho, abandonar suas vacas à mercê dos pumas, viajar oito horas a cavalo, subir num caminhão de serviço do Ministério de Obras Públicas para chegar, cinquenta quilômetros depois, a Puente Negro, onde havia uma unidade militar, com o único propósito de ajudar pessoas que ele não conhecia.

Às vezes revejo os filmes que fizeram de mim e de Nando chegando a Los Maitenes, depois de sermos resgatados pelo tropeiro. Meu olhar é curioso, primeiro focalizando o meu interlocutor, mas logo se perde e se abstrai em outro lugar. Estou respondendo perguntas e de repente olho para o lado e não escuto mais o que me dizem. Não se deve ouvir apenas a voz de Nando quando ele diz "sim, estamos bem", mas observar todo o discurso paralelo do seu rosto, de seus olhos, que dizem algo totalmente diferente. E no momento em que lhe perguntam de quantas pessoas é composta a família dele, a câmara foca em mim e meu olhar se perde mais uma vez.

Chegamos andando a Los Maitenes como fantasmas, e a sociedade fugidia e desnorteada que não esperava por nós nos recebeu com voracidade, porque chegávamos da morte. Essa era a única motivação e a grande curiosidade.

Vínhamos nos acostumando a fazer tantas coisas por conta própria, que imaginávamos que quando saíssemos da montanha teríamos de chegar a Santiago e encontrar uma estação ferroviária, e por isso reservamos dinheiro para comprar passagem em um trem que cruzasse a cordilheira até Buenos Aires, atravessar o rio da Prata em algum barco e chegar, talvez andando, às nossas casas, tocar a campainha, abrir a porta e dizer que estávamos vivos. Mas não esperávamos encontrar o tropeiro, nem que o mundo estivesse precisando tanto remediar seu equívoco.

Parece uma alegoria: se esses jovens inexperientes e ingênuos sobreviveram ao acidente de 1972 e conseguiram superar o obstáculo dos Andes, a vida não pode ser tão difícil. Esse é o raciocínio de todas as pessoas necessitadas de coragem, de acreditar em si mesmas, que vêm ao Vale de las Lágrimas em busca de algo desconhecido, a quase 4 mil metros de altura, onde o vento sopra inclemente, o oxigênio é insuficiente para respirar e o corpo nunca se aquece o bastante. Elas vêm perguntar a si mesmas como nós fizemos para sobreviver e saem com uma resposta tão simples quanto surpreendente: nunca perdemos a perspectiva de escapar, sempre acreditamos com todas as nossas forças que algo extraordinário era possível. Mais do que ficarmos presos às lembranças, fugimos para a frente.

Hoje eu não moro na montanha, embora não consiga afastá-la de mim. Perguntaram a um de meus filhos em um programa de televisão se ele admirava o pai por conta do que se passou nos Andes, e ele respondeu: "Não sei, porque naquela época eu ainda não tinha nascido. Mas o admiro porque ele sai para trabalhar todos os dias para que não nos falte o necessário para viver".

Temos a sorte de viver a vida daqueles que não tiveram a oportunidade de fazer isso, todos os que estão enterrados aqui, junto a esta cruz de ferro. E para lhes fazer justiça devo levar uma vida digna, para que quando eu morrer, depois dos muitos erros cometidos, possa dizer a eles: eu sei que não foi suficiente, mas fiz o melhor que pude.

O que nós fomos? Um grupo de jovens caídos numa desgraça. O que somos? Um grupo de homens adultos buscando um sentido para a grande tragédia que nos acometeu. Nunca acreditei ter nenhum talento especial para contar essa história. Já estive na Universidade de Harvard para falar sobre medicina, e ali encontro o retorno adequado, apropriado: eles me escutam e pronto. Mas quando falo dos Andes eu os comovo, eles choram, fazem perguntas, me abraçam. Porque é uma história que se impregna na alma de quem a escuta: a pessoa sai dali com muito mais do que quando entrou. Sou apenas o narrador, com o acréscimo de que estive lá, sou a prova irrefutável de que aquilo realmente aconteceu.

Na montanha ficou uma forma de sobreviver que tivemos de desenvolver e pôr em prática. Lembro-me nitidamente de como a neve crepitava sob os nossos pés, como nos enterrávamos nela até o joelho nas expedições fracassadas, ou, no final, exausto, quando meus músculos já não respondiam mais. Ficou o frio das tardes, o vento gelado quando caía o sol, o estrondo das avalanches, a impotência.

Ficou na montanha o compromisso de não nos deixarmos contagiar pelo orgulho e pela vaidade da sociedade convencional da qual provínhamos. Essa comunidade não contaminada de amigos que se abraçavam e se pediam desculpas quando alguém levantava a voz ou se aborrecia, porque era insuportável o estresse que se vivia, mas o que mais doía era a angústia por ter agido mal. Ficou a filosofia dos homens da montanha, essa ética dos tropeiros, de ajudar aos outros mesmo que isso implique arriscar a própria vida.

Voltar à montanha é como voltar aos dezenove anos. Observo desta altura tudo o que me coube viver, e me dá muita pena de que hoje não possamos voltar todos juntos, que eles não tenham conseguido cumprir os seus destinos, que tenham ficado presos tão precocemente por essa emboscada. Então me parece que nós procuramos fazer com que se realize o que não puderam fazer. Eles fizeram enormes esforços para sobreviver. Empenharam-se muito para sair da montanha e nós fizemos o que pudemos para que sobrevivessem, mas não tivemos forças o bastante para retirá-los de lá. Peço-lhes perdão e que aceitem, em paz, que vivamos por eles.

Roberto Canessa nasceu em 1953. Concluiu o curso de medicina, como seu pai, que havia iniciado em 1971, especializando-se em cardiologia infantil. Recebeu duas vezes o Prêmio Nacional de Medicina. Casou-se com sua namorada da época, Lauri, com quem teve três filhos: o mais velho, Hilario, recebeu esse nome em homenagem à montanha de mais de 5 mil metros que eles escalaram. O segundo, Roberto, estuda medicina, como o pai, e Laura Inês o acompanha em suas viagens à montanha com seu mesmo ímpeto e coragem.

Construiu uma casa que é como um labirinto que se ramifica em diferentes direções. A porta da rua nunca fica trancada, e por ela entram e saem pessoas continuamente. Acolheu, ao longo da vida, inúmeros necessitados, que moram em diferentes pontos dessa casa confusa. Todas essas pessoas têm algo em comum: falam de afeto, vibram com relatos emocionantes, choram com a música que lhes toca a alma.

3. A primeira morte: cair na cordilheira

Gustavo Zerbino teve uma premonição que azedou o entusiasmo jovial com que sua viagem vinha transcorrendo até então. Desde as sete da manhã do dia anterior, 12 de outubro, até a escala imprevista em Mendoza, nos contrafortes da cordilheira argentina, ele conviveu com o pressentimento de uma calamidade que o afetava intimamente. Minutos antes de embarcar no aeroporto de El Plumerillo, nos arredores de Mendoza, disse a Esther, mulher do dr. Francisco Nicola, o médico da equipe de rúgbi, que não queria embarcar porque tinha um pressentimento de que o avião iria cair. A intenção de Gustavo era que Esther o acalmasse, razão pela qual ficou surpreso com a resposta: ao pé da escada do aparelho ela disse que estava pensando exatamente a mesma coisa.

Às 15h20 de 13 de outubro, dez minutos antes do acidente, de repente Gustavo se sentiu inquieto. Suava, não conseguia ficar parado em seu assento, enquanto os amigos brincavam e gritavam. Andou em direção à cauda do avião, onde numa das últimas fileiras três companheiros do time de rúgbi, Guido Magri, Gastón Costemalle e Daniel Shaw, jogavam truco com dois membros da tripulação: o comissário de bordo Ovidio Joaquin Ramírez e o navegador Ramón Martínez. Gustavo estranhou que, em plena travessia da cordilheira, o navegador estivesse ali, e não na cabine. Dirigiu-se então à outra ponta do aparelho e, sem bater, entrou na cabine de comando. Inquietou-se ao ver que os pilotos Julio Ferradás e Dante Lagurara não estavam concentrados nos instrumentos, mas sim conversando, batendo papo e bebendo mate.

— Ninguém está pilotando? — perguntou.

Educadamente, eles responderam que estavam viajando em um avião com tecnologia de última geração, com "um piloto automático que funciona quase sozinho".

— Sempre achei que um piloto devia pilotar — disse Gustavo antes de sair.

Poucos minutos depois viu o navegador se dirigindo à cabine de comando e saindo de lá logo em seguida com mapas de voo rumo às poltronas do fundo. Nesse momento começaram as sacudidelas, a turbulência, surgiram os picos das montanhas entre as nuvens, até que um dos tripulantes apareceu e mandou que todos os passageiros voltassem aos seus assentos, afivelassem os cintos de segurança e se mantivessem em silêncio. A algazarra de poucos minutos antes deu lugar a um clima tenso.

O F571, um turboélice fretado da Força Aérea do Uruguai, entrou num poço de vácuo que não terminava nunca, como se estivesse caindo sem nenhuma sustentação. Gustavo achou que suas cabeças se chocariam com o teto do avião. Ouviu-se a campainha de perda de velocidade, que indicava que o aparelho podia começar a cair, o avião vibrou como se fosse desintegrar, cambaleante, até que, alguns segundos depois, ele sentiu uma explosão que o deixou surdo (ou a asa esquerda havia raspado nas rochas ou a base do avião se chocara com a montanha), momento em que Gustavo abriu o cinto de segurança, levantou e agarrou-se com toda força nas divisórias metálicas dos bagageiros para manter o equilíbrio.

Nesse instante o avião se partiu em dois com um som metálico estridente, e um gigantesco rombo se abriu bem às suas costas, por onde voou seu assento e o contíguo, onde estava sentado seu amigo Carlos Valeta. Gustavo se entregou a uma força superior e começou a repetir "Menino Jesus, não me abandone, Menino Jesus, não me abandone", enquanto o tubo levantou voo e caiu violentamente, batendo com o ventre antes de deslizar em zigue-zague, pela montanha abaixo, na mesma posição em que vinha, sem tombar ou rodopiar. A fricção destruiu o piso, que se retorceu, arrancando todos os assentos.

Quando o avião embicou num pequeno monte de neve e parou de modo repentino, houve um silêncio espectral, a tal ponto que Gustavo achou que estivesse morto e que era isso que acontecia quando se morre: continua-se a existir, mas em silêncio.

Durante o voo, a maior parte dos jovens estava de pé, andando de um lado para o outro. Quando surgiu a primeira turbulência e o tripulante saiu da cabine para pedir que se sentassem, pois o aparelho começaria a sacolejar, ninguém deu atenção.

Mas quando veio o segundo poço de vácuo, a maioria dos que estavam de pé tomou seus assentos. Alguns, inclusive, afivelaram os cintos de segurança. Veio em seguida um poço de vácuo ainda mais profundo. Nesse momento, José Luis "Coche" Inciarte ouviu claramente a voz dos pilotos na cabine de comando gritando: "Me dá potência, me dá potência!". A aeronave ascendeu bruscamente e Coche sentiu as costas se grudando no encosto da poltrona, no exato instante em que o aparelho começou a trepidar, até ouvir uma explosão, seguida de um assobio impressionante. De imediato notou uma diferença brutal no ambiente: do clima temperado de pouco antes, passou-se para um frio gélido, sacudido por zunidos de vento que ele não conseguiu identificar de onde vinham, ao mesmo tempo em que vários objetos estavam espalhados sobre seu corpo. Como não ouvia o ronco dos motores, achou que o avião estava voando sem as hélices, até que sentiu outro golpe, o pedaço de avião começou a deslizar e agora já não eram o vento e o ar gelado sobre o seu corpo, mas sim muita neve, sim, neve. Coche abaixou a cabeça e fechou os olhos para morrer.

Esse estranho avião, partido, sem motores, onde a neve penetra e golpeia, prossegue sua viagem, transtornado, acumulando neve à sua frente, até frear de forma brusca, enterrando o nariz, numa desaceleração que faz com que todos sejam jogados violentamente para a frente.

Quando o aparelho para, a primeira coisa que ocorre a Roberto Canessa é verificar se está com as pernas e os braços ilesos. Depois de confirmar, surpreso, que não está faltando nenhum membro, ele percebe que também não sofreu nenhuma fratura, pois os braços e as pernas obedecem às ordens dadas pelo cérebro. Ouve gemidos e lamentos vindos de todos os lados, transformados aos poucos em gritos desesperados. Faz força para se levantar, mas não consegue.

Alguém empurra suas costas para que ele se livre das poltronas que haviam caído em cima e dos ferros que o aprisionam. É seu amigo Gustavo Zerbino, que o fita com olhos incrédulos, como que perguntando: e agora, o que vamos fazer, por onde iniciamos? Sem trocar palavras, eles começaram a trabalhar. O primeiro com quem Canessa topou foi Álvaro Mangino, debaixo de uma poltrona, com uma perna presa entre as ferragens. Gustavo ergueu a poltrona, enquanto Roberto tentava arrastar o corpo de Álvaro. Uma das pernas estava prensada sob a chapa de metal onde se descansam os pés. Quando conseguiu retirá-la, descobriu que estava pendurada, sem vida: o osso estava fraturado.

Como Roberto estava no segundo ano da faculdade de medicina, e Gustavo no primeiro, os dois se viram de repente transformados em médicos de catástrofes, com conhecimentos limitados diante de necessidades gigantescas, sem dispor de nada além de suas mãos e suas mentes. Das malas que não tinham se soltado dos bagageiros eles retiraram alguns agasalhos e camisas que conseguiram rasgar e assim improvisar ataduras para conter hemorragias. Em poucos minutos, a temperatura de 24 graus dentro do avião caiu para dez graus abaixo de zero.

O segundo a ser atendido foi Adolfo Strauch, que, atônito com o choque, arrastou-se até encontrar um canto onde se encolher, como um animal assustado, para não ver nem sentir nada.

Pouco antes, Adolfo tinha ouvido uma piada de que não gostou. As duas garotas que ele tinha conhecido em Mendoza com Coche Inciarte e que foram se despedir no aeroporto de El Plumerillo tinham gritado, enquanto eles caminhavam pela pista rumo ao F571, que eles deviam ficar em Mendoza porque aquele avião ia cair, pois era sexta-feira 13, dia de azar. Após uma hora de voo pelos contrafortes da cordilheira, depois de chegar a Malargüe, o avião virou para atravessar o maciço montanhoso pelo passo de Planchón. Era a primeira vez que Adolfo via aquela sucessão infindável de picos nevados. Estava absorto, até que seu encantamento se desfez quando o avião entrou em zonas de nuvens e neblina, perdendo a visibilidade. Minutos depois o avião virou novamente, agora para o norte, porque já teria atravessado a cordilheira e se dirigia para o aeroporto de Pudahuel, em Santiago. Após a terceira zona de turbulência, Adolfo teve plena consciência de que o voo tinha se complicado e que seu final era imprevisível. Pela janelinha, viu os picos próximos demais da ponta da asa direita, entre as nuvens. Nesse instante se convenceu de que o avião iria bater a qualquer momento. Veio o estrondo da aceleração mais forte dos motores, a estridência da campainha de perda de velocidade e imediatamente o aparelho sacolejou inteiro com três ou quatro golpes violentos e metálicos contra a montanha, que para ele foram quase simultâneos. Surgiu a sensação de frio e de vazio, e de repente a escuridão total, pois Adolfo bateu a cabeça não sabe onde e perdeu a consciência.

Quando volta a si, não consegue aceitar o que vê. Sente claramente que está na cama em seu quarto, na casa da família, reconhece a atmosfera e os cheiros, e por isso desafivela o cinto de segurança e em meio àquele oceano de ruídos desce da cama de sua casa e passa pelos destroços do corredor atapetado de seu apartamento no Parque de los Aliados, para chegar à sala e avançar na direção da cozinha para beber água, porque sente sede, uma sede insaciável, mas depois de dar mais quatro ou cinco passos e estender a mão para pegar uma garrafa de água fresca, cai de bruços sobre a neve e a jarra se quebra em cacos de vidro. Ele levanta e se enterra até a cintura na neve macia, enquanto a nevasca e o vento gélido atingem seu rosto até o trazerem aos poucos de volta à realidade. Alguém o ajuda a subir de novo no tubo partido do avião, até sentar-se na borda. Reconhece o primo Daniel Fernández. Engatinha e procura um lugar em meio às pessoas e à confusão de poltronas e se encolhe, em mangas de camisa, com a calça toda rasgada, descalço.

Pouco depois alguém lhe dá duas camisas, um pulôver e outra calça. Adolfo veste tudo isso, enquanto procura seus primos e seus amigos mais próximos, que não sabe por que estavam com ele em sua casa. Acredita enxergar Coche Inciarte andando atrás de Canessa, lembra ter visto Daniel Fernández, mas não encontra Daniel Shaw nem Eduardo Strauch. Alguém ao seu lado murmura que está chegando gente pela montanha (que montanha?) e em seguida ouve gritos. Nesse momento, vê que ao seu lado está sentado o seu quarto primo, Eduardo Strauch, que pergunta onde eles estão e se já podem voltar para casa. "Daqui a pouco nós vamos", ele responde. "Deixa eu me recuperar um pouco e depois voltamos a pé."

A voz que Adolfo ouviu era de Carlitos Páez, que chamava por Carlos Valeta. Começa a vociferar com toda a força pedindo que se oriente, mas parecia que a comoção, somada ao bramido do vento, impedia-o de ver ou entender o que estava acontecendo, e ele continuou andando às cegas, buscando seus amigos, que estariam do outro lado do precipício em que havia caído. Carlitos Páez tentou se aproximar de onde o amigo tinha desaparecido, mas enterrou-se tanto na neve que não conseguiu mais avançar.

Pouco antes da sucessão de choques, Carlitos foi tomado por três pensamentos sobrepostos entre si: uma viagem que havia realizado com o pai ao Rio de Janeiro, na qual lera as instruções para o caso de aterrissagem forçada sugerindo colocar a cabeça entre os braços; uma rápida sequência de imagens dele com a família; e a necessidade de acertar as contas com Deus. E para dar conta desses pensamentos começou a rezar, primeiro o pai-nosso, mas como achava que o fim estava muito próximo e essa oração era longa demais, trocou-a pela ave-maria, mais curta e apropriada, achava ele, para os poucos segundos que lhe restavam de vida. Concluiu a oração no exato instante em que o avião parou e todas as poltronas foram para a frente como que impulsionadas por uma força sobrenatural. Carlitos caiu sobre seus amigos mais íntimos e companheiros de geração, do grupo dos mais novos: Diego Storm e Gustavo Nicolich. Os três conseguiram se livrar das poltronas e dos ferros retorcidos, ajudando-se uns aos outros, surpresos com o fato de estarem ilesos, e dirigiram-se para trás. O primeiro que Carlitos encontrou foi Roberto Canessa.

— Não morreu ninguém? — perguntou.

Canessa fitou-o com olhos lúgubres.

— Isso é um desastre — sussurrou.

Carlitos levou um susto ao ver o braço do corpulento Antonio "Tintín" Vizintín sangrando profusamente. Avançou para a beirada da abertura e saiu; do lado de fora encontrou o amigo Bobby François fumando um cigarro.

— Apaga esse negócio. Estamos cercados de querosene — advertiu Carlitos.

— Dá na mesma — retrucou o outro com serenidade, como se não fosse uma vítima da catástrofe.

Carlitos subiu de volta no tubo partido e levou um susto ao ver que outro companheiro seu, da mesma geração, Roy Harley, estava todo coberto por um líquido azul.

Para Roy Harley, o voo passou de um extremo a outro. Da total falta de consciência no trecho entre Buenos Aires e Mendoza, um dia antes, quando os jovens tentavam balançar o avião ficando todos de um mesmo lado só para assustar os pilotos, que saíam da cabine fazendo gestos severos, ao extremo oposto. Nesse momento lembrou o que havia escutado no dia anterior, quando um dos tripulantes os repreendeu por causa da imprudência de tentar inclinar um avião em pleno voo: "Nós temos sete vidas, como os gatos", respondeu alguém lá do fundo.

No dia seguinte o clima era completamente outro. Roy recorda com exatidão o momento das profundas zonas de turbulência, quando o avião rangia como se fosse partir ao meio. Aqueles jovens irresponsáveis que tentavam inclinar o avião no dia anterior se transformaram em garotos com medo de fantasmas, pensou Roy. Como ele estava amarrado com o cinto de segurança quando o aparelho se cravou na neve e freou, sua poltrona se projetou sobre a massa informe da parte dianteira. Abriu os olhos e impressionou-se ao comprovar que, apesar das dimensões do desastre, as luzes do teto do avião continuavam acesas. "Se vejo luzes é porque estou vivo; gastei uma vida, mas ainda me restam seis", pensou. Tentou libertar o pé que estava preso entre os ferros, mas, por mais força que fizesse, não conseguia tirá-lo. Entrou em pânico, porque começou a achar que a fuselagem iria explodir a qualquer momento, já que havia combustível espalhado por todos os lados. Por fim deu um puxão que lhe rasgou a pele e, sem o sapato, com a meia esfarrapada, conseguiu sair, em mangas de camisa. Viu a cena surrealista de seu amigo Bobby François fumando um cigarro tranquilamente, olhando para a cordilheira sem fim ao norte. Percebeu então que, além de aturdido, estava todo empapado, mas não era da chuva ou da neve que o atingiam, e sim de um líquido viscoso que provinha do avião. Tremeu por inteiro ao perceber que estava coberto de combustível e que a qualquer momento poderia arder em chamas. Mas como sentia muito frio, esqueceu-se do fogo, voltou a subir na carcaça e, exausto, deixou-se cair sobre a parede metálica, no momento em que Canessa apareceu e disse: "Você está azul". E Roy pensou, por um instante, que talvez a morte fosse azul.

Gustavo Zerbino e Moncho Sabella saem dali e, apoiando as mãos no teto, estendendo três almofadas das poltronas na neve para não se enterrarem, dirigem-se à parte dianteira, dão dois passos e colocam a terceira almofada na frente. O nariz ficou virado para dentro do próprio avião, compondo uma massa disforme em que só se distingue a roda esmagada em forma de oito. O copiloto Dante Lagurara ocupa a posição da esquerda, de comandante do voo. Como no impacto final todos os instrumentos a um metro de seu corpo se cravaram em seu peito, ele está como que pregado no assento. Os para-brisas se quebraram e a cabine está toda coberta de neve.

Quase sem voz, o copiloto responde às perguntas formuladas por Moncho, repetindo recorrentemente duas palavras: "Passamos Curicó, passamos Curicó". Depois, sussurrando, pede água. Sabella põe neve em sua boca. Lagurara pede para darem um tiro nele com um revólver Smith & Wesson calibre 38 que trazia guardado numa maleta, atrás da poltrona, enquanto murmura "Que desastre! Que desastre que eu causei!". Moncho consegue retirar uma almofada que está no encosto da poltrona, a fim de diminuir a compressão. O fêmur do copiloto tinha saído pelas costas.

Quando sentiu que não conseguia dar mais nenhum passo — a pressão atmosférica era muito baixa —, com as mãos e os braços cobertos com o sangue de todos os feridos e moribundos que tinha socorrido, Roberto Canessa dirigiu-se até a outra extremidade do aparelho. Zerbino estava consolando alguém muito ferido e não sabia onde estavam Storm e os outros. Numa de suas inúmeras idas e vindas pela carcaça do avião partido, Roberto havia descoberto um tecido que formava uma espécie de rede, onde poderia deitar e descansar, para recuperar as forças, porque o trabalho que tinha pela frente, quando a luz voltasse, era enorme. Mas quando chegou lá viu que outra pessoa tivera a mesma ideia. Até hoje ele guarda a lembrança, como se não se tratasse dele próprio e como se os observasse de longe, de dois jovens desconhecidos caídos numa rede paraguaia improvisada em meio a uma catástrofe, agitados pelos calafrios, abraçando-se para não morrer congelados, naquela que seria a segunda pior noite de sua vida. O jovem a quem se abraçava era um total desconhecido para ele: Coche Inciarte.

4. A contagem regressiva
Coche Inciarte*

Eu tinha definido que iria morrer na noite de Natal, em 24 de dezembro. Setenta e três dias depois de ter caído na montanha. Faltava pouco tempo. Como havia escrito numa caderneta tudo o que faria se conseguisse sobreviver, quando percebi que a expedição final estava fracassando, pois só havia comida para dez dias, que terminariam em 22 de dezembro, disse a mim mesmo: vou dar mais dois dias de prazo e morro no dia 24.

Adivinhando a minha intenção, Adolfo Strauch, que naquele momento cuidava de mim como uma mãe, porque eu tinha deixado de lutar e passava o tempo todo deitado na fuselagem, disse que não iria me deixar fazer isso. Mas era tão fácil enganá-lo e deixar-se morrer!

Ao mesmo tempo, o fato de ter estabelecido um prazo me dava certa serenidade. Naqueles dias ninguém se falava no avião, as mentes estavam se dispersando, e aquela alegria de acordar todas as manhãs e ver que respirávamos esmorecia pouco a pouco. Víamo-nos nos rostos dos outros, que funcionavam como espelhos. Víamos os nossos olhos fundos, a expressão abatida, e no fundo da íris era possível enxergar o fim. Por isso, se nossos amigos não aparecessem no domingo, 24 de dezembro, eu diria um adeus solitário, seria uma despedida mental, e me deixaria levar, lentamente, como na noite da avalanche.

No dia 18 dei início ao lento processo da minha morte. Perdi completamente o apetite, a comida me dava náuseas, eu distribuía para os outros a minha minúscula ração de carne, enquanto Adolfo Strauch me repreendia com o olhar, o que fazia com que a devolvessem para mim, mas eu voltava a dispensá-la escondido.

Para agravar a situação, depois da avalanche do domingo, 29 de outubro, minha perna tinha infeccionado, estava gangrenada e eu não conseguia mais andar. Passei a depender dos outros. E eu mesmo tive de operar a perna gangrenada. Estava no quinto ano da faculdade de agronomia e senti que talvez pudesse fazer aquilo melhor do que Roberto Canessa — apesar de toda sua disposição, ele estava apenas no segundo ano de medicina —, que queria abrir o meu abscesso com o gume do machado que encontramos no avião. Mas ele já tinha feito coisas demais. Peguei uma gilete e fiz uma incisão, pela qual saiu toda a substância da gangrena e consegui salvar a perna, embora não pudesse caminhar e tivesse me transformado num inválido.

Durante os dias 19 e 20, minha transição rumo à morte avançava. Como me encontrava à beira da inanição, furúnculos purulentos começaram a se formar nas pernas devido à falta de defesas do organismo.

Consegui observar a vida à distância, fiz a mim mesmo perguntas que nunca havia formulado, cheguei a conclusões que não conhecia e descobri que essa nova perspectiva é indelével, porque me acompanha até hoje, 36 anos depois. Minha vida se apagava de forma paralela a como eu imaginava que se apagava a esperança da nossa última aposta: Nando e Roberto em uma longa marcha atravessando aquele branco infinito. Porque, com o relato de Tintín, agora eu imaginava o que eles estariam vendo, aquele horizonte de montanhas, e por mais inquebrantáveis que fossem as suas almas, seus corpos eram falíveis e estavam se exaurindo. Isso na melhor das hipóteses, se ainda continuavam vivos, se já não tinham morrido numa greta qualquer, congelados, ou se perdido na neblina.

Na quinta-feira, 21, eu já não conseguia nem me levantar, fazia minhas necessidades ali mesmo, embora isso fosse o que menos me incomodava, pois havia dois meses que não tirava as várias calças que usava. Passei aquela noite, curiosamente, repensando tudo. Naqueles últimos dias de moribundo, tinha aprendido que a vida é algo que se deve merecer, que não se ganha de presente, e que para merecê-la é preciso dar alguma coisa, afeto fundamentalmente, como fizemos com os amigos vivos e mortos durante todos aqueles dias. E pensava nisso tudo porque me preparava para morrer, estava cada vez mais perto da hora, a exatamente três dias. Eu contava os minutos. Tudo tinha terminado rápido demais, mas valera a pena. Que ironia quando na manhã seguinte surgiram as notícias da chegada de Nando e Roberto! Fico tão emocionado ao me lembrar disso que meus olhos se turvam quando penso, quando rememoro que eu tinha dado a eles mais dois dias de prazo para morrer e que no fim eles chegaram, contrariando toda a lógica, e eu não morri.

Naquela madrugada abri os olhos e vi os reflexos do amanhecer gelado. Daniel Fernández já não estava ao meu lado, pois saíra ainda na escuridão, como fazia todas as manhãs, pouco antes do alvorecer, congelando-se, coberto de geada, para ouvir aquele rádio miúdo e inverossímil que nos conectava a um mundo no qual ninguém acreditava, embora estivéssemos atentos ao que dizia. Eduardo Strauch e Álvaro Mangino também não estavam no avião. Fecho os olhos para não ver o cenário funéreo da fuselagem, onde tantos já tinham passado de um estado para o outro, mas ao reabrir as pálpebras dou com Daniel Fernández na beirada do avião, trazendo no rosto uma expressão completamente diferente daquela que víamos todos os dias, a ponto de parecer outra pessoa, com os olhos brilhando, como se tivesse rejuvenescido dez, vinte anos.

Desde meados de dezembro, a neve que sustentava o avião tinha derretido e o aparelho sustentava-se apenas sobre uma base de gelo que não derretia devido à própria sombra da fuselagem, ficando por isso em um nível mais elevado. Tínhamos de pular para entrar e sair, diferentemente dos dias anteriores, quando era preciso subir na neve para sair da fuselagem. Daniel estava encostado no avião, o corpo mais para baixo, agarrando-se nas beiradas, quando começou a gritar feito louco: "Nando e Roberto apareceram! Eles chegaram!". Puta que pariu. Olhamos boquiabertos uns para os outros. Como figuras doentias, nos erguemos, incrédulos, e nos abraçamos chorando, mas o avião começou a balançar sobre a frágil base em que se apoiava, e como estava numa ladeira pensamos que ia cair e girar na direção do vale. Ficamos então quietinhos, como que paralisados, e em silêncio nos encolhemos, como se quiséssemos pesar menos do que pesávamos e, engatinhando, fomos saindo dali. Chegando à beirada, saltamos para fora, um de cada vez, e aí sim liberamos uma emoção que estava represada havia 71 dias e rolamos na neve, beijamos uns aos outros. Em meio à algazarra e à gritaria, passamos de mão em mão o último tubo de creme dental que nos restava, e que usávamos como sobremesa, e limpamos os dentes, que tinham se transformado em teclas escurecidas que se mexiam quando tocadas, pois com escorbuto a gengiva tinha subido, e os dentes se moviam tanto que pareciam que iam cair. As gengivas sangravam, mas mesmo assim nos limpamos, o gosto dentro da minha boca mudou, e aos poucos teve início uma nova metamorfose.

Sem ter falado previamente a respeito, começamos a agir como na sociedade prolixa e civilizada e trocamos entre nós os nossos casacos, para que cada um tivesse o seu, a sua propriedade, e às nove da manhã eu estava sentadinho no lado leste da fuselagem esperando os helicópteros, pois haviam anunciado no rádio, além da chegada de Nando e Roberto, que os helicópteros estavam se preparando para partir à nossa procura.

    Exatamente às 12h45, conforme o relógio que conservo até hoje, ouvimos um som que nunca havíamos escutado, por trás do gigantesco paredão montanhoso, a oeste, mas por causa do vento ele imediatamente cessou. Parecia aqueles primeiros dias, quando discutíamos entre nós se tínhamos ouvido um avião ou se era o vento, uma avalanche, ou se na verdade era o bendito som com o qual sempre sonhávamos, as hélices de um helicóptero chegando para nos pegar. Ficamos olhando para o céu, procurando, procurando. Passaram-se vários minutos, e nada. Seria mais uma alucinação da nossa parte? Até que alguém gritou "Estão chegando!". Olhei para a montanha alta e não vi nada. "Estamos todos ficando loucos juntos", pensei. Mas quando virei a cabeça para olhar para a pessoa que tinha gritado, e que tinha dificuldade para permanecer de pé, vi no vale ao leste, ou seja, do outro lado, dois pontinhos pretos, dois pontinhos pretos que se moviam em meio às balizas estáticas daquela paisagem monótona que já conhecíamos de cor, e que vinham em silêncio. Mas por que não faziam nenhum barulho? Seria mais uma armadilha preparada por nossas mentes transtornadas? Por fim identificamos as formas dos helicópteros, estavam agora bem mais próximos, e aí sim rompendo estrepitosamente o silêncio com seus motores a toda, sobrevoando acima de nós, e eu enxergava pessoas nos saudando e identifiquei Nando, e aquele som dos motores foi como um hino à vida que ainda hoje evoco, e toda vez que o escuto começo a chorar com a mesma intensidade daquele dia 22 de dezembro de 1972.

    Não sei como consegui chegar até onde um dos helicópteros tinha descido, nem como um dos socorristas, que já estava na neve, me pegou como se eu fosse um saco e me jogou para dentro do aparelho, que permanecia a certa altura, pois não podia pousar devido aos selvagens redemoinhos de vento e porque a superfície da montanha era inclinada. Tudo estava confuso, eu não sabia muito bem o que estava acontecendo, achei que todos tinham subido, mas não, nem todos. Veio então a decolagem difícil, pois o redemoinho fustigava o helicóptero, e eu me dizia "puta que pariu, eu vou morrer agora em vez de no dia 24", e de repente me lembro de um grande silêncio, depois o piloto, comandante Carlos García, explicando que uma corrente de ar quente está tirando o aparelho do vão entre as montanhas, e eu, sem entender nada do que ele dizia, fechei os olhos de medo, como na primeira noite na montanha, não sei por quanto tempo, muito, pouco, não sei. Porque quando voltei a abrir os olhos, a paisagem era colorida, com predominância do verde.

Mas antes disso, enquanto eu olhava para baixo e via a fuselagem cada vez menor, aqueles destroços na neve onde havia deixado tantas coisas, Deus, o ser humano nu de corpo, alma e mente, com o muito que havia perdido, meus amigos que continuavam ali, senti um aperto no coração. Os destroços do avião ficavam menores a cada segundo, junto com um Coche fragilizado que se arrastava ao seu lado, um rapazinho de 24 anos caminhando encurvado pela neve, procurando um canto para morrer, escondido, para que ninguém o impedisse. E hoje, sempre que subo à montanha faço as mesmas perguntas, as que se afirmam com os anos, quanto mais velho fico: "Como aqueles jovenzinhos fizeram para aguentar? Por que conseguiram?". E, essencialmente: "Para que fizeram isso?".

Após uma parada no vale perdido de Los Maitenes, eles me põem novamente no helicóptero e me levam ao hospital San Juan de Dios, no povoado mais próximo, San Fernando. Depois de me desembarcarem, tiram-me a roupa toda emporcalhada, me cobrem com uma manta, e quando me levam ao quarto número 1, chego a me ver no reflexo de um vidro, um esqueleto com vida, um fantasma sujo que se mexe, pensei. Logo chegou um médico para cuidar do meu pé, e no meio da conversa, enquanto eu não conseguia parar de falar o quanto achava deslumbrante aquele lugar, ele me perguntou, quase distraidamente, à medida que cuidava de mim, qual tinha sido a última coisa que eu tinha comido, pergunta clássica dos médicos, como se eu tivesse comparecido a uma consulta com hora marcada, numa clínica de Montevidéu. Com a maior naturalidade, respondi: "Carne humana". Ele continuou cuidando do meu pé como se nada tivesse acontecido, não percebi nenhuma mudança em sua atitude, nem no movimento de suas mãos que agora me faziam curativos. Mas fiquei sabendo mais tarde que depois de ter ouvido aquilo, ele não sabia mais o que estava fazendo, foi impossível se concentrar, simplesmente movia as mãos com o antisséptico para um lado e para outro, mas sua mente voava longe daquele quarto e daquele esqueleto barbudo que, alucinado, não fazia outra coisa senão elogiar as cores das paredes e a harmonia com que tinha sido construída aquela cama simples de hospital.

Minutos depois surgiu um padre muito magro e jovem: "Eu sou Andrés Rojas", apresentou-se. Assim que o vi entrar, levantei da cama, abracei-o, e uma torrente de palavras jorrou da minha boca contando tudo, enquanto ele tentava me acalmar. Quando quis me dar a comunhão, pedi primeiro para me confessar, mas ele me retrucou de forma bastante madura: "Você já confessou tudo desde que cheguei aqui". Quando recebi Deus através da hóstia, senti claramente que já O trazia dentro de mim, que Ele já vivia em mim, porque já sabia que esse Deus ou esse espírito superior existe e pertence a todos os homens, porque assim Ele se revelara em minha vida de moribundo.

No sábado, 23 de dezembro, parti de San Fernando rumo ao hospital Posta Central, no centro de Santiago, numa ambulância que levou duas horas para chegar. Estava acompanhado de meu irmão, que quando me viu pela primeira vez, algumas horas antes, me abraçou e permaneceu em silêncio, pois as palavras não conseguiam sair de sua boca. Na ambulância, eu viajava deitado na maca e meu irmão ia sentado ao meu lado. Depois daquela emoção silenciosa do encontro, entabulamos uma conversa muito terna, enquanto a ambulância avançava pela estrada. Meu irmão fazia perguntas sobre detalhes, algum nome, algum caso, e eu respondia, e depois fazia perguntas a respeito de Montevidéu, principalmente sobre a família e minha namorada, Soledad, pois, com exceção dele, ainda não tinha visto ninguém dos meus conhecidos. Até que em determinado momento, como por acaso, ele pergunta: "Cara, como vocês fizeram para sobreviver? Do que se alimentavam?". Ele fez a pergunta com muita espontaneidade, como se acabasse de perceber que faltava essa informação, já que antes tinha perguntado outras coisas, se minha perna doía, como era o frio, como foi o acidente do avião, como eu me sentia. Diante da nova pergunta, contei a verdade, no estilo direto com que estávamos nos comunicando: "De carne humana". "Ah, sim, é claro", ele respondeu, e ficou em silêncio por tanto tempo que me ergui para vê-lo e percebi que estava desmoronando. Ao vê-lo assim, pálido como uma folha de papel, perguntei: "Você está passando mal?". "Sim, estou enjoado, deu uma revirada no estômago", respondeu, e percebi que ele ia desmaiar. Então me levantei da maca e coloquei-o deitado no meu lugar. Assim chegamos a Santiago, e quando os enfermeiros do hospital Posta Central abriram a porta da ambulância, viram um rapaz muito pálido, deitado, os olhos fechados, e um outro, demasiadamente magro, com os lábios ressequidos e uma barba muito longa ao seu lado, consolando-o e segurando sua mão, e então se entreolharam perplexos porque não sabiam qual dos dois deveriam deitar na maca para transferir com urgência para a Unidade de Terapia Intensiva, como estava indicado nas instruções do médico que viajava na cabine: o barbudo esquelético ou o outro, quase desmaiado? Ergui um dedo, eles entenderam que era eu, e assim fui parar na UTI, onde reencontrei Roy Harley, Álvaro Mangino e Javier Methol. Juntos, mais uma vez passamos a noite em uma cápsula, bem mais equipada do que a UTI improvisada na fuselagem.

Mesmo naquele lugar estranho, conectado aos monitores, com os sons dessincronizados e aquelas linhas verdes se desenhando na tela, tive a impressão de ver, em meio a todas as luzinhas que ficavam acesas ali, a estrela que me acompanhou durante as noites no avião, com minha mãe e minha namorada Soledad no pensamento. Isso acontecia quando se dormia do lado direito da fuselagem e se enxergava através das sete janelinhas ovais do avião que ficavam mais acima, no lado esquerdo. Era uma estrela muito brilhante, que levava aproximadamente uma hora para passar de uma janelinha para a outra. O mesmo ocorria quando havia lua cheia, e eu pensava no meu querido bairro de Punta Gorda, em Montevidéu, perto de Carrasco, porque sabia que minha mãe estava observando a mesma estrela no leste e a mesma lua. Era nesses momentos que eu me comunicava com ela, dizendo: "Eu estou vivo, mamãe, resista", a única mensagem que eu queria transmitir. Pouco depois minha mãe me contou: "De noite eu saía para caminhar, ia até uma extremidade de Punta Gorda, pelo canal, em frente ao mar, e via a lua e uma estrela muito brilhante, pensando em você".

Naquela noite do sábado, 23 de dezembro, minha mãe entrou na UTI e olhou para nós quatro, os internados. Mas, como estávamos muito parecidos, ela não conseguiu me reconhecer, não conseguia se convencer de que fosse eu. Até que a chamei fazendo sinais com a mão, e aí se deu um contato difícil de expressar, o contato físico de uma ilusão remota que se tornava realidade.

Minha namorada Soledad e minha mãe sempre acreditaram

que eu estivesse vivo. Soledad chegava a me visualizar com nitidez, me via muito magro, andrajoso e com medalhinhas no pescoço. Um dia antes, no hospital de San Fernando, uma freira entrou no meu quarto e sem me consultar pendurou uma corrente com medalhinhas no meu pescoço, que eu não tirei. Quando minha mãe finalmente me reconheceu na UTI, com aquele aspecto esquelético e o pescoço coberto de medalhinhas, ficou muito impressionada, pois era exatamente daquele jeito que Soledad tinha me imaginado. Então ela disse esta frase, que tanto me emociona: "Pari você duas vezes, filho, só que desta vez eu sofri e me alegrei muito mais do que na primeira".

Na noite em que cheguei a Montevidéu, minha mãe pediu ao meu irmão, com quem eu dividia o quarto, que mudasse de aposento, e deitou-se na cama ao lado da minha. Eu não conseguia conciliar o sono, porque estava acostumado a não dormir, apenas a cochilar na fuselagem, tanto para não me congelar quanto devido ao insuportável desconforto. Passei o tempo fumando folhas de tabaco, enquanto minha mãe me observava na escuridão. No escuro, iluminado apenas pela brasa do cigarro, eu fazia desenhos a carvão em um monte de papel que tinha deixado ao meu lado. Não sabia o que queria desenhar, mas não conseguia parar de fazer aquilo. O que surgia eram sempre as cenas da montanha. Até que quatro dias depois, no dia 1º de janeiro, numa única noite de insônia e de trabalho frenético, eu fiz toda a sequência da montanha, desenhos que conservo até hoje e que culminam com a chegada dos helicópteros.

Quando ficamos durante três dias soterrados sob a neve depois da avalanche, estabeleceu-se um antes e um depois, separando duas histórias distintas. Quando finalmente conseguimos sair, a paisagem era outra, as pessoas eram outras. Éramos oito a menos, mas com um a mais, e esse "um a mais" imaterial nos alertou que tinham se acabado todas as mesquinharias da sociedade "civilizada". Foi aí que estabeleci um contato muito mais próximo com uma força superior. Não me tornei mais cristão nem menos cristão, mas simplesmente passei a acreditar mais na existência de um mesmo Deus para todos, que se expressa através do homem, no altar da natureza. É fácil ser descrente na planície, mas é impossível não acreditar quando se está sozinho com a montanha.

Houve uma mutação, pois tudo o que fizemos depois da avalanche se destinava a atingir a meta de retornarmos para casa. Foi inteligente a forma como nos organizamos e foi adequada a maneira como nos contivemos mutuamente para não enlouquecer. A ideia dos expedicionários foi uma decisão muito sábia que não tem dono. Sabíamos que Nando queria sair e achávamos que ele precisava de ajuda. E ele escolheu Canessa e Vizintín. Não consigo imaginar equipe mais apropriada. Mas o projeto foi do grupo. Quem decidiu? Todos. O "um a mais" que apareceu depois da avalanche nos tornou mais perspicazes, nos mostrou a partir de nossas próprias mentes como as coisas teriam de ser feitas, e conduziu os expedicionários pela mão para que conseguissem atravessar a cordilheira. Alguém poderia dizer: "Isso são suposições, Coche". Pois então analise e avalie os fatos para ver se não chega às mesmas conclusões. Eu enxergo outras pegadas ao lado das dos expedicionários quando eles realizam a última travessia. Sei que os fatos apontam para outra coisa, que se trata de uma proeza do homem e só, mas em minha mente vejo essas outras pegadas. E Nando ainda entra no helicóptero e nos encontra, no meio do nada, distinguindo o vale e aquelas rochas que trazia guardadas na memória. Será que o "um a mais" não estava naquele helicóptero?

Toda a equipe funcionou como um organismo novo e muito eficiente. Os três primos Strauch, que devido ao seu parentesco tinham uma coesão de clã dentro do grupo, transformaram-se numa referência tranquilizadora, que coordenava, cuidando de todos nós por igual. Mas todos foram, à sua maneira, fundamentais. Os contundidos derretiam neve para fazer água, outros cortavam carne, outros planejavam. Fomos costureiras de saco de dormir, fomos mães, pais, enfermeiros. Creio que o meu papel foi de contenção psicológica: com uma perna ferida, era o que eu podia fazer, segurar os outros, para conseguir resistir até o dia seguinte. Nos Alcoólicos Anônimos se diz: "Hoje não eu vou beber, amanhã vamos ver", uma fórmula que você repete para si mesmo todos os dias. Fui a várias reuniões dos Alcoólicos Anônimos, pois estava bebendo demais e dizia exatamente isso: "Hoje não eu vou tomar nada". Por isso é que na montanha deixamos separadas as balas do revólver do piloto: hoje eu não vou fazer nenhuma loucura, vamos ver se amanhã estaremos vivos.

Anotei num caderninho tudo o que queria fazer se conseguisse sair vivo dali. Pedia a Deus que me ensinasse a preencher o vazio imenso que se abrira em nós, um vazio metafísico que não pode ser preenchido com banalidades nem com conquistas materiais. Lá em cima, na mais absoluta miséria, encontrei a resposta, aprendi como preencher esse vazio, e anotava o que iria fazer se sobrevivesse, como ia preencher aquele vazio sem cair nas tentações fáceis e fúteis da sociedade convencional. Nesses anos todos que me couberam viver, creio que cumpri alguns dos deveres com os quais me comprometi, escritos nesse caderninho que trago sempre ao meu lado, porque ele me impede, até hoje, de perder o rumo. É a bússola toda amassada que nos acompanhava na montanha.

Casei-me oito meses depois de ter saído. Teria feito isso já no mês seguinte, pois era o que encabeçava a minha lista de afazeres, mas não tinha condições físicas, tinha perdido metade do peso e, por determinação médica, precisei de oito meses para me recuperar. Depois de um ano nasceu meu primeiro filho, segundo ponto na lista, que me proporcionou um dos momentos mais vibrantes que conheci em toda a minha vida. E depois uma filha, em seguida o terceiro, e com eles crescidos, criados, e com várias outras coisas que eu mesmo me impusera, pude escrever a palavra "fim" na última página desse caderninho que preenchi com a letra trêmula por causa do frio e do medo, na fuselagem do F571.

Na cordilheira eu só pedia meia hora para estar com minha família, com minha namorada, para contar as novidades que tinha aprendido, porque me pareciam transcendentes demais para morrerem comigo. Meia hora era o suficiente para expor a minha descoberta: que o amor não se divide, mas se agiganta. Porém não me deram esses minutos que eu pedia, e afinal tive 36 anos para contar tudo.

Quando voltamos a Montevidéu, no começo foi muito difícil conviver com a questão de ter comido corpos de amigos mortos, pois trazemos os tabus escondidos dentro de nós, ainda que se acredite ter superado e resolvido o assunto. E embora a sociedade não fique lembrando isso a toda hora, acaba sempre por assinalar esse fato indiretamente. Se por um lado tratou-se de uma íntima comunhão entre os homens, uma entrega amorosa para que outros continuassem a viver, em termos práticos, lá em cima, tínhamos de cortar e comer tudo, e essa imagem é violenta demais. Nas palestras que faço sobre os Andes sempre me perguntam quais partes comíamos, e eu respondo: todas. Às vezes brincávamos: "Não vá morrer você, que está magro e ossudo demais". Em dezembro chegávamos a fazer apostas de humor negro, sobre quem morreria primeiro, e posso falar, pois era um dos candidatos preferidos, com minha estampa cadavérica. Fiquei sabendo até que em determinado momento eu liderava as apostas, era o "favorito", como no turfe, mas isso não me incomodou. "Se ganharem comigo, não vou servir para muita coisa", eu brincava com meus amigos, exibindo as minhas costelas descarnadas. Mas o outro que "competia" comigo não gostou e pediu que não brincassem mais com aquilo, e as apostas acabaram imediatamente. De qualquer maneira, ninguém teria ganhado nada, pois nós dois sobrevivemos.

Até 2002 vivi em silêncio, com minha dor e minhas lembranças. Mas o aniversário de trinta anos do acidente representou um ponto de inflexão, porque me dei conta de que o que não se diz provoca dor e que falar cura. Passei a acreditar que contar a minha verdade me faria bem, porém nunca imaginei que faria bem para os outros escutá-la. É uma forma de medir o tempo: 71 dias é muito para passar tão mal, e trinta anos é tempo demais para manter o sofrimento escondido.

Há poucos anos retomei a pintura, depois daqueles desenhos que comecei a esboçar na noite de 28 de dezembro de 1972, com minha mãe observando na penumbra como seu filho, com uma brasa de cigarro movendo-se da boca para a mão esquerda, desenhava freneticamente, buscando alguma coisa que não tinha como encontrar. Os motivos por que pinto são variados, mas inconscientemente, sem querer, sempre volto a criar uma mesma cena: um grupo de rapazes com os braços esticados, na montanha gelada, com dois helicópteros vindo do vale. Desenho a cena, volto a pintar, mas o mais curioso é que toda vez que conto os rapazes, que nunca sei se estão recebendo os helicópteros quando chegam ou se estão se despedindo quando eles partem, conto-os e volto a contar, e com lágrimas nos olhos sempre descubro que são mais do que dezesseis.

* Coche Inciarte nasceu em 1948. Está casado com sua namorada da época, Soledad, com quem teve três filhos. Formou-se engenheiro agrônomo e depois de dirigir várias empresas, algumas delas familiares e também a principal cooperativa de laticínios do Uruguai, resolveu abandonar tudo para se dedicar à pintura e a falar sobre os Andes.

Às vezes, quando está sozinho com a mulher, os dois escutam a gravação feita pelo padre Andrés Rojas, aquele que foi visitá-lo no hospital de San Fernando, o primeiro caso de um padre recém-ordenado e o primeiro contato de Coche com a vida. E se surpreendem, todas as vezes, com aquela voz irreconhecível, a voz de um Coche muito jovem que chega como que do além, de uma dimensão distante, para dizer algo semelhante ao que ele pensa hoje, 36 anos depois: "Lá em cima muitos companheiros tiveram de tocar o céu. Tudo me afetou muito de perto. Peço para não voltar ao que era antes. O ensinamento que extraí é que não existe nada melhor e que proporcione mais tranquilidade de espírito do que se dedicar ao outro, este é o principal aprendizado que recebi, e com ele me sinto em paz".

5. O adeus

Eduardo Strauch chegou ao Aeroporto Internacional de Carrasco, em Montevidéu, às sete e cinco da manhã de 12 de outubro de 1972, na companhia dos primos. Assim que subiu para o segundo andar, onde tinha de apresentar os documentos no balcão da Força Aérea, viu o capitão da equipe, Marcelo Pérez del Castillo, junto a um telefone discando ansiosamente. Ele estava tentando localizar o único que ainda não tinha chegado: Tito Regules.

Tito havia passado a noite na farra no cassino do Hotel Carrasco, tinha dormido tarde e, sem perceber, desligou o despertador. Ter dormido foi o que o salvou da tragédia. Embora, 21 anos depois, o fato de dormir tenha acabado por matá-lo. No verão de 1993, viajando pela região de Rocha, no litoral uruguaio, com destino ao balneário La Paloma, no volante de um carro que estava com o para-brisa quebrado e que seria trocado em Punta del Este, ele adormeceu, e seu carro se chocou com a traseira de um caminhão. Faleceu na hora.

Por outro lado, Graziela Mariani deveria viajar naquele mesmo dia, com urgência, para Santiago do Chile. Tinha uma reserva em um voo da Lan Chile naquela tarde, mas sabendo que um avião militar fretado sairia mais cedo, madrugou e dirigiu-se ao aeroporto para tentar a sorte. Quem sabe não haveria um lugar desocupado, o que lhe permitiria ganhar meio dia em Santiago e economizar a diferença no preço da passagem, que custava menos da metade. O motivo que a fazia ter pressa era muito importante: sua filha se casaria no dia seguinte.

Quando a sra. Mariani se aproximou do balcão com uma sacola, Marcelo disse que ainda não tinham conseguido resolver a questão da passagem de Tito Regules, cujo lugar provavelmente ficaria desocupado. Pouco depois, confirmaram a boa notícia: sim, havia uma vaga livre no Fairchild, e a sra. Mariani então trocou o seu lugar num voo de linha para embarcar no turboélice bimotor da Força Aérea com um pitoresco grupo de jovens bagunceiros.

Eduardo Strauch Urioste, 25 anos, pertencente ao grupo dos mais velhos, foi o que esteve mais próximo de não viajar naquele 12 de outubro. Saiu de sua casa no Parque de los Aliados, um bairro residencial próximo ao centro, no carro da família, dirigido por seu irmão Ricardo. Passou para pegar os três primos, que também iam viajar: Daniel Shaw Urioste e Adolfo Strauch Urioste (este, primo por parte de pai e mãe), que moravam perto de sua casa, e Daniel Fernández Strauch, alguns quarteirões mais adiante, todos do grupo dos mais velhos. Envolvido na conversa sobre as peripécias pelas quais Daniel tivera de passar para poder viajar, esqueceu-se de alguns detalhes que o fizeram amaldiçoar a si mesmo poucos minutos depois. Quando chegaram ao aeroporto, Eduardo, que vestia uma jaqueta azul-marinho, nova, em cujo bolso interno deveria estar a carteira com o dinheiro e seus documentos, enfiou a mão ali para tirar o passaporte e levou um susto.

— Cacete! Esqueci o dinheiro e os documentos! — exclamou.

Daniel Fernández, sem hesitar, desceu aos pulos até o térreo e correu para o estacionamento antes que o irmão de Eduardo,

Ricardo, partisse de volta com o automóvel. Conseguiu pegá-lo na saída do estacionamento.

— Você tem meia hora pra ir até a sua casa, encontrar a carteira e os documentos do seu irmão e voltar aqui antes que o avião decole! — gritou.

A carteira com a identidade e o passaporte chegou às 7h57, oito minutos antes da decolagem do Fairchild.

O assunto que tinha mobilizado as atenções de Eduardo, Adolfo, Daniel Shaw e Daniel Fernández no carro que os levava ao aeroporto foram as curiosas hesitações do pai de Daniel Fernández, Juan Manuel, que não gostava da ideia de eles atravessarem a cordilheira dos Andes num pequeno bimotor da Força Aérea. "Na verdade, isso não me agrada nem um pouco", repetia, cada vez com mais veemência, à medida que o dia da viagem se aproximava.

O Old Christians tinha fretado o Fairchild F-227, registrado com o número 571, de 45 lugares. Como o preço era fixo, quanto mais passageiros conseguisse, mais baratas sairiam as passagens, de modo que, além dos integrantes da primeira divisão do time amador do Old Christians Rugby Club, completou-se a viagem com familiares, amigos e amigos de amigos.

Daniel Fernández, que em 72 já tinha deixado o colégio havia dez anos e que não jogava rúgbi desde então, foi convidado pelo primo Eduardo, amigo íntimo e colega da faculdade de arquitetura do capitão do Old Christians, Marcelo Pérez del Castillo. Não teve muito trabalho para convencê-lo, pois se tratava de uma oportunidade excepcional, de aproveitar o feriado de 12 de outubro, do Descobrimento da América, para viajar ao Chile sem gastar muito dinheiro. Devido à confusão que se vivia nos últimos meses do governo socialista de Salvador Allende, o dólar valia no mercado negro dez vezes mais do que no oficial. Assim, com poucos dólares eles poderiam viver como milionários, pelo menos por quatro dias.

Usando o mesmo argumento, Eduardo convenceu os outros dois primos, Adolfo Strauch e Daniel Shaw.

Daniel Fernández pretendia financiar a viagem com o dinheiro obtido a partir de um pequeno negócio que havia montado na fazenda do pai, criando porcos, os quais já tinha vendido mas cujo pagamento ainda não recebera. Tinha-os comercializado perto da fazenda, na localidade de Montes, em Canelones, nas proximidades de Montevidéu. Como o comprador ainda não tinha mandado o dinheiro, Daniel pediu ao pai que passasse por lá para cobrá-lo antes de retornar à capital, dois dias antes da viagem. Curiosamente, Juan Manuel Fernández, homem organizado e metódico, esqueceu-se, pela primeira vez na vida, de um pedido do filho. Daniel não conseguia acreditar que por causa de um pequeno lapso acabara ficando sem o dinheiro. Por um momento chegou a pensar em cancelar a reserva, mas logo depois rebelou-se contra o que parecia uma negligência do pai e pediu dinheiro emprestado à irmã mais nova, Ana Inés. Ela hesitou, pois também havia interpretado que o esquecimento do pai não tinha sido um acaso, mas no fim acabou cedendo aos apelos reiterados do irmão. Durante os 72 dias que se seguiram, Ana Inés Fernández vivenciou o maior arrependimento de sua vida: acreditou que por sua culpa, por ter concordado em emprestar o dinheiro a Daniel sem respeitar a premonição do pai, o irmão havia morrido na cordilheira dos Andes.

Outro organizador da viagem foi Eduardo Strauch. Seu objetivo não era tanto o rúgbi, mas a viagem em si, incluindo a possibilidade de esquiar na pré-cordilheira chilena. Para isso, instalou-se durante dez dias no sótão de seu amigo de infância Marcelo Pérez del Castillo.

Eduardo acredita que, até então, a bolha dentro da qual vivia a maioria dos companheiros do Old Christians ainda não tinha estourado. Era uma cápsula isolada e alheia ao que se passava naquele ano, 1972, em um mundo que parecia desmoronar, oito meses antes de os militares apoiados pelo presidente constitucional darem um golpe de Estado instituindo uma ditadura militar que durou onze anos.

Esse ambiente tumultuado que o Uruguai vivia foi que permitiu, indiretamente, que outro primo de Eduardo, Adolfo Strauch, também viajasse. A universidade tinha aderido a reivindicações setoriais de todos os tipos e entrado em greve por tempo indeterminado. Assim, Adolfo, que como Daniel Fernández e Coche Inciarte também estudava agronomia na cidade de Paysandu, teve de voltar para Montevidéu, ficando sem nada para fazer. Foi justamente nessa circunstância que Eduardo, alojado no sótão de Marcelo, os convidou.

A paralisação das aulas contribuiu também para que viajasse junto o casal Methol, convidado por Pancho Abal, seu primo e jogador do primeiro time do Old Christians.

Pancho Abal, 22 anos, pertencente ao grupo intermediário, era o mais exuberante de todos os que chegaram ao aeroporto. Vindo de uma família rica, carismático e inteligente, muito bem-apessoado e com um olhar nostálgico e distante que atraía as mulheres, chegou atrasado e sorridente. Cumprimentou seu amigo íntimo de então, Nando Parrado, e viu o casal que ele próprio havia convidado, um casal mais velho do que o restante, ele com 36 anos, ela com 34, que observava divertido a algazarra dos mais jovens. Ninguém os conhecia. Pancho apresentou-os aos mais chegados: "Javier e Liliana Methol. Todos vão gostar de vocês", disse.

Liliana estudara direito na juventude, tendo abandonado o curso havia vários anos. Pretendia retomar uma disciplina que deveria começar justamente na segunda-feira, 16 de outubro, mas a greve suspendeu o projeto. Esse pequeno incidente levou o casal a aceitar o convite de Pancho.

Nando Parrado, 22 anos, acordou mais cedo que nunca naquele 12 de outubro, com uma curiosa coceira no corpo. Seu pai, Seler Parrado, que costumava despertar ainda de madrugada, encontrou-o acordado ao entrar no quarto do filho. A seguir foi acordar os outros membros da família que também iam viajar: a esposa, Eugenia, e a filha mais nova, Susy. Pouco depois todos saíram em um dos três carros da família: um elegante Rover verde, inglês.

Quando chegou ao aeroporto, Seler Parrado beijou a mulher e os dois filhos e, sem muito estardalhaço, combinou de pegá-los ali mesmo na segunda, 16, às onze da manhã.

Às 8h05 o F571 decolou para Santiago, a 1500 quilômetros de distância, numa viagem que levaria aproximadamente três horas. No caminho, tinham de atravessar a cordilheira dos Andes, com uma altitude média de 4 mil metros, mas com picos como o Aconcágua, de 6962 metros, 1886 metros a menos que o Everest, no Himalaia.

Quando estavam chegando a Mendoza, nos contrafortes da cordilheira argentina, o comissário de bordo, Ovídio Joaquin Ramírez, saiu da cabine dos pilotos para informar aos passageiros que seria necessário fazer uma parada técnica.

Depois da aterrissagem, a tripulação comunicou uma informação que caiu como uma ducha de água fria: não havia condições meteorológicas para atravessar a cordilheira, motivo pelo qual passariam a noite em Mendoza, perdendo um dos quatro dias de viagem.

Na manhã seguinte, as condições nos Andes permaneciam instáveis. Os pilotos sabiam que atravessar a cordilheira à tarde era mais arriscado, pois é quando o ar quente das planícies argentinas se choca com o ar frio da montanha, causando fortes turbulências. E também porque é nessa hora que se levantam os furacões provenientes do oceano Pacífico.

Vários fatos precipitaram a decisão. Como se tratava de um avião militar, eles não podiam permanecer em um aeroporto estrangeiro por mais de 24 horas. Por essa razão, caso até o meio-dia não tivessem autorização para decolar devido às condições meteorológicas, seriam obrigados a voltar para Montevidéu. Pouco antes de o prazo se esgotar, aterrissou um avião DC-3 avariado, vazando óleo pelas turbinas, sujando toda a pista. Quando o piloto desceu do aparelho, um homem de seus mais de cinquenta anos com um macacão marrom todo manchado, Gustavo Zerbino gritou-lhe do terraço do aeroporto: "Como está o caminho?". "Perfeito", respondeu o piloto, da pista. Então, Gustavo Zerbino, Roberto Canessa e outros entre os mais jovens começaram a brincar com os pilotos uruguaios, chamando-os de medrosos, já que aquele velho louco de macacão tinha atravessado a cordilheira, e eles com toda a tecnologia do mundo não se atreviam a fazer isso. A gozação e o começo de uma vaia desagradaram os militares. Depois de mais algumas consultas, eles anunciaram a Marcelo e a Daniel Fernández que partiriam em direção ao Chile.

6. Lenços na praça
*Daniel Fernández**

Um dia antes da partida, minha mãe havia feito a minha torta de morango preferida. Naquela noite eu disse a ela: "Guarda na geladeira, para eu comer na segunda-feira, quando voltar". E ali ela ficou. Guardada no congelador, intacta, pois ela não deixou que ninguém tocasse naquela torta. Quando voltei, em 24 de dezembro, mamãe tirou a torta do freezer como se fosse a coisa mais natural do mundo e me comunicou que a sobremesa estava servida, como eu tinha pedido. Enquanto comia, eu a observava e pensava: "O que foi que aconteceu, mamãe?".

Assim como minha mãe manteve sempre a certeza de que eu estava vivo, eu estava totalmente convencido de que me salvaria. Minha mulher, que naquela ocasião era minha namorada, me dizia que conversar com meu pai a deixava sempre muito deprimida, porque ele insistia em que o avião tinha se chocado com a cordilheira e que estávamos todos mortos: "A montanha de neve caiu em cima deles e não vamos mais encontrar ninguém". Mas de qualquer forma ele contribuiu para a esperança das mulheres, acompanhando-as quando procuravam algum adivinho ou coisas do gênero. Fazia aquilo de cara fechada, sim, porém ia junto, embora intimamente não pensasse em encontrar vida, mas apenas em localizar corpos em meio aos restos de um avião destroçado.

Em minha casa não havia um velório, mas sim uma espera angustiante. Uma das pessoas que vivia essa espera era minha namorada, Amalia. Para suportar melhor aquele adiamento eterno, ela vestia algum pulôver meu, ou usava um perfume meu, para estar mais perto de mim. Ia ao quarto e passava o meu Old Spice. Porém um dia ele acabou. E várias coisas coincidiram de modo inexplicável. Naqueles dias o grupo de esperançosos se aferrara às palavras de um adivinho, Gerard Croiset Jr., que em suas visões nos enxergava em diferentes lugares da cordilheira e transmitia isso às mulheres da minha família, enquanto papai as observava com uma profunda melancolia. O adivinho pedia um objeto pessoal de cada um de nós. Como minha namorada tinha uma prima que morava em Buenos Aires e que viajaria dali a alguns dias para a Holanda, onde Croiset vivia, levou para ela um objeto pessoal meu para ser entregue ao adivinho. Ao mesmo tempo, Amalia queria repor o perfume que tinha acabado e que só se encontrava em Buenos Aires. "Vou comprar um frasco para o Daniel, senão ele não vai ter o seu perfume preferido quando voltar", disse à sua mãe, que a acompanhou na viagem a Buenos Aires. E comprou o perfume. Ao acordar, na casa da prima, ouve um murmurar nervoso do lado de fora do quarto: "Contamos ou não contamos?". Ela pula da cama, abre a porta e dá de cara com a mãe e a prima, muito assustadas e espantadas, que contam que dois sobreviventes do avião da montanha tinham aparecido e que os dois diziam que havia outros no coração da cordilheira. Minha namorada ficou estupefata, não conseguia articular uma palavra. Uma hora mais tarde estava na balsa que as levaria de Buenos Aires a Colonia, atravessando o rio da Prata. Chegam ao porto de Colonia, no Uruguai, e dirigem-se ao ônibus que as transportaria até Montevidéu. Ao embarcar, percebem que todos falam sobre o mesmo assunto, os "mortos que ressuscitaram". O motorista estava com o rádio ligado a todo volume porque a qualquer momento aconteceria o que todos aguardavam desde cedo: a leitura na Radio Carve da lista com os nomes dos dezesseis sobreviventes, com todos os passageiros na expectativa, abandonando as poltronas para se aproximar do rádio. Então a mãe da minha namorada se levanta e diz ao motorista, em voz baixa: "Eu vou pedir um favor muito especial, que sei que o senhor vai entender: desligue o rádio porque minha filha é a namorada de um dos rapazes, e não sabemos se o nome dele está ou não na lista". O motorista não teve dúvidas e desligou o rádio imediatamente. Mas como os passageiros começaram a reclamar, ele se levantou e explicou a todos, um a um, sussurrando, o que estava acontecendo. Ao final fez-se um silêncio respeitoso, sepulcral. A viagem até Montevidéu demorou uma eternidade, embora não tivesse levado mais que duas horas. O coração de minha namorada estava aturdido. Onde estava aquela certeza que existia até então? Será que agora, na hora H, ela estava em dúvida?

Quando o ônibus vinha subindo pela rua Rondeau, no centro de Montevidéu, para desembocar no terminal, na Plaza de Cagancha, ela sabia que só lhe restavam duas alternativas, e por isso sentia o coração quase saindo pela boca: "Que só o papai esteja me esperando", ou então... e, de repente, quando começava a pensar na outra alternativa, o ônibus começou a contornar a praça, ela olhou pela janela para ver qual poderia ser a outra alternativa, e o que viu no terminal foi um tumulto de pessoas, identificando todos os nossos amigos, agitando lencinhos brancos. Sua visão se turva por causa das lágrimas e ela se afoga em soluços abraçada à mãe, porque percebe que sempre estivera com a razão, que eu estava na lista, que não havia nenhuma dúvida. E o motorista também percebeu, pois começou a buzinar sem parar, de forma cada vez mais estridente, pois também estava emocionado. Não era uma lista qualquer. Era a lista da vida e da morte.

    Ninguém está totalmente preparado para o que irá acontecer. Fui o primeiro a chegar a Montevidéu, em um avião da KLM, no dia 24 de dezembro, e imaginava que no aeroporto estaria apenas a minha família, mais ninguém. Minha família estava lá, sim, mas os balcões, os terraços e todos os espaços interiores estavam abarrotados de gente, de jornalistas, de curiosos, porque ninguém conseguia entender o que havia acontecido. E como estávamos voltando da morte, talvez todos achassem que trazíamos mensagens do além. Desço do avião, entro no aeroporto com toda aquela multidão desconhecida me olhando e me debruço sobre o pequeno balcão da imigração, onde um funcionário me olhava com o mesmo espanto que os outros, como se eu estivesse chegando do além-túmulo, até que afinal resolveu me pedir os documentos, como devia fazer com todos os passageiros. Mas eu não tinha documento, não tinha nada além da roupa do corpo, que ganhara no hospital de San Fernando. "O que você está falando?", pergunto, sem compreender. "Estou vindo de um avião que caiu nas montanhas." "Preciso da sua carteira de identidade", ele repete, como que envergonhado, "ou do seu passaporte", acrescentou com a voz contida, e ambos nos olhamos incrédulos, pois o que acontecia ali não estava previsto, nunca tinha acontecido e nunca ninguém havia imaginado que pudesse acontecer: um morto chegar andando, e ainda por cima viajando sem passaporte. E como eu não tinha identidade nem passaporte, não podiam me deixar sair do aeroporto. Até que o seu superior chegou, e como todos entendiam que o que se passava ali era algo totalmente fora do previsto, eles me pediram para sentar, para ficar à vontade enquanto procuravam uma solução que não ferisse as normas e que também não me prejudicasse. E eu só via funcionários chegando para tentar encontrar uma saída para aquele rapaz tão magro que vinha de uma viagem muito longa e estranha, mas que não atendia às formalidades por não possuir algo que provasse que pertencia à sociedade dos vivos. Minha família me observava, perplexa, atrás de algumas portas de vidro, enquanto eu sorria para eles, sentado em um banquinho. Por fim me deixaram sair, não porque estivessem convencidos, mas porque não sabiam o que fazer comigo, embora eu acredite que na verdade não sabiam o que fazer com eles mesmos.

Durante muito tempo não consegui pensar em todo o processo pelo qual tivemos de passar na montanha, deixando de ser pessoas normais para nos transformar em homens primitivos, despojando-nos de tudo gradativamente. Acredito que no fim estávamos mais próximos do macaco que do homem, com a única diferença de que éramos seres pensantes e fundamentalmente com uma espiritualidade aguçada que se tornava cada vez mais sutil com o passar dos dias. Mas quanto ao funcionamento do grupo, para quem via de fora, éramos como uma tribo de macacos. Setenta e dois dias sem banho, sem tirar a roupa e comendo carne humana, que num primeiro momento era apenas um pedacinho, mas depois se transformou em uma ração de comida e mais à frente era apenas ossos descarnados jogados por lá e aí alguém aparecia e os guardava no bolso do casaco para depois começar a chupá-los diante dos demais. Mesmo as conversas eram como se supõe que aconteciam nas cavernas, uma troca de palavras em volume mínimo, muito pausada, quase murmurada. Talvez fosse uma adaptação do próprio corpo para poupar energia, ou então tínhamos recuado a estágios tão primitivos que de *Homo sapiens* nos transformamos em macacos pensantes.

A angústia extrema, a sede e a fome, o frio insuportável, o processo de inanição — como tudo isso poderia deixar de afetar a psique? Como não provocaria alucinações quase contínuas? Alguns tinham alucinações e imaginavam que estavam em outros lugares, em suas casas, ou achavam que eram outras pessoas, ou viam pessoas inexistentes. A alucinação que eu vivia de forma recorrente era relacionada à sensação de espaço: quando caía a noite, a fuselagem tornava-se incrivelmente grande e comprida, interminável, as pessoas estavam a grandes distâncias umas das outras, e quando se levantavam e se movimentavam, eu sentia que se moviam em um horizonte longínquo. Quando surgiam as primeiras luzes do alvorecer, eu descobria que estávamos todos amontoados, uns sobre os outros, pois o espaço era mínimo.

Conheci na própria pele o que é o poder da mente. Comprovei como é verdadeira a frase que diz "viver não basta; o que importa é sonhar". Estávamos a trinta graus abaixo de zero e suportamos o frio sem agasalhos, em mangas de camisa, cobertos com o forro de uma poltrona de avião, porque a mente nos obrigava a tolerar tudo isso, mandava que não dormíssemos de todo, pois morreríamos congelados. Chegávamos a perder a noção do frio, embora pudéssemos avaliá-lo com fatos objetivos e mensuráveis. À noite deixávamos a garrafa de água no bagageiro destroçado do avião, para os que sentissem sede, mas meia hora depois, quando alguém queria tomar um gole, a garrafa já estava totalmente congelada, como uma pedra de gelo. Tínhamos de manter a garrafa junto ao corpo durante um bom tempo para que começasse a derreter e pudéssemos então despejar na boca as primeiras gotinhas. Nessas horas percebíamos que estávamos vivendo dentro de um congelador. Nessa capacidade de adaptação, a mente desempenhou um papel decisivo. A mente daquele que quer se salvar o salva, mas a daquele que se entrega e diz "daqui não sairei, vou morrer", morre em uma semana.

Quando voltei à civilização, apesar de ter retomado minha vida de antes, trouxe comigo muita coisa da montanha, sem saber bem o que era. Eu tinha uma propriedade rural que era da família, mas numa das crises cambiais do Uruguai fiquei endividado e tive de vender tudo para pagar as dívidas. Também não me desesperei.

Quebrado, reiniciei fazendo assistência técnica de máquinas de escrever e limpando-as com um pincelzinho. E quando percebi que as máquinas de escrever estavam no fim, com o surgimento do computador pessoal, por volta de 1984, passei a trabalhar com informática e construí uma grande empresa, até 2005, sem saber nada do assunto, pois sou engenheiro agrônomo e sempre trabalhei no campo. Também sei que apostei na formação de uma boa equipe, como nos Andes, e isso não é uma frase de efeito, pois sempre considerei muito mais importante o grupo trabalhar em harmonia do que a empresa ganhar mais dinheiro à custa da perda desse equilíbrio das pessoas que trabalhavam comigo.

Tive muitos problemas. Minha mulher teve um câncer, um filho foi esmagado pelo portão de uma garagem e passou três dias em coma, com os médicos me garantindo com argumentos científicos que ele morreria, ou sobreviveria inválido como um vegetal. No entanto eu olhava para ele em seu leito na UTI, inconsciente, e sabia que sairia daquela. E, com efeito, ele se curou plenamente. Já conhecia essa zona cinzenta existente entre a lógica e a esperança mais resistente. A ciência, a que dediquei boa parte da minha vida, é dúvida; a espiritualidade é fé. Sempre eduquei meus filhos à luz dessa atitude, que é como a silhueta da cordilheira.

Durante todos esses anos alguns de nós nos fechamos em silêncio. Não falávamos sobre o acidente ou o que aconteceu nos Andes. A razão é muito simples. Morávamos muito próximos das famílias daqueles que ficaram na neve. Se morássemos em outro país, ou em um país maior, seria diferente, mas aqui não só vivemos num mesmo território, como também na mesma cidade e até no mesmo bairro, Carrasco. Por isso tomávamos muito cuidado para não provocar nenhuma dor sem necessidade.

O ponto de inflexão se produziu em muitos de nós por ocasião dos trinta anos do acidente. Entre outras coisas, em 2002 pusemos no ar, na internet, a página ¡Viven! Por coincidência, nessa mesma época comecei também a perceber com mais clareza o processo pelo qual fui passando, muito lentamente, ao longo dos anos e das décadas.

Quando comecei a ler as mensagens que nos chegavam via correio eletrônico todos os dias, descobri algo que não imaginava: a necessidade que muita gente tem de conhecer esse tipo de experiência. Então disse a mim mesmo: "Se passei por tudo aquilo, foi por algum motivo. Se o que eu disser for útil a alguém, o mínimo que posso fazer, se me salvei, é falar para quem me pede que o faça. Essa história não pertence a mim".

Há pouco completei sessenta anos de idade, tenho três filhos (uma moça casada e dois homens solteiros). O tempo passa rápido, e entrei em uma nova etapa de minha vida. Creio que vou me dedicar aos Andes até morrer, que é uma busca eterna. Foi o que me aconteceu de mais importante? Não sei. Mas quero devolver ao menos em parte o que a vida me deu.

Para manter aquela harmonia básica na montanha, o fundamental era o bom funcionamento do grupo. Nós, os mais velhos, incluindo meus dois primos, tivemos uma responsabilidade especial, não só por causa da idade, mas também pela formação, esse senso de ordem que nossas famílias alemãs sempre nos incutiram. Paralelamente, conquistamos a confiança dos demais com base no que fazíamos, pela forma como fazíamos, pois nunca houve nenhuma arbitrariedade e nada era imposto à força. Essas foram as nossas diretrizes.

Eu guardava todos os cigarros, mas não os escondia numa caixa-forte. Qualquer um podia pegar quantos quisesse, sem aguardar pela distribuição diária, já que ficavam à vista de todos. Porém todos aguardavam. Exatamente a mesma coisa acontecia com os cadáveres. Qualquer um poderia dizer: vou cortar e comer toda a carne que quiser. Mas isso nunca aconteceu. Todos esperavam que cortássemos e servíssemos as porções.

Alguns eventos-chave foram consolidando a formação do grupo com o tempo. Quando o rádio portátil Spika foi encontrado, que era pouco maior do que um maço de cigarros, ele foi consertado por Roy Harley e Gustavo Nicolich. Os dois improvisaram uma antena com um fio de cobre do circuito elétrico do avião e o fizeram funcionar. Mas na primeira vez que conseguiram sintonizar uma emissora, eles ouviram uma desgraça: "Será suspensa hoje a busca pelo avião uruguaio". Essa foi a primeira notícia que recebemos do mundo externo através daquele aparelho minúsculo, no nosso décimo dia na montanha. Aí veio o desânimo. Para mim esse foi um dos momentos cruciais da odisseia, pois tínhamos decidido comer os corpos bem antes desse dia, mas nem todos estavam de acordo. Eu estava convencido de que os aviões de resgate não nos tinham visto, mas, para a maioria do grupo, eu era um pessimista por pensar assim, um negativista. Depois da notícia da rádio, me transformei em um realista, em um visionário. Mas além disso havia muitos que, enquanto não se convencessem de que não havia a mais remota possibilidade de resgate, não experimentariam um único pedacinho de carne humana. Quando você está num espaço tão diminuto, com seis metros e meio de comprimento por três de largura, e tem ao lado o rosto de alguém que o condena com os olhos por ter violado uma norma sagrada, o ambiente se torna extremamente tenso, à beira de uma explosão. Quando ouvimos a notícia no rádio, fizemos o pacto de entrega mútua e tivemos necessidade de romper com o tabu, como num doloroso ritual de iniciação. Então, graças àquele aparelho de rádio minúsculo, o grupo passou a funcionar de outra maneira. Porque quando começamos a comer os corpos, o grupo se consolidou, pois passamos a considerar que se as pessoas da sociedade convencional não gostassem de nossa atitude, paciência! Elas nos deixaram sós na montanha e nos obrigaram a inventar formas para sobreviver.

Tudo isso implica um crescimento pessoal, mas que não se dá gradualmente, e sim aos trancos. Quando você está assim tão comprometido, tão engajado, perde a capacidade de guardar segredos. Na civilização você sempre oculta alguma coisa, alguma fragilidade que não quer que seja conhecida, mesmo pela pessoa em que mais confia. Na montanha eu não escondia nada, depositava todo o meu ser no outro, e ele depositava tudo em mim, de modo que acabávamos sendo um único organismo. Até mesmo fisicamente, o fato de vivermos abraçados uns aos outros num espaço tão reduzido para não congelarmos criava uma conexão diferente. Aquilo era o grupo, uma só pessoa dividida em muitas outras. Amalia sempre disse que os sobreviventes, juntos, nos isolamos numa espécie de cápsula onde ninguém pode entrar. Talvez seja essa a visão de fora. Para nós era tão simples como dizer: você, e só você, sabe exatamente o que aconteceu.

O grupo funcionou com tanta generosidade, com a afetividade tão à flor da pele, que se alguém via o outro caindo, invariavelmente se aproximava, sentava ao seu lado e começava a conversar, para que, juntos, os dois voltassem a recuperar as esperanças.

Claro que às vezes nos abatíamos. Quando o Basco Echavarren morreu, pensei: "Se ele morreu, todos nós vamos morrer", porque o Basco sempre foi positivo, nunca se deixou abater, apesar de ser o mais ferido de todos. O músculo da sua panturrilha tinha se soltado do osso, passando para a frente. Logo a perna gangrenou. Os outros iam cedendo, não queriam lutar mais, mas ele os incitava a continuar batalhando, com as duas pernas gangrenadas. Dormindo na rede mais acima, sozinho, com um frio indescritível, sem reclamar, estimulava os que estavam saudáveis dizendo: "Nós vamos sair dessa, podem ficar tranquilos". Como isso pôde acontecer? Não há lógica. Ele estava morrendo. Penso nisso hoje e me pergunto: "O que o Basco fazia lá em cima? Por que aquele moribundo agia como a voz salvadora de nossas consciências?".

Quando voltei a Montevidéu, fui falar com os pais do Basco para contar essa história. Pouco depois eles foram buscar o corpo dele na montanha. Sua mãe, Sara, disse: "O pior não é perder um filho; o pior seria não ter tido a felicidade de tê-lo conosco como o tivemos durante dezenove anos".

No dia 22 de dezembro, como em todas as manhãs, eu saí com Eduardo Strauch antes do amanhecer para sintonizar o rádio minúsculo em alguma emissora, com a esperança de ouvir qualquer notícia sobre a travessia de Nando e Roberto. O momento era muito preocupante, pois já haviam se passado dez dias. De repente, meu corpo estremece quando ouço que tinham aparecido dois uruguaios que vinham de um avião que tinha caído nas montanhas. Eu e Eduardo refletimos no ato se haveria algum outro avião, outros dois uruguaios, outras montanhas, mas como eles repetiam apenas aquela frase, consideramos que não seria prudente dar a notícia aos que ainda cochilavam na fuselagem. Uma nova frustração, àquela altura, poderia ser fatal. Até que de repente acontece mais uma dessas coincidências inverossímeis e inexplicáveis. Depois da notícia, procurando nervosamente a confirmação em alguma outra emissora, sintonizamos uma rádio que transmitia a *Ave Maria* de Charles Gounod. Não sei por que essa ave-maria apareceu naquele exato instante naquele rádio que conseguia sintonizar tão poucas frequências, sempre interrompidas pela estática, mas Eduardo interpretou o fato, sem nenhuma margem de dúvida: os dois uruguaios que tinham voltado à vida eram Nando e Roberto. Nesse momento apareceu Álvaro Mangino e nós contamos o que estava acontecendo. Daí a todos do avião ficarem sabendo foi um pulo. A fuselagem explodiu em prantos.

Aquele radinho... quanto nos fez sofrer e como trouxe de volta nossas almas aos nossos corpos! Desde a terrível notícia de que tínhamos sido abandonados, o rádio ficou esquecido, ninguém se interessava em escutar aquele pedaço de plástico de mau agouro. Veio a avalanche, e o rádio ficou soterrado e desapareceu. Passados vinte dias, retirando restos de neve do interior do avião, o aparelho reaparece. Eu o levo para fora, ao sol, abro e ponho-o para secar sobre a fuselagem. Apesar de ter ficado sob a neve durante tanto tempo, ele volta a funcionar: nem sequer as pilhas tinham se acabado! Como tínhamos apenas aquelas duas pilhas, cabia cuidar delas como se fossem de ouro, razão pela qual ouvíamos o aparelho só nas horas imprescindíveis, como no noticiário das sete e meia da manhã, que ia até as dez para as oito, na rádio uruguaia El Espectador, que conseguíamos sintonizar. Tornou-se uma rotina dolorosa mas necessária sair antes de o sol aparecer, sob o vento gelado da montanha, afastar-se do avião, geralmente sozinho, o rádio grudado ao ouvido, esperando a voz salvadora que nunca chegava.

Confirmada a notícia da chegada de Nando e Roberto, pensamos em arrumar um pouco a confusão reinante ao nosso redor, aqueles ossos todos, os corpos desmembrados e os esqueletos espalhados por ali. Logo percebemos, porém, que era impossível; a bagunça era grande demais e não tínhamos forças para encobrir ou esconder tudo o que havia. Além disso, por que deveríamos esconder aquilo?

Quando chegamos a Los Maitenes, foi o encontro entre dois mundos, entre os abandonados da montanha, vivos e mortos, e a sociedade da planície. Chegamos depois a Santiago, ao hotel Sheraton San Cristóbal, e os dois mundos continuavam a se chocar. Lembro quando chegou o meu amigo íntimo Miguel Shaw, irmão de Daniel, que tinha ido lá à procura do irmão, pois quando ouviu a notícia pensou que ele talvez tivesse sobrevivido. E ali, tão próximo da alegria, comecei a me dar conta de que, enquanto eu comemorava, outros choravam. A festa que se vivia naquele hotel era a outra face no velório que se vivia no mesmo instante no hotel Carrera, próximo dali.

Depois daquela confusão toda no aeroporto de Montevidéu, meus pais decidiram me preservar e só autorizavam entrar em casa a família, minha namorada e alguns amigos. No dia 25 de dezembro, quando tomava mate com um amigo em casa, começaram a chegar alguns jornalistas, que haviam dado um tempo no dia anterior, quando da minha chegada, mas que agora consideravam que a trégua estava terminada.

Um dos que apareceram ali, Néber Araújo, um famoso jornalista uruguaio, me perguntou muito educadamente se poderia transmitir o seu programa de televisão ao vivo da minha casa, e como tudo já tinha mesmo saído do controle, aceitei. Ele veio à minha casa, e nos intervalos conversávamos sobre o que falaríamos no bloco seguinte. Em um dos intervalos, um dos vários jornalistas que estavam ouvindo me mostrou um telex. Eu leio o papel, e meu pai, que estava em frente, observa a expressão do meu rosto e me pede o papel. Depois de ler o que estava escrito, agarra o jornalista pelo pescoço, fora de si, insultando-o, puxando-o para fora de casa. Levanto-me imediatamente, seguro meu pai e digo: "É verdade, papai, nós nos alimentamos com os corpos".

Meu pai estava transtornado. Quase todos os pais priorizaram tanto o fato de que tínhamos nos salvado que nem sequer pensaram em como havíamos conseguido isso, como tínhamos feito para sobreviver em meio ao inorgânico, sem comida, durante 71 dias. Para eles a alegria de nos ver era tão intensa que sufocou qualquer reflexão. Nessa hora papai começou a chorar, pediu desculpas ao jornalista que havia agredido e veio me abraçar, pois percebeu a real dimensão da tragédia pela qual eu havia passado.

Essa reaproximação com a sociedade foi, para mim, um processo muito lento. No começo eu me incomodava com o barulho, com a cidade, os carros. Não entendia por que falavam comigo aos berros quando na montanha nos entendíamos perfeitamente nos comunicando com sussurros. Quando um grupo de pessoas em minha casa falava comigo, todas ao mesmo tempo, eu me sentia enjoado, cansado, não conseguia me concentrar em tantas ideias simultaneamente. Tinha preservado a razão na montanha deserta e sentia que ia enlouquecer na sociedade. Então eu disse: "Chega, eu vou embora", e voltei à paz do campo, sozinho, dando início a um longo processo que durou trinta anos.

Nunca desejei voltar à montanha. Se isso acontecer, será quando estiver morto, por meio das minhas cinzas, que talvez devam ser jogadas nos Andes.

Dentre as imagens que me acompanharam durante todo esse tempo, numa delas, do dia do resgate, 22 de dezembro, a maior das felicidades se mistura com a mais intensa das dores. Logo depois de Los Maitenes fui levado ao vilarejo de San Fernando, antes de ser transportado para o hospital. Quando desci do helicóptero, em um campo militar, percebi à distância a presença dos pais de Roy Harley e Gustavo Nicolich. O pai de Gustavo Nicolich tinha a convicção de que o filho havia sobrevivido. Houve uma confusão com a lista, e onde se dizia "Gustavo", referindo-se a Gustavo Zerbino, interpretaram que se tratava de Gustavo Nicolich. Assim que me viu, ele avançou em minha direção. Desviei o olhar, mas não deixei de caminhar também em direção a ele. Quando está a dois passos de mim ele pergunta, muito ansioso, com uma expressão no rosto que, parece, ainda estou vendo e ouvindo neste momento: "Daniel, em qual helicóptero o meu filho está vindo?". Respondi sem hesitar, com o jeito duro e cortante com que falávamos entre nós na montanha: "O Gustavo não vem". "Como assim?", ele pergunta outra vez, com os olhos marcados pela angústia, e eu repito: "Não, ele não vem". E assim, com essas quatro palavras, Nicolich soube que seu filho havia morrido pela segunda vez; pois Gustavo morreu no acidente, ressuscitou e voltou a morrer naquele instante.

* *Daniel Fernández nasceu em 1946. É engenheiro agrônomo, casou-se com Amalia, sua namorada de então, com quem teve três filhos. Foi professor universitário durante oito anos e diretor de diferentes departamentos na faculdade de agronomia da Universidade da República, no Uruguai. Mora em um apartamento amplo, mas sem nenhuma ostentação, perto do centro de Montevidéu. É um homem calmo que, apesar de aparentar uma personalidade distante, leva dentro de si uma figura muito afável.*

Uma das lembranças que mais o comovem é a do que aconteceu com seu amigo íntimo e colega da faculdade de agronomia, Miguel Shaw, irmão de Daniel, que morreu no acidente. Poucos dias antes, os dois haviam preparado um trabalho para a faculdade. Para Miguel, Daniel Fernández havia caído nos Andes, motivo pelo qual teve de concluir o trabalho sozinho. Mas ao finalizá-lo, em 10 de dezembro, datilografou-o e após a assinatura "Daniel Fernández e Miguel Shaw". Quando o entregou, o professor perguntou por que ele citava ali o nome de um morto, Daniel Fernández. Miguel olhou-o firme nos olhos e disse: "Ele não está vivo, mas também não está morto".

7. A segunda morte

Às dez da noite do dia do acidente, Roberto se sentia totalmente extenuado. Tiritava de frio e suas mãos tremiam, algo que até ali, por causa do trabalho e da preocupação, não havia sentido. Percebeu que também precisava cuidar de si mesmo, que estava em mangas de camisa, os braços ensanguentados, como um cirurgião no local onde acabara de ocorrer uma batalha cruenta, e que, se não encontrasse um lugar adequado, morreria congelado naquela mesma noite.

De tanto andar para lá e para cá atendendo as pessoas, Roberto já conhecia a fuselagem como a palma da mão. Na parte dianteira do túnel, entre o amontoado de poltronas e a cabine dos pilotos, de um lado estavam os rádios, e do outro, sustentadas por duas barras de alumínio, algumas redes que podiam ser estendidas para receber bagagens. A rede não estava em posição horizontal, e sim acompanhando a inclinação do avião, indo quase até o chão. Quando subiu nela, descobriu, surpreso, que outra pessoa tivera a mesma ideia

— Como você se chama? — perguntou.

— Coche Inciarte — respondeu o outro.

Os dois não se conheciam. Ambos tiritavam, até que instintivamente se abraçaram e descobriram que dessa forma paravam de tremer, transmitindo calor entre si. E assim passaram a noite, virando para um lado e para outro, golpeando-se e massageando as costas e o peito um do outro, evitando que o outro adormecesse para não congelar, ouvindo os lamentos dos feridos. Coche observava de vez em quando, com a luminosidade produzida pelos relâmpagos, que duravam milésimos de segundo, o que acontecia no chão da fuselagem, com os mortos e feridos amontoados contorcendo-se de dor. As horas pareceram intermináveis, mas ele sabia que o tempo estava passando porque os gemidos cessavam quando uma pessoa morria. Chegou a pensar, inclusive, que ele próprio ia morrer, que não tinha morrido no acidente, mas que acabaria sucumbindo ao frio.

A gritaria era ensurdecedora, pois não apenas os feridos gritavam, mas também os que tinham sofrido apenas um arranhão, por causa do susto, e até mesmo os que tinham saído ilesos, por causa do pânico diante do desconhecido, chamando por suas mães, pois não conseguiam despertar do desvario.

Em meio ao seu delírio noturno, o mecânico da tripulação, Carlos Roque, resolveu pedir documentos aos passageiros, embora não houvesse mais passageiros, nem avião, nada. Pedro Algorta, de 21 anos, teve um desmaio e queria voltar para o Uruguai, e saiu caminhando sem ter a menor noção de onde estava e do que havia acontecido.

Adolfo Strauch queria ir embora, e perguntava a Daniel Fernández: "O que estou fazendo aqui? Quem me trouxe?". Enquanto Daniel acalmava Adolfo, murmurando palavras e acariciando sua cabeça, Eduardo Strauch se erguia e avançava até o rombo formado pelo aparelho partido e os outros tinham de buscá-lo na neve, onde se enterravam até os joelhos.

Muitos permaneciam em pé, pois não havia lugar para sentar ou acocorar-se. Se sentassem, provavelmente o fariam em cima de alguém, que berraria de dor por causa dos ferimentos. Eram 29 pessoas atordoadas, amontoadas em dezoito metros quadrados.

Moncho Sabella, do grupo dos mais novos, conhecia apenas algumas das pessoas que continuavam vivas no avião. Seus amigos tinham morrido ou estavam gravemente feridos. Ele era de outro colégio, o Sagrado Coração, dos jesuítas, e talvez por isso não tenha percebido, na primeira parte da noite, que ficar abraçado a alguém, a qualquer um que estivesse próximo, geraria calor. De forma a evitar o sono e não congelar, começou a contrair os músculos, como se fizesse ginástica com as mãos e as pernas, para o sangue circular.

Era tamanha a histeria e a gritaria que a certa altura Sabella deu um grito que nem ele mesmo reconheceu quando saiu de sua boca: "Calem a boca, seus mariquinhas do Christian. Parem de gritar, cacete, que isso não leva a nada". Gustavo Zerbino, que tinha estudado nos dois colégios, no Stella Maris-Christian Brothers e no Sagrado Coração, reconheceu-o e retrucou com outro grito estridente: "Cale a boca, Moncho, senão eles matam você". Moncho recordaria essa frase no dia seguinte e por mais dez dias. Ele estava sozinho, e não era conveniente isolar-se demais, principalmente em meio àquele caos.

Uma das pessoas que mais se lamuriavam era Graziela Mariani. Era tão enlouquecedor ouvi-la que Carlitos Páez mandou-a calar a boca aos berros. Moncho saiu em defesa da mulher e sentou-se ao seu lado, segurando sua mão.

Moncho Sabella e Carlitos Páez pararam de gritar um com o outro quando uma voz suave pediu que se acalmassem. Ninguém sabia que sua dona se chamava Liliana Navarro Methol.

Para seu marido, Javier Methol, atordoado pelo mal da altitude, embora a primeira noite tenha sido desconcertante, foi também cheia de expectativas. Não conseguia deixar de se espantar ao ver como, naquele cenário pavoroso, Marcelo e mais dois jovens trabalhavam sem parar, enquanto outros socorriam os feridos ou mutilados com a mesma energia.

Antes de escurecer, eles tinham conseguido levar alguns cadáveres para fora, para a lateral do avião, a fim de abrir espaço para os vivos dentro da fuselagem. Outros mortos ficaram dentro porque não houve tempo de retirá-los. Nando Parrado, que se acreditava estivesse morto, ficara do lado de fora do avião. Quem descobriu que Parrado estava respirando e o trouxe de volta para dentro da fuselagem foi Diego Storm, que imediatamente chamou os demais.

Gustavo Zerbino surpreendeu-se ao ver Nando de novo dentro da fuselagem.

— O Nando estava morto e nós o deixamos do lado de fora — disse Zerbino a Storm.

Roberto não o tinha reconhecido porque Nando estava com o rosto disforme e inchado por causa dos traumas sofridos. Como não estava com o cinto de segurança afivelado, assim como Pancho Abal, na poltrona ao seu lado, ambos foram ejetados e bateram de cabeça contra a armação do compartimento de bagagens.

Quando tomaram seu pulso pela segunda vez, como Diego Storm havia dito, Roberto Canessa e Gustavo Zerbino descobriram que, apesar de totalmente desfigurado, com cortes profundos na parte superior do crânio, os cabelos loiros escurecidos pelo sangue, ele realmente estava vivo. Estava em coma, em decorrência do violento golpe na cabeça, mas respirava. Eles o acomodaram então perto do rombo do avião, deitado no chão, que devido à inclinação em que o tubo se estabilizara funcionava como uma parede, e continuaram socorrendo outros feridos. Não tinham nada a fazer em relação ao edema de Nando a não ser esperar para ver se ele conseguiria superar o coma ou se morreria. Uma hora mais tarde, quando a escuridão tomou conta da fuselagem, alguém esbarrou acidentalmente no corpo de Nando, que se virou de lado e bateu a cabeça ferida contra um pedaço de gelo que tinha ficado descoberto pela precária barricada que haviam construído. Ele passou a noite com aquela terrível ferida aberta exposta ao frio. Nessa noite, sem querer, Nando recebeu a melhor assistência médica que um paciente com fratura de crânio e edema cerebral pode ter: gelo na ferida. No dia seguinte, quando Diego e Carlitos Páez o ergueram e Gustavo tomou seu pulso, verificaram que o sangue fluía com mais intensidade.

Carlitos Páez sentiu que a primeira noite nos Andes não era algo deste mundo. Além dos mortos e feridos, muita gente tinha enlouquecido, como seu amigo Bobby François, que não admitia nem mesmo vestir um pulôver sobre a camisa coberta pela geada.

Quando surgiram as primeiras luzes da aurora, Carlitos descobriu que tinha passado boa parte da noite abraçado a Adolfo Strauch. Olhou para a abertura e viu várias figuras de cócoras ou encolhidas, cobertas de neve. Pensou que tinham morrido congeladas, mas aos poucos notou que se moviam, um passava a mão nos cabelos para tirar a geada enquanto outros permaneciam imóveis, como estátuas de pedra branca. Olhou para o outro lado e viu um amontoado de corpos misturados com poltronas e ferros, como uma pintura macabra, daquelas que seu pai, um pintor famoso, costumava mostrar, as "pinturas negras" de Goya. Não, não, pensou, isto aqui é muito pior.

8. A história inacabada
*Adolfo Strauch**

No dia 29 de outubro, por volta das seis horas da tarde, fazia tempo que tínhamos entrado na fuselagem. Era uma tarde bastante cinzenta, o sol se escondera e estávamos naquele dormitar intermitente na penumbra, quando ouvi um estrondo ensurdecedor, seguido de uma explosão que derrubou a parede formada por bolsas, maletas, uma porta quebrada e o para-brisa, que usávamos para fechar a abertura, e logo voltou para trás como se fosse uma onda quando chega à areia e depois recua, nos deixando completamente presos sob a neve. Fiquei enrijecido, como que engessado. Pensei que fosse o único ainda vivo, enterrado sob a neve. Pela primeira vez desde o acidente eu me entrego, meu corpo amolece todo, urino nas calças e me convenço de que o fim havia chegado. Mas quando começo a morrer, uma força interior até então desconhecida se faz presente, insinuando que não era o fim, acompanhada de uma sequência de imagens entrecortadas da minha família, em que se destacava o rosto sereno da minha mãe. Sinto que existe uma conexão com ela que me estimula a voltar à vida para travar a mais difícil de todas as batalhas. Junto com essa energia surge uma rebeldia, uma ferocidade, no mesmo instante em que ouço uma voz vinda de cima, sobre a neve, e reconheço que é de Roy Harley, o único que tinha ficado descoberto junto com os feridos que estavam imobilizados nas redes e não podiam descer. Essa voz me proporcionou o impulso para fazer um esforço e estender a mão para cima, pois quando me deitara para cochilar, alguns minutos antes, o braço tinha ficado sobre a cabeça, e por isso pude erguer a mão até a superfície. Roy, em desespero, andava de um lado para o outro, pois acreditava que só ele e os feridos nas redes tinham sobrevivido. Milagrosamente, ele me segura pela mão que eu tinha erguido, larga dela mas logo depois volta a segurá-la, e eu aperto a mão dele com muita força, com medo de que me soltasse outra vez, já que estava aturdido. Aperto a mão dele com todas as minhas forças e digo, dali debaixo da neve: "Roy, sou eu, Adolfo, me tira daqui!". Roy então começa a cavar com as duas mãos como um desesperado, descobre o meu rosto, tira boa parte da neve que havia no meu peito e eu faço um esforço descomunal, como que possuído por uma força que não era minha, pressiono com os pés o peito de Coche do outro lado para me impulsionar e escapo daquele túmulo de neve. Assim que consigo sair, começo a gritar como um louco, porque tinha acabado de perceber que não havia me entregado e que isso devia estar acontecendo também com os outros. Resolvo interromper aquele transe em que os outros estavam entrando aos bramidos, porque debaixo daquelas toneladas de neve todos viviam o mesmo dilema, cedendo, urinando e defecando nas roupas, deixando-se levar pela opção pacífica de dizer basta, até aqui consegui chegar; agora, que a morte me carregue. Por isso começo a gritar, para que todos me escutem através da porosidade da neve: "Não se entreguem, rapazes, nós vamos tirar vocês, estamos cavando pra chegar a vocês!". Enquanto isso, escavamos num ritmo frenético, os dedos sangrando, dilacerados, e pelo mesmo túnel por onde saí aparece meu primo Eduardo; ao lado dele estava Marcelo, mas, quando meu primo chega até ele, descobre que seu rosto está coberto por uma camada de gelo. Ele consegue rachar o gelo sobre a boca, porém o outro já não respira. Por esse mesmo túnel saem Coche, Daniel e Bobby. Coche me abraça emocionado, mas eu digo: "Tire logo os outros, que estão sufocando". Foram os minutos mais intensos e desesperadores de que me recordo, porque depois veio a calmaria, o trabalho fora feito, tudo o que podia ter sido feito, e agora só se podem contar os vivos e os mortos. Estávamos pisando na neve descalços, em um espaço de três metros quadrados, tão baixo que não permitia que ficássemos de pé, a não ser no centro, onde se formara uma depressão na qual pusemos três almofadões e um casaco e nos amontoamos uns com os outros, empapados, tremendo de frio, pois a neve que nos cobria começava a derreter devido ao calor do corpo. Assim teve início a noite mais longa e mais terrível de nossa vida.

Aprendi naquele instante que cada um é dono do momento em que quiser acabar com tudo: eu poderia ter optado por morrer e teria partido naquela transição serena, só bastava me deixar levar, mas dentro de mim brotou aquela ligação com a vida e com a minha mãe. E essa rebeldia só se acalmou 56 dias depois, quando me encontrei com ela no helicóptero.

Saí no segundo dia do resgate, em 23 de dezembro. Não cheguei a tempo para o primeiro dia, porque tinha de levar Roy Harley arrastado, que estava tão fraco que não conseguia andar sozinho. O helicóptero em que viajei depois da parada em Los Maitenes fez uma escala em San Fernando, para prosseguir logo em seguida até Santiago. Mas quando estava descendo eu vi minha mãe na pista, pois ela havia pedido aos militares para vir comigo, e eles tinham concordado, a contragosto. Abraçados em silêncio, enquanto o helicóptero alçava voo rumo a Santiago, não consegui falar, tomado pela emoção, e naquele longo abraço com minha mãe perdi a noção do tempo.

Minha mãe, apertada contra o meu peito, repete uma única frase, sem parar de soluçar: "Aconteceu um milagre, aconteceu um milagre". Ela havia rezado e pedido por esse milagre todas as noites. Enquanto estávamos na montanha, não havia jeito de convencê-la de que estávamos mortos, pois ela sabia que, se pedisse à Virgem, ela nos traria de volta. Muitos anos depois, quando agonizava, continuava acreditando naquele milagre com a mesma devoção.

Esses casos são apenas uma parte da história, um relato do que aconteceu. A segunda parte, creio, é o que cada um viveu, como nossos sentimentos e emoções evoluíram. E a terceira parte, ou um terceiro olhar sobre a mesma história, é aquela que nunca foi contada, que aparece com a passagem dos anos e pertence à realidade que reside além dos sentidos, como a convicção de minha mãe, contra todos os ventos e marés, de que estávamos vivos, de que podia me chamar na noite da avalanche de 29 de outubro e evitar que eu me deixasse levar pela morte. Esse terceiro olhar é o que mais se modifica, e por isso está sempre sendo atualizado.

Primeiro foi aquele interesse ou curiosidade de muitas pessoas que fez com que a história fosse distorcida, razão pela qual produzimos o livro *Os sobreviventes*, em que os dezesseis que conseguiram manter-se vivos contaram o que aconteceu a um escritor para que ele amarrasse tudo de modo que o livro pudesse relatar os fatos tal como se sucederam imediatamente após o ocorrido. Mas alguns anos depois, com um distanciamento maior, começa-se a descobrir que não foi só uma experiência envolvendo um acidente, o frio e a alimentação com os mortos, a avalanche e a caminhada, mas sim uma experiência muitíssimo mais profunda e transformadora.

Quando voltamos à civilização, as pessoas nos olhavam e diziam que estávamos "místicos", que não éramos os mesmos de antes. Não tínhamos consciência de como estávamos, sabíamos apenas que tínhamos vivido e sofrido um processo duríssimo, sem perceber claramente o que isso representava para cada um de nós. Como alguém que tem a morte clínica declarada, e quando consegue voltar à vida faz isso de uma maneira completamente diferente, porque não pode esquecer aquilo que de mais poderoso ocorreu, diante do qual todo o resto adquire um sentido diferente.

Durante muitos anos não consegui dar atenção para esse terceiro olhar da história, para a sociedade inacabada que constituímos na neve. Ele foi turvado pela tragédia em si, pela dor inconsolável dos familiares dos rapazes que ficaram na montanha.

O que aconteceu nos Andes não se vê em situações normais, e por isso as pessoas querem sempre saber mais, para entender um pouco mais de si mesmas. Intuitivamente, esperam que avancemos um pouco mais nessa experiência, para além da primeira abordagem, que de início gera surpresa, e logo depois o interesse pela história da sobrevivência, o fato de se alimentar dos mortos, como coisa curiosa, como quem vai ao zoológico observar animais raros. Depois, quando veem que por esse caminho não chegam a lugar algum, pois esse olhar se esgota rapidamente, continuam a escavar para saber o que sentimos, o que sofremos. Mas agora, passados mais de trinta anos, houve uma mudança nessas expectativas. Vejo isso na repercussão de nossa página na internet, ¡Viven!, na grande quantidade de mensagens eletrônicas que nos chegam e nos intimam a contar não apenas o que fizemos, mas o que aprendemos, o que mudou em nós.

O que acontece quando o mundo nos abandona? O que acontece quando não temos roupas e estamos congelando? O que acontece quando seu corpo se consome em vida, quando não sabemos onde estamos e, às vezes, nem quem somos? O que acontece quando o limite entre morrer e viver é apenas um suspiro? O que acontece?, eles perguntam, nós nos perguntamos.

A chegada à montanha, em março de 2006, a cavalo, foi nos preparando, depois de dois dias tão majestosos de dor e risco. Embora o vale esteja menos coberto de neve que em 1972, vislumbro a mesma paisagem de 34 anos atrás. E descubro que os anos passam, mas as sensações profundas mantêm-se indeléveis.

Uma expressão desse terceiro olhar é a união mantida pelo grupo de sobreviventes com os que ficaram na montanha. Pode-se perguntar: essa solidariedade, protetora, imposta pela necessidade, é genuína? É menos autêntica do que a solidariedade voluntária? A única coisa que sei é que para nós era absolutamente autêntica, e isso impulsionava as nossas potencialidades. Nosso afeto recíproco mitigava a solidão. Cheguei a acreditar que à beira da morte você se torna bondoso. Quando se diz por aí: "Veja os sobreviventes, como eles foram solidários na montanha", eu retruco que não, que éramos pessoas normais, porque todos levávamos dentro de nós essa solidariedade. Bem no fundo do coração. Quando se perde tudo, você acaba chegando ao coração nu, onde o ser humano é capaz de entregar a si mesmo pelo outro. Quando a morte se aproxima das chapas metálicas da fuselagem, as camadas superficiais se desfazem e pessoas comuns são capazes de realizar os gestos mais extraordinários.

Esse transtorno psíquico produzido pelo choque do acidente, o estresse contínuo, a vigília quase permanente, aquele estado de miséria absoluta nos levaram a estabelecer um nível de comunicação entre nós que eu certamente não consigo atingir na vida civilizada. Estávamos tão sozinhos no universo que só tínhamos a nós mesmos. É um vínculo que não posso ter com um irmão, com um filho, pois se trata de um laço diferente. E fico feliz em ver que minha filha, estando aqui na montanha comigo, pode começar a entender isso, sabendo de antemão que o fato de ser diferente não quer dizer que seja melhor. Sim, existe um véu delicado que nos envolve, os dezesseis sobreviventes, talvez porque não precisássemos viver o que vivemos. Não pretendo romper esse véu, pois sei que não conseguiria fazer isso. Mas também não quero que isso continue a nos isolar.

Na montanha ninguém se vangloriava de nada, de ter criado isso ou inventado aquilo; tudo era feito para o grupo, e não havia outra recompensa que não fosse o bem-estar do conjunto. E quando não existe ego, o seu corpo e a sua mente funcionam como um radar muito sensível, é possível absorver mais dos outros, do entorno, da natureza, eventualmente de uma força superior, Deus, que num ambiente como esse chega a você de outro modo, pois você não O deixa entrar quando está atribulado com as questões cotidianas da civilização.

Dentro da religião católica que nos ensinaram desde a infância, sempre me impressionou quando Jesus Cristo, mesmo se nos referirmos mais ao personagem histórico, disse que "é mais fácil um camelo passar pelo buraco de uma agulha do que um rico entrar no reino dos céus". Fiz dessa frase, que sempre me surpreendeu e que nunca compreendi totalmente, uma nova interpretação nos Andes. Consigo compreendê-la um pouco mais por tê-la vivenciado: quando se vive a ausência total de bens materiais, abre-se espaço para outras sensações, novos sentidos, que é o que procuro resgatar quando venho à montanha, pois sei que ao retornar à civilização vou voltar a perder esse sentimento, ao menos em parte.

Quando o helicóptero me transporta no segundo dia de resgate, junto com a felicidade de sair dali, de voltar à vida, de regressar à família e aos amigos que tanto adorávamos, e em função dos quais nos mantínhamos vivos, tenho uma sensação de vazio no peito, como se tirassem de mim algo visceral. Ao observar a fuselagem cada vez menor, sozinha, pois fomos os últimos a partir, junto com a alegria fui acometido de uma espécie de nostalgia. É a sensação de abandonar um mundo em gestação, um processo que ainda não havia decantado e que nunca se solidificou, pois permaneceu inacabado.

Ao mesmo tempo percebo que isso acontecia especialmente com a subsociedade da fuselagem, não tanto com a subsociedade dos expedicionários, que entravam e saíam do avião pela cauda, ou mais para trás da cauda, na direção do leste, ou na expedição definitiva pela cordilheira. Porque eles estavam e não estavam. Viveram, nesse sentido, uma experiência diferente, pois estavam necessariamente mais atentos à ação e dependiam mais da força. E isso também é algo inacabado, perceber que para os catorze que permanecemos na fuselagem foi diferente do que foi para os dois que foram até o Chile, e por sua vez são também dezesseis olhares distintos da mesma história.

Eram subgrupos que exigiam atitudes variadas. A subsociedade da fuselagem tinha mais tempo para ficar consigo mesma, para aguentar o tempo ocioso, com paciência, para estar com a montanha e aceitar o entorno. O expedicionário vivia com uma intensidade opressiva, estava sempre pronto para partir, atento à temperatura, analisando a consistência da neve, avaliando a resistência do saco de dormir, para saber quando poderia sair. Apesar de nós, a subsociedade da fuselagem, sermos o suporte para a estratégia e a logística, eram eles que arriscavam a pele, que por sua vez era a pele de todos.

Essa segunda vez que estive na cruz de ferro, a oitocentos metros da geleira onde a fuselagem está soterrada, foi tão ou mais impactante do que a primeira vez em que vim, em 1995, como se tudo estivesse concentrado nesse promontório de pedra incrustado na neve.

Daqui, a partir da cruz de ferro, vê-se claramente onde o avião bateu, por onde deslizou o tubo partido e onde ele freou depois de se enfiar cada vez mais na neve. Quatro dias após o acidente, eu saí com a primeira expedição, com Numa Turcatti, Roberto Canessa e Carlitos Páez, e chegamos até a metade da montanha do sul. Foi aí que tive a percepção muito clara de que se não tomássemos uma decisão radical, como a de nos alimentarmos dos corpos, não conseguiríamos escapar daquela armadilha. Porque o que víamos dali de cima era impressionante. As montanhas eram infinitas, como se continuassem diretamente até o Panamá ao norte e o cabo de Hornos ao sul. No lado oeste, um gigantesco paredão de neve tapava a nossa visão, e para o leste, na direção da Argentina, as montanhas ocupavam todo o horizonte, donde ficava fácil deduzir que estávamos bem no centro da cordilheira dos Andes, o pior lugar do planeta para se perder. À noite eu contei a Daniel Fernández, que estava deitado ao meu lado: "Não sei se fiquei louco, Daniel, mas estou pensando em usar os corpos dos mortos, porque isso aqui vai durar muito". Ele me respondeu que estava pensando a mesma coisa.

A partir do momento em que a sociedade nos informou que havia abandonado as buscas porque nos dava como mortos, o laço que nos unia a ela se rompeu e passamos a ser apenas nós mesmos, isolados, e acredito que foi aí que começou a ser tecida essa rede delicada que nos envolve, os sobreviventes, até hoje.

Depois que começamos a usar os corpos, o capitão, Marcelo Pérez del Castillo, que nunca aceitou a ideia plenamente, começou a baixar a guarda, porque tínhamos pisoteado muitos princípios que para ele eram sagrados. Começou a se recolher, embora ainda fosse o capitão. Ao mesmo tempo, nós, os três primeiros, tínhamos conquistado o respeito dos demais, acredito que por agirmos com equanimidade, e era preciso segurar o touro pelos chifres, e nós fizemos isso: tivemos de cortar a carne com um vidro porque o mundo não vinha nos buscar.

A avalanche surge como uma catástrofe. Constitui-se um grupo diferente, com uma nova mentalidade. Até a avalanche Marcelo estava vivo, e com ele vivia a memória da sociedade que ele representava: a hombridade do rúgbi, a lealdade do jogo, a integridade e a honra.

Sem Marcelo, preciso assumir mais responsabilidades. Sem querer me converto em uma referência, em especial no grupo dos mais jovens, que já me conheciam de antes e tinham um carinho especial por mim, como ocorre com os meninos menores diante de outro mais velho que não costuma perder a calma. Aprofundou-se a partir daí essa sociedade do sexto sentido, consolidando-se a quarta dimensão. Que não é nenhuma bruxaria ou superstição, mas sim outra forma de conhecimento à qual tivemos acesso em um espaço e em um tempo em que a aprendizagem normal e racional tinha poucas chances de oferecer soluções. Fomos nos transformando em loucos que atuavam com base no amor e na sensibilidade.

Começamos a fazer coisas a partir do nada. Transformamos almofadas em raquetes para caminhar na neve. Derretemos gelo para que a neve na boca não nos destruísse as gengivas. Fizemos lentes com o vidro partido do para-brisa do avião para que o sol não acabasse com as nossas córneas, estudamos as rotas de voo para orientar as expedições, preparamos os que iriam escalar a montanha. E, fundamentalmente, aprendemos a lidar de uma forma diferente com a transição entre a vida e a morte.

Naqueles dias em que passamos nos alimentando de nossos amigos e companheiros que tinham morrido, eles nos davam a possibilidade de viver. Por isso sinto que a minha vida pertence a mim, sim, mas sinto que pertence também a eles. Que o que eu faço ou deixo de fazer obedece também à vontade deles. E é claro que tento agir como se eles tivessem pedido para fazer assim, e em tudo o que fiz, faço e farei em minha vida, vou procurar com todas as minhas forças não falhar diante deles.

Como gostaria de dizer ao Marcelo que o que ele tanto temia não aconteceu! Que nos Andes comprovamos que a ruptura das normas convencionais não significa uma degradação da integridade, da honra ou dos demais princípios tão caros a ele. Ao contrário, tudo isso se reforça, Marcelo. E a prova são os nossos descendentes. Éramos dezesseis quando sobrevivemos, e hoje somos mais de cem.

Sempre estive convencido de que não morreria nos Andes. Sei que o mesmo aconteceu com vários dos sobreviventes. Tinha certeza de que a hora não havia chegado, mas como conseguia ter essa convicção com a morte dormindo ao meu lado? Era algo ilógico, absurdo. Mas então, como consegui? Claro que não sei, mas é uma coisa que pertence àquele sexto sentido, o mesmo que dava à minha mãe a convicção de que eu estava vivo. Essa certeza me obrigava a ter um comportamento específico, a assumir certas responsabilidades: eu tinha de tentar manter o ânimo, sobretudo entre os que se encontravam mais fragilizados, particularmente no final, quando praticamente não conseguiam se mexer, quando permaneciam o dia inteiro deitados dentro da fuselagem com o olhar taciturno.

Durante os primeiros dias depois de voltarmos para casa, após o resgate, foi um processo diferente para cada um, de acordo com a personalidade e a família, bem como o impacto gerado em cada um pela vivência do terror. Minha família me isolou do mundo. Outros preferiram desfrutar essa espécie de heroísmo involuntário em que a sociedade nos havia enquadrado. Alguns se fecharam para permitir que se decantasse vagarosamente tudo o que acontecera. Outros, como Pedro Algorta, afastaram-se o máximo possível. Lembro como, em pouco tempo, começaram a se alterar as personalidades que tínhamos nos Andes. Às vezes não reconheço a nós mesmos. Há momentos em que nos aborrecemos e nos criticamos dizendo: "Lembre como você era na montanha e veja como está agora, no que se transformou: você vendeu a alma ao diabo". Fazemos críticas violentas e diretas entre nós para quem nos vê de longe, tanto que se assustam, porque nos acostumamos a ser diretos. E deixamos de ter aquele contato com a quarta dimensão, com o sexto sentido, entre outras coisas.

É como ter três vidas: antes dos Andes, com os vínculos e as relações que se estabeleciam então; a intensa transição na cordilheira; e a vida posterior, que conserva um cordão delicado que a liga eternamente à história inacabada da montanha.

Ao terceiro olhar da história corresponde, também, uma sensação de plenitude que alguns de nós experimentamos nos Andes. "Não tenho nada, estou com fome, estou tiritando de frio, estou sozinho, perdido, com a morte ao meu encalço, e mesmo assim consigo vivenciar uma felicidade diferente." Parece uma contradição terrível, um paradoxo incompreensível. Mas em alguns momentos foi o que aconteceu, quando conseguíamos uma conexão com o nosso entorno que pertencia a outra dimensão.

Sinto que os que se apaixonam por essa história captam alguma coisa de sua essência. Captam algo a mais do que uma história de sofrimentos, proezas ou salvação. Uma mulher me mandou um e-mail dizendo: "A salvação de vocês não foi a partida nos helicópteros, mas sim o momento em que o avião caiu e vocês ingressaram em uma outra vida". No início não entendi ao que ela se referia. Mas por algum motivo esse texto ficou dando voltas na minha cabeça, e toda vez que o leio vejo uma perspectiva diferente. Na última vez em que o li, dei um sorriso de cumplicidade. Você tem toda a razão, pensei.

Minha colaboração, quando voltamos, foi o silêncio. Foi como se os que nos deram a vida, antes de nos entregarem seus corpos, tivessem dito: "Pode me usar para se salvar, mas vou pedir só um favor: respeite aqueles que vão chorar por mim". Esse contrato foi assinado por mim com cada um deles e selado com sangue. E acredito tê-lo honrado ao pé da letra. Mas o tempo passou para todos. Estamos mais velhos, mais serenos. E aquilo que antes gerava dor agora gera compaixão e ternura.

Fomos vítimas ou heróis? Abençoados ou desgraçados? Por que isso aconteceu conosco? Significa alguma coisa?

* Adolfo Strauch nasceu em 1948. É engenheiro agrônomo e administra fazendas no Uruguai. Está casado com Paula e tem quatro filhos: Alejandra, de 21 anos, viajou com o pai para a montanha.
Mora numa casa ampla em Carrasco Norte, a zona menos ostentosa do bairro. Nos fundos, seu lugar preferido, há um escritório com um grande aquecedor a lenha que ele mesmo construiu, com a ajuda do primo Eduardo.
Em março de 2006, quando voltou ao local do acidente, no último trecho do retorno pela montanha, no segundo dia a cavalo, junto com um cinegrafista do documentário e comigo, afastou-se do grupo, no momento em que começou a chover e a ventar, o que apagou totalmente a trilha pela qual os cavalos deveriam descer, na inclinação de uma encosta íngreme e sinuosa. Nós três ficamos completamente isolados dos outros, a quilômetros de distância. Adolfo vinha atrás, em terceiro lugar. Os três cavaleiros paramos, sem saber o que fazer. Adolfo assumiu a dianteira, sem que ninguém tivesse pedido, e durante uma hora subiu e desceu com seu cavalo procurando a trilha, numa encosta tão inclinada que dava tontura olhar para baixo. A noite estava chegando, e nós dois estávamos cada vez mais preocupados, seguindo atrás dele. O vento praticamente impedia os cavalos de avançar. O único que parecia calmo era o próprio Adolfo. Afinal, parou em um ponto da descida, mais vertical do que nunca. Escurecia. Virou-se sobre o seu animal para esperar por nós. Quando nos aproximamos, fez um sinal com a mão. Tinha localizado a trilha perdida.

9. O sol se esconde rápido

Marcelo Pérez del Castillo foi o primeiro a acordar na manhã seguinte ao acidente. O primeiro a demonstrar personalidade e determinação. Até onde a memória alcançava, não era justamente isso o que diziam os Irmãos Cristãos quando ele era criança? Ele sempre esteve muito ligado à escola, tanto que seu pai foi o arquiteto responsável pela sede definitiva.

Abriu a parede improvisada no rombo traseiro e saiu da fuselagem, dando de cara com as montanhas de gelo que não acabavam nunca. Ficou mais impressionado que na tarde anterior, quando nevava e não era possível enxergar o horizonte.

Resolveu distribuir funções. A equipe médica seria formada pelos estudantes de medicina Roberto Canessa, Gustavo Zerbino e Diego Storm, assim como Liliana Methol, que com sua voz suave transmitia mais conforto que os remédios que não existiam. Harley, Páez e Nicolich cuidariam de fazer adaptações no tubo partido da fuselagem. Os primos Strauch... bem, esses já estavam analisando a possibilidade de resolver o mais urgente: como derreter neve para produzir água. Já o próprio Marcelo se encarregaria de algo essencial numa situação como essa: ajudar a todos, estar em todos os lados, ser a esperança, dedicar-se mais do que todos, tornar-se um exemplo.

Canessa o informou que mais dois tinham morrido durante a noite: Pancho Abal e Graziela Mariani. O capitão impôs a si mesmo um lema: não esmorecer.

Pede a duas pessoas do grupo para procurarem nas malas objetos úteis e alimentos, enquanto os mais novos fazem perguntas para as quais ele não tem resposta: "Quando vai chegar o resgate? Quanto falta para voltarmos para casa?".

Caso o resgate demorasse e eles tivessem de passar mais uma noite dentro do tubo do aparelho, seria necessário vedar melhor o rombo para evitar as rajadas de vento, o frio e a neve, que quase os matam na primeira noite. Marcelo e Roy Harley se põem a tampar o rombo com assentos e com as malas, que estão espalhadas por todo lado. Depois acrescentam uma porta quebrada e a parede rachada que separava o compartimento de bagagens.

Aquele 14 de outubro foi um dia de falsas expectativas. Como estavam convencidos de que se encontravam onde na verdade não estavam, todos achavam que a qualquer momento viriam buscá-los, o que os impediu de serem dominados pelo pânico e evitou a histeria da noite anterior. O ponteiro do altímetro do avião marcava 2134 metros; não imaginavam que, com o choque, ele mostrava um número qualquer.

No meio da manhã, após esforços descomunais, haviam arrumado minimamente o interior da fuselagem. Marcelo pediu que escrevessem com pegadas na neve a sigla "sos". Depois fizeram uma cruz comprida: ao caminhar pisando com força na neve macia, produziam marcas que afundavam até chegar aproximadamente a vinte centímetros.

O outro grupo havia terminado de reunir os apetrechos úteis e os víveres que havia a bordo. O balanço foi nulo: placas amassadas, duas garrafas inteiras e várias quebradas, quatro isqueiros, um machado, uma caixa de ferramentas, uma lanterna sem pilhas, um pequeno aparelho de rádio que não funcionava. A comida era mais escassa ainda: quatro latinhas de conservas, entre elas uma de mariscos; bolachas, amendoim coberto de chocolate, quatro barras de chocolate, quatro garrafas de vinho e uma de Licor de Oro. O resto eram aflorações de rochas negras nas encostas e um pedaço de avião.

Ao meio-dia Marcelo distribuiu a comida simbólica, sabendo se tratar de uma situação em que os símbolos, que repercutem na mente e nas emoções, eram essenciais. No início a dieta era composta por uma bolacha, um marisco e um trago de vinho, o que acabou rapidamente, e depois era um pedacinho de chocolate e um gole de vinho ou de licor. A correção, a segurança e a autoridade gentil com que o capitão administrou a alimentação deram o tom do que viria a seguir.

À tarde, Roy Harley, Carlitos Páez e Gustavo Nicolich continuaram a arrumar o espaço dentro do avião. A machadadas, Gustavo Nicolich arrancou o biombo e todos os instrumentos que impediam a entrada na área próxima ao compartimento dos pilotos, a mais protegida da fuselagem.

Enquanto isso, Adolfo Strauch, Gustavo Zerbino e Moncho Sabella cuidavam de sepultar os cadáveres que haviam retirado da fuselagem, cavando na neve e cobrindo-os, todos juntos, perto do nariz do avião, junto à roda dianteira.

Se alguns dos feridos acabaram morrendo logo nas primeiras horas, outros começavam a dar claros sinais de que iriam sobreviver. Foi o caso de Nando Parrado, que, apesar de continuar em coma, já respirava melhor. Canessa e Zerbino o puseram numa parte mais aquecida da fuselagem e o deixaram ali, deitado, à espera do resgate.

Ao cair da tarde, abatidos, todos começam a entrar no avião.

A noite seria, mais uma vez, terrível, embora menos arrepiante que a primeira.

Na manhã seguinte, o segundo dia após o acidente, os quatro que estavam com fraturas — o Basco Echavarren, Arturo Nogueira, Pancho Delgado e Álvaro Mangino permaneciam dentro da fuselagem — ouviram uma gritaria. Marcelo tinha razão: eles ouviram nitidamente a passagem de um avião, um jato, voando muito alto. Pancho e Álvaro, que conseguiam se mover, arrastaram-se até o lado de fora para vê-lo passar, e até mesmo viram claramente quando moveu as asas. Eles tinham sido avistados!

Logo em seguida passou um avião a hélice, mais alto que o primeiro. Uma hora mais tarde eles avistaram, muito ao longe, um pequeno bimotor. O mecânico Carlos Roque, único sobrevivente da tripulação, foi taxativo: garantiu que o movimento das asas do jato, na linguagem da aviação, significava que eles tinham sido vistos. Os outros dois aviões haviam apenas ratificado a visão do primeiro. E foi mais radical ainda ao emitir o que pareceu ser uma ordem excêntrica: disse que quando o iminente resgate chegasse, ele seria o porta-voz do grupo, por ser o único tripulante com vida de uma aeronave militar, ao passo que os demais eram passageiros civis que se encontravam sob sua responsabilidade. Mas todos estavam tão contentes que a maioria não prestou atenção.

Um dos poucos a ouvi-lo foi Moncho Sabella. Percebeu que Carlos Roque estava tendo alucinações, como ocorrera na primeira noite. E embora ele próprio também alimentasse a ilusão de que tinham sido avistados, intimamente duvidava disso: era experiente em voos com aparelhos pequenos, pois acompanhava o pai em viagens pelo Uruguai, e considerou que os três aviões tinham passado alto demais para poder enxergá-los. Além disso, se os tivessem visto, por que não davam a volta nem emitiam sinais explícitos?

Como a maioria estava convencida de que haviam sido avistados, eles resolveram comemorar. Afinal de contas, eram protagonistas de um milagre. Tinham sobrevivido a um acidente aéreo na montanha e agora haviam sido localizados. Entraram na fuselagem e tiraram do bagageiro a mala onde Marcelo guardara os poucos alimentos encontrados.

Quando Marcelo os viu, já era tarde, pois tinham devorado metade da reserva. Veio correndo de onde estava, ajudando Javier Methol, e levantou a voz pela primeira vez desde o acidente: não se podia brincar com a vida dos outros, já que ninguém sabia quanto tempo o socorro levaria para chegar. Era uma ordem taxativa, que não podia ser desobedecida. Marcelo continuava pensando no Fairchild disforme como um meio de transporte que os levaria a algum lugar.

No terceiro dia ouviram sons de aviões, mas para sua surpresa eles já não passavam acima da fuselagem. Para Daniel Fernández era evidente que, embora as buscas prosseguissem, aquela área fora descartada por já ter sido rastreada sem sucesso.

Enquanto isso, tomavam-se as medidas operacionais mais imprescindíveis à sobrevivência. Adolfo percebera naqueles primeiros dois dias que o que mais os incomodava era a sede, pois derreter a neve dentro da boca machucava a gengiva, e a garganta inchava a ponto de não conseguir engolir a saliva. O sistema que criou então para derreter neve foi muito simples: sobre uma chapa metálica do avião dobrada, inclinada para baixo, de frente para o sol, ele depositava uma fina camada de neve, transformando a chapa numa espécie de funil, de onde pingavam as gotas numa garrafa. Em quinze ou vinte minutos, nas poucas horas de sol, chegava a derreter um litro de água pura, água de neve, sem gosto de nada, mas que resolvia o problema da hidratação sem ferir a boca e as gengivas.

Foram encontradas também outras soluções. Retiraram as almofadas dos assentos, as de debaixo e as do encosto, e distribuíram-nas pelo piso, para isolar o metal gelado da fuselagem.

Roberto já havia retirado as capas e a tapeçaria dos assentos, que eram de um tecido sintético grosso, azul-turquesa, que foram costuradas com finos fios de cobre do circuito elétrico do avião para servir de mantas.

Também perceberam que uma questão urgente era retirar os feridos do espaço reduzido de circulação da fuselagem, para que não se pisassem neles. Roberto estudou a rede e os tubos de alumínio usados para acomodar as bagagens. Ajudado por Gustavo, criou com aquilo as redes de deitar, que ficaram penduradas nos bagageiros, e assim permaneceram até que o último dos feridos faleceu.

Adolfo percebeu que o reflexo do sol na neve feria os olhos e podia deixá-los cegos. Produziu então uns óculos a partir do vidro com protetor solar que fazia parte do para-brisa dianteiro da cabine dos pilotos, marcando-o com um vidro e quebrando-o. Com a capa do manual dos motores, que era de plástico, fez a armação, recortando-a com uma tesourinha de unha, costurou-a com fio de cobre e construiu a parte de trás com um cabo elétrico e o elástico das capas dos assentos e dos sutiãs das mulheres.

Como não se podia andar na neve sem afundar, escolheu os assentos mais apropriados, com fitas e com cintos de segurança para amarrar nos pés, e fez raquetes para andar na neve. Aproveitaram até mesmo a bola de rúgbi: tiraram-lhe o couro e cortaram a parte superior da câmara a fim de usá-la para urinar de noite. Com o tempo, a câmara da bola, cheia de urina, tornou-se algo cobiçado, por ser o único objeto quente de que se podia dispor ao longo dos 72 dias que permaneceram na montanha.

No quarto dia já era evidente a decadência dos organismos, desgastados pela fome, pelo frio, pelo mal da altitude, pela angústia e pela falta de sono. Estavam tão extenuados que enjoavam ao levantar. Tinham de fazer isso muito devagar, permanecendo imóveis por alguns instantes para depois começarem a se movimentar, pouco a pouco.

Nando Parrado foi saindo do coma lentamente, a partir do meio-dia do terceiro dia. Trazia pequenos arranhões do pescoço para baixo, em especial nas mãos e nos joelhos, porém o mais grave era a fratura no crânio, com quatro cortes bastante visíveis.

Levou quase dez horas para despertar do coma, deitado na fuselagem. No começo enxergava algumas figuras acinzentadas que se moviam, mas não conseguia distingui-las, como se estivessem se movendo numa névoa. Depois conseguiu identificar alguns rostos, Marcelo, Roberto, Gustavo, e por fim começou a ouvir vozes. Nando se lembrou então de que não estava sozinho no avião, balbuciou uma pergunta e o informaram que sua mãe havia morrido e que sua irmã Susy estava gravemente ferida.

Quando Susy morreu em seus braços, Nando não conseguiu verter uma única lágrima, embora nunca tivesse experimentado uma sensação tão desoladora em toda sua vida. Roberto, Gustavo e Carlitos Páez foram abraçá-lo. Ninguém dizia nada. Sugeriram-lhe tirar o cadáver da irmã da fuselagem, mas Nando preferiu permanecer com ela por mais uma noite.

A partir daí, com seu mundo devastado, Nando entendeu que precisava construí-lo de novo. Como não vivera os primeiros dias de aclimatação na montanha, seu veredicto foi imediato e fulminante: "Ninguém vai vir atrás de nós, estamos sozinhos".

Cambaleando, o corpo arqueado e arrastando os pés, ele saiu da fuselagem. Moncho Sabella olhou-o surpreso. Nando observou as montanhas insondáveis, com rochas cinzentas e negras incrustadas aqui e ali: "Nós precisamos sair daqui", balbuciou. Moncho achou que ele estava delirando.

10. O diabo não dorme
*Moncho Sabella**

Se existe uma constante nos 72 dias que passamos nos Andes, que se manteve quando voltamos para a civilização, é aquela frase de nossas avós segundo a qual "o diabo não dorme". E como ele nunca dorme, é preciso ficar em estado de alerta. Falo do ano de 1972 e do presente.

Eu era aquele que tinha menos probabilidade de sobreviver. Era o mais magro de todos, muito baixo, com 21 anos. Tinha poucos amigos no grupo, pois vinha do colégio Sagrado Corazón, e não do Stella Maris-Christian Brothers, sofria de bronquite crônica e do mal da altitude. Mas, como ocorreu com tantos outros, fui aos poucos conhecendo o poder que a mente exerce sobre o corpo.

Todos os jogadores de rúgbi pesavam mais de oitenta quilos, eram puro músculo, enquanto eu pesava menos de sessenta. Por que me salvei? Primeiro porque nunca, a não ser no dia da avalanche, duvidei de que sairia dali com vida. Depois, porque administrei adequadamente o dispêndio e a reserva de energia, e em terceiro lugar porque entendi desde o primeiro momento que, se mantivéssemos a humildade, conseguiríamos nos salvar.

Desde o primeiro dia também aprendi algumas lições básicas, elementares, como a de que o ser humano é capaz de se adaptar a qualquer coisa. Para o bem e para o mal. Morando num palácio, completamente isolado do sofrimento dos outros, ou dividindo o espaço com cadáveres, vivendo em um grande caixão de metal, como era a fuselagem.

Eu estava muito sozinho, não tinha intimidade com ninguém, morava no Centro, e a maioria ali era de Carrasco. E os que eu conhecia melhor estavam mortos ou muito feridos, como o Basco. No começo eu olhava para os meus companheiros de tragédia e sentia medo. Cheguei a pensar que eles poderiam me matar. No fundo, meu temor inicial não era tão descabido: aconteceu com a embarcação *Dolphin* em 1759, quando mataram um espanhol, e em 1765, quando o barco inglês *Peggy* ficou à deriva, sem nenhum alimento a bordo. Primeiro mataram um escravo para comê-lo, depois sortearam quem seria a próxima vítima, que acabou sendo um dos tripulantes. O sorteado passou a noite à espera de que o matassem ao amanhecer, mas na aurora foram localizados por um barco e ele se salvou, embora tenha perdido o juízo para sempre. Em um eventual sorteio, como o do *Peggy*, todos os bilhetes estavam comigo.

Eu sentia medo: esses sujeitos não seriam capazes de matar para sobreviver? Muito pouco tempo depois me dei conta do quanto me enganava. O grupo não só não era agressivo como era o mais afetuoso que conheci na vida. Como pude pensar tamanho absurdo? Tenho apenas uma resposta: trazia em mim uma realidade que já não vigorava na montanha. E o diabo, ou o que ele representa ou simboliza, se intrometia nos meus pensamentos.

Estava tão enganado que foi apenas graças ao afeto que conseguimos sobreviver, pois não tínhamos nada além de um ao outro. Erguemos do nada uma sociedade baseada apenas na amizade, abandonada no lugar mais frio do mundo. De quais elementos materiais dispúnhamos para sobreviver? Algumas latas de conserva e garrafas, os destroços de um avião, um rádio quebrado, algumas peças de alumínio, muitíssimo menos do que se pode encontrar nos mais sórdidos depósitos de lixo. Mas tínhamos uma vontade irracional de voltar a ver nossas famílias.

A primeira noite após o acidente compôs uma cena horripilante, que dói em mim só de contar: a escuridão, o frio, a gritaria. Primeiro tentei me aquecer ficando de cócoras, exercitando os músculos. Mas não conseguia. Nessa hora fui mais para o interior da fuselagem. Ao meu lado havia um garoto que me dizia: "Eu vou morrer de frio, não aguento mais, estou congelando". Era Gustavo Nicolich, que eu nem conhecia. Deitei-me então em cima dele, que era bem maior do que eu, e passei a noite sobre o seu corpo, golpeando-o, aquecendo um pouco suas costas. Ao nosso lado estava a sra. Graziela Mariani, moribunda, presa entre os ferros e as poltronas junto à cabine dos pilotos, que me estendia a mão. Nessa noite, tenho certeza, envelheci trinta anos.

Gustavo Nicolich ficou convencido de que nesse dia eu salvei sua vida, como escreveu numa das cartas dirigidas aos pais e à namorada, e isso criou um laço estreito entre nós até a sua morte. Mas sempre senti que ele estava enganado, e lhe disse isso. Eu não tinha salvado a vida dele, apenas começava a entender o que significava a ideia de afeto, para nos salvarmos mutuamente. Por isso já no primeiro dia tive o amigo que me faltava na montanha, chegávamos até a dormir de mãos dadas dentro dos bolsos para mitigar o frio.

Algo crucial que também se aprende nessa forma tão peculiar de sobrevivência é administrar a energia. Aprende-se a estabelecer um equilíbrio estranho entre a generosidade e o egoísmo. No começo cada um dava o máximo para o grupo e não reservava nada para si, mas com o tempo você percebia haver uma linha muito tênue abaixo da qual não podia descer mais. Se ultrapassasse essa raia, morreria. Sei disso porque passei pela experiência, e quase morri várias vezes. Estive à beira da morte quando dormi vários dias próximo ao rombo do avião, acabando deitado sobre a neve que penetrara por ali. Sofri uma hipotermia por ter adormecido sem perceber, chegando quase a ficar congelado. Imediatamente, comecei a arder de febre e a delirar. Os rapazes, achando que eu estava morrendo, me deitaram no centro do avião, no meio de todos eles, para que eu me recuperasse com seu calor. Aquele era o local dos que tombavam, a última chance. Pouco a pouco parei de delirar, a febre passou e recuperei as energias. Lembro o quanto chorei no dia em que consegui me levantar sozinho. E aprendi a lição, que é paradoxal. Naquele mundo de ternura, comecei a ser um pouco mais egoísta. Comecei a praticar esse equilíbrio entre dar de si e cuidar de si. Numa Turcatti, tão íntegro e desinteressado, é o caso contrário: deu tudo o que tinha, não guardou nada para si. E morreu.

Caímos em 13 de outubro, e como 29 passageiros não morreram no choque, o diabo quis nos matar durante aquela noite. Como não conseguiu acabar conosco, quis então nos matar com uma avalanche duas semanas depois, no domingo, 29 de outubro. Tínhamos começado a nos acostumar um pouco, a conhecer a montanha, a conhecer suas regras, como caminhar nela, como beber água, como suportar o frio.

Naquela noite eu adormeci com a mão esquerda para cima, porque não cabiam os dois braços de lado. Veio a avalanche e me cobriu, e conheci a morte mais de perto que nunca. O que vi e senti foi uma das experiências mais estranhas e agradáveis que já tive em toda a minha vida. Relaxar e deixar-se levar, a paz absoluta, diferente de tudo o que havia vivido antes, até que despertei dessa viagem sem destino quando Roy me segurou pela mão que aparecia na superfície, quebrando aquele encantamento e me trazendo de volta ao inferno.

Algo muito curioso aconteceu comigo, fruto talvez do choque ou de alguma alteração no cérebro devido à falta de oxigênio. Eu via tudo como se fosse em três planos diversos: via de cima, o avião enterrado, coberto de neve; via o avião em outro plano, a partir de dentro da fuselagem, com as pessoas enterradas; e num plano mais profundo via o meu próprio corpo, debaixo da neve, sem vida, com meu casaco e minha calça azuis que tinha encontrado num cabide na cabine dos pilotos. No segundo plano, via inclusive Roy andando de um lado para o outro, percebendo quando ele pisou onde estava a minha mão esquerda, e como, com essa pisada dele, três dos meus dedos ficaram descobertos, três dedos! Então me dei conta de que, se quisesse, tinha ali a oportunidade de escapar do sepulcro. Que se ousasse, poderia voltar para casa. Nessa hora surge a dúvida cruel. Qual é o verdadeiro cemitério: retornar ao sofrimento de morrer de fome, de frio, ou deixar-se levar e seguir aquele caminho pacífico que não se sabe aonde leva? Então a imagem da minha família tomou conta de mim, chorando por mim, todos sentados à mesa, com o meu prato vazio à minha espera, e com aqueles três dedos que tinham ficado soltos comecei a escavar, abrindo um buraco em volta da mão. Coche viu esse movimento, aquela mão que aparecia e se movia, escavou até chegar ao meu rosto, e eu comecei a respirar de novo. Quando saí dali, também comecei a escavar. Consegui tirar uma pessoa, mas meus dedos congelaram. Quando cheguei até a segunda pessoa, ela já estava morta. Os dedos esfriam cada vez mais e já não respondem. Quero cavar, mas eles se dobram. Ao final, urinei nas mãos para recuperar a força dos dedos. Continuei, continuei. Quando não conseguia cavar com as mãos, fazia isso com os punhos e depois com os cotovelos.

Sempre acreditei que nada poderia ser pior do que a primeira noite, quando acabei deitado sobre o corpo de Nicolich, com uma mulher morta segurando a minha mão. Mas sem dúvida a avalanche foi muito mais cruel, porque já não eram mais pessoas desconhecidas, e era terrível ter de conviver sepultado sob a neve durante três dias e três noites ao lado dos corpos mortos dos amigos. Estávamos sitiados, cercados de neve por todos os lados, não conseguíamos sair, e não havia outra opção a não ser nos alimentarmos daqueles corpos.

Tenho certeza de que a paz que eu estava vivenciando na minha morte sob a avalanche se devia ao fato de que eu estava morrendo bem. Porque a pior coisa que poderia nos acontecer naquelas circunstâncias seria partir deixando coisas pendentes, achando que deixávamos no ar algo desonesto e desleal em nossa passagem pela Terra.

De tanto conviver com a morte, tentávamos resgatar o que havia de melhor em cada um de nós, deixando de lado as fragilidades ou imperfeições que tínhamos, das quais nos despojávamos gradualmente para morrermos bem. E quando alguém fazia alguma bobagem, era chamado à atenção e o sujeito admitia o erro no ato, corrigia-se na mesma hora, porque sentia o mesmo que você: não queria morrer mal, não queria que aquela família formada na fuselagem, formada pelos únicos seres vivos na face da Terra, ficasse com alguma recordação ruim, algo não resolvido, numa situação em que se podia morrer a qualquer momento.

Ninguém queria morrer num estado de espírito atormentado, e isso fomentava a humildade, a camaradagem e a fraternidade, para se conseguir atingir um estado de espírito que considerávamos ideal, caso naquela noite ou naquela tarde chegasse a sua vez de partir.

Não existe na sociedade civilizada, em nenhuma escola, em nenhuma faculdade, uma matéria que ensine como se deve viver para poder morrer bem. Alguém está preparado para morrer? Já pensou nisso? Quando eu morri na avalanche, levei comigo os afetos, as emoções da minha vida e nada mais. Pude observar a mim mesmo por milésimos de segundo desde o alto e vi que o meu corpo não levava nenhuma bagagem.

    Uma noite, na fuselagem, nós nos perguntamos: se morrêssemos no dia seguinte, o que teríamos mudado na vida que vínhamos levando até então? Lembro que era uma roda em que cada um dizia o que sentia, um de cada vez. Alguns pediram que os saltassem, pois preferiam não falar. Um dizia que se arrependia de todas as brigas inúteis que tivera com a família, outro se arrependia de não ter dito muito mais coisas que tinha a dizer às pessoas que amava, outro lamentava ter se preocupado mais que o necessário, negligenciando o desfrute das pequenas coisas. Quando chegou a minha vez, eu disse que não teria nada a mudar, que achava que não tinha nenhuma pendência. E que se morresse naquele dia estaria tranquilo por ter feito tudo o que tinha de fazer.

    Diante dessas lições de humildade aprendidas nos Andes, é difícil entender quando se fala em proezas e heroísmo. Quem são os heróis? Eu me pergunto: heróis do quê? Do que estão falando? Aquela foi a história de um grupo de desafortunados, e nesse terreno não há espaço para heróis ou para ostentações. Esse conceito pertence à sociedade convencional, tendo sido depois recriado em filmes e livros. Lá em cima não havia nenhum filme. Não passava pela cabeça de ninguém a ideia de falar em gigantes ou super-homens. É uma tradução ruim feita na planície. Por isso digo que o diabo nunca dorme: nós mesmos, quando descemos, começamos a falar em proezas, mas na história verídica ninguém queria ser nem se sentia um campeão protagonizando uma façanha gloriosa. Justamente ao contrário, éramos um grupo, e o objetivo era que cada um fizesse a sua tarefa, sem que nenhum líder ou semideus precisasse emitir as ordens. Se havia algo ausente na sociedade da neve era a ideia de protagonismo. Mas como o diabo não descansa, quando descemos, levados pelo novo ambiente, começamos a buscar os "protagonistas".

Se agora, em março de 2006, quando subimos novamente a montanha, eu pedisse aos dezesseis sobreviventes que me falassem de coração, todos diriam o mesmo. Que os heróis, se os houve, foram os feridos que depois morreram, pois não me ocorre ato mais louvável do que, em vez de se lamentar e pedir por compaixão quando sabiam que não tinham chance de escapar, transmitir ânimo para nós, que ainda conseguíamos caminhar.

Acredito profundamente que se essa história demonstra alguma coisa é aquilo que podemos extrair de gente como Enrique Platero ou Numa Turcatti, que nos ensinaram o que significa ser um herói humilde, o que parece um contrassenso. Platero foi operado por Roberto com uma lâmina de barbear, para cortar um emplastro de sangue e carne que saía do orifício formado em seu ventre quando Zerbino arrancou um tubo que ali se cravara. Ele nunca se queixou nem deixou de trabalhar. Numa nos ensinou o que é o heroísmo anônimo ao dar aos outros mais do que reservava para si mesmo. Nesse equilíbrio entre solidariedade e egoísmo, que era o que permitia a você viver ou morrer, ele inclinava a balança em favor dos outros e em detrimento de si próprio. Numa subiu a montanha na primeira expedição, no quarto dia, com Adolfo Strauch, Roberto Canessa e Carlitos Páez. Participou depois da terrível expedição de dois dias, sem nenhum ponto de abrigo, com Gustavo Zerbino e Daniel Maspons, em que quase morrem. E quando a avalanche veio e cobriu tudo, quem mais trabalhou, quem retirou mais neve para que pudéssemos voltar a viver foi Numa, que de novo ultrapassou seus próprios limites. Existe aí um nó górdio que deve ser desfeito. Por que ele agia daquela maneira? Por isso é que Numa está estreitamente vinculado, também, à expedição final, porque foi a sua morte que precipitou a saída, e isso no momento certo, porque quando o resgate chegou, dez dias depois, a alguns, como Roy, restavam poucas horas de vida. Foi o impulso final para a saída salvadora, e isso não se deu por acaso, mas sim em consequência de sua atitude na montanha. No final estava com o sistema imunológico tão devastado que contraía todo tipo de infecção. Nós lhe dávamos antibióticos, os doutores da montanha cuidavam dele todos os dias, mas acabamos por perdê-lo. E, com ele, todos morremos um pouquinho mais.

Nunca achei que a verdadeira história tenha sido realmente contada, a essência do que se passou. No livro *Os sobreviventes*, o autor não pôde subir à montanha, e por isso o texto conta os casos, o que se dava do lado de fora, mas não o que ocorria dentro de cada um de nós. É um relato frio dos fatos. Porém, quando não se conta o que acontecia dentro de nós, não se chega a conhecer a humildade, que é a essência da história.

Quando descemos de volta para a sociedade, o diabo mostra o rabo, e tudo começa a ser distorcido; surgem a competição, o egocentrismo, a inveja, a vaidade, características todas elas muito humanas, é verdade, mas a história perde o seu núcleo. O que nos salvou foi a humildade, por isso resgatar o núcleo significa recuperar nem mais nem menos que a fórmula salvadora, o que deve permanecer, para nós e para todos os que se interessam e se aproximam desse caso.

Por que quando subimos aos Andes aquilo que é mais genuíno volta a aflorar, algo que desaparece quando descemos? Regressamos à cordilheira, e a atitude de uns para com os outros muda radicalmente. Cuidamos uns dos outros, como fizemos em 1972. Voltamos a sentir medo, a ficar inseguros, e essa vulnerabilidade traz consigo as outras sensações.

Muitas vezes você pensava: "E se todos morrerem e eu ficar por último, o que vou fazer?". Esse pensamento me enlouquecia, porque o último morreria sem afeto, desprotegido, desamparado. Se você ficasse por último, que mãos teria para segurar?

O medo também tinha uma dupla face. Quanto maiores as pedras jogadas no caminho ou que despencavam sobre as chapas amassadas da fuselagem, quanto mais sofríamos, mais nos uníamos, mais recursos internos encontrávamos para não nos entregar, mais se fortalecia aquela profunda rebeldia contra a injustiça.

Tudo isso nos deixou mais sensíveis, com cada um recorrendo ao melhor de cada um. Sem ar para respirar, a mente se aguçou e se tornou tão precisa quanto um estilete em mãos habilidosas. Nesses estados alterados de consciência, surgiram fórmulas muito criativas que talvez, com a mente em ordem, pudessem nos parecer uma loucura impossível de ser tentada. Muitas invenções, como a penicilina, surgem do acaso, por acidente, como quando Alexander Fleming esqueceu uma lâmina com fungos na janela e na manhã seguinte constatou que em torno deles não cresciam bactérias. A sociedade que tivemos de constituir surgia a partir de acidentes, como esse de esquecer uma lâmina com fungos na janela: saíamos para o lado oeste quando as borrascas permitiam porque por acaso encontramos a cauda do avião e isso nos poupou bastante tempo; Roberto Canessa, Gustavo Zerbino e Diego Storm eram os médicos porque tinham cursado um período na faculdade. Roy Harley era o engenheiro pelo mesmo motivo; e eu era uma espécie de "bispo". Isso não contei porque temia ser mal compreendido. Mesmo quando agia assim na montanha, não gostava que meus companheiros vissem, porque poderiam achar que eu tinha perdido a razão, como nos acontecia com tanta frequência. Quando alguém morria, eu sempre o benzia, ministrava-lhe a extrema-unção, como se fosse um sacerdote. Não fazia isso para cumprir um ritual litúrgico, mas porque era preciso oferecer paz na morte ao falecido. Parecia-me imperioso que alguém dissesse: "Descanse em paz". E como não havia ninguém para fazer isso, assumi a tarefa.

No dia 22 de dezembro, quando ouvimos pelo rádio que Nando e Roberto tinham chegado a Los Maitenes, aconteceu a maior celebração à vida que se pode imaginar. Com a lâmina de fungos na janela tínhamos descoberto a penicilina. Como sabíamos que viriam nos buscar, nos preparamos para o encontro. Depois de uma espera angustiante, ouvimos ao longe o som dos helicópteros que vinham de baixo, subindo pelo vale ao leste. Os dois helicópteros se aproximaram da geleira onde estava a fuselagem, mas como não podiam pousar, alguns montanhistas se lançaram sobre a neve, e eu automaticamente corro na direção de um deles e o abraço. Era Sergio Diaz, que por sua vez também me abraça com força, chorando, e repete espantado: "Vocês estão vivos! Estão vivos!".

Como havia muita turbulência, os dois helicópteros tinham de partir o quanto antes, e como não puderam levar todos nós, deixaram ali outros dois montanhistas, Osvaldo Villegas e Claudio Lucero, com equipamentos para neve, e uma quarta pessoa, o enfermeiro José Bravo, que foi empurrado do helicóptero apenas com a roupa do corpo, uma camisa e uma calça leve. Como não havia precedentes nesse tipo de resgate, eles tiveram de improvisar. Éramos, sempre fomos, cobaias.

Enquanto todos esses imprevistos ocorriam, Sergio Diaz continuava abraçado a mim, alheio ao que se passava com os helicópteros, alheio ao que deveria fazer como integrante do Socorro Andino, chorando como uma criança desconsolada. Logo depois vou buscar a sacola com minhas coisas no avião, como todos havíamos feito, inexplicavelmente, como se estivéssemos retornando de uma viagem, mas quando voltei os helicópteros já tinham partido.

Ficamos sentados do lado de fora esperando os helicópteros voltarem para nos pegar, mas eles não chegavam. Começamos a contar aos montanhistas tudo o que tínhamos vivido, o que tivéramos de fazer, como conseguimos sobreviver, e eles não acreditavam, e assim foi o contato que tive com a civilização, em plena montanha, com quatro rostos incrédulos e assombrados, pois não conseguiam acreditar no que havíamos feito, que estávamos vivos, como tínhamos sobrevivido aos temporais, às avalanches, ao frio, com as roupas que vestíamos. Balançavam a cabeça, olhavam para os nossos sapatos, os pulôveres, os restos dos cadáveres espalhados, e não conseguiam assimilar tudo aquilo. Passou-se uma hora, duas, três, quatro, cinco horas, e os helicópteros não apareceram.

Depois que começou a esfriar e a escurecer, nos convencemos de que não voltariam naquele mesmo dia. Isso foi profundamente doloroso, pois estávamos muito sensíveis a qualquer tipo de abandono. A diferença é que naquela noite havia outras pessoas, e no fundo sabíamos que não seríamos abandonados definitivamente. Tivemos de agasalhar o enfermeiro que tinham empurrado para fora do helicóptero com os nossos próprios trapos. Tornou-se mais um dos nossos, os andrajosos da neve.

Depois nos sentamos dentro da fuselagem com Osvaldo Villegas e Sergio Diaz, e este nos contou que à meia-noite era seu aniversário. Eu não sabia, mas ali se iniciava um dos melhores momentos que passei em minha vida, a noite do septuagésimo primeiro dia. Não apenas por causa da comida, dos sabores que voltávamos a sentir, mas pela ligação estabelecida com Sergio Diaz, o único a passar a noite toda na fuselagem. Até certo ponto era compreensível que os demais nos olhassem com tanto receio. O que para nós era o nosso lar, para eles era repugnante, com restos humanos, com o cheiro ácido existente dentro do avião, pois à noite urinávamos e jogávamos fora perto da entrada, já que não havia jeito de sair. Tudo isso somado à sujeira, ao sangue e às infecções já ressequidas ou ainda purulentas acumuladas nos 71 dias que passamos apertados dentro daquele sarcófago. Villegas, Lucero e o enfermeiro armaram uma barraca de montanha onde se abrigaram naquela noite. Além do mais, eles estavam com muito medo das avalanches. Eu podia vê-los na entrada da barraca, conversando baixinho, observando o tempo todo as montanhas iluminadas pela lua. Havia nevado muito, toneladas de neve caíam sem parar, e a montanha roncava. Os três infelizes, tremendo de medo, conheceram naquela noite algo que para nós era rotina. Enquanto isso Sergio permanecia na fuselagem, seguro e à vontade, porque tinha chegado à conclusão de que aquela noite valia mais do que qualquer risco ou sacrifício. Por isso ele nunca se preocupou com as avalanches que faziam o céu estremecer.

Sergio nos dizia que havia meio mundo à nossa espera, uma verdadeira comoção, mas não conseguíamos entender do que ele estava falando. Quando ficou claro que havia coisas que não conseguíamos compreender, ele muito perspicazmente tentou por outro caminho, procurando nos conectar novamente à vida por intermédio da música e da poesia. Foi então que repetimos, durante horas, o poema de José Martí que ele nos ensinou naquela noite, que nunca mais vou esquecer e que de vez em quando me volta à lembrança e eu declamo para mim mesmo, porque Sergio não o recitou por acaso, mas por pura intuição, expressando para nós o melhor resumo de tudo o que havíamos vivido: "Cultivo una rosa blanca/ en junio como en enero/ para el amigo sincero/ que me da su mano franca/ y para aquel que me arranca/ el corazón con que vivo/ cardo ni ortiga cultivo/ cultivo una rosa blanca".*

---

* Moncho Sabella nasceu em 1951. Como empresário, conheceu inúmeros altos e baixos trabalhando com o pai, Ramón, e com o irmão Juan, mas sempre manteve os ânimos inalterados. Casou-se aos 55 anos, em junho de 2006, com Gloria, uma paraguaia.

Sofreu vários percalços de saúde, que mais uma vez o fizeram se sentir à beira da morte. Junto com Daniel Fernández e outros so-

---

* Em tradução livre: "Cultivo uma rosa branca/ seja em junho seja em janeiro/ para o amigo sincero/ que me dá a sua mão aberta/ e para aquele que me arranca/ o coração com que vivo/ não cultivo cardos nem urtigas/ cultivo uma rosa branca". (N. T.)

breviventes, empenhou-se na criação da Fundação Viven, voltada para a colaboração, sob diversas formas, com a comunidade. Recentemente começou a ministrar conferências sobre os Andes.

Em março de 2006 voltou a subir na montanha, apesar de padecer de enfisema em um pulmão e de uma deficiência cardíaca. Na primeira tarde, o técnico de som da equipe de filmagem do documentário foi atingido pelo mal da altitude. Como não conseguia respirar e estava ficando azul, foi posto numa cama de campanha, sob um vento inclemente. Moncho se sentou junto a ele, segurando sua mão, enquanto lhe administrava oxigênio a partir de um bujão. Permaneceu ao seu lado, na mesma posição, durante quatro horas. Assim que o técnico de som confirmou que já se sentia melhor, Moncho soltou a mão dele. "Obrigado", disse o homem. Moncho fitou-o surpreso: por que ele estava agradecendo?

11. Um salto no vazio

No oitavo dia, Adolfo Strauch não conseguia dormir. Sabia ser imprescindível cortar pela raiz o processo de inanição que todos sofriam, mas ninguém tomava a iniciativa. Ao mesmo tempo, achava que muitos pensavam como ele, embora ninguém explicitasse abertamente.

Um deles era Nando Parrado. Pouco depois de sua irmã morrer, Nando estava deitado na parte baixa da fuselagem, com Carlitos Páez à sua direita. Era de noite. Não conseguia vê-lo, mas podia ouvir sua respiração e sentia o seu hálito ao lado.

— No que você está pensando? — sussurrou Nando.

— Que não sobrou mais nada na "despensa" — respondeu Carlitos.

— Eu vou sair daqui, mas pra isso é preciso comer, e a única coisa que existe são corpos — disse Nando.

Carlitos Páez não respondeu. Ele tinha levantado o assunto para sondar o terreno. Quando Nando disse que estava pensando em usar os corpos, Carlitos olhou para ele sem confessar que já havia pensado a mesma coisa. O que faria agora com essa informação? Tinha perspicácia o bastante para perceber que ele, o caçula do grupo, com apenas dezoito anos, não poderia propor esse salto mortal. Até certo ponto sua credibilidade estava limitada pela idade. Mas e se pusesse suas considerações na boca de Nando?

Foi o que fez, poucas horas depois, durante a expedição com Adolfo, Roberto e Numa, no quarto dia. Aproveitou um momento em que caminhava ao lado de Adolfo, distanciado dos demais, e disse:

— Nando enlouqueceu, ele está querendo comer os mortos.

Adolfo parou, aproveitou para tomar fôlego, apoiando os braços nos joelhos, olhou-o nos olhos e respondeu muito seguro, antes de continuar a caminhada para cima:

— Ele não está louco. Nós não temos outra saída.

Outro que pensava a mesma coisa era Moncho Sabella. Quando passou a olhar para o pouco que aparecia dos corpos congelados, perto do nariz do avião, e começou a cogitar em comê-los, achou que estava enlouquecendo. Preferiu olhar para o outro lado, pensar em outra coisa. Não, eu não estou louco, repetiu Moncho para si mesmo. Mas percebeu que, inconscientemente, de tempos em tempos, saía e dirigia o olhar para a parte dianteira do avião, que apontava para o leste, junto à roda retorcida, onde assomavam, aqui e ali, algumas partes dos corpos.

No quinto dia após o acidente, Adolfo Strauch e Daniel Fernández comentaram o assunto com outros do grupo. A estratégia era criar aos poucos uma conscientização, romper preconceitos e, fundamentalmente, convencê-los de que valia a pena. Enquanto alguns os ouviam em silêncio, outros reagiam de forma irada, até mesmo agressiva. Alguns preferiam não ouvir a proposta, como se fosse a pior das blasfêmias. Outros assentiam com o olhar, sem mover a cabeça nem dizer uma palavra.

No sexto dia, sem nenhuma notícia de resgate e com a convicção cada vez mais categórica de que não haveria retorno, ampliou-

-se o grupo dos que concordavam com "a ideia mais disparatada do mundo", como lhes haviam dito.

Se até então falava-se nisso apenas em pequenos grupos, quase em segredo, no sexto dia o assunto passou a ser tratado em voz alta. Todos recordam que do lado de fora soprava um vento impiedoso, o que tornava o assunto e a sensação ainda mais opressivos.

Os 26 estavam apinhados dentro da cabine da fuselagem quando Adolfo explicou o que estava pensando. Expôs a proposta de forma pausada, argumentada, da maneira mais honesta que conseguiu.

Depois dele falaram apenas cinco. Três a favor (Roberto, Nando e Daniel) e dois contra. Os outros preferiram guardar silêncio. O que estariam pensando? Adolfo perscrutava os rostos, alguns o fulminavam com o olhar a ponto de o forçarem a baixar os olhos, envergonhado. Achou que os que silenciavam estavam, na maioria, de acordo com o que ele dizia, pois do contrário teriam se oposto explicitamente, como fizeram os dois que não admitiam a atitude nem mesmo como hipótese extrema.

Antes de se levantar, no oitavo dia, Adolfo ouviu seu primo, Daniel Fernández, deitado ao seu lado: "Nós temos de fazer isso agora". Ele já tinha tomado a decisão. Não queria se arrepender e voltar atrás. Se estava louco, ao menos era uma loucura compartilhada. Agora restava o mais difícil: executá-la.

Estava tão debilitado quanto todos os outros, sentia enjoos, a tal ponto que teve dificuldade para se levantar, para observar o cenário da fuselagem, com os 27 que continuavam vivos, amontoados e congelados, cristais de gelo nos cabelos e as barbas crescidas.

Sentiu que todos estavam tão abatidos que dentro de mais alguns dias já não conseguiriam sequer dar os dez passos que os separavam dos cadáveres, semiocultos na parte da frente da fuselagem.

Depois de falar com Gustavo, dirigiu-se a Roberto Canessa, que o aguardava na penumbra. Eram os três encarregados da tarefa. Adolfo, porque obedecia ao impulso de uma convicção interna irresistível. Os outros dois, os doutores, por conhecerem anatomia, proteínas, nutrição. E, na verdade, porque sabiam onde fazer os cortes e por estarem, como todos, desesperados.

Adolfo, que levava na mão um caco de vidro verde de uma garrafa quebrada, tropeçou, à entrada do avião, em Álvaro Mangino, que se arrastara com a perna quebrada sobre o almofadão, impulsionando-se com as mãos, para ver o que iam fazer, embora já o soubesse.

Pararam diante de um corpo que estava enrolado. Gustavo Zerbino sentiu que se cortar a calça já havia sido difícil, cortar a carne seria quase impossível. Depois de raspar durante quinze minutos, pois o corpo era como um mármore, conseguiram abrir uma fenda e chegar ao músculo. Em seguida retiraram algumas lascas que eram como palitos de fósforo, e com Adolfo e Roberto cada um pegou uma. Olhavam-nas em silêncio. Gustavo envolveu o seu pedaço em neve, para evitar o asco. Quando enfiou a lasca na boca, sentiu náusea, engoliu e teve a sensação de passar para outra dimensão. Ergueu os olhos e notou que Roberto e Adolfo tinham feito o mesmo. Viraram-se e viram os três que os observavam junto à fuselagem. Os demais estavam dentro.

Roberto sabia que os três que os olhavam do lado de fora do avião, assim como os 21 que estavam na cabine da fuselagem, compartilhavam com eles todo aquele desconsolo. Sentiu que vivenciaram aquilo que acabava de acontecer como se fosse a morte de mais alguém, alguém que era uma parte de todos. Teve a sensação, também, de que ainda que nem todos comessem naquele dia, no fundo de sua alma o grupo agradecia e reconhecia a coragem que eles tiveram, pois o mais difícil tinha sido feito. Agora seria a vez dos outros.

Eles cortaram vinte tirinhas de carne, enfileiraram em uma chapa de alumínio e deixaram sobre o avião, ao sol, para que secassem e ficassem mais fáceis de engolir.

Álvaro se arrastou na neve até o ponto onde haviam montado a chapa com as tirinhas de carne. Sentiu que era um dia muito carregado, com nuvens escuras e uma tormenta que despontava no horizonte. Mas a rigor ele não sabe se a tormenta realmente existia ou se era algo que vivenciava em sua imaginação. Levantou-se com dificuldade e pegou na chapa o primeiro pedaço. Era esbranquiçado, duro e gelado.

Pouco a pouco outros se aproximaram da bandeja improvisada com os pequenos pedaços de carne e os engoliram como um remédio, repugnante mas imprescindível. Os que sobraram foram levados para os que estavam dentro do tubo partido.

Carlitos Páez não hesitou muito e foi dos primeiros a engolir um naco, junto com um punhado de neve. Para construir uma ponte entre os que comeriam e os que não comeriam, brincou em relação ao sabor da carne, dizendo que parecia um presunto que se vendia numa das melhores casas de frios do bairro de Carrasco, em Montevidéu.

Nando Parrado também foi dos primeiros a comer. Lembrava que a última coisa que havia comido era um amendoim coberto com chocolate que durou três dias: no primeiro, comeu o chocolate e guardou o amendoim no bolso; no segundo, comeu metade do amendoim; e no terceiro a última parte, bem devagarinho. Depois disso, restavam apenas as rochas vulcânicas acinzentadas, a neve e o metal do avião.

Cada um desenvolveu seu processo da culpa e de alívio em silêncio e a sós. Todos fizeram isso, por diferentes razões. Liliana Methol, que só veio a comer depois do décimo dia, queria voltar a ver os filhos, e faria o impossível para conseguir isso. Outros vivenciaram o fato de forma religiosa, como uma comunhão, argumento elaborado por Pedro Algorta; Adolfo e Daniel queriam viver; Bobby François nem sequer hesitou, porque não havia alternativa.

Tintín Vizintín, com seus dezenove anos de idade, era o que mais se apegava às normas e atitudes características do rúgbi. As palavras do diretor técnico, o Brother Eamon O'Donnell, ecoavam em sua mente como referência constante. Obedecer a quem tem a autoridade e cumprir a missão da melhor maneira possível. E, principalmente, não discutir as ordens em um momento tão caótico, o que só acrescentaria mais desarmonia à situação. Quando lhe deram uma tirinha, ele envolveu-a com neve e engoliu.

A noite do oitavo dia foi uma das mais difíceis nos Andes. Integrar-se à sociedade da neve implicava romper com a civilização anterior mediante algo que se converteu em um ritual de iniciação: comer a carne dos mortos. Naquela noite Gustavo Nicolich escreveu uma carta a seu pai, que ainda a conserva: "Hoje começamos a comer", diz ele na segunda linha. Mas nem todos já haviam comido.

Para Daniel Fernández, que se sentia responsável por enxergar dois ou três passos adiante, um dos momentos mais inesperados e gratificantes da epopeia na cordilheira foi o décimo dia, quando conseguiram consertar o pequeno rádio Spika. A primeira notícia que ouviram foi de que as buscas haviam sido suspensas, o que levou todos a começarem a comer.

Naquele momento Daniel estava dentro do avião, junto com Adolfo, quando ouviram alguns gemidos seguidos de um longo silêncio. Em seguida Gustavo Nicolich apareceu pelo rombo da fuselagem.

— Meninos, eu tenho uma boa e uma má notícia: eles pararam de procurar a gente, agora temos de nos livrar por nós mesmos — exclamou.

Depois eles ficaram sabendo que aqueles gemidos tinham sido de Marcelo, que foi consolado por Roy. Naquela noite Marcelo se sentou junto com Daniel, Adolfo e Eduardo. Nunca estivera tão abatido, seus piores presságios tinham se cumprido. "Eu organizei esse voo fretado e vejam como terminou, com a gente comendo os nossos amigos." Os três primos fizeram o impossível para consolá--lo, porém depois de algum tempo perceberam que Marcelo não estava à procura de argumentos, mas apenas de companhia. Para Marcelo, foi impossível se recuperar.

Naquele dia Gustavo Zerbino conversou com cada um dos que estavam mais arredios à ideia de comer e explicou, sentado ao seu lado, com uma paciência infinita, o que significava viver ou morrer, com palavras diferentes para cada um. Falou com Coche, Numa e Pancho. Quando foi falar com Marcelo, este o fitou de modo sombrio. Deixou que falasse e ao final respondeu: "Façam como quiserem".

Iniciou-se a partir daí um rápido processo de habituação a esse novo tipo de vida. Aos poucos as mentes foram se redirecionando, e o que no começo era desagradável e praticamente inassimilável deixou de ser repugnante, em especial quando era possível deixar a carne secar ao sol, o que dissimulava sua consistência. Os padrões do passado desapareciam rapidamente. A tal ponto que alguns dias depois o tema já tinha deixado de ser espinhoso para a maioria, pois havia outros assuntos urgentes a tratar e nos quais precisavam se concentrar caso pretendessem sair daquele calvário.

Se no começo comiam uma lasca do tamanho de um palito de fósforo, depois passaram às dimensões de um tablete de chocolate muito fino e congelado. Até então ainda se tratava de pessoas que haviam caído de um avião proveniente da civilização. Mais tarde, porém, tudo o que restava daquele mundo eram lembranças.

A nova sociedade exigia organização e rotina, e a primeira questão era como distribuir a carne dos corpos. Esse primeiro escalão, correspondente ao trabalho mais duro, coube a Daniel Fernández, Adolfo e Eduardo Strauch, com a permanente colaboração de Roberto e Gustavo. Ao longo dos 71 dias, não mais do que seis pessoas passaram por essa função. Num segundo escalão, sem contato direto com os corpos, havia outra equipe, coordenada por Gustavo e Roberto, que contava com vários dos mais novos, inclusive Álvaro Mangino, com a perna quebrada.

À medida que o tempo passava, Gustavo percebeu que eles precisavam de outras substâncias, além das proteínas dos músculos. Faltavam cálcio, potássio e magnésio. Os ossos estavam à mão. Então, os companheiros que não conseguiam se mover receberam um osso e um caco de vidro para que o raspassem até formar um pó. Quando comiam uma colherada, ingeriam cálcio. Logo perceberam que faltavam outros elementos, e passaram a comer absolutamente tudo que se podia comer, sem desperdiçar nada. Começaram pelos rins, o fígado e o coração. Vieram depois os miolos, para aproveitar o fósforo. Gustavo sabia que aquilo era monstruoso, mas ele tinha um machado e alguém tinha de rachar o crânio.

De modo geral os corpos estavam de bruços e nem sempre eram identificados. A turma do primeiro escalão só ficava sabendo quem era depois de terminar de destrinchá-lo, ao final de alguns dias. Mas a maioria do grupo, inclusive os integrantes da equipe do segundo escalão, que cortava os pedaços menores, até hoje não sabe exatamente a identidade dos corpos utilizados.

Quando voltou a Montevidéu, Daniel Fernández esteve com os pais de dois dos mortos na montanha. Eles não perguntaram se os corpos de seus filhos haviam sido utilizados, só queriam saber se valia a pena subirem à cordilheira para buscar seus restos. Fernández não viu em suas palavras nenhum sinal de reprovação: simplesmente queriam saber com o que iriam se defrontar. Daniel manteve um bom relacionamento com essas famílias, que perdura até hoje. Essa foi uma das promessas que o grupo sempre respeitou, não dar nomes, e esse é um dos elos que os manterá unidos até o fim.

Para o restante do grupo, não deixou de ser cômodo que outros cuidassem da alimentação. Tranquilizou-os particularmente o fato de a distribuição ser administrada pelos Strauch, pois sabiam que eles fariam aquilo de modo equânime, evitando a ocorrência de casos de abusos ou desordem.

Houve alguns incidentes, como o do décimo segundo dia. Foi numa das poucas vezes em que cozinharam a carne, pois alguns ainda tinham dificuldade para comê-la crua. Nesse dia os pedaços maiores foram passados para o segundo escalão, que os cortava em pedaços menores, separando alguns para os que esquentavam uma chapa retirada do encosto de uma poltrona, fazendo fogo com a madeira de um engradado de Coca-Cola. Pouco depois perceberam que faltavam quatro pedaços. Os primos Strauch não titubearam. Dirigindo-se ao responsável pelo sumiço, Adolfo disse, muito sereno mas com firmeza, que ele não poderia mais ficar naquela função, não porque fosse má pessoa ou por ter jogado sujo, mas por ter demonstrado que não conseguia se controlar. O jovem compreendeu de imediato, admitiu que sua fome era tamanha que não conseguia se conter (ver carne vermelha ou até mesmo observar cortes com sangue despertava seu apetite), e não houve nenhuma discussão.

A ordem no corte e a equidade na distribuição, não apenas da carne mas também dos cigarros ou na organização na hora de dormir na fuselagem, nada disso impediu que aquela sociedade adquirisse aos poucos um aspecto cada vez mais selvagem, com ossos e membros espalhados em torno da fuselagem.

Quantas coisas mais ainda teremos de fazer para sobreviver?, perguntava-se Roberto Canessa, fitando os cumes distantes cobertos de névoa. Quando eles começariam a deixar de ser aquelas pessoas amigas e alegres para se transformar em homens mortais, em homens da montanha? Será possível domar a fera humana? Quanto eles teriam de cair, qual seria o preço? Álvaro Mangino sentou-se ao seu lado. Nesse momento Roberto entendeu que o limite só surgiria com a própria morte. Antes disso, não haveria fundo. Antes da morte, não haveria limite.

12. A glória efêmera

*Álvaro Mangino**

Não sei como quebrei a perna, porque só me dei conta disso quando o avião parou abruptamente. Fiquei preso sob os assentos retorcidos, no amontoado de coisas da parte da frente. Roberto Canessa e Gustavo Zerbino me ajudam a sair e descubro que minha perna esquerda, do joelho para baixo, está totalmente solta, pendurada, como se não fosse minha. Com a adrenalina do choque, eu não tinha sentido dor alguma. A euforia de estar vivo logo se desfez e entrei em pânico. Então Roberto e Gustavo me tiram dali como podem, me apoiando nos ombros, enquanto outros passam ao nosso lado parecendo grogues. Roberto me pôs sentado no chão, bem perto de onde o avião tinha se partido, e pediu que não olhasse para as suas mãos; mas observar o entorno era ainda pior, por isso me concentrei nos olhos dele, e nunca mais esqueci sua expressão. Levantou minha calça até o joelho e foi tateando o osso, encontrou o lugar exato da fratura, abaixou um pouco a cabeça para escutar e com um movimento firme colocou a perna no lugar. Dei um grito e ele me disse: "Pronto, vamos deixar assim". A perna estava no lugar, e até hoje consigo caminhar bem graças a ele.

Amarrou com força um pedaço de camisa no local onde o osso estava quebrado, para que não se movesse, e terminou. Fiquei assim durante as primeiras horas, até que começou a nevar e me arrastei para a parte do fundo do avião.

A partir daí, toda a minha odisseia na montanha esteve marcada por esse fato, eu tive de viver me arrastando. Para isso usei um sistema muito simples: punha a perna quebrada esticada sobre uma almofadazinha dos assentos e me arrastava impulsionado pela perna sadia e as duas mãos, como um cachorro inválido sem uma das patas. Arrastei-me durante os 71 dias, na mesma posição, com a perna quebrada esticada. No quadragésimo quinto dia o osso já tinha se soldado, e tentei dar alguns passos, fazendo um esforço descomunal, mas não consegui: depois de tanto tempo sem caminhar, com uma alimentação mínima, o músculo havia se atrofiado demais e foi melhor continuar me arrastando até o final. Essa foi a minha realidade nos Andes: eu via tudo no nível do chão, que era o espaço onde eu circulava.

A perna soldou um pouco torta e o joelho ficou um pouco mais grosso do que o da outra perna. Tenho de usar uma palmilha no sapato porque a perna ficou mais curta e disforme: mas faço tudo que preciso fazer e isso não é algo que doa ou atrapalhe. Às vezes, quando há muita umidade, chega a incomodar. Nesses dias, inevitavelmente, me lembro da montanha. Depois de regressar à civilização, consultei vários ortopedistas para ver se havia algo a fazer. "Melhor do que está, impossível", disseram. E aquilo foi feito por Roberto, com as mãos, sentado na fuselagem, abaixando a cabeça para ouvir o estalo dos ossos que se encaixavam.

Diante da magnitude do desastre, desde a primeira manhã na montanha, em 14 de outubro, entendi algo muito simples: eu não podia depender dos outros, porque todos tinham emergências demais a resolver para ficar carregando um inválido nas costas. Minha atitude de preservar a autonomia podia inclusive provocar o efeito contrário, pois às vezes se tornava incômoda. Para sair da fuselagem eu demorava muito mais que o restante, impedindo que o de trás passasse.

Para que não pisassem na minha perna quebrada, uma vez tive de dormir em cima, nas redes penduradas, onde estavam os dois feridos mais graves. Mas embora ali eu sentisse menos dor, pois ninguém me apertava, o frio era insuportável, de dez a quinze graus a menos que embaixo, onde havia o calor dos corpos apertados uns contra os outros. Nas redes com os feridos era muito difícil se abraçar porque isso os machucava, e o metal congelado do teto do avião ficava perto demais, quase tocando o nariz, e o frio penetrava por todos os buracos.

A decisão de comer carne humana foi a mais difícil que tomei em toda a minha vida. Como eu não conseguia comer, no primeiro dia em que a carne foi cortada eu quis me solidarizar com os que comiam, e saí da fuselagem me arrastando, como se dissesse: estou com vocês, rapazes, mesmo que não consiga chegar até aí.

Além disso, como não queria fazer menos só por estar impossibilitado, assumi um papel difícil: eu era o cortador de carne do segundo escalão, para o qual chegavam os pedaços grandes que os três primos cortavam. Junto com Gustavo e Roberto eu os transformava em pequenas tiras e rações minúsculas em que não restavam vestígios de terem pertencido a um corpo humano. Guardo comigo até hoje o pratinho em que fazia os cortes, encontrado por meu filho numa das viagens que fez à cordilheira. Com um pedaço de osso, eu tinha escrito o meu nome embaixo dele, "Álvaro", como fazem os detentos na prisão quando não têm esperança de sair e deixam seus nomes nas paredes como uma espécie de registro para a posteridade. Comíamos aquela ninharia e depois procurávamos algum osso, alguma coisa para passar o dia e nos alimentarmos um pouquinho mais. Era permitido recolher as sobras que não faziam parte do que se distribuía nas rações.

No segundo escalão nunca soubemos a quem pertencia o corpo que cortávamos. Além disso, como preferia mesmo não saber, se alguma vez eu soube meu cérebro apagou tudo, pois eu esqueci e prefiro que seja assim.

Tive momentos muito difíceis ao longo da minha vida. Recomecei várias vezes. Com minha mulher, Margarita, morei no Brasil, seis anos no Rio de Janeiro e depois nove em Porto Alegre, enquanto parte dos meus filhos ficou no Uruguai. Mas esses altos e baixos nunca me abateram. Na verdade, nunca joguei a toalha. E isso é fruto dos Andes.

Algum tempo atrás, um problema de saúde de um membro da minha família causou uma comoção, porque senti que o que eu mais amava na vida estava desmoronando, tudo aquilo que me fizera voltar da montanha se estilhaçava e eu não sabia o motivo. E foi justamente isso que me levou de volta aos Andes, e na cordilheira encontramos algumas respostas que nos ajudaram a sair da situação. Por isso sinto que minha vida é um grande desvio, que começa e termina na montanha.

Apesar das dificuldades que conheci em toda a minha vida, sinto que estou em um momento de harmonia. Faço o que quero, dou palestras sobre a cordilheira, com uma particularidade: faço isso depois de ter passado mais de trinta anos sem emitir uma palavra sobre o assunto. E essas palestras são gratificantes, porque acredito quando se diz que "o passado é o que mais se modifica".

Até hoje já voltei sete vezes à montanha, algumas delas com toda a minha família. Chorei muito lá em cima. Toda vez que vou é diferente da anterior. Sei que de alguma maneira vou aos poucos encontrando um sentido para tudo o que vivi. E por isso sempre subi junto com pessoas especiais. Fui com o afilhado de Marcelo Pérez del Castillo, que hoje é meu afilhado. Ir junto com ele foi como voltar a me aproximar de Marcelo, porque de alguma forma ocupei o lugar que era dele, sem descartá-lo, mas assumi o posto, como sempre fizemos na montanha, e fui padrinho de seu afilhado. E assumi essa responsabilidade.

Também subi com o filho da minha irmã mais nova, morta em um acidente de trânsito. Era muito pequeno quando ela faleceu. Fui com ele sozinho, conversamos muito sobre sua mãe, os dois unidos por tragédias terríveis, que, sob certo ponto de vista, não têm solução. Chegamos a essa empatia tão profunda lá em cima, naquela paisagem imponente, como se encontrássemos na montanha um remédio para algo que não tem conserto.

Mas nem sempre foi assim. Durante muitos anos a cordilheira representou para mim um trauma, eu me fechei e não conseguia falar a respeito. Voltei da montanha antes dos outros, em 25 de dezembro de 1972 (a maioria voltou no dia 28 de dezembro). Assim que cheguei a Montevidéu, tive de partir, pois não queria pensar nos Andes e ali me deixavam louco com tantas perguntas. Foi muito difícil superar essa primeira etapa, quando era acossado dia e noite pela vergonha e pelo retraimento pelo que havia feito. Era uma sensação totalmente ambivalente, pois se por um lado eu acreditava que havíamos superado corretamente toda aquela tragédia vivida na cordilheira, fazendo o que tínhamos de fazer, por outro sentia vergonha ao encarar a sociedade dos vivos, e esse sentimento era tão poderoso, nos meus dezenove anos, que eu nem sequer me atrevia a olhar nos olhos das pessoas. Levei muito tempo para realizar a catarse de tudo o que havia sofrido, e acredito que errei durante muitos anos da minha vida ao não encarar tudo o que aconteceu da maneira como encaro hoje. Oxalá tivesse feito isso antes. Mas isso é o momentum: cada um precisou de seu próprio tempo para processar aquele fato. O meu foi longo demais e muito doloroso. Creio que a passagem da sociedade da neve para a civilização deveria ter sido mais lenta, paulatina, para que as emoções pudessem se adaptar, com as lembranças sendo acomodadas. E isso eu não pude ou não soube fazer. E talvez muitos dos que me cercavam não compreendessem bem o que estava ocorrendo, e como lhes faltava a informação que eu possuía e não transmitia, não tinham como me ajudar de forma apropriada.

Por isso eu só queria me fechar no quarto, apagar a luz e não ver ninguém. Só me sentia bem com o grupo de sobreviventes, pois falávamos a mesma linguagem emocional. Coisas semelhantes acontecem com muita gente que se interessa pela história e me pergunta sobre o que vivenciamos. Falta-lhes força para processar as tragédias que todos carregamos nas costas. Sentem-se isolados, achando que ninguém será capaz de entender a base de seu sofrimento. Por isso vibram quando me ouvem: não pelo que digo, mas pelo que estão sentindo.

Quando desci da montanha, eu deveria ter ficado em Santiago do Chile, com a maioria, que voltou em 28 de dezembro, quatro dias depois de mim, para a entrevista coletiva no ginásio. Porém não compareci. Esses quatro dias de aclimatação em conjunto foram fundamentais. Mas eu me isolei de algo que era de todos e não senti aquela vibração no ginásio do colégio Stella Maris-Christian Brothers durante a entrevista coletiva, na qual de alguma forma expressou-se o que nos tinha acontecido. Nós nos justificamos? Não sei. Mas eu não vivi aquele momento, e, mesmo que me contem, o efeito em minha mente e no meu coração é diferente, pois não senti aquela ovação generalizada, que era uma forma de dizerem que tínhamos feito a coisa certa, que estávamos perdoados.

Quando chegamos a Santiago, em 23 de dezembro, fui acometido de uma urgência inexplicável de partir. Nossas mentes não estavam organizadas, não havia agendas, planos ou estratégias. Nem sequer fiquei sabendo que o grupo de sobreviventes tinha sido hospedado no hotel Sheraton, onde havia muita alegria e até certa euforia. Eu estava no hotel errado, o Carrera, com os familiares dos mortos. Ou seja, estava no meio da mais profunda tristeza. "Vamos embora daqui", eu dizia aos meus pais e à minha namorada, Margarita, pois a situação era insuportável. Nunca imaginei que o restante do grupo ficaria para passar o Natal em Santiago, para realizar uma descida mais parcimoniosa na sociedade dos vivos. Eu ainda vivia sob a lógica de um acidente, que justamente não tem lógica nenhuma. Esse processo pelo qual não passei é como a perna que eu não tinha na montanha. Por isso a minha história é manca, aleijada desde o começo. Mas, apesar de tudo, sei muito bem que não se deve olhar só para trás, é preciso olhar para dentro. E se minha história é manca, é por algum motivo, e deve servir para alguma coisa.

Cada um viveu e sobreviveu à montanha ao seu modo. Eu me apeguei às coisas que amava, que estavam no Uruguai. Em primeiro lugar minha namorada, Margarita. Assim como falávamos de comida, porque era como dizer que queríamos voltar a comer, ou de empreendimentos conjuntos, que era como dizer que queríamos continuar juntos, pois não nos imaginávamos vivendo separados, eu pensava nela porque queria voltar a vê-la, como queria voltar a ver minha mãe. Pensava em minha namorada e falava com ela todos os dias.

Não sei por quê, mas na véspera da viagem eu e minha namorada tínhamos trocado as nossas correntinhas. Ela tinha ficado com a minha, que trazia uma medalha, e eu com a dela, com um crucifixo de prata pendurado. Nunca tínhamos feito isso antes. Por que o fizemos? Existem e sempre existiram duas possibilidades: coisa de criança ou o elemento a que eu me apegaria para viver os dias que viriam. Todas as noites, em meio ao sono rarefeito que conseguíamos ter na montanha, eu me apegava àquele crucifixo e falava com ela, pedia que não ficasse preocupada, dizia que por enquanto estava tudo bem, e essa sintonia e essa crença de que conseguia falar com ela por intermédio daquele símbolo foram cruciais para mim, a ponto de sempre agradecer a ela por estar vivo, pois foi a pessoa que me deu a força necessária para lutar e sobreviver. O próprio episódio inacreditável da avalanche ocorreu justamente num momento em que eu falava com ela, segurando o crucifixo, contando que estávamos mal, mas que ela devia ficar contente, pois poderíamos estar pior. E se o pior que nos acontecera tinha sido a primeira noite do acidente, a avalanche foi muito pior.

    O deslizamento aconteceu num dia cinzento, em que eu tinha decidido dormir nas redes com os dois feridos graves. Entramos mais cedo na fuselagem porque fazia frio demais e estava nublado. O estado de ânimo geral era baixo. Rezamos o rosário, mas em seguida ficamos todos quietos, não houve as histórias interessantes e divertidas de Pancho, não houve os casos de Carlitos, nem os projetos de Javier, nem ouvimos as fantasias de Nando de como escapar daquela armadilha. Como se alguma coisa estivesse se preparando, como se aquela definição tão sinistra sobre quem sobreviveria ou não àquela noite estivesse em gestação. Todos estavam sonolentos, pois era muito difícil dormir de verdade na fuselagem. De repente senti um tremor e em seguida uma trepidação e uma luminosidade súbita e arrepiante, quando aquela massa imensa de neve entrou pela parte de trás, onde havíamos construído uma espécie de muro. Quando a avalanche chegou, todas as valises, e a porta de emergência que tínhamos fixado ali, além da própria neve, deslocaram-se e comprimiram os que estavam deitados na rede, de tal forma que ficamos impedidos de nos mexer e de descer. Ficamos aprisionados por aquela massa de neve e objetos, que só não nos soterrou porque estávamos num nível mais alto. Quando olhei para baixo, espantado, não se via praticamente nada, mas na penumbra eu distingui aquele manto de neve que cobria o avião em mais de um metro de altura e que, pensei então, não deixara ninguém mais com vida.

    Nessa hora tentei descer da rede de qualquer jeito. O Basco e o Arturo estavam bem piores que eu e não conseguiam nem mesmo se mexer. Eu estava mal, a perna continuava a doer muito, mas conseguia me mover, e então tentei várias vezes me soltar para descer, ajudado por Basco e Arturo, que me empurravam, empurravam, mas não conseguimos. Eu fazia força para descer, porém era como estar esmagado sob uma laje de concreto. Nós três então esticamos nossas cabeças para fora das redes para tentar enxergar o que acontecia embaixo. Arturo e Basco gritavam de terror, e eu não encontrava voz para chamar pelos amigos soterrados. Nesse momento vejo Roy saindo de debaixo da neve e começando a cavar buracos furiosamente para resgatar os que estavam sendo asfixiados. Era uma cena tão enlouquecedora que para mim sempre foi muito difícil reconstituí-la, pois me sentia mal e me fazia questionar o sentido da vida. Ao mesmo tempo sei que esse episódio nos deixou ainda com mais raiva, com mais ímpeto e com uma certeza: se sobrevivemos a algo tão terrível como isso, temos de escapar daqui de qualquer maneira.

Alguns instantes depois começaram a surgir dos buracos aqueles fantasmas pálidos, cobertos de neve, mas sabíamos que alguns não estavam saindo. Poucos minutos mais tarde tivemos a segunda das três listas que toda essa tragédia gerou: os sobreviventes do acidente, os dessa noite e a lista final.

Mais adiante, Roberto teve de tomar a terrível decisão, que foi de uma valentia sublime, de usar um dos corpos que haviam morrido ali dentro para podermos sobreviver durante os três dias em que permanecemos enterrados vivos.

Quando a expedição final em que havíamos apostado todas as nossas fichas partiu, iniciaram-se os dez dias mais tristes da minha vida. Nessa ocasião eu estava pesando 49 quilos e não me restavam muitos dias de vida. Cada 24 horas que passavam eu perdia uma parte do pouco de vida que me restava. O grupo ficou mais silencioso. Havia um plano alternativo, que seria executado pelos primos Gustavo e Tintín, mas para mim, considerando meu estado físico e mental, a expedição de Nando e Roberto era a última aposta. Não perdi a fé, mas a cada minuto me aferrava mais ao crucifixo de Margarita.

Por isso ao ouvir a notícia de que Nando e Roberto tinham chegado, e depois ver os helicópteros, é a história do homem condenado a quem se oferece uma última oportunidade. Naquela manhã nos deram a chance de nos redimirmos.

Não sei como subi no primeiro helicóptero, abatido como estava. Devo ter avançado até muito perto de onde ele tentava pousar, rastejei um pouquinho e consegui chegar àquele onde Nando estava, do qual apareceu o braço de um médico que me puxou. Nando estava na frente, nos abraçamos com força, e logo em seguida subiu Daniel Fernández e partimos.

Começamos a voar em círculos, até que por fim uma corrente ascendente impeliu o helicóptero para que pudesse descer a montanha. Do outro lado a viagem foi diferente, a fuselagem desapareceu, e só então relaxei o corpo e a mente e comecei a ter alguns lampejos do que tinha se passado, de tudo o que havíamos visto e sofrido. Era como um cometa voando no firmamento trazendo atrás de si uma longa cauda: minha vida na montanha.

Só quando chegamos a Los Maitenes é que tivemos plena consciência de que estávamos salvos. Há uma fotografia tirada de nós nessa ocasião, em que estamos com Coche sob uma árvore, um frondoso *maitén*.* Foi um momento de glória depois de todo aquele sofrimento. Uma glória efêmera, é verdade. Por isso procurei com muito afinco esse lugar, com todos os seus detalhes, só para confirmar que aquilo tinha sido real. Afinal, a glória existe, mesmo que seja breve e espasmódica.

---

* Árvore chilena da família das celastráceas, que cresce até oito metros de altura. Daí o nome da cidade Los Maitenes, mencionada em diversas ocasiões nesta obra. (N. T.)

***

Uma hora depois de chegar ao hospital San Juan de Dios, em San Fernando, minha mãe apareceu, e depois chegou Margarita, seguida de papai. Margarita foi a primeira pessoa a quem contei o que tínhamos feito. Não contei nada para mamãe, no caso dela apenas nos abraçamos e choramos, até que fiquei exausto. Minha mãe, que ainda vive, era uma das que acreditavam que eu estava vivo. Papai, que morreu ainda moço, era piloto civil, conhecia aviões, sabia sobre acidentes e dizia que era impossível que estivéssemos vivos. Os três tinham viajado a Santiago do Chile sem a confirmação de que eu estava na lista. A irmã de Margarita é casada com o irmão de Marcelo Pérez del Castillo. Margarita chegou à casa onde estava toda a família em 22 de dezembro, em Montevidéu, e percebeu a comoção. Não entendeu muito bem o que estava acontecendo, mas desconfiou que fosse algo importante, embora não quisessem lhe contar. Ao final ficou sabendo que Nando e Roberto tinham aparecido. Telefonou então para os meus pais e disse, peremptória: "Não sei se vocês vão ou não vão, mas eu estou viajando para o Chile". Em nenhum momento se interessou em ver a lista, ela iria de qualquer maneira. Meu pai replicou que ela deveria esperar, que preferia aguardar um pouco para saber mais alguma coisa. Mas Margarita acrescentou: "Eu vou buscá-lo".

Meu pai então ligou para a Força Aérea e perguntou: "Vocês acham que eu devo ir?". "Creio que seria bom que o senhor fosse", responderam. Eles tinham a informação de quem estava e quem não estava na lista, mas nada confirmado, e no caso das pessoas confirmadas, se alguém perguntasse, eles sinalizavam com uma espécie de "luz verde" para que fossem, numa tentativa de evitar que os outros viajassem.

Foram então os três de avião, junto com Lauri, namorada de Roberto Canessa, e com Rosina, namorada de Gustavo Nicolich, que pensava que ele estava vivo. Lauri e Rosina achavam que Margarita estava louca, pois ia ao meu encontro sem saber se eu estava ou não na lista. Foi tamanha a coincidência que, ao embarcarem, Carlos Páez Vilaró, pai de Carlitos, começou a ler a lista dos sobreviventes na Radio Carve, em Santiago. Quando Margarita embarcou, e a porta do avião foi fechada, já haviam lido metade da lista, e eu não estava entre os nomes. Mas ela não se importou de deixar de ouvir a outra metade, que todos só ficaram sabendo ao aterrissar em Santiago, pois não havia rádio no voo. Quando chegaram, foram com o irmão de Javier Methol até o destacamento do Serviço Aéreo de Resgate para ler o restante da lista, os sete que faltavam. Primeiro entrou meu pai. Páez Vilaró passou-lhe a lista, e papai deu o grito mais estridente de sua vida: "Ele está vivo, cacete!". Eu era o número onze do total de dezesseis. Os três se abraçaram e choraram durante um tempo que não sabem mensurar. E logo saíram ao meu encontro no hospital de San Fernando.

Quando contei a Margarita que tínhamos comido os cadáveres, ela ficou totalmente chocada, não conseguia acreditar no que ouvia. Tinha dezoito anos, um a menos que eu. Depois contei a papai, e para ele também foi um choque, como denunciou a expressão de seu rosto. Por isso é que acho que a felicidade é efêmera, pois no primeiro instante já se abriu essa fenda, quando eu só precisava de compreensão.

No Chile, as perguntas iam direto ao ponto mais doloroso. "O que vocês comeram? Como viveram? Como são esses liquens, esses fungos e esses pássaros que se caçavam a pedradas, que voam a 4 mil metros e ninguém conhece?" Foi difícil isolar-se e não contar nada, falando de modo evasivo, porque a notícia começou a circular muito antes de nos manifestarmos: havia imagens do resgate, dos helicópteros, era impossível esconder uma coisa tão evidente. Não havia pássaros, nem energia para caçá-los a pedradas, assim como não havia liquens nem fungos. Na verdade, só havia corpos mortos.

Por que não fui à entrevista coletiva e me escondi em Punta del Este e não quis aparecer? Naquele momento eu achava que havia coisas íntimas demais, muito nossas, tanto que, quando Piers Paul Read foi me entrevistar para o livro *Os sobreviventes*, eu não quis contar muita coisa, realmente não tinha a menor vontade de relatar nada do que tínhamos passado lá em cima.

Por isso permaneci em Punta del Este durante aqueles primeiros dias, isolado de tudo que estava acontecendo. Tentei fazer a minha catarse sozinho, com quem amava e com que me sentia bem.

Durante muitos anos não falei sobre o assunto, nem sequer em casa, salvo em raras ocasiões. De repente, num domingo, na sobremesa, eu contava algum episódio, por alto, sem muitos detalhes. Um relato conciso, sem cores nem contexto. Depois, com o passar dos anos, fui acrescentando elementos. Minha família sempre me ouviu, antes e depois.

Por que sobrevivi, sem uma perna, em um lugar impossível? Para que aquilo aconteceu da forma como aconteceu? Hoje vivo tentando dar respostas a essas duas perguntas que me acompanharam e me acompanharão pelo resto da vida. O mais curioso de tudo é que a resposta, a definitiva, está sempre um pouco mais além. Quando acho que estou chegando perto... ela se afasta.

* *Álvaro Mangino nasceu em 1953. Teve diversas empresas, nas quais privilegiou mais as pessoas do que o lucro.*

Tem um olhar transparente, em que é impossível imaginar qualquer mentira. Sua casa fica nas cercanias de Montevidéu, num bairro simples, despretensioso. Leva no pescoço a correntinha com o crucifixo de prata que estava com ele na montanha.

Quando fala das complicações de saúde pelas quais passou um de seus filhos, seu rosto se fecha. Ele está sofrendo. Mas logo se ilumina. Da sala principal da casa, percebe que alguém chegou. Álvaro se transforma, num átimo de segundo, quando sua mulher, Margarita, abre a porta.

13. Os que viram demais

A partir do meio da tarde, deitados na fuselagem, tiritando de frio, eles começam a nutrir ilusões, uma mais disparatada e fantasiosa que a outra, mas que ajudam a passar o tempo e a conciliar algumas horas de sono.

A comunidade se estabelece quando criam fantasias em conjunto e elaboram projetos a serem concretizados quando voltarem à vida. Assim nasce a ideia de construir uma torre gigante para olhar as estrelas, para poder reproduzir o que viam da cordilheira. Repassam sistematicamente todo tipo de pratos de comida, tema que se tornou um dos prediletos, porque de certo modo isso mitigava a necessidade fisiológica de sentir diferentes gostos na boca. E logo depois os concursos de cozinha, para ver quem elaborava o prato mais saboroso. Todos participam, inclusive os que estão mais feridos, Arturo e Basco. Cada um adiciona o aroma e o tempero que seu organismo mais deseja. Eles descobriram como esquecer um pouco a montanha, concretizando a velha ideia de que viver é sonhar.

Naquela sociedade da montanha todos se convencem de que

o melhor negócio da vida é ter um restaurante que sirva um prato quente, enquanto a pior atividade que se pode imaginar é ser alpinista, piloto de avião ou comissário de bordo.

Outra rotina que surtia um nítido efeito positivo era o rosário conduzido por Carlitos. A primeira coisa que rompia o silêncio da noite era o tilintar das contas de vidro, seguido pelo murmurar dos mistérios. O rosário passava de mão em mão, e cada um murmurava alguma coisa, mostrando que estava acordado. Quando alguém ficava calado, quem estava ao lado o tocava para ver se estava dormindo ou se tinha morrido, pois fazia tanto frio à noite que sempre temiam que quem dormisse não mais despertasse.

Um desafogo insubstituível que funcionou como elemento de contenção foi o humor. Rir e fazer rir quando só havia motivos para chorar. De tão frágeis que estavam, chegavam a sufocar de tanto rir e acabavam tossindo e engasgados. Coche, Pancho, Carlitos, Gustavo Zerbino e Bobby François eram os mais talentosos na terapia do humor. Para Coche sempre foi muito difícil aceitar a realidade do que estavam comendo, ficava escandalizado quando aparecia algum órgão, algum membro, mas superava a situação fazendo graça, brincando com as palavras. Pancho preferia contar piadas, as quais floreava a fim de esticá-las ao máximo, concentrando a atenção de todos. Carlitos era o moço das tiradas rápidas e sagazes, de inteligência ágil. Gustavo manteve quase o tempo todo um espírito brincalhão, fazendo rir com inventividade e encontrando graça até mesmo nas situações mais trágicas. Bobby era o homem dos ditos curiosos e irônicos, sempre usando um modo de falar interiorano que extraía de sua memória. Também era engraçada sua atitude aparentemente indolente, como se desse pouca importância à vida. E justo isso se tornou motivo de união para os demais, pois, como Bobby era muito afetuoso, todos queriam cuidar dele como se fosse um irmão caçula, que não se preocupa em cuidar muito de si mesmo, que não obedece aos médicos nem segue as suas receitas, mas um irmão muito querido. Todos precisavam desse irmão caçula. Da mesma forma que necessitavam de uma mãe, que era Liliana. Assim funcionava a família da neve.

Havia também aqueles que traziam paz. Coche, pela sua ternura; Nando, porque sempre foi cálido e contemporizador; Eduardo, Daniel e Adolfo, porque eram pessoas serenas e seguras; Javier, por sua doçura; e Liliana, porque todos a consideravam um verdadeiro anjo.

Com o passar do tempo, fugir se torna o projeto preferido, superior à torre para olhar as estrelas e mais gostoso que a melhor das comidas.

A prioridade era definir o rumo, onde estavam. Foi um capítulo muito longo e complexo, que ocupou horas e dias na cordilheira: sair pela Argentina ou pelo Chile, a leste ou a oeste? Roberto Canessa passava horas imerso em mapas, junto com Arturo Nogueira, fazendo cálculos e especulações.

A primeira expedição complexa da longa série de aprendizados foi protagonizada por Gustavo Zerbino, Numa Turcatti e Daniel Maspons. Os três saíram às nove da manhã do décimo primeiro dia na cordilheira e voltaram um dia depois, arrasados.

A marcha tinha um propósito duplo: atingir um ponto mais alto do que a primeira expedição, do quarto dia, para poder se localizar, e procurar a cauda do Fairchild, pois os acidentados sempre acreditaram que ela estava ao sul, onde o avião bateu. Carlos Roque tinha dito que as baterias estavam na cauda, e com elas seria possível fazer o rádio funcionar.

Quatro horas depois de iniciarem a caminhada, eles chegaram a uma área que, da fuselagem, parecia ser o cume. Surpresos, perceberam que não só não haviam chegado ao topo como também que dali, apesar de estarem mais próximos, não conseguiam ver o avião, perdido em meio à neve e às rochas.

À medida que avançavam, sentiam que o cume estava cada vez mais próximo, mas, quando se aproximavam, ele se distanciava novamente.

A certa altura detiveram-se, extenuados. Ofegavam, sem conseguir respirar. Levavam à boca pedaços grandes de neve, pois estavam desidratados.

— O que vamos fazer? Vamos descer? — perguntou Gustavo. — Isso está ficando muito perigoso.

— Só a imprudência poderá salvar nossas vidas — respondeu Numa, assombrado por não ver a fuselagem nem nada que fosse reconhecível em todo o seu campo de visão.

Continuaram escalando, com os calçados envoltos pelo tecido dos assentos, calças leves, camisa e dois pulôveres cada um. Para piorar, os óculos de sol de Gustavo tinham se quebrado numa das paradas que fizeram para descansar.

Chegaram até o que parecia ser um vulcão, com trechos de terra amarela como enxofre. Pouco depois encontraram uma hélice do Fairchild como que cravada na rocha, girando enlouquecida ao impulso do vento.

Passou-se mais meia hora até se virarem de repente e perceberem que estavam a uma distância tão grande da fuselagem que seria impossível voltar naquela mesma tarde para dormir. Foram acometidos pelo desespero.

A encosta era tão abrupta que pareciam estar escalando uma parede. Tinham cada vez menos oxigênio e seus movimentos eram lentos. Os músculos estavam enrijecidos e quase não conseguiam se mover. Mas se não se movimentassem, eles acabariam congelados. Ao anoitecer, tentaram encontrar algum conjunto de rochas onde pudessem se abrigar, porém estavam cansados demais para continuar andando e no lugar onde estavam havia apenas neve. A rocha com a hélice já ficara muito para trás e a luz se ocultava rapidamente. A única estratégia possível era passar a noite, a partir daquela hora, seis da tarde, até que saísse o sol do dia seguinte, golpeando uns aos outros, cada vez com mais força, para manter o calor. Quando escureceu, os socos fortes que trocavam entre si já não eram suficientes, e foi preciso que cada um se deitasse de bruços enquanto outros dois ficavam pulando em cima, um nas costas e o outro nas pernas, com cuidado para não quebrar uma costela ou uma perna, ou ferir algum órgão. Descobriram que se pisassem com força no que estava embaixo, o sangue continuava a circular, pois se os vasos se congelassem, se formaria uma gangrena sem cura. Os de cima, por sua vez, não se congelavam porque ficavam pulando. "Um por todos, todos por um", gritavam. Às duas da manhã estavam tão exaustos que não conseguiam continuar pulando. Decidiram então que um ficaria deitado no chão, outro pulava em cima dele e um terceiro descansava, revezando-se. Quando não aguentavam mais, um se jogava de costas contra o gelo, o outro no meio e o terceiro mais acima, virando-se a noite toda. Quando conseguiam urinar, aproveitavam para fazer isso nos pés e nas mãos, para que não se entorpecessem. Passaram a noite toda nessa ginástica insuportável, convencidos de que não conseguiriam chegar vivos até o raiar do dia.

Quando veio a aurora, eles já não conseguiam se mover. Não tinham força nem para mudar de posição, pois o frio os apagava de dentro para fora. O sol, que apareceu de repente no horizonte, atingiu-os como um refletor. Suas bocas estavam tão geladas que não conseguiam articular palavras.

Gustavo percebeu que as cores começavam a se apagar e que seus olhos ardiam com mais intensidade, como se houvesse uma areia fina dentro deles. Considerou que deveria ser do esgotamento, resultado daquela noite infernal.

Sem saber o que faziam, subiram mais trezentos metros e encontraram o controle do leme do avião, pedaços do lavatório e de alguns assentos, que eles viravam para ver surgir seus amigos mortos. Passado algum tempo, horas depois de ter permanecido olhando para o brilho da neve, Gustavo voltou a sentir pontadas nos olhos. Agora não era areia fina, mas como se fossem espetados por alfinetes. A última visão que teve foi de uma linha infinita de montanhas para qualquer lado que olhasse: depois teve de fechar os olhos.

Os três começaram a descer, mas perceberam que não tinham força nem mesmo para levantar as pernas, que precisavam ser ajudadas com as mãos. Sabiam que, se não chegassem o quanto antes à fuselagem, cairiam e morreriam congelados. Lembraram-se de que na subida tinham passado por um pedaço da asa do avião. Gustavo caminhava às cegas, conduzido pelos braços dos amigos.

— Encontrem essa asa e usem como um trenó — gritou para Numa e Maspons.

Meia hora depois eles acharam o pedaço da asa. Empurraram o pedaço de metal até onde supunham estar o Vale de las Lágrimas. Puseram Gustavo no meio, Numa se acomodou na frente e Daniel Maspons atrás, e a impulsionaram com os pés. Puseram as pernas sobre a asa e começaram a ganhar velocidade. Se Numa percebesse a aproximação de uma rocha, gritava "rocha à direita", e os três apoiavam a perna esquerda sobre a neve, produzindo sulcos profundos, para que a asa virasse para esse lado.

Depois de quarenta minutos chegaram à altura da fuselagem. Como Numa e Maspons perceberam que não conseguiriam parar, gritaram que teriam de se jogar de lado, na velocidade em que vinham. Contaram até três e se jogaram para o lado esquerdo, enquanto a asa continuou descendo pelo vale até estatelar-se estrondosamente contra uma barreira de neve. Dez sobreviventes junto à fuselagem acompanharam a cena e aproximaram-se para ajudá-los, alguns correndo, outros escorregando e caindo no gelo. Dois seguraram Gustavo pelos braços enquanto ele xingava e chorava, sem enxergar absolutamente nada.

Quando entraram na fuselagem, mesmo sem poder vê-la, Gustavo sentiu-se como se estivesse num palácio caloroso e acolhedor. Deitaram-no no chão e o cobriram com mantas, enquanto massageavam os três nas mãos e nos pés, que eles já não sentiam e que tinham ficado escuros.

Os três estavam meio mortos e semicongelados. Mas o que mais assustava os que os atendiam era perceber que em apenas uma noite ao ar livre eles tinham adquirido a expressão entre horrorizada e resignada dos anciãos. Ficaram massageando os pés deles durante cinco horas para que o sangue voltasse a circular.

Enquanto os ajudavam, os primos Nando e Roberto refletiam. E concluíam, cada um de seu lado, que não se podia improvisar, que uma noite na montanha quase liquidara com os três, que haviam saído fortes e voltaram destroçados. Descobriram que não se podia dormir ao relento, a trinta graus abaixo de zero, que havia horas do dia em que a neve macia e pastosa os impedia de caminhar, que talvez devessem esperar pelo degelo.

Naquela noite Daniel Fernández se aproximou de Numa Turcatti. O valentão que brincava com qualquer coisa tinha se transformado, subitamente, num homem assustado.

— Não se vê nada além de montanhas, Daniel — disse, titubeante.

Daniel percebeu que àquela altura a única coisa que não feria era o que não se via, e Numa tinha visto demais.

O terceiro da expedição, Daniel Maspons, a partir desse dia transformou-se num jovem taciturno. Não falou mais em caminhar, nem se referia às expedições. Parecia também ter vislumbrado o início do fim.

Roberto Canessa proporcionou todos os cuidados médicos que conseguiu. Primeiro vendou Gustavo, para que nenhum raio de luz penetrasse em seus olhos hipersensíveis. Os amigos achavam que Gustavo chorava de dor, mas Roberto percebeu que era por outra razão. Conhecia-o desde muitos anos e sabia que Gustavo estava chorando por causa da impotência, por não conseguir sair da montanha. Os amigos se revezavam para acariciar suas pernas, enquanto Roberto murmurava palavras ao seu ouvido, para acalmá-lo. Entre soluços, Gustavo, que tanto ajudara Roberto nos momentos mais difíceis, dizia sentir alfinetes cravados em seus olhos, que não sentia os pés, que seus dentes estavam caindo. Roberto tocou neles. Não, nenhum tinha caído, embora estivessem soltos, dançando nas gengivas.

De 24 de outubro até a sexta-feira, 27, dois dias antes da avalanche, nevou intensamente no Vale de las Lágrimas, o que os obrigou a permanecer muito mais tempo dentro da fuselagem, saindo apenas para urinar. Não conseguiam nem mesmo fazer suas necessidades, pois todos estavam com prisão de ventre.

Até que tudo voltou a desmoronar com a avalanche, quando só restou passar uma borracha e começar do zero.

14. Uma cruz amassada com um braço arrancado

Gustavo Zerbino[*]

Arturo Nogueira morreu nos braços de seu melhor amigo, Pedro Algorta, depois de ser mantido com vida por ele durante duas horas. Ele continuava em cima, na rede, onde ficou desde o acidente, mas eu o trouxe para baixo, pois ele sentia frio demais. Nessas duas horas apliquei respiração artificial, pressionei seu peito e ele respirava. Porém quando eu relaxava, ele sentia que ia morrer, como que partindo, e se assustava. Então eu segurava a mão dele por alguns segundos e a soltava devagar, mas aí ele me dizia "não me deixe", com a mesma mão, pressionando levemente a minha, e eu dizia "calma, calma, Arturo". E começava de novo, acariciava a mão dele, e quando tentava soltá-la devagarzinho, para que partisse em paz, ele voltava a me segurar, "não me solte". E assim aconteceu três, quatro, cinco vezes, e eu dizia: "Arturo, vá em paz, eu estou aqui ao seu lado, Pedro está aqui, pode ir, está feito". Ele respirava porque eu contraía seu diafragma com as mãos, fazendo-o respirar artificialmente. "Relaxe, vai ver que é muito melhor para você". Dessa última vez eu disse isso ao seu ouvido, e acabei beijando-o ali, na têmpora, até que ele afinal aceitou e partiu. Em paz, porque o medo o havia abandonado. Por isso não me chamou mais e deixou sua mão sobre a minha.

Foi uma transição suave, como nunca mais voltei a ver. O que o levou não foi um ataque doloroso do coração ou do cérebro. Ele partiu no ponto mais alto da montanha, num dia muito limpo e muito claro, abraçado por seu amigo e segurando minha mão. Por isso a suavidade de sua expressão permanece em minha memória e em todos os momentos da minha vida.

No lugar favorito de minha casa, guardo somente lembranças da cordilheira. Fotos de muitos dos que morreram. Objetos do avião. Coisas que fui recuperando de todos os que faleciam e que depois nem sabíamos a quem haviam pertencido. Conservo-as então nesse altar, que é o meu móvel mais sagrado e mais querido. Trouxe uma porção de objetos numa bolsa, mas houve coisas que não sabíamos a quais dos mortos pertenciam e que nenhum sobrevivente reconheceu como suas. Tenho uma pilha de rádio que passou por um frio impiedoso, ao ar livre, e ficou tão torta, retorcida, que fica difícil perceber que se trata mesmo de uma pilha. Tenho os óculos que fabriquei depois daquela expedição em que fiquei cego, um almofadão que usávamos para andar, encontrado em uma de minhas viagens posteriores à montanha. Tenho a camiseta de rúgbi número 4, que usei durante os 72 dias na cordilheira. Tenho dezenas de coisas de 1972. Mas o que eu mais aprecio, por sentir que simboliza tudo o que vivemos, é uma cruz de prata à qual falta o braço esquerdo. É uma cruz que alguém levava pendurada no pescoço, que encontrei jogada na neve. Tem quatro centímetros na parte mais comprida, e o braço inteiro que sobrou mede menos de dois centímetros. Está bastante amassada no centro: quem a usava recebeu um impacto bem no meio do peito. Mas o que mais emociona é que apesar de estar amassada, de faltar um braço, com o metal todo estropiado, ainda assim continua a ser, inconfundivelmente, uma cruz. Foi isso que aconteceu conosco.

Fomos esmagados, golpeados, maltratados, mas continuamos a ser homens por inteiro.

Durante aqueles dias, fui reunindo lembranças de todos os falecidos numa bolsa que ainda guardo comigo. Nela carreguei todos os amigos, porque como eles sempre quiseram voltar ao seu país, eu os trouxe e os mantenho aqui, e venho visitá-los todos os dias da minha vida. Considero que suas lembranças estão sob minha custódia, sem que ninguém tenha pedido, pois lá ninguém pedia nada: todos davam.

Dos que estão vivos, sou o único que viu absolutamente todos, pois subi e desci a montanha para procurá-los, e encontrei seus corpos para trazer comigo a sua memória.

Naquela expedição ingênua, com Numa Turcatti e Daniel Maspons, em que quase morremos, vimos a partir do sul algo que não podia ter sido visto: uma paisagem infinita de montanhas, para qualquer lado que se voltassem os olhos. Coincidentemente, assim que a vi, fiquei cego. Senti que se sobrevivêssemos àquela noite ao relento não poderíamos contar aos amigos da fuselagem o que havíamos visto, pois qualquer vestígio de esperança se apagaria. E a esperança era uma chama que jamais poderia ser apagada, pois era a única coisa que nos restava na vida. Contei para Nando depois, sim, quando ele se preparava para a expedição final. Não foi por acaso que demos oito meias de rúgbi cheias de carne e gordura a cada um dos andarilhos para a caminhada final. Eu tinha visto o que eles teriam de enfrentar. Quantos metros teriam de caminhar, subindo e descendo montanhas. Eles me perguntaram para que tanta comida, e eu respondia que deviam levá-la por via das dúvidas.

Sempre me recordo de Numa, em cima, desesperado, quando nos disse que preferia morrer olhando para o céu, caminhando, em vez de acabar imobilizado numa cova de chapas de metal destroçadas. Por isso depois da avalanche ele cavava e retirava neve sem parar, até "se queimar" de exaustão. Sempre achou que seu tempo tinha acabado, mas queria colaborar, até o fim, atuando onde pudesse. Eu cuidava dele todos os dias, via como se aproximava do abismo, sem defesa alguma, contraindo uma infecção atrás da outra. Chegava perto dele, dava um beijo para cumprimentá-lo e perguntava como estava, e ele me olhava com uma paz infinita. Nunca se queixava. Numa foi se transformando como nenhum outro: daquela fortaleza física do começo sobrou um moribundo esquelético. Mas manteve suas qualidades até o fim. Definhando, continuava o mesmo sujeito estoico que era quando estava forte. Sempre senti que ele deu sua vida para precipitar a expedição final. Ele, que era tão inteligente, percebeu que se tornaria o motivo para que se realizasse a caminhada. Foi a sua maneira de derrotar a tragédia que estávamos vivendo: não viver em função dela, mas sim definir os seus próprios objetivos e cumpri-los até o último suspiro.

"Não dou mais que três dias para o Numa", disse eu para Roberto, enquanto ele olhava para mim, prostrado. Virei então para o lado e disse: "Para Javier restam quinze dias, talvez menos; para Coche, um ou dois dias a mais que para Javier; e para Roy, um dia a menos". Quando Numa morreu, exatamente três dias depois, os três que eu havia mencionado entraram em pânico, achando que eu era um adivinho ou feiticeiro e me perguntaram: "Gustavo, quantos dias ainda restam pra mim?", e eu respondia que aquilo era um pretexto, que os tinha usado como exemplos só para convencer Roberto de uma vez por todas. Para Roberto, esses argumentos ajudavam a definir o momento da partida, porque ele já estava convencido de que iria partir, queria apenas minimizar a margem de erro, esperar o máximo possível para que o tempo melhorasse e eles tivessem mais possibilidade de chegar.

Essa história foi uma das primeiras a ser globalizada, pois aconteceu na época em que os noticiosos começavam a ser transmitidos via satélite. Foi globalizada, também, porque atinge o âmago de qualquer pessoa, em qualquer continente, rica ou pobre, erudita ou inculta.

Surgem então os paradoxos: é uma história internacionalizada, mas o mais importante nos Andes diz respeito ao valor da honestidade, algo tão simples que parece desproporcional em relação ao sofisticado satélite que a propagou por todo o planeta. A primeira coisa que aprendemos na montanha foi dizer a verdade: quando fomos resgatados, nos pediram para negar que tínhamos comido os corpos dos mortos. Éramos muito jovens, e gente de prestígio, com muito peso e que tinha lá suas razões, aproximou-se de nós dizendo: "Não contem isso". Mas por quê? Se o que aflorou lá em cima foi o respeito à vida, o respeito à morte, se o que aflorou naquele inferno foi o afeto, único antídoto capaz de dissolver parte daquela dor, como poderíamos descer para a vida e adotar como primeiro ato o de dizer uma mentira?

Formamos um grupo humano singular porque publicamente, diante das famílias dos mortos, dissemos que para sobreviver tínhamos comido os nossos amigos. Isso é algo tão forte numa sociedade que vive no autoengano, na hipocrisia, no "politicamente correto", que abalou até suas estruturas e deixou sequelas em todos. Alguns sentiam que deviam abaixar a cabeça, envergonhados. O que mais emociona, porém, é que apesar de tudo muitas daquelas famílias nos abraçaram, nos ampararam, nos protegeram dos que se escandalizavam e nos repudiavam. Então aconteceu alguma coisa, alguma coisa se rompeu. Algo tornou possível que coisas tão difíceis fossem compartilhadas, que o medo fosse superado, assim como os preconceitos, com a revelação da verdade.

É claro que muitas das mães daqueles que não voltaram nutrem sentimentos ambíguos em relação a nós. É natural. Para elas não se tratou de milagre algum, mas de uma tragédia sem atenuantes.

Para cortar os corpos, era preciso se preparar psicologicamente. Era preciso se blindar e chegar até a carne com um só pensamento: o que ficou aqui é apenas a casca, nosso amigo vive em nossas lembranças. Esse gesto era como o de ir a uma despensa buscar comida, sem que houvesse nenhum vínculo afetivo: era alimento. É muito forte e muito difícil dizer isso, mas foi necessário atingir esse patamar. Se não encarássemos dessa forma, não teríamos conseguido fazer o que fizemos.

As agressões cotidianas eram tantas que a mais dolorosa não vinha de fora, mas sim do próprio grupo: era ignorar você. Quando repreendíamos alguém, o modo como fazíamos isso era ignorando essa pessoa, o que é muito doloroso, porque era como dizer que você não vai existir mais amanhã, e que isso foi demonstrado ao passar ao seu lado sem levantá-lo, sem ajudá-lo, não oferecendo água quando você tem sede, e na solidão não havia futuro. Esse era o pior dos castigos. Estávamos tão vulneráveis que acrescentar um pouco de solidão à total orfandade em que vivíamos era algo difícil de suportar. Desaparecendo no presente, você se afastava da ilusão compartilhada. E nós não tínhamos ilusões isoladamente. Quando Arturo me deu a mão, ao morrer, é porque não queria ficar sozinho. Quando deixávamos de nos tocar, começávamos a enlouquecer. Por isso é que dormíamos abraçados, e não apenas por causa do frio. Era para enganar a solidão.

Uma coisa impressionante na cordilheira era o silêncio. De dia era tudo branco, e de noite o negror era absoluto. Somente o rosário quebrava aquele silêncio escuro. Carlitos começava a movimentar as contas do rosário que a mãe lhe dera e a noite se enchia de murmúrios, que faziam falta quando não aconteciam. E o rosário ia passando, vinha da esquerda e durante a noite dava a volta toda, envolvendo-nos num círculo que nos protegia de tudo o que nos espreitava.

Eu tinha definido para mim mesmo o objetivo de levar uma

lembrança de um amigo para cada pai, cada mãe, cada irmão, cada namorada. Sempre soube quem eram e sempre cuidei de manter essas lembranças em seus lugares. Quando o primeiro helicóptero chegou, começou a voar em círculos, depois se aproximava e você tinha de saltar para o esqui de pouso e logo pular para dentro, tudo isso enquanto a hélice estava na horizontal. Num determinado momento o piloto o controlou e baixou, mas nesse instante a força do vento das hélices atingiu o peito de Roy Harley, lançando-o longe. Pensei que ele estivesse ferido e voltei para ajudá-lo, junto com Adolfo, mas quando fiz isso o helicóptero se foi. Do outro helicóptero saltaram quatro homens. Um deles era Sergio Diaz. Um outro se afastou e permaneceu distante, abrindo a jaqueta para deixar visível um revólver, e ficou ali controlando tudo, com medo. Entreguei a Sergio Diaz, que estava com o enfermeiro José Bravo, um papel que tinha arrancado de uma caderneta onde registrava o nome de cada um, indicando a qual pilha de ossos correspondia. Reuni pequenos montes com os restos de todos, para que se algum dia seus pais fossem ali, pudessem levar os restos do filho. Sergio me olhava como se eu estivesse louco. Fiquei duas horas perto do nariz do avião, com esse papel na mão, explicando-lhes tudo. Queria que outra pessoa soubesse daquilo. Foi como quando alguém está para morrer e chama o filho mais velho para explicar onde estão as coisas que têm valor para ele, para que alguém vivo as conserve quando ele faltar. Sabia que a mãe de Parrado, a irmã de Parrado e Liliana Methol estavam naquele lado. E sabia por duas razões: porque podiam se transformar em alimento um dia qualquer e porque, se saíssemos vivos dali, poderiam ser levadas a Montevidéu, se alguém quisesse fazer isso. Sabia quem estava aqui e ali, bem como quem ainda se encontrava espalhado na área.

Sergio Diaz segurava minha mão e dizia: "Obrigado, Gustavo, mas isso já não importa mais". Ele queria me proteger, porém eu queria proteger os meus amigos. Como tudo que aconteceu na montanha, aquilo também teve um sentido: tempos depois, Sergio pôde acompanhar alguns pais que subiam em busca dos restos mortais, pois com aquele papel todo amassado ele sabia onde eles estavam.

Sergio ficou conosco dentro do avião. Os outros três que tinham descido do helicóptero armaram uma barraca na neve, de onde nos observavam, à distância, atentos, como se fôssemos animais selvagens. Às vezes, até hoje, passados 36 anos, as pessoas ainda nos olham como bichos selvagens. Entendo por que os três montanhistas que chegaram em 22 de dezembro de 1972 se assustaram. Tinham chegado a um lugar onde encontraram seres humanos com aspecto de primatas, com cadáveres desmembrados espalhados em torno do avião. Não havia como saber se não iríamos descer-lhe uma machadada na cabeça, já que tinham visto o machado dentro da fuselagem. Parecíamos homens das cavernas, por isso eu compreendo: nós víamos homens, eles viam animais.

Fora ou dentro do avião tínhamos as nossas "despensas", lugares onde guardávamos comida, porque depois da avalanche de 29 de outubro aprendemos uma lição: a montanha é traiçoeira e sempre pode tirar tudo de você numa patada. Desde então mantivemos diferentes lugares com reservas de comida. Se houvesse uma avalanche e soterrasse um lado, restava o alimento do outro. Se o avião deslizasse pelo vale com o degelo, tínhamos uma reserva debaixo da chapa, com ração suficiente para um dia para todos. Precauções básicas, relacionadas à alimentação, pois já nos tinham acontecido acidentes demais para não estarmos prevenidos.

Quando os montanhistas chegaram, o contato repentino entre dois mundos tão diferentes e distantes provocou certo ruído: temores, incompreensão. Às vezes, distraído, embora soubesse que o resgate chegaria, eu manuseava alguma coisa do alimento que guardávamos de reserva, pois não tinha ainda incorporado a ideia de que aquela forma tão terrível de viver havia chegado ao fim. Houve uma colisão entre aquelas duas culturas, que para mim só se encerrou pela via dos alimentos, ou seja, quando paramos de ir atrás daqueles pedaços de carne crua que tínhamos escondido e aceitamos no seu lugar o que os montanhistas nos ofereciam: sanduíches de bife à milanesa, café, chocolate. Num determinado momento daquela noite, sentado ao lado de Sergio Diaz, percebi que não tinha obedecido ao ato reflexo de esticar o braço para pegar uma ração de carne humana escondida sob uma manta, porque já tinha atravessado a fronteira pela mão de Sergio, esse amigo que tanto ajudou as nossas mentes e que morreu misteriosamente pouco depois desse dia.

Sinto que estamos fazendo o que os mortos querem que façamos. Às vezes penso no que significa perder um filho, ou um irmão muito jovem: o que será que ele deseja, já que não posso perguntar diretamente porque já se foi? Será que posso me deixar anular pela dor e não fazer nada? Mas se interpreto melhor o que o outro me diria, se ele pudesse voltar para expressar o seu desejo mais profundo, creio que me diria cinco palavras: viva e honre minha memória. Os amigos que morriam em nossos braços, e que além disso nos entregavam seus corpos, nos diziam isso. E foi o que procurei fazer durante toda a minha vida. Espero ter feito isso bem.

Por que alguns morrem e outros sobrevivem? A maioria das pessoas que caem do vigésimo andar morre já no décimo nono. Ainda faltam dezoito para estatelar-se no chão e elas já morreram de susto. Nós decidimos morrer apenas no choque com o chão, ao mesmo tempo que fazíamos todo o possível para interromper a queda. Essa é a diferença. Para atingir esses dois objetivos, penetramos fundo no ser humano e obtivemos respostas. Muita gente quer nos escutar porque enfrenta situações que a sociedade não sabe como resolver, e essa gente quer saber como fizemos isso. Vão ao médico ou ao psiquiatra, e estes lhes dizem: a ciência consegue chegar até aqui; depois, não sabemos como será. Elas querem nos escutar, porém o que esperam não é que passemos uma receita pronta, mas sim que contemos o que fizemos para não morrer logo no décimo nono andar e como detivemos a queda. A única coisa que temos a dizer é que qualquer um pode fazer o que fizemos, desde que se proponha a escalar a encosta e sair de sua própria cordilheira.

Em 1970, dois anos antes dos Andes, os guerrilheiros do MLN-Tupamaros do Uruguai dinamitaram um boliche na esquina da minha casa, em Montevidéu, sob o pretexto de que era frequentado pela oligarquia e pelos americanos. Guardo comigo um pino de lembrança, pois também vivi aquilo. A bomba explodiu às sete horas. Eu estava tomando o café da manhã em casa e de repente ouço um estrondo ensurdecedor. Olho pela janela e vejo um cogumelo de fogo e fumaça no céu. Sem pensar duas vezes, corri naquela direção. Quando chego ao lugar onde era o boliche, em frente à casa de Tito Regules, o prédio tinha desmoronado, e continuavam a cair vidros e alvenaria. Os carros estacionados nas proximidades tinham sido destruídos pela onda expansiva da bomba.

Ouvi um grito vindo lá de dentro, entre os escombros. Eu tinha dezessete anos. Os bombeiros ainda não tinham chegado, nem a polícia. Com pedaços de teto balançando prestes a desabar, sustentados apenas por barras de ferro, com o segundo andar se desprendendo aos poucos devido à ação do fogo, eu entro e me aproximo do local de onde vinham os pedidos de ajuda, entre as labaredas e a fumaça, tapando minha boca com um lenço, e chego até onde estava a caixa registradora. Dali consegui tirar um padeiro que fazia uma entrega na hora em que os guerrilheiros puseram a bomba. Estava tonto, quase desmaiado. Logo depois tirei o guarda-noturno do boliche, que se encontrava em estado de choque e me beijava enquanto eu o arrastava. Estavam surdos e aturdidos. Levei-os para fora e deixei-os sentados. Ouvi então um grito de mulher. "É a faxineira", disse o guarda-noturno. "Hilaria Quirino." A mulher estava presa por um pedaço de teto que caíra sobre ela, deixando-a com uma perna para a frente e a outra para trás. Comecei a puxá-la com tanta força que desloquei uma das pernas. A mulher desmaiou, mas afinal consegui tirá-la de lá. Deve ter permanecido desmaiada cerca de uma hora perto da calçada. Eu a acariciava e não chegava ninguém. Finalmente levaram-na numa ambulância, ela foi operada, ficou com graves sequelas, mas sobreviveu. Hilaria Quirino. Um nome incomum. E a montanha do lado oeste que nos bloqueava o caminho, dois anos depois, chamava-se Hilario, San Hilario. Em sua homenagem, Roberto Canessa deu ao seu primogênito o nome de Hilario.

Isso aconteceu dois anos antes do acidente do Fairchild. Fui entrevistado por rádios, jornais, televisão, e me chamaram de herói. Eu dizia que estavam enganados, que tinha ajudado porque estavam me chamando lá de dentro e não havia ninguém para ajudar.

Na tarde do acidente, o piloto nos pediu a arma para se matar. Me deem a arma, ponham as balas, participem da minha morte, ele implorava. Então aquele grupo desesperado, ao saber que alguém queria uma arma para se matar, a primeira coisa que faz é desativá-la. Um fica com o revólver e eu fico com as balas. Não existe mais revólver nenhum. E dizemos a todos: não procurem o revólver porque ele não está mais disponível. Não há balas para se matar, porque aqui a única opção é a vida, lutar pela vida sem saber o resultado. Com essa afirmação e com esse gesto começa a história dos Andes.

Quando realizei a expedição com Numa Turcatti e Daniel Maspons, escalando a montanha, de cada pessoa morta que encontrávamos eu tirava a correntinha, o relógio, os documentos, todos os papéis que pudesse ter guardado nos bolsos: cartas, anotações, mensagens, listas, endereços, desejos, nomes, amores. Fiz a mesma coisa com os outros. A correntinha de Valeta, que entreguei aos pais dele; a carta de Gustavo Nicolich para a namorada Rosina; a carta de Arturo Nogueira aos pais, aos irmãos e à namorada. Toda aquela história que se interrompeu na montanha eu trouxe numa sacola. Com o tempo essa sacola foi inchando, aumentando. Tive de organizá-la: aqui os relógios, as medalhas, ali as cartas, os documentos, os papéis mais íntimos. Aquela sacolinha acabou se tornando uma grande sacola, com pertences de 29 histórias amputadas. Quando o helicóptero do segundo dia de resgate chegou, saí com ela ao meu lado, para levá-la comigo. Embora tivéssemos colocado um biombo sobre a neve macia para o helicóptero apoiar os esquis, ele não conseguiu descer, por isso permanecia suspenso no ar, com os esquis próximos da superfície. E assim todos foram subindo. Eu era o último. Na minha vez, peguei a sacola, e quando tentei passá-la para Adolfo, que já estava no helicóptero, o comandante ordenou: "Não, a sacola não pode vir". Então me sentei sobre ela e disse: "Se a sacola não for, eu também não vou". Adolfo me olhava com desalento, até que por fim me disse: "Gustavo, por favor, suba". "Não, não", eu dizia. Como poderia abandonar na neve, como se fosse lixo, as histórias de todos os meus amigos? Adolfo era o único que entendia o que estava acontecendo, mas ainda assim implorava para que eu subisse. O piloto e os tripulantes me olhavam com estupefação, pois não podiam permanecer um minuto a mais sequer naquele equilíbrio instável. Achavam que eu tinha enlouquecido. Por fim eu disse a Adolfo: "Vou dar a sacola a você com a condição de que não a entregue a ninguém". O piloto e os tripulantes estavam tão perplexos com a minha atitude que não disseram mais nada. Ergui a sacola, passei-a para Adolfo no helicóptero, ele a pegou com o mesmo carinho e respeito com que eu a carregava, encaixou-a entre os pés e logo depois subi, e ninguém disse mais nada.

Quando nos afastamos, assim como tantos outros, tive sensações contraditórias. A felicidade de nos afastarmos daquele tormento e a nostalgia por deixar tudo o que havíamos vivido. Quando cuidava de Numa Turcatti, que tinha as costas cheias de pus, com feridas terríveis, ele nunca reclamava. Pouco depois teve uma septicemia, e eu o desinfetava com água-de-colônia e um pedaço de camisa. Ele me olhava e dizia: "Acabou, Gustavo?", e segurava minha mão, me dava um beijo, e eu o levava para dentro da fuselagem. Por isso, enquanto o helicóptero se afastava, eu chorava. Não sei se de alegria ou de tristeza, mas chorava, com a sacola entre os pés, com Adolfo ao meu lado. Éramos os últimos, não tinha ficado nada para trás, nem ninguém, porque eu os trazia comigo.

Gustavo Zerbino nasceu em 1953. Tem seis filhos. Viajou com os quatro filhos homens à montanha em março de 2006.

Há mais de trinta anos fundou o que é hoje um grande laboratório, e desde 1992 preside a Câmara Farmacêutica, que reúne todos os laboratórios do Uruguai. Passa tanto tempo na administração de sua empresa quanto na solução dos inúmeros problemas existentes no bairro pobre onde a companhia tem sua fábrica instalada. Quando sai à rua, os jovens o reconhecem e o saúdam como se fossem seus filhos: Gustavo os ajuda desde pequenos. Tem como obsessão inculcar neles os princípios nobres do rúgbi, o espírito de equipe e a qualidade de saber sofrer em silêncio, para superar a adversidade, e por isso já dirigiu em diferentes oportunidades o clube Old Christians e a União de Rúgbi do Uruguai, por ele presidida desde 2008. Acredita que esses princípios os ajudaram a sobreviver na cordilheira.

Em sua ampla casa no bairro de Carrasco Norte, mantém um móvel antigo onde conserva as lembranças da cordilheira. Mexe em papéis, documentos, anotações, objetos... mas, quando chega à cruz amassada com um braço arrancado, sua mão treme.

15. A terceira morte

Após vários dias de intensas nevascas, o domingo, 29 de outubro, amanheceu nublado. Os flocos de neve caíam espaçadamente, até se reduzirem a um polvilho imperceptível que se prolongou por toda a tarde. Às 16h10 eles decidiram entrar na fuselagem. Roy Harley foi o último a estar do lado de fora.

A cabine tinha dois setores bem diferenciados: o piso e a fuselagem. Como o tubo estava inclinado trinta graus, amassado na lateral, o piso estava mais alto e a parte curva da fuselagem ficava apoiada na neve. Os que deitavam na fuselagem se acomodavam numa área arredondada, enquanto o descanso na chapa metálica e inclinada do piso acabava sendo mais incômodo, machucando o cóccix e as costas. Como faziam um revezamento, àquela altura todos tinham uma ferida no cóccix. Por mais que pusessem algumas almofadas baixas embaixo, as feridas doíam cada vez mais. Roberto Canessa se preocupava em não deixar que infeccionassem, embora soubesse que depois viria uma onda de infecções, à medida que a temperatura subisse, em meados de novembro.

Naqueles dezesseis dias havia se estabelecido uma rotina.

Entre as quatro e as cinco da tarde eles entravam no tubo partido. Primeiro entrava um e ajustava uma camada de almofadas que cobria boa parte do piso e da fuselagem. Depois entrava o restante, em rodízio: os que tinham dormido a noite anterior na cabine dirigiam-se ao extremo oposto, à abertura, que era muito mais fria, e os que tinham dormido no piso iam agora para a fuselagem.

Embora fosse raro alguém pedir para mudar de lugar, naquela noite houve três trocas, que interferiram em três destinos: Diego Storm, que deveria ficar na parte mais elevada e incômoda do piso, pediu para trocar de lugar com Roy Harley, que ficaria na parte mais baixa e ondulada da fuselagem. Marcelo Pérez del Castillo, surpreendentemente, pediu a Coche Inciarte para trocar de lugar com ele por estar extremamente cansado. A terceira mudança foi de Gustavo Nicolich, que no último momento, quando já estava escuro, pediu para trocar de lugar com o outro Gustavo, o Zerbino. Por essa razão, instantes depois, após a avalanche, os amigos mais próximos de Nicolich achavam que ele estava no lugar onde tinha se deitado inicialmente, e não no outro, para onde fora com a troca.

Como em todas as noites, Roy Harley cobriu o rosto com uma camiseta de algodão para se proteger da neve fina, um pó parecido com farinha que sempre entrava no avião e o machucava, impedindo que dormitasse.

Ainda antes de adormecer, Roy ouviu uma vibração e um estrondo como se fosse um tropel de cavalos irrompendo na fuselagem. Tudo se deu ao mesmo tempo, até sentir que alguma coisa o cobrira, comprimindo seu corpo e pressionando o rosto protegido pela camiseta de algodão.

Ouviu uma espécie de estalo e sentiu que a neve tinha se solidificado, transformando-se em gelo. Não sabia quanta neve havia sobre ele, mas ainda assim fez força para se erguer. Não conseguiu mover o corpo, porém percebeu que podia mexer a cabeça. A camiseta tinha impedido que a neve penetrasse pela boca e pelos olhos. Observou na penumbra e percebeu que ele era o que estava mais acima, com exceção dos três feridos deitados nas redes, enquanto os demais estavam sob a neve. Ouvia vozes distantes, que não sabia de onde vinham. Levou alguns segundos para entender o que havia acontecido, até descobrir que os gritos vinham da rede suspensa, onde Arturo, Basco e Álvaro Mangino, presos entre bagagens, o biombo e a neve, não conseguiam descer nem se mover. Não entendia o que diziam, mas era evidente que pronunciavam seu nome. Teve então um pensamento que o deixou apavorado: "O avião está coberto de neve, estão todos morrendo e eu estou ficando sozinho com os feridos".

Esse pensamento fez com que sua energia se multiplicasse. Fez um novo esforço com o corpo e conseguiu se libertar da camada de neve que o esmagava. Levantou-se e se livrou dos grandes pedaços de gelo que tinha sobre os ombros. Aturdido, sua primeira reação foi sair pelo rombo do avião, que estava sem a barricada de malas e o biombo, coberto de neve até a metade, para tentar abri-lo por trás, mas logo percebeu que seria uma insensatez. Entrou novamente, com passadas largas e, em meio à penumbra, enxergou algumas mãos que saíam da neve. Algumas delas chegavam a mover os dedos. Ajoelhou-se perto da primeira mão. "Roy, é o Adolfo, me tira daqui!", grita alguém lá de baixo. Roy escuta a voz, que vem como se fosse do além-túmulo, e começa a escavar como um louco, descobre seu rosto, depois o peito, Adolfo faz força e se ergue.

Adolfo é acometido por uma revolta indomável para salvar os companheiros. Aos que vão saindo, Adolfo ordena que gritem, que chamem pelos que ainda estão soterrados para que resistam. "Aguentem firme que vamos tirar todos!", gritava enfurecido. Nesse momento caiu uma nova avalanche, maior que a primeira, que obstruiu completamente a entrada e cobriu o avião, soterrando-o.

Quando Roy desencobria o rosto de alguém e o deixava respirando, dizia-lhe: "Aguente aí", mas ao se mover de um lado para o outro naquele espaço tão reduzido, pressionava a neve com os pés, que acabava cobrindo outro, e ouvia os gritos vindos de baixo, bramidos dilacerantes através da neve: "Estou sendo esmagado!". Sabia que com o tempo os que estavam soterrados acabariam morrendo por asfixia. As pontas de seus dedos enrijecidos começavam a arder. Todos os que ele conseguia resgatar se punham também a escavar, com a mesma desolação.

O segundo rosto que Roy desencobriu foi o de Carlitos Páez, que depois de sair acendeu um isqueiro sob a mão para recuperar a sensibilidade, pois a neve a queimava como se fosse ácido. Não sentia a chama, embora pudesse sentir o cheiro de sua própria carne queimando. Queria resgatar Gustavo Nicolich e Diego Storm, mas quando abriu o lugar onde Gustavo Nicolich estava, quem apareceu foi Gustavo Zerbino, e quando voltou para o lugar onde Zerbino deveria estar, encontrou Nicolich morto. Desesperado, procurou por Diego Storm, mas também chegou tarde demais. Passou a escavar com mais raiva ainda, e começaram a aparecer alguns vivos.

A busca durou poucos minutos. Em meio à gritaria desesperada dos dezenove que continuavam vivos, com dezesseis amontoados no espaço minúsculo que permanecera intocado, junto à cabine dos pilotos, eles encontraram alguns almofadões e uma bolsa de couro onde enfiar e proteger os pés descalços. Naquele espaço de dois metros por dois não havia altura suficiente para ficar de pé, a não ser no centro, onde só cabiam mais duas pessoas. Amontoaram-se uns sobre os outros, de cócoras. Os que conseguiam, deslocando-se de quatro, transportaram os cadáveres para a parte traseira do avião, onde sobrara um espaço muito pequeno. Quando a neve que os cobria derreteu devido ao calor dos corpos, suas roupas ficaram ensopadas.

À beira da histeria, devido à sensação de claustrofobia, com o passar do tempo começaram a se sentir estranhamente sedados. Pancho Delgado acendeu um isqueiro e a chama começou a se extinguir: estavam ficando sem oxigênio. Achavam que iam morrer asfixiados, todos juntos, tossindo, como numa câmara de gás. Pegaram então um dos tubos que sustentavam os bagageiros, conseguiram introduzi-lo pela cabine dos pilotos e através de uma janela quebrada atingiram a superfície, abrindo um pequeno respiradouro. Depois, Moncho, o mais magro, conseguiu fazer um túnel estreito até a cabine dos pilotos. A partir dali, com alguns golpes, conseguiu que a janela direita se abrisse alguns centímetros e constituísse uma abertura suficiente para a entrada de um pouco de ar. Não puderam retirá-la totalmente porque estava pressionada pela neve. Com exceção da cabine dos pilotos, que ficava próxima à superfície, não sabiam o quanto de neve havia sobre a fuselagem. O ar se rarefez porque se formou a atmosfera de um iglu, em torno de quinze graus, enquanto do lado de fora fazia até trinta abaixo de zero.

No dia seguinte, entrava pelas janelas apenas um brilho acinzentado que deixava tudo na penumbra, de onde inferiram que havia vários metros de neve soterrando o avião.

Roberto Canessa sentiu que, apesar do respiradouro permitindo a entrada de uma quantidade exígua de oxigênio, eles estavam se apagando, como a chama do isqueiro de Pancho Delgado. Tinham perdido o abrigo. A tensão e a falta de sono causavam estragos, o espaço era reduzido demais, os pés estavam molhados e roxos. Pela primeira vez ele teve a sensação de que não valia a pena, pois se tinham sobrevivido dezessete dias, com tantos mortos, e mesmo assim não conseguiram escapar, o que fariam agora nessa nova situação, enterrados vivos?

Por isso ficou surpreso ao ver que aos poucos alguns gestos esperançosos voltavam a aparecer, extraindo ilusões do nada.

— Hoje é aniversário do Numa — disse Carlitos.

— E o que você quer? Comemorar? — pergunta Roberto.

— Já que estamos vivos, vale a pena — retrucou Carlitos.

Como se fragilizavam cada vez mais depressa, tiveram de se alimentar com o corpo de um dos amigos com quem até pouco tempo estavam conversando. Mais uma vez era preciso esperar para ver quem tomava essa decisão e quem a levaria a cabo. Canessa sentiu que podia fazer isso.

Na segunda noite sem luz, sem espaço e com todos acocorados, retomou-se o círculo do rosário. Adolfo não queria mais nada com religião e com os pedidos nunca atendidos a Deus e à Virgem Maria, mas percebeu que, quando se afastava do rosário, no fundo afastava-se do grupo. Começou a se sentir sozinho, o que era perigoso e aumentava o sofrimento. No terceiro dia, Carlitos lhe jogou o rosário, Adolfo o pegou no ar e entrou de volta na roda.

O dia passou, e veio o 31.

— Hoje é meu aniversário — disse Carlitos. — Estou fazendo dezenove anos.

— Quer que o cumprimentemos? — brincou Roberto mais uma vez.

— Bem... acho que já que estamos vivos, vale a pena — repetiu.

Nando considerou que não havia necessidade de criar pensamentos mais profundos do que este: "Estou respirando, e se estou respirando é porque estou vivo, e se estou vivo vou me esforçar para sair dessa até deixar de respirar. O que eu tenho a perder?".

Expôs esse pensamento baixinho, para si mesmo, mas Adolfo o escutou.

— Vamos organizar uma expedição — respondeu. — É preciso prepará-la da melhor maneira — acrescentou, enquanto Nando assentia em silêncio.

Ao meio-dia do terceiro dia, Moncho, Roberto, Roy e Carlitos conseguiram terminar o túnel até a minúscula cabine dos pilotos, coberta de neve e gelo, e chegaram à janela lateral que haviam aberto. Moncho se arrastou até ela e percebeu que não estava cercada de neve como nos dias anteriores. Como não conseguia retirá-la, os quatro começaram a se revezar, batendo nela com força, até que por fim cedesse.

Quando Moncho pôs a cabeça para fora, viu uma paisagem completamente nova. Tudo estava branco, para qualquer lado que se olhasse, cercado de montanhas sob um céu escuro, sacudido por um forte vento.

A partir de então começou uma outra história, uma cordilheira diferente. A tensão das noites se multiplicou. Muitas vezes, durante o dia, eles viam gigantescas coberturas de neve caindo pela parede montanhosa do lado oeste, e em outros momentos ouviam-nas caindo ao sul e ao norte. À noite também as sentiam, mas não podiam vê-las, por isso ficavam sem saber que rumo tomavam, o que as tornava ainda mais sinistras.

Depois começaram os deslocamentos de pedras, que caíam das montanhas sobre a geleira. Uma noite, sob um vento atroz, o avião chacoalhou tanto que eles pensaram que iria deslizar encosta abaixo. Estavam todos deitados dentro do avião, amontoados, quando de repente ouviram um forte golpe na fuselagem. Como viviam em permanente alerta, puseram-se em pé de imediato, o coração saindo pela boca. Mas não era uma avalanche, e sim uma simples rocha. Como o vento não parava, e o pânico aumentava, pois a fuselagem tremia e se movia, todos achavam que rolaria pela encosta. Começaram a rezar o rosário no meio da noite, como se fosse um conjuro, para que aquilo não estivesse acontecendo de verdade. Quando Javier Methol terminou o último mistério, o vento parou, voltou a calmaria, e todos penetraram no torpor do sono, convencidos de que daquela vez tinham sido salvos pelo rosário.

16. Minhas conversas com Liliana
*Javier Methol**

Quando voltei a Montevidéu, depois da montanha que nos matou e que em seguida nos fez viver de novo, eu sonhava em ver meus filhos e eles sonhavam em me ver. Para meus filhos eu estava morto, pois minha família e a de Liliana haviam dito a eles: "Papai e mamãe estão no céu". Agora o papai voltava do céu, mas a mamãe não. Os mais velhos me abraçaram e me beijaram enquanto eu tremia por inteiro. Quando levanto a menorzinha, de três anos de idade, e aperto seu rosto contra o meu, estando com a barba muito comprida, pois ainda não havia cortado, ela disse: "O que é isso que você pôs?". E eu respondo: "É a barba que cresceu". Sua segunda pergunta foi: "E a mamãe?". Então eu respondi: "A mamãe era tão boa que Deus precisou dela; olhe para cima e fale com ela, pois Deus permite que ela responda a você". Ela olhou para o céu. Então acrescentei: "Sempre que precisar, pode falar que ela vai responder".

Liliana morreu na avalanche. Dormíamos na fuselagem, um de frente ao outro, pois o espaço era muito limitado e estávamos todos apertados ali, um contra o outro, 27 pessoas na superfície irregular de uma cápsula minúscula. Meus pés estavam no peito dela e os de Liliana no meu. Eu os massageava por bastante tempo, até minhas mãos ficarem com cãibra, e depois os agasalhava entre minhas roupas. Ela estava ao lado de Nando, conversando um pouco aos sussurros, como falávamos na montanha. Eu a observava ensimesmado. Sabia do que estavam falando mesmo sem ouvi-los. Nando falava sobre o que mais queria na vida, e Liliana dizia que ele teria oportunidade de encontrar a família que procurava. Logo ficaram em silêncio. Pouco a pouco entraram naquele estado de sonolência da montanha. Quando parei de olhá-la e de admirá-la, também fiz o mesmo. Gostava de vê-la consolando a todos, um a um, como se ela fosse a única a não precisar de alento, como se tivesse energia para todos e não precisasse nada para si própria. Então, no silêncio da noite surgiu um som diferente, e tudo aconteceu num segundo, eu nem tive tempo de reagir. Foi tudo simultâneo, o estrondo e a sensação de que aquela montanha imponente descarregava toda sua fúria armazenada e nos enterrava vivos. Fiquei totalmente soterrado, mas no meu caso havia uma cavidade sobre o meu rosto, porque depois de cuspir muita neve consegui respirar um pouco de oxigênio, e então percebi que em cima de minha cabeça não havia mais de dez centímetros de neve, e como conseguia mexer o pescoço, fiz muita força e estiquei a cabeça até a boca sair, na escuridão. Pude ver então que havia várias pessoas naquele espaço escuro movendo-se desesperadas, gritando. O primeiro que reconheci foi Gustavo Zerbino, que acendeu o isqueiro perto do meu rosto, e aquilo foi como um projetor poderoso que me atraiu, e ao ver que eu estava vivo ele começou a tentar salvar quem estava ao meu lado. Mas eu não conseguia me mexer, pois estava com o corpo debaixo da neve e os pés presos no peito de Liliana, e se fizesse força para sair acabaria empurrando-a mais para baixo ainda. Foi desesperador. Comecei a gritar para Liliana com toda a força dos meus pulmões. "Liliana, aguente firme, eu estou vivo, vou tirar você daí!". Mas na verdade primeiro teriam de tirar a mim mesmo, pois eu não conseguia me mover, a não ser a cabeça. Gustavo desencobriu quem estava ao meu lado, e este tirou o amigo que estava do outro lado, mas eu via que estavam passando por cima de onde estava Liliana e a afundavam mais, e eu gritava, mas eles não podiam me ouvir, porque a gritaria e o desespero cresciam a cada segundo, e eu não conseguia mover um dedo das mãos sob a neve, era como um tetraplégico impotente que só conseguia usar a voz, piscar os olhos e respirar: "Não, não pisem aí, por favor!". Mas era impossível, não se via nada, ninguém me ouvia, os que saíam surgiam como espectros cobertos de neve e automaticamente começavam a escavar como loucos, onde achavam que estavam os outros, até que Gustavo me ajudou, liberou minhas mãos, eu me ergui sem pressionar os pés contra minha mulher e nós dois cavamos, a quatro mãos, cavamos rápido, com muita angústia, porque eu dizia "Gustavo, a Liliana está aí!". Ele tinha tanta pressa quanto eu, mas quando por fim chegamos... somente o seu corpo estava ali. Nesse exato instante eu me transformei, para o resto da vida. Naquele inferno tão absurdo, naquela andança de zumbis no meio da escuridão, onde desenterrávamos um morto e outro vivo, um vivo e outro morto, senti que tinha uma missão, que era levar aos meus filhos aquele amor que guardava em meu peito, o amor daquela mulher que eu segurava nos braços e que não conseguira salvar. E nisso eu não podia falhar, falhar perante ela, meu amor, seus cabelos congelados que a maldita neve arrancava. Por isso eu sabia que não podia morrer. Eu tinha uma responsabilidade premente demais: levar aos meus filhos a emoção de tê-la em meus braços.

Fiquei junto com ela durante os três dias em que estivemos soterrados debaixo da neve. Depois, quando conseguimos liberar o espaço, ela ficou vários dias sobre a superfície da neve, numa das laterais do avião, e seu rosto me observava, coberto por uma fina camada de gelo azul. Eu a contemplava e falava com ela, sabendo que, por intermédio de Deus, ela me ouvia. Porque, na montanha, eu falei com Deus. A pessoa fala com o coração. Quando fala de verdade, não necessita de palavras, e assim eu conversava com Liliana.

Não sinto que tudo isso tenha sido obra do destino, do acaso, do azar, como outros têm todo o direito de acreditar. Foi tudo obra de Deus. De algo superior a nós, que tem os seus desígnios, e de quem não somos meros joguetes, mas sim com quem interagimos, dialogamos, formulamos perguntas e encontramos respostas, se abrimos o coração para ouvi-lo. Eu lhe dou um nome próprio: não gosto de eufemismos.

O corpo de Liliana permaneceu ali até que uma nevasca me separou totalmente dele, e depois nunca mais a vi. Pensei comigo mesmo, sem dizer a ninguém, que era melhor assim. Pois sabia que ela também tinha feito o pacto da entrega mútua dos corpos, e os que organizavam os alimentos poderiam precisar dela. O que aconteceu na realidade é que eles a deslocaram para outro lugar e por isso não voltei a vê-la, mesmo com o degelo. A partir de então, passei a dialogar com ela sem o corpo, mas a conversa era igual, eu falava sobre nossos filhos, nossa vida em comum, o futuro. Ela fez tanto para nos consolar, e nós não conseguimos consolá-la em seus momentos finais.

Poucos anos atrás comentei com alguns amigos sobreviventes que eu sabia que eles precisaram usar o corpo dela. Todos ficaram muito surpresos e me perguntaram do que eu estava falando. Repeti, sem qualquer hostilidade, que sabia que eles precisaram usá-la, já que nunca mais eu a havia visto. E foi então que fiquei sabendo da verdade, 35 anos depois. Como me viam abraçado àquele corpo inerte e congelado, temendo que enlouquecesse, eles o tiraram dali e o puseram junto ao nariz do avião, com a mãe e a irmã de Nando. Mas nunca o utilizaram. Eles riram. E eu também ri. Depois me olharam fixamente e começaram a chorar, por acharem que eu havia sofrido todos aqueles anos com esse pensamento. Eles demonstraram, mais uma vez, a misericórdia da sociedade da montanha: estavam me preservando.

Continuo a amá-la hoje com a mesma força de antes. Depois de muitos anos voltei a me casar, adoro minha atual esposa, mas é possível amar com a mesma intensidade várias pessoas ao mesmo tempo... Cristo mostra isso, que nos ama a todos da mesma forma. Falo de Deus, de Cristo, porque o que outros chamam de destino ou de espiritualidade para mim tem esse nome.

Para manter a fé em todos os momentos, apesar dos golpes sofridos, tínhamos de ser alquimistas. Transformar a tragédia em milagre, a depressão em esperança. Se fosse definir o que a montanha produziu em nós, não tenho dúvidas de que foi o fato de nos transformar em alquimistas. O exemplo mais acabado disso aconteceu no dia em que as buscas foram suspensas. Quem nos deu a má notícia fez isso transformando-a em boa, e nós a interpretamos assim.

Não tínhamos outra comida além de corpos congelados, e no entanto falávamos muito frequentemente de alimentos. Isso fazia com que enganássemos a fome e nos permitia pensar no futuro. Se fazíamos planos era porque pensávamos em sobreviver, pois se ficássemos falando apenas do que havia à nossa volta, estaríamos chamando pela morte. Por isso estimulávamos as brincadeiras, pois elas traziam consigo o riso, o riso e a alegria, e a alegria é o mais evidente sintoma de vida.

Gustavo Zerbino era, é e sempre será um gozador de corpo e alma. Para ele era fácil fazer brincadeiras aproveitando o fato de eu ser surdo de um ouvido e de não enxergar com um dos olhos em consequência de um acidente de moto que tive aos quinze anos de idade. Gustavo se postava às minhas costas e falava devagarzinho junto ao meu ouvido surdo, fazendo salamaleques com as mãos

Chile, 1971: o time de rúgbi da primeira divisão do Old Christians em campo, com os Andes ao fundo, no ano anterior ao acidente.

Aeroporto de Mendoza, 13 de outubro de 1972: a última foto do Fairchild 571 com o piloto, coronel Julio Ferradás, à frente. No dia anterior, o avião permaneceu parado devido ao mau tempo. Embaixo é possível ver a água da chuva. Poucos minutos depois deste registro, ele decolou rumo a Santiago e colidiu com as montanhas no centro dos Andes.

3. Vista aérea do Vale de las Lágrimas, 2010: fotografia tirada a 25 mil pés de altura, na mesma época do ano em que os uruguaios do acidente estiveram ali.

4. Vale de las Lágrimas, janeiro de 1973: o último grupo de sobreviventes foi resgatado em 23 de dezembro de 1972. Pouco depois, no mês seguinte, a Força Aérea Uruguaia, representada pelo capitão Enrique Crosa, foi até o lugar para investigar o acidente e junto com o Corpo de Socorro Andino do Chile, enterrar os corpos, abrir uma cova e queimar a fuselagem. As duas fotos seguintes foram tiradas na mesma ocasião.

5. Vale de las Lágrimas, janeiro de 1973: por causa do degelo, a fuselagem estava um metro e meio acima do nível em que se encontrava quando na presença dos sobreviventes, com o que sobrou do avião praticamente enterrado na neve.

6. Vale de las Lágrimas, janeiro de 1973: o Fairchild 571 visto de frente. Os sobreviventes nunca o viram tão levantado. Com o degelo, ele ficou apoiado sobre um pedestal de gelo que se preservou graças à sombra da fuselagem.

7. Sobreviventes dentro da fuselagem, na noite do primeiro resgate, 21 de dezembro: da esquerda para a direita, Adolfo Strauch, Gustavo Zerbino, Bobby François e, do outro lado, Roy Harley, Pancho Delgado e Moncho Sabella.

8. A mensagem que Nando Parrado escreveu e jogou para o tropeiro Sergio Catalán pelo outro lado do rio, para informar quem eram.

Foto tirada de um dos helicópteros no primeiro dia de resgate, em 21 de dezembro, depois de 71 dias na montanha.

10. Nando Parrado e Roberto Canessa com o tropeiro Sergio Catalán, em Los Maitenes.

11. Roberto Canessa com jornalistas chilenos, em Los Maitenes.

12. Álvaro Mangino com os médicos que o ajudaram após o resgate, em San Fernando.

13. Moncho Sabella, Adolfo Strauch e Gustavo Zerbino no hospital de Santiago do Chile.

14. Vinte e oito de dezembro de 1972: os sobreviventes concedem uma coletiva de imprensa no ginásio do colégio Stella Maris-Christian Brothers.

5. Os atores descansam durante filmagem no mais alto dos três sets montados em Serra Nevada, a 3 mil metros de altura, em Borreguiles, na área conhecida como Laguna de las Yeguas.

J. A. Bayona nos destroços do avião de catorze metros de comprimento e 7 mil quilos, no set de filmagem mais alto dos três erguidos em Sierra Nevada. A fuselagem é uma réplica idêntica à original do Fairchild 571.

17. Sierra Nevada é a estação de esqui mais próxima do Equador, o que permitiu r produzir ao máximo a luz zenital dos Andes.

18. J. A. Bayona no set de Borreguiles. Nos três sets de Sierra Nevada, um a 3 metros de altura, outro a 2200 e o terceiro mais abaixo, no Cortijo de la Argumo em Güéjar Sierra, mais perto de Granada, foram quatro meses de filmagem, en janeiro e abril de 2022.

19. J. A. Bayona no Vale de las Lágrimas, ao centro da cordilheira dos Andes. As gravações ocorreram em outubro de 2021, com menos neve, e em agosto e setembro de 2022, com nevadas intensas.

20. No platô de Borreguiles, em março de 2022. Para chegar até lá, é preciso tomar um teleférico e depois viajar por mais quarenta minutos num retrack, veículo especial para a neve.

21. Os atores descansam em um dia de filmagem no platô de Borreguiles, em abril de 2022.

22. Gravação nos Andes chilenos, perto de Les Maitenes, em junho de 2022.

3. J. A. Bayona durante filmagem na pré-cordilheira chilena, em junho de 2022.

24. O aeroporto internacional de Carrasco, em Montevidéu, de onde partiram os 45 sageiros em 12 de outubro de 1972, deixou de funcionar em 2009. Para a filmagem julho de 2022, ele foi reconstituído para que ficasse exatamente igual ao de 1972.

perto do meu olho direito para que os outros vissem e rissem. Eu sempre percebia o que ele fazia, e me parecia uma excelente ideia. Eu também sorria por dentro, já que não podia expor o meu sorriso, pois se o fizesse todos veriam que eu sabia o que ele estava fazendo, e isso quebraria a magia e acabaria com a brincadeira. Um dia Gustavo se enganou e se aproximou pelo lado esquerdo, por trás, junto ao meu ouvido são, e repetiu a mesma brincadeira, falando baixinho e movendo os dedos na frente do meu olho esquerdo. Dessa vez eu o via e o escutava perfeitamente, e achei que vários dos que estavam ali, que eram muito inteligentes, perceberiam que ele tinha se enganado de lado. Tive então de corrigi-lo, sussurrando: "É do outro lado, Gustavo", e todos caíram na gargalhada, enquanto Gustavo ficou meio sem graça e disse: "Esse cara sempre soube o que eu fazia!". Sim, mas continue do mesmo jeito, pensei. Pois rir, desafogar-se, era uma das necessidades imperiosas daquele grupo tão extraordinário, a que tanto quero, pelo qual daria minha vida, e que sofreu o inimaginável.

Minutos depois do acidente, quando saí apoiado em Liliana e vimos o panorama, o lugar onde estávamos, onde tínhamos caído, ela me perguntou: "Javier, será que vamos sair dessa?". Reparei então no rastro ainda recente deixado na neve pela fuselagem que tinha deslizado serpenteando desde um ponto que não se alcançava com o olhar e respondi: "Liliana, veja onde estamos, é impossível, mas estamos vivos. Veja onde o avião bateu, é impossível, mas estamos vivos. Se Deus nos permitiu continuarmos com vida, é porque temos uma missão a cumprir". Naquela época já tínhamos quatro filhos, não pensávamos em ter outros, mas decidimos que teríamos um outro quando saíssemos dali.

A situação não tinha como ser mais caótica, porém estávamos vivos, e por isso desde o primeiro instante nunca duvidei de que conseguiria sair da montanha, apesar de meu estado físico. Eu não estava ferido, mas era um imprestável, tanto que por vários dias achei que estivesse com alguma lesão interna em virtude do acidente. Apesar disso, sempre tive a certeza de que voltaria para os meus filhos, talvez me arrastando, não sabia, mas sempre tive essa certeza.

Deus era o copiloto daquele voo, e mitigou os erros humanos e ajudou a nos organizarmos. Naquele caos, naquela situação enlouquecedora de um avião estatelado na montanha, era preciso impor disciplina, era preciso surgir uma pessoa com a dignidade e a capacidade necessárias para conduzir aquela tragédia. E foi aí que surgiu Marcelo Pérez del Castillo, o capitão do time, responsável por seus atletas e diante de uma "partida" que precisavam vencer. Foi por acaso? Terá sido uma casualidade o fato de surgir uma pessoa como Marcelo em meio àquela situação inacreditável? Dizendo de outra maneira: seria possível imaginar pessoa mais apropriada para uma situação como aquela? Creio que não. Por isso não acredito que tenha sido por acaso. E posso dizer isso com objetividade, pois não o conhecia até então. O que aqueles jovens necessitavam era de orientações carregadas de afeto, dentro de um quadro de ordem e harmonia. E o que era Marcelo? Era tudo isso.

E assim vai aflorando o grupo todo, que era um time de anjos. Minha única referência era meu primo Pancho Abal, que havia morrido. E o casal Nicola, que também tinha morrido. Os outros rapazes poderiam ter me descartado, me abandonado num canto qualquer. Pois o que aparece primeiro numa situação dessas? É o egoísmo, o salve-se quem puder, eu me viro com meu grupo de mais chegados e o resto que se dane. Não é essa a reação mais comum do nadador que está se afogando e acaba por afundar aquele que apareceu para socorrê-lo? Mas na montanha aconteceu exatamente o contrário do que ocorre na sociedade. Isso também foi por acaso?

Havia feridos, não havia médicos, mas surgiram os doutores, um que estava no segundo ano de medicina e outro que acabara de ingressar na faculdade, Roberto e Gustavo, e eles fizeram coisas que médicos já formados jamais se atreveriam a fazer, enfrentaram situações das quais muitos médicos de verdade teriam fugido, e obtiveram resultados que, se o resgate tivesse chegado logo, muitas vidas seriam salvas graças à intervenção daqueles dois doutores da montanha.

Embora tivessem apenas dezenove anos de idade, ficavam atentos a todos, primeiro aos 29 sobreviventes, aos 26 depois das primeiras mortes, e por fim aos últimos dezenove. Como eu não conseguia andar, Roberto vinha conversar em voz baixa com Liliana, eu me lembro, pois estou vendo-o neste exato momento, de seu gesto de tristeza quando se referia a mim, uma pessoa que ele mal conhecia, que tinha o dobro da sua idade. Ele achava que eu precisava caminhar para fortalecer os músculos, caso contrário, se em algum momento tivéssemos de sair caminhando, eu não conseguiria andar, e se eu não conseguisse, ele tampouco sairia dali. Uma pessoa como essa, naquele lugar, naquelas circunstâncias, não é fruto do acaso.

Além dos doutores da montanha, havia os que criaram as condições imprescindíveis para sobrevivermos. Tudo foi criado a partir do nada, a começar pela descoberta tão elementar e tão imprescindível de que não existe calor melhor do que o dos seres humanos, que um abraço pode salvar sua vida em milhares de situações, mas que a salva todas as noites numa montanha a trinta graus abaixo de zero.

Aqueles garotos tão jovens, que praticamente acabavam de ser desmamados, precisavam de uma mãe numa situação tão vulnerável. Pergunto a mim mesmo, repetidamente, se existe na Terra uma mãe como Liliana, e essa mãe, por acaso, estava na montanha. Liliana oferecia o colo para que chorassem. Um dia ela desapareceu, mas eles já estavam acostumados com a sua presença, com sua permanência. Por isso todos tiveram a mãe de que precisavam até o septuagésimo segundo dia.

Logo após o acidente, no momento crucial em que se teve de separar os vivos dos mortos, Nando ficou entre os mortos. Mas instantes antes de ser deixado sobre a neve, na intempérie, para amanhecer no dia seguinte dentro de um cubo de gelo, ele fez um movimento levíssimo com a cabeça, que Diego Storm percebeu, e por isso foi mantido na área de "cuidados intermediários", a meio caminho entre a fuselagem e a neve, pois achávamos que estava morrendo. Seu corpo caiu de onde o havíamos deixado e sua cabeça traumatizada ficou apoiada no gelo. Isso foi algo fortuito?

Quando, ao final, Roberto, Nando e Tintín saíram em expedição, eles não fizeram isso por suas próprias vidas, mas pela vida de todos. A mochila que levaram era a mais pesada possível, e com ela fizeram uma caminhada impossível, que não pertence ao mundo das probabilidades, e mesmo assim chegaram, e depois voltaram para nos buscar. Isso é um acaso? E ainda encontraram um homem solidário no trajeto, um homem desterrado do planeta, um tropeiro de outros tempos, de outra época, que agia conforme os princípios nobres da lealdade, da integridade e da palavra empenhada. Outro acaso? Mas quantos acasos?, pergunto.

Quando os três gigantes daquela expedição final se preparavam para partir, tive a absoluta convicção de que chegariam ao seu destino. Por isso disse a Nando e a Roberto, com uma firmeza nos olhos que os surpreendeu, razão pela qual inferi que estavam bem menos convencidos do que eu: "Vocês vão conseguir". "Acha mesmo, Javier?" "Não tenho nenhuma dúvida de que vocês vão chegar, por isso andem logo, não percam tempo."

Essa segurança não era um simples pressentimento ou a expressão de um desejo. Eu me baseava no valor deles, no que já haviam demonstrado, pois sabia quem eles eram. Tinha visto como Nando, com a cabeça quebrada, cuidara da irmã depois da morte da mãe. Enquanto queimávamos as nossas bocas comendo neve para saciar a sede insuportável, ele derretia a neve na boca para saciar sua sede e dar de beber à irmã, mastigava o seu pedaço e depois mastigava o da irmã e o punha em sua boca. Suas gengivas não se feriam nem inchavam como as nossas, e isso num momento em que ele se encontrava numa situação pior que a de todos nós.

Quando os helicópteros chegaram para nos resgatar, os mais debilitados deveriam ir à frente, mas não foi assim. Era o caso de Roy. Ele estava muito mal, não sabíamos se conseguiria viver mais um ou dois dias; por isso, como eu sabia que podia resistir, nem sequer me aproximei dos helicópteros, para que fossem primeiro os que estavam quase morrendo, pois sabia que não caberia todo mundo. Mas o helicóptero partiu sem levar Roy, e depois me contaram que naquele voo eles sentiram mais medo do que no acidente do avião, e talvez o mal-estar que vivenciaram se devesse ao fato de não serem eles os passageiros que deveriam partir.

Saltaram do helicóptero três socorristas e um enfermeiro, com algumas sacolas e uma barraca. Um deles, Sergio Díaz, foi o montanhista que não só nos trouxe tudo o que nos faltava do ponto de vista material, alimentos e medicamentos básicos, como também carinho, alegria e todo aquele calor que tanta falta nos fazia depois da longa epopeia que tínhamos vivido. Era do que precisávamos, e mais uma vez me pergunto se Sergio Díaz foi mera casualidade, apenas uma contingência. Havia algo mágico no seu modo de agir. Carregava uma sacola, que parecia sem fundo, cheia de coisas, e nos perguntava: "O que você quer?". "Sopa", respondia alguém, e ele tirava uma sopa e servia. A certa altura ele me pergunta: "Javier, o que você quer?". "O que eu vou pedir você não tem como ter." "O que é?" "Um mate", respondi, e ele mergulhou naquela sacola, tirou um copo, erva, uma bombinha, pôs neve num tacho, aqueceu-a com o fogãozinho que trazia e me serviu um mate, o mais saboroso que já tomei na minha vida.

Nunca conversei com meus filhos sobre a montanha porque eles nunca me perguntaram. Um quis ler o livro *Os sobreviventes* e leu; outro quis ver o filme e viu; mas nunca me consultaram a respeito. Eu nunca quis falar, mas também nunca escondi nada. Respondi a todas as perguntas que me fizeram, absolutamente todas. Pelo site na internet chegam algumas perguntas capciosas, que ocultam alguma malícia, mas sempre as respondo, uma a uma. Nunca tinha falado publicamente, até que uns dois anos atrás me pediram para fazer uma palestra e eu fui, e percebi que contando essa história, do meu ponto de vista, pois os dezesseis são diferentes, eu fazia bem para as pessoas que me ouviam, assim como fazia bem a mim mesmo. Comecei a enxergar a minha epopeia como algo de que emanava uma substância boa para os outros. Desde então fiz mais algumas palestras. Há pouco mais de um ano, meus filhos assistiram a uma delas. Ao final, me disseram: "E pensar que passamos trinta e cinco anos esperando você dizer essas coisas". Embora nunca tenha sentido remorsos pelo que fizemos, pois estive de acordo com absolutamente todos os passos que demos, eu precisei que muitos anos se passassem para poder falar. Estou tão de acordo com tudo o que fizemos que acredito, como Nando, que aquele grupo de jovens se antecipou a algo que depois se tornou uma convenção internacional, de assinar autorizações para bancos de órgãos e tecidos. Eu dizia aos rapazes lá em cima que se morresse na montanha e eles não me utilizassem... eu encontraria uma forma de voltar da morte e aplicar um pontapé bem ali onde mais dói, porque acredito que me usar como alimento representava o verdadeiro amor ao próximo.

A necessidade molda uma pessoa para sempre. Nando se fortaleceu nos Andes, escapando da morte com temperança. Ele quis fazer expedições sozinho muitas vezes, mas morreria logo, pois em outubro e novembro teria sido impossível escalar a montanha que afinal eles acabaram subindo. Nando queria, mas nós soubemos segurá-lo. E essa foi a parte que nos coube na epopeia de

Nando. Porque todos nós participamos das peripécias de cada um dos que sobreviveram e dos que morreram.

Se você cai num poço com vinte metros de profundidade, tem duas alternativas: ficar desesperado e se encostar na parede, sentir-se sozinho e se convencer de que vai morrer, e se pensar assim vai morrer mesmo. Se disser vou morrer, você morre, pois vai morrer de dentro para fora. A outra opção é se sentir acompanhado e viver.

Assim aconteceu na montanha e ao longo da minha vida. Tive um câncer maligno. "É preciso extirpá-lo", disseram os médicos. Bem, vamos lá. Nunca pensei, nem remotamente, que aquele câncer me mataria. Tinha fé em que sairia daquele poço e empenhei todo o meu ser, toda a minha crença, toda a minha fé para que isso acontecesse.

Acredito e sempre acreditei, desde a montanha, que só morremos quando deixamos de ser lembrados. Alguém por acaso esquece um ser amado que faleceu? É curioso como reagimos em relação a essa pessoa ausente: um belo dia você tem de tomar uma decisão e inconscientemente pensa em consultá-la, porque de certa forma ela era uma espécie de conselheiro informal, que o acompanhava em suas decisões. Tenho dois irmãos já falecidos, e muitas vezes quando estou diante de um dilema pergunto o que eles fariam, porque eu os mantenho vivos.

Quando um dos meus irmãos agonizava, eu estava sozinho com ele no quarto. As outras pessoas não entravam porque não conseguiam conter o choro, enquanto eu aproveitava aqueles últimos instantes para conversar com ele. Estava ali minha sobrinha, com algumas amigas, que lhe perguntaram: "O Javier ficou louco? Ele está sorrindo... Deve ser por causa do que passou nos Andes". Eu sorria porque amava e amo enormemente o meu irmão, e ele estava passando a ficar na companhia de Deus, e eu procurava fazer com que vivenciasse essa transição comigo ao seu lado, por isso não falava com ele chorando, e sim sorrindo. O mesmo aconteceu em 1995, quando subimos a montanha, a única vez que subi na minha vida, e nos sentamos em torno da cruz de ferro, onde estão os restos de todos os falecidos, inclusive de Liliana, para pensar neles. Todos os meus amigos perceberam que eu sorria, estava vivendo um dos momentos de maior alegria em toda a minha vida, mas como tinham passado por uma experiência semelhante à minha, eles não ficaram surpresos, todos perceberam que eu estava conversando com Liliana e que isso me deixava muito feliz. Por isso se aproximaram, me abraçaram e me deram um beijo, o mesmo beijo que davam em Liliana, a mãe da montanha.

Ao descer da cordilheira, deixei a dor lá em cima, na neve, para que congelasse.

E o maior consolo é que quando voltei para os meus filhos pude dizer por que Liliana não tinha voltado e pude explicar onde ela estava.

* *Javier Methol nasceu em 1935 e morreu em 2015. Durante anos foi executivo de companhias tabaqueiras. Nos últimos anos, com oito filhos, dedica-se quase exclusivamente ao episódio que dividiu sua vida em antes e depois da cordilheira. Seu talento mais visível é a paz que transmite. Por isso as palestras de Javier sobre os Andes, mais do que lotadas, são intimistas. Passa horas e horas por dia respondendo aos e-mails que recebe pelo site ¡Viven! na internet. Não existem fórmulas preestabelecidas, cada mensagem constitui um vínculo novo, com alguém que precisa falar com ele. Por isso ele escreve várias vezes, com paixão e dedicação, até que a pessoa atravesse a sua própria cordilheira.*

Maria Noel, que tanto preocupava Liliana em 1972, aos três anos de idade, completou 39 em 2008. Às vezes olha para o céu, como o pai pediu no dia em que chegou. Ela não fala com a mãe, Liliana, mas ao observar o movimento das nuvens sente uma estranha serenidade.

17. Condenados a caminhar

Logo depois da avalanche, Nando Parrado concentrou-se numa única ideia, que já vinha elaborando havia algum tempo: sair caminhando o quanto antes. Adolfo Strauch o apoiava, mas pedia um tempo para organizar a expedição.

Primeiro eles buscaram os que estavam física e mentalmente mais capacitados para passar um número indeterminado de dias caminhando, escalando e dormindo ao relento. Tinham de ser não apenas muito fortes, mas também ter uma capacidade extraordinária para suportar a adversidade e o sofrimento.

Em princípio, tirando os feridos graves — os dois fraturados, Javier Methol e outros que não tinham nenhum treinamento físico —, dos dezenove sobreviventes sobravam oito potencialmente aptos para se tornar expedicionários. Dessa lista tinham de ser selecionados os três ou quatro melhores.

A caminhada do décimo primeiro dia na montanha, com Zerbino, Maspons e Turcatti, acabou por descartar Gustavo, que voltou num estado de deterioração física e mental difícil de ser revertida. Numa Turcatti quis ser um expedicionário até o fim, mesmo depois da avalanche, quando começou a se debilitar.

Os outros dois expedicionários finais foram assumindo seus papéis a partir de vivências pessoais. Roberto Canessa lançou mão de sua natural sagacidade. Sabia, sim, que era um dos candidatos. Mas, se havia alguém melhor do que ele, por que não deixar que se manifestasse? Por isso esperou até o final. Se algum outro tivesse mais condições, as chances seriam maiores para todos.

Integrar aquela lista de condenados, como ele os imaginava, requeria determinadas condições físicas, psicológicas e espirituais que ele possuía, mas também uma ânsia de escapar da qual ele carecia, pois acreditava que várias outras possibilidades tinham de ser experimentadas antes de se empreender aquela expedição quase suicida. Mas quais? Isso não estava claro. Precisava aguçar as suas habilidades e forçar ao máximo a criatividade para que elas aparecessem. Pouco a pouco foram se exaurindo os sonhadores, os audaciosos que queriam escapar da montanha por meio de uma fantasia. Foi então que ele se perguntou: dentro desse grupo, quem eu escolheria? Escolheria a mim mesmo? Eu estou em forma, sou jogador de rúgbi, não fumo, quando acossado não deixo que o desespero me aflija, mas gero ideias, e quando estabeleço uma meta sou capaz de superar o temor e o sofrimento. Porém é uma loucura, é um suicídio, a única coisa que conseguiremos será deslizar montanha abaixo. Por isso, desde então, quando partia em expedições, ele não conseguia deixar de pensar naquela saudação dos gladiadores romanos que tinha aprendido nas aulas de história do colégio: "Ave César, os que vão morrer te saúdam!".

Nando, por sua vez, sentia de forma cada vez mais intensa uma imperiosa necessidade de sair da fuselagem, para reencontrar seu pai. Vivia isso como uma fuga. Sabia com clareza que se pensasse em tudo o que tinha perdido (a mãe, a irmã, os amigos), não conseguiria fazer nada. Decidiu então se resguardar e se tornar um animal encurralado que quer escapar.

Tintín Vizintín abordava a questão de forma diferente. Ele era quem representava de modo mais fidedigno a organização vertical de um time de rúgbi tradicional. Estava claro para ele que o desconcerto e a incerteza eram tão grandes que seu principal papel seria a ação, aproveitando o seu excepcional preparo físico como pilar da primeira divisão do Old Christians, sem nunca questionar a estratégia elaborada pelos primos. Realmente, se lhe pedissem para fazer o impossível, ele faria, simplesmente porque o grupo assim requisitava. Além disso, Vizintín já havia feito caminhadas antes e se sentia confortável nesse tipo de deslocamento. Tinha encontrado o papel em que se sentia mais útil para todos.

Em 5 de novembro, sete dias depois da avalanche, Roy Harley, Tintín Vizintín e Carlitos Páez saíram para uma caminhada experimental, em direção ao vale do leste.

A descida pela encosta foi suave, mas a cilada estava reservada para a volta, quando foram atingidos por uma tormenta de *vento branco*. Essa caminhada experimental foi semelhante à de 24 de outubro, de Gustavo, Numa e Daniel Maspons, e teve um quê de inconsciência ao não considerar as imponderabilidades apresentadas pela geleira. Como nenhum de seus integrantes participara daquela primeira tentativa, eles caíram na mesma armadilha, as fantasmagorias do nevoeiro e as distâncias enganosas na neve.

Caminhavam para o vale e viam surgir, aqui e ali, pedaços de chapas amassadas, peças de metal, roupas, objetos que tinham voado das malas. Atraídos por esses achados, foram se afastando sem perceber; o tempo passou depressa, e de repente, quando o sol estava bem alto no céu, a neve começou a ficar mais macia. A partir desse instante perceberam que haviam se distanciado do avião mais do que o aconselhável e que o tinham perdido de vista. Vizintín encontrou um tanque de aço inoxidável, muito comprido e leve, que tinha se soltado do avião e podia servir para guardar água, razão pela qual decidiu levá-lo. Quando quiseram voltar e começaram a subir a ladeira que tão facilmente haviam descido, surgiram as dificuldades. Se no início a subida exigia muito esforço, tornou-se quase impossível quando eles ficavam enterrados na neve até os joelhos. Assustaram-se e procuravam se acalmar com palavras, mas Roy viu o pânico nos olhos de Carlitos, e este viu o mesmo nos olhos do outro. O único a manter a serenidade foi Tintín, que dizia: "Não vão se afogar num copo de água".

Quando começou a se enterrar e a lutar contra o vento, Carlitos foi acometido pelo pavor. Pôs-se a chorar e quis se entregar à morte. Pediu aos companheiros que o deixassem ali na neve e que tentassem salvar a si mesmos. Mas Roy e Vizintín o ajudaram e o obrigaram a continuar de pé, a não cair.

Roberto Canessa ficou assustado quando os viu voltando da caminhada. Roy e Carlitos chegaram num estado desastroso. Tintín chegou mancando, com o coração saindo pela boca, porém inteiro. Roberto logo raciocinou que faltara preparo físico a Carlitos e que Roy se encontrava desestabilizado emocionalmente, muito afetado pela morte de seus melhores amigos. Na verdade, os dois se autoexcluíram do grupo de expedicionários sem que ninguém dissesse nada. Roberto então foi falar com Vizintín: "Não, não é impossível, está complicado mas é possível", ele respondeu. Vizintín seria um dos três expedicionários que fizeram caminhadas até o final.

Nando, que também observou com atenção o dramático retorno, sentou-se ao lado de Roberto. Depois de um momento de silêncio, disse o que Roberto já esperava: "Você vem comigo?". Canessa ficou olhando para ele. Nando então acrescentou, em voz baixa: "Nós combinamos bem, você interpreta os mapas, eu sou míope, mas a sua vista é perfeita e você tem ideias criativas. Nós vamos trabalhar bem".

O restante foi sendo descartado por diversos motivos. Daniel Fernández, com um senso de humor aparentemente indestrutível, não mostrava um bom estado físico e nem estava preparado. Adolfo, que estava preparado e já havia participado de uma caminhada, foi descartado por uma impossibilidade física: embora todos sofressem de uma constipação crônica, ele foi um dos últimos a superá-la, quase um mês depois do acidente. Em suas tentativas desesperadas, pois tinha medo de se intoxicar, conseguiu evacuar à custa de um pedaço de intestino expelido junto com sangue, o que o obrigou a permanecer parado por alguns dias. Apesar disso ele se ofereceu para ir no lugar de Roberto, quando este prorrogava a saída, mas ao final preferiu-se manter o grupo inicial.

Em meio àquela miséria, os expedicionários gozavam de alguns privilégios. Não ficavam encarregados de cortar a comida nem da limpeza do avião, nem de derreter gelo, e podiam comer tudo que desejassem e dormir onde quisessem. Precisavam se preservar, treinar, se preparar. Pouco antes de partir para o vale do leste, Vizintín disse a Methol: "Vou precisar desse par de botas". Javier não titubeou. Tirou as botas e as entregou. Nem sequer perguntou por que aquelas botas seriam melhores que as de algum outro. A mesma coisa aconteceu com o melhor casaco e com o melhor pulôver. "Tome, aqui estão."

A expedição final e suas vicissitudes passaram a ocupar a imaginação de todos. Eles contavam os dias que faltavam para a saída, os dias que ficariam sozinhos, o que poderia acontecer se os três morressem na tentativa.

Na quarta-feira, 15 de novembro, o grupo partiu para baixo, na direção leste. Como costumava repetir Pedro Algorta, que era quem melhor conhecia as montanhas chilenas, eles iriam atrás dos cursos de água, pensando em fazer um desvio pela montanha para virar no sentido oeste, até o estreito Chile. Ali poderiam encontrar civilização muito mais rapidamente do que no lado argentino, cujos desertos existentes ao pé da cordilheira todos haviam visto do alto, a bordo do Fairchild, no dia do acidente.

"Ave César, nós os que vamos caminhar te saudamos", pensou Roberto.

18. Vivendo com o mínimo
Pedro Algorta*

Até o dia de hoje eu nunca tinha falado publicamente sobre o assunto, nunca aceitei dar entrevistas nem ministrei palestras. A esta altura, a montanha é uma recordação.

Se nunca falei, por que falo agora? Perguntei aos meus filhos, aos meus irmãos, aos meus pais e à minha esposa se queriam que eu falasse, rompendo com o rígido código que eu mesmo me impus 36 anos atrás, e para minha surpresa todos pediram que eu falasse. Vou fazer isso por eles.

Visivelmente, eu mudei. Até pouco tempo atrás nem sequer consultaria os familiares para saber se preferiam que eu rompesse com esse mutismo, mas na minha idade começamos a usar um pouco mais do tempo para refletir e pensar em tudo o que fizemos, o que deixamos de fazer, e dessa forma reunimos forças para encarar as próximas etapas da vida.

Sempre soube o que o grupo de sobreviventes fez e continua fazendo. Todos nós sabemos, embora eu more em Buenos Aires e eles em Montevidéu. Há muitos anos sei que vários deles ministram palestras e conferências, algo que admito ter sempre despertado em mim uma grande inquietação. Um dia, faz alguns anos, Coche Inciarte me telefonou; ele estava em Buenos Aires e, sabendo de minha curiosidade, me convidou a assistir a uma palestra motivacional que daria no hotel Sheraton para concessionários de postos de gasolina da companhia Esso. Logo após o telefonema de Coche, de quem gosto muito, além da curiosidade fui tomado pelo ceticismo, porque estava convencido de que empresários daquele tipo não fariam outra coisa se não crivá-lo de perguntas embaraçosas ou então ouvi-lo com indiferença.

Fui à palestra no Sheraton nesse estado de ânimo, claramente pessimista. Para não ficar como um espectador de primeira fila, preferi me sentar ao fundo. Lembro que minhas mãos suavam de nervosismo, como se o conferencista fosse eu. A sala estava lotada. Coche começou a falar com muita serenidade, e desde a sua primeira frase produziu-se um silêncio incomum nesse tipo de apresentação. Coche falou, falou, relatou em minúcias o que aconteceu na montanha, sem acrescentar reflexões ou opiniões pessoais. Quando terminou, dizendo "muito obrigado por me ouvirem", eu estava convicto de que se manifestaria a indiferença que tanto temia, ou que os presentes haviam tido a deferência de ouvi-lo em silêncio para soltarem a voz agora, quando teriam a possibilidade de esgrimir o microfone, que uma assistente passava a quem pedisse. Mas para minha grande surpresa o que se seguiu foi uma ovação, de pé, como eu nunca havia visto nem escutado em toda a minha vida, a ponto de sentir minha pele arrepiar. Em todas as palestras e conferências a que assisti, com diferentes auditórios e temas variados, embora nunca sobre os Andes, nunca vi um público tão emocionado e agradecido em relação ao expositor. Os aplausos não terminavam nunca, e eu olhava para Coche em cima do tablado, tão humilde, tão sereno, como se aquela resposta das pessoas não o surpreendesse em nada. Depois formou-se uma romaria de pessoas que queriam falar com Coche, e ele atendia a todas, com a mesma tranquilidade, enquanto eu o observava, arrasado. Quando me viu, aproximou-se para me abraçar. Eu me perguntava: o que teria acontecido? Pois para mim tinha acontecido algo totalmente incompreensível: como um relato que eu havia feito mil vezes em particular, quando minha família ou algum amigo muito próximo pedia, podia provocar aquele efeito nas pessoas, aquela fascinação? Enquanto a romaria continuava, pois agora faziam fila para conversar com ele em particular, saí de perto de Coche porque não queria que soubessem que eu tinha feito parte daquela viagem. Nada aconteceu como eu havia previsto, e me dei conta, claramente, de que essa história é um acontecimento muito insondável, que transcende a superfície, embora eu ainda o mantenha guardado dentro de uma mala.

Esse episódio me trouxe de volta à montanha. Sem dúvida foi uma experiência extraordinária, mas acredito tê-la vivido como um fato comum. Pelo menos é o que penso até hoje. Trata-se de um fato descomunal do qual consegui me distanciar, e esse distanciamento me permitiu levar uma vida normal, sem essa interferência permanente. Não critico os outros sobreviventes que vivem com esse tema no presente de forma constante, muito menos faço julgamentos. Mas não é o meu caso. Para mim, hoje, trata-se apenas de uma lembrança. Uma lembrança que evidentemente tem um peso especial, pois uma circunstância como a palestra de Coche me desestabilizou.

Meu distanciamento foi tão grande que guardo poucas recordações. Tenho umas anotações em algumas folhas descoloridas pelo tempo, porque fazem parte do meu passado. Se me perguntassem do que me lembro do acidente em si, eu diria que senti um grande choque, a neve entrando por todos os lados e o avião deslizando pela encosta, fora de controle. E quando o aparelho se detém, uma grande paralisia, eu não sabia o que estava acontecendo, os gritos atordoantes, a surpresa e o "o que estou fazendo aqui?".

A comoção me impedia de elaborar pensamentos mais complexos que o fato de estarmos na cordilheira, em meio a muito sangue, mortos e feridos. E assim passei as primeiras noites, com pensamentos breves, sem detalhes. Passei por um processo intenso de amnésia, embora não tivesse me ferido fisicamente, mas sim devido a turbulências emocionais enormes. A certeza de que em poucas horas acabariam por nos resgatar não tinha respaldo em nenhuma análise da situação, era uma dedução leviana, que se esvanecia se encarada com o mínimo de rigor.

Viajavam com o grupo cinco companheiros da minha geração no colégio Stella Maris-Christian Brothers, mas eu fui o único deles a sobreviver. Morreram Maquirriaín, Abal, Platero e Nogueira. Curiosamente, embora entre eles estivessem os meus melhores amigos, Nogueira e Maquirriaín — com quem estudava ciências econômicas —, eu não sonho com eles, essa lembrança não me acompanhou ao longo da vida.

Dormia com frequência ao lado de Arturo Nogueira, que estava muito ferido, nas redes de cima. Isso evitava que pisassem em mim ou me chutassem sem querer, embora o frio fosse muito mais intenso. Naqueles longos períodos que passávamos juntos, na rede, falávamos muito pouco, nem eu nem ele estávamos em condições de conversar.

A primeira lembrança que tenho dos 71 dias que passei na montanha é a da passagem do tempo, a lentidão com que os ponteiros do relógio se moviam, às vezes parando por causa do frio. A mansidão, a latência daqueles períodos em que nevava e ficávamos o dia inteiro dentro do cone partido, espremidos, enquanto se passavam aqueles dias em branco. Às vezes, nos dias sem tempestades, saíamos do avião e passávamos horas e horas com a mente vazia, contemplando aquele horizonte inorgânico. Tudo passava muito devagar. Foram 71 dias em que vivi em um ritmo de vida bastante lento, em branco e preto, com os sinais vitais em níveis mínimos.

Procuro desmitificar as coisas para poder descobrir o que existe por trás delas. Lembro que o mais complicado de comer a carne não era por ser humana, mas sim porque estava crua e era difícil de engolir.

Quando saí da montanha, conseguia relatar os detalhes mais minuciosos de tudo o que havia acontecido, os pormenores de como nos alimentávamos, com absoluta naturalidade. Não me parecia estranho nem curioso, embora percebesse que todos os que me ouviam ficavam escandalizados. Por que eu fazia aquilo? Ainda hoje não acho que tenhamos feito nada de proibido, mas já não consigo falar do mesmo modo como naqueles primeiros dias. Hoje, se conto o que relatava aos meus amigos naquela ocasião, fico horrorizado, da mesma maneira como eles se escandalizavam. Ou seja, minhas emoções tinham se transformado. Mas foi aos poucos. O ambiente e o fato de conviver de forma tão próxima com os mortos faziam com que tudo se desse de forma muito natural. É como comer um assado: no começo você não se anima a usar as mãos, mas ao final acaba todo engordurado, chupando um osso. Participei inclusive de caminhadas para procurar cadáveres nas encostas da montanha.

Também não atentávamos para o fato de que estávamos vivendo em um chiqueiro, ou num cemitério, entre cadáveres e restos humanos, numa situação sub-humana. Mas da mesma forma com que nos adaptamos a viver assim, logo nos desadaptamos.

Vivíamos sob golpes tão fortes e passamos por estados de confusão mental por um período tão longo, que não conseguíamos formular problemas complexos. Eu, pelo menos, não conseguia intelectualizar nada, e por isso não havia espaço para dúvidas, arrependimentos ou justificativas, não havia lugar para nada que não fosse o que tínhamos de fazer de imediato, no minuto seguinte, como comeríamos naquele dia, como faríamos para derreter água quando o dia estava nublado, como seria a próxima expedição, quem participaria dela, que alimentação seria preciso, quem pisava em você quando você tentava descansar, o que fazer quando alguém pisava em você. Vivemos minuto a minuto sem poder nos questionar se o que fazíamos era certo ou errado, pois, se queríamos fazer o necessário para viver uma hora a mais, não podíamos parar para ficar refletindo.

Na questão da alimentação houve, sim, no meu modo de ver, um processo de racionalização, indispensável para aplacar a culpa ou evitar a armadilha de agir conforme as expectativas dos outros. A ideia que concebemos na montanha, de que usar os corpos era um ato de amor, enquanto ao mesmo tempo fazíamos um pacto de entregar o nosso próprio corpo, isso eu disse e acreditei na hora, mas agora considero que não passava de uma racionalização. O mesmo acontece com o argumento religioso da comunhão, que eu mesmo sustentei. Não creio que ninguém tenha decidido comer ou não comer em virtude de um argumento tão racional. Era tudo mais básico e elementar, e naquela hora ou você comia ou morria. Tudo era mais instinto do que intelecto. Quando se passa por situações tão primitivas, na hora da verdade a pessoa faz o que o estômago manda fazer, apesar de não ser muito heroico admitir isso.

Embora funcionássemos realmente como um grupo na organização, nas ações, no planejamento, na definição de estratégias possíveis, lembro que havia também muito espaço para a individualidade e para ficar sozinho. Ao mesmo tempo que se exigia uma experiência grupal, cada um de nós também precisava se concentrar em si mesmo. Numa sinergia, o todo é mais do que a soma das partes. Mas a fusão do grupo também permitia espaços para a liberdade e a solidão.

De uma forma geral, estávamos todos muito tristes. É algo semelhante, em parte, ao que ocorre num campo de concentração. Quando há vinte pessoas que vão sendo mortas uma a uma, imagino que o pensamento mais comum é se você será o próximo ou se terá um pouco mais de tempo. E se matam o seu vizinho ao lado em vez de você, no fundo você respira aliviado, pois continua vivo, sem pensar que o outro está morto. Na montanha você tentava ajudar os outros, mas no fundo o que cada um pensava era: espero que não aconteça comigo, espero ser o último, preciso continuar comendo para ficar forte e poder sair daqui, o que é uma reação tão individualista quanto genuína. A sobrevivência, no fim, foi para mim uma façanha solitária.

Muitos anos mais tarde me ligaram para dizer que o nosso grupo de sobreviventes havia recebido o prêmio pelo "sentido da vida", de Victor Frankl, que baseou seus livros e suas teorias na experiência que teve no campo de concentração de Auschwitz. Num primeiro momento não consegui entender por que nos premiavam juntamente com pessoas que fizeram alguma coisa em favor do sentido da vida. Mas depois compreendi as semelhanças. Percebi que a pulsão por viver mais 24 horas transcende idades e culturas e está presente em todos os seres humanos, num campo de concentração ou perdidos numa montanha. Numa situação limite surge um impulso que o leva, sempre, a fazer um novo esforço que ultrapassa os seus limites.

Há também a questão da restrição ao sofrimento. Descobrimos na montanha que o ser humano pode impor limites ao sofrimento e, provavelmente — e essa é uma visão pessoal —, também à felicidade. Nossa capacidade de sofrer e de ser feliz é relativa.

É provável que, se tivéssemos sofrido tanto quanto devíamos realmente ter sofrido, teríamos nos fraturado emocionalmente e nunca conseguiríamos escapar. Tudo isso contribuiu para a amnésia de que padeci durante algum tempo na montanha: foi minha estratégia inconsciente para sobreviver.

Eu não era membro do time de rúgbi. Provavelmente era um pouco mais rebelde que a média dos que viajavam no Fairchild. Em

1972 vivíamos um período convulsivo, a Guerra do Vietnã, as reverberações do maio de 68 em Paris, nos nossos países havia uma situação de efervescência e de desconcerto à beira da explosão. Eu cursava ciências econômicas e tinha uma visão muito crítica do que estava acontecendo. De alguma forma, naquela época eu queria mudar o mundo, o que para mim marcava uma diferença em relação a vários dos meus companheiros de tragédia, uma questão que muitos deles nem sequer consideravam. Mas essa diferença, que existia quando peguei o avião em Montevidéu e quando voltei a embarcar em Mendoza, desapareceu na montanha, eu a esqueci totalmente. Quando saí da cordilheira, havia de fato uma grande mudança objetiva, pelo menos uma que consegui enxergar: minha prioridade já não era mudar o mundo, mas eu comecei a mudar a mim mesmo, a pensar em mim, no que seria do meu futuro, que quase se esvaneceu na neve. Perdi a ilusão de uma megautopia distante e enfoquei as possibilidades mais próximas, no que eu podia realmente mudar. E o mais próximo que havia era a minha própria utopia: eu mesmo.

Ao embarcar no F571 em Montevidéu, eu tinha dois grandes objetivos: ver uma namorada que tinha deixado em Santiago, onde havia vivido até pouco tempo atrás, e conhecer de perto a experiência socialista de Salvador Allende, que passava por um período atribulado que se encerrou de forma violenta um ano depois. Mas, quando cheguei a Los Maitenes, não só tinha me esquecido totalmente de Allende como nem sequer me lembrava dos traços físicos da minha namorada. Na verdade, eu não lembrava, e nem me interessei em lembrar, a razão que originalmente me fizera viajar para o Chile, 72 dias antes.

Eu não morri, mas para minha namorada de então, e especialmente para minha família — com exceção da minha mãe, que sempre acreditou que eu estava vivo —, eu tinha morrido. Meu pai sofreu a perda de um filho e meus irmãos choraram a morte de um irmão. Por isso, quando escapei da montanha, para eles eu tinha ressuscitado. E até hoje, 36 anos depois, o que aconteceu é mais forte para meus pais e meus irmãos do que para mim.

Quando cheguei a San Fernando, depois do resgate, meu pai me disse: "Pedro, perdão, nós tínhamos dado você como morto". Na hora não entendi, mas depois compreendi ao que ele se referia. E até hoje aquela situação tão singular muito me emociona. Agora sou pai e sei o que ele tinha sofrido, embora naquele momento suas palavras me parecessem vazias. Para mim aquele fora o incidente mais importante da minha vida, mas eu não tinha morrido nem ressuscitado. Essa diferença abissal me impedia de entendê-los, por mais que me esforçasse. Eu precisava de um tempo. Muito tempo.

Fico comovido ao lembrar o que meu pai me contou sobre a hora em que ouviu a lista dos sobreviventes pelo rádio de um táxi em Santiago, para onde viajara sem saber se eu estava vivo ou morto, e quando escutou o meu nome pediu aos gritos que o motorista parasse e o abraçasse, chorando. Fico emocionado ao lembrar a reação da minha irmã menor, em Buenos Aires, quando ouviu a lista, como se fosse um sorteio da loteria, comemorando aos gritos os nomes dos vivos, a ponto de esquecer a tristeza que tomava conta dos que tinham perdido naquela monstruosa roleta.

Saí dos Andes — como aconteceu com outros — muito rígido, muito formal, muito frio. Retornamos dali rudes e primitivos. Quando havia algo de que não gostávamos, dizíamos na lata, sem medir os efeitos que isso provocava nos outros. Porque medir esse efeito requeria um exercício intelectual ou uma elucubração sofisticada que ainda não estávamos em condições de elaborar. Lembro-me de ter maltratado meus pais e meus irmãos quando eles se emocionavam ao me ver e me tocavam, e eu só queria dormir ou comer, estava cansado e não queria ser incomodado, muito menos que chorassem por mim, sem nenhum motivo, pois eu não conseguia ver razão para tanto choro. Além disso, eu não queria me expor, queria apenas ficar em paz. Eles me viam como um ser que chegara de algum ponto desconhecido, coisa que eu não estava em condições de entender. E eu dizia: peço apenas que me deixem só.

 É curioso como o fato de viver com o mínimo repercutiu em todos os meus pensamentos. Em nenhum momento achei que não iríamos sair da montanha, embora também não pensasse muito em como conseguiríamos escapar, de que modo se daria aquela travessia impossível.

 Quando ouvimos que Nando e Roberto tinham chegado ao seu destino, senti que até mesmo esse fato tão extraordinário era uma peça natural da engrenagem que tínhamos construído, era o fim da viagem. Aceitei aquilo com naturalidade, pois cumpria-se o que ocorre quando se chega ao final de uma travessia muito longa, talvez até longa demais: vê-se o porto no horizonte.

 Sempre vivenciei o episódio como um acidente. Um somatório de erros humanos potencializado por uma tempestade violenta, em que se o avião tivesse se chocado com a montanha dois milímetros mais para cá ou mais para lá, todos teríamos morrido, ou talvez quem estava do meu lado se salvasse e eu não. São as pequenas portas que se abrem permanentemente na vida, a todo instante. Que se abrem ou se fecham. Sobrevive você ou o outro. Um se salva e o outro perece. Não há lógica. Vivo tudo isso como uma viagem que se prolongou, que perdeu o ponto de chegada, e nessa viagem desconcertante foi preciso improvisar e inovar: esgotaram-se os alimentos e tivemos de recorrer àquilo que é o mais básico em nós mesmos.

 Não posso dizer que tenha me tornado amigo dos rapazes com quem sofri conjuntamente. Mas depois, tendo tanto a compartilhar, comecei a gostar deles como gosto hoje, mas não me lembro de ter descoberto na montanha afinidades ou alguma nova amizade. Eu era muito individualista com meus sentimentos e creio que isso fez parte da minha fórmula de sobrevivência. O entorno nos envolveu numa cápsula sutil, que nos protegeu. Minha irmã, Gloria, que viveu nossa aventura com enorme intensidade, costuma dizer que essa cápsula nos isolava, nos protegia e revelava a essência da nossa sociedade solitária.

Depois de sair da montanha fui morar na Argentina, onde meus pais moravam. Estudei muito, fiz diversas pós-graduações, mestrado em Business Administration na Universidade de Stanford, nos Estados Unidos, dirigi várias empresas, algumas bem grandes, e a montanha foi se liquefazendo em minha memória. A rigor, em todos os trabalhos por que passei e em todas as universidades em que estudei, as pessoas nunca me identificaram como alguém que esteve na cordilheira. Faz pouco tempo que sabem disso, mas esse fato nunca foi usado como um cartão de visitas. Embora, devo admitir, às vezes eu traio a mim mesmo e faço algo que não quero fazer: quando me candidatei à Universidade de Stanford, escrevi, num descuido, que era um dos sobreviventes dos Andes. Não sei se isso serviu para alguma coisa ou não, mas o fato é que me admitiram. Por que mencionei isso?

Se tivesse permanecido no Uruguai, provavelmente manteria mais viva a aventura dos Andes, entre outros motivos porque os que se encontram em Montevidéu convivem com os familiares de todos os que não voltaram, algo que para muitos deles é e continuará a ser impossível aceitar. Quando voltei, fui visitar os pais de meus melhores amigos, Felipe Maquirriaín e Arturo Nogueira, que morreram na montanha. Na realidade, eu não estava em condições de visitá-los. Deve ter sido muito difícil para eles me receberem, e não acredito que tenha levado algo positivo capaz de confortá-los. Tive depois alguns contatos esporádicos com as duas famílias, em relação às quais sei que deixei uma pendência no ar.

Vivo em outra realidade, por isso foi mais fácil me distanciar do Fairchild de 1972. Mesmo assim, ele reaparece vez por outra, das formas mais imprevisíveis. Não faz muito tempo eu estava na diretoria de uma companhia importante, e na inauguração de uma de suas fábricas, numa província no Sul da Argentina, quando um chefe de seção aproximou-se e disse: "Senhor, as pessoas estão com medo, estão preocupadas". Pergunto por que têm medo de mim, e ele responde: "Elas dizem que o senhor pode comê-las".

Consegui reconstruir minha vida, casei-me com Marie Noelle, tenho três filhos e as coisas correram bem. Onde eu moro, as pessoas não me conheciam antes, não me viram morrer, não me viram voltar, sou apenas um a mais. E eu precisava desse anonimato, dessa imersão paulatina na sociedade para poder refazer minha vida.

Eu e minha mulher costumamos frequentar uma igreja. Talvez ali eu encontre alguma explicação para esse algo a mais que ainda não descobri o que vem a ser e que às vezes apenas vislumbro, como a reação provocada em mim pela palestra de Coche Inciarte.

Há uma história que expressa de forma muito ilustrativa a simplicidade a que cheguei na montanha. Quando nos resgataram, um programa de televisão argentino entrevistou meu irmão mais novo e perguntou qual seria a primeira coisa que ele diria quando me encontrasse. Ele respondeu que me contaria que o time do qual eu era torcedor tinha ganhado a final do campeonato de futebol. Todos riram diante da ingenuidade de meu irmão. No entanto, quando nos encontramos pela primeira vez, antes mesmo que ele pudesse falar, a primeira coisa que eu disse foi que o time pelo qual torcíamos tinha ganhado a final do campeonato. Apesar de estarmos perdidos no fim do mundo, com aquele pequenino rádio podíamos nos inteirar de algumas coisas, pequenas ou grandes, como os campeonatos de futebol, o andamento da

Guerra do Vietnã, a desestabilização que se vivia no Chile e no Uruguai. E a primeira coisa que me ocorreu contar a ele foi esse fato tão insignificante.

Aos poucos fui compreendendo que o acidente e tudo o que se seguiu compõem um fato público, do qual não se pode escapar, mesmo querendo. Posso decidir não falar, mas não posso determinar que se fale ou não do episódio. Como aquele sujeito que escalou o Everest e depois, quando entrava num bar, todos o reconheciam e vinham para sua mesa. Um dia ele se cansou e decidiu que não queria mais que falassem com ele. Mas já era tarde: depois que você subiu no Everest, todo mundo irá associá-lo a esse fato, do qual não conseguirá se desligar enquanto viver. Em nosso caso é mais complexo, já que ninguém escolheu cair na montanha. Nós simplesmente queríamos fazer uma viagem.

Da mesma maneira como fui impactado pela palestra de Coche Inciarte, fiquei muito impressionado com um fato que nos ocorreu no ano passado. Fui com minha mulher numa viagem a trabalho até a cidade argentina de San Rafael, ao pé dos Andes, e dali para os arredores do vulcão Sosneado, perto do local do acidente. Quando chegamos, aproximou-se de nós um guia da região que estava acompanhado de uma mulher jovem e bonita, porém com um rosto que expressava sofrimento, que me observava fazia algum tempo mas não ousava falar comigo. Quando se aproximou, ela me confessou uma coisa que me deixou pasmo. Disse que a nossa história tinha salvado sua vida, que o que vivemos a tinha ajudado a suportar os seus próprios infortúnios, a morte de uma filha, o suicídio do pai e uma série de outras desventuras. Queria me agradecer por isso, tocar minha mão, para expressar que devia sua vida a nós. Quando eu ia responder dizendo que não havia razões para nos agradecer, que ela estava nos interpretando de um modo equivocado, minha mulher me segurou pelo braço disfarçadamente, expressando com esse gesto que eu devia ficar em silêncio. Pois ela tinha entendido antes de mim o que aquela pobre mulher queria me dizer. Não éramos nós, os sobreviventes, mas o episódio, o somatório de respostas que surgem quando se formulam perguntas desse tipo, motivadas pelo que vivemos, o que devolvia um sentido à sua vida. Entendi que não tínhamos nenhuma mensagem, mas éramos uma demonstração de que se pode seguir em frente, apesar de tudo. Pelo simples fato de estarmos vivos, constituíamos o impulso que permitia àquela mulher se sentir muito melhor. E eu não tinha o direito de destruir essa ilusão, que para ela fazia toda a diferença entre duas maneiras de continuar vivendo: em paz e com energia ou aprisionada à melancolia.

* Pedro Algorta nasceu em 1951. Apesar da idade, conserva hábitos juvenis. Por isso não surpreende que depois de ter feito graduação em economia e várias pós-graduações, tenha voltado à universidade em 2005 para cursar outra disciplina, relações internacionais, interagindo com jovens que têm a idade de seus três filhos.

À primeira vista, é retraído, de frases curtas e precisas. Quando se conquista sua confiança, o que requer um tempo preventivo, revela-se amável e afetuoso, embora contido em suas manifestações.

Mora em Buenos Aires. Seus três filhos moram e trabalham na Europa.

Toda vez que se refere aos Andes, ele precisa se concentrar para recordar algo que manteve à parte de sua vida durante 36 anos. Costuma minimizar o aspecto transcendental dos relatos que se referem ao acidente e a tudo o que sucedeu. Mas logo faz uma pausa e reflete: "Ou será que não é assim?".

Seus amigos, os sobreviventes, contam um caso relatado por sua mulher, Marie Noelle, e que, segundo eles, o define cabalmente. Um dia, a partir de um anúncio de jornal, Pedro compareceu a uma entrevista de trabalho para preencher um cargo de direção numa grande empresa. Ao final de uma conversa com o presidente da companhia, este perguntou se por acaso ele não era aquele Pedro Algorta da montanha, sobrevivente dos Andes. Pedro o interrompeu secamente: ele estava participando de uma entrevista profissional, e não de uma conversa sobre sua vida pessoal. Quando voltou para casa e contou o caso à esposa, ela disse que ele havia desperdiçado uma boa oportunidade de trabalho. No dia seguinte, logo cedo, recebeu um telefonema: "Sr. Pedro Algorta?". Ele tinha sido selecionado para o cargo.

No entanto, depois de voltar a rememorar com as palavras aqui registradas a tragédia que deixara à margem de sua vida, recentemente Pedro resolveu falar sobre os Andes. Inclusive publicamente. Por que ele fez isso? Você pode impor restrições ao sofrimento e à felicidade, ele responde, mas às vezes eles ganham autonomia e transbordam o leito do rio.

19. A salvação pelo leste

Na quarta-feira, 15 de novembro, pouco depois de partirem em direção ao leste, começa a nevar, e os expedicionários se veem obrigados a voltar para a fuselagem. O dia 17 amanhece limpo. Nando lança mão de um símbolo que voltaria a usar quase um mês depois, em 12 de dezembro, quando eles partem para o outro lado: deixa na fuselagem um sapato vermelho de bebê de um par que sua mãe tinha comprado em Mendoza para o neto em Montevidéu, filho de sua outra irmã, Graciela, e leva o outro consigo, com a promessa interior de que o par voltaria a se formar de novo.

Partiram às oito da manhã, aproveitando que a neve estava firme. Os três levavam os melhores casacos disponíveis. A grande incógnita continuam sendo as noites, que eles planejavam enfrentar levando consigo quatro mantas cada um, além de almofadões para estender sobre o gelo e uma manta maior para usar como barraca, apoiada em tubos de alumínio que usariam como suportes.

Roberto vai à frente, puxando um trenó construído com o fundo de uma mala de plástico rígido, onde transporta as mantas, as raquetes de neve, várias meias de rúgbi cheias de carne, fígado e duas garrafas. Nando vai no meio, carregando uma mochila mais leve, que Roberto concebera amarrando as pernas de algumas calças jeans presas por pedaços de cintos de segurança. Atrás deles caminha Tintín, levando às costas uma pesada mochila confeccionada da mesma maneira.

Pouco menos de duas horas depois eles percebem que Roberto, que tinha se adiantado, para sobre um pequeno monte de neve e começa a fazer vigorosos sinais movendo os braços. Quando Nando e Tintín se aproximam, ficam paralisados diante do que veem. À distância, distinguem um pedaço grande do avião. Embora fosse previsível que encontrassem vestígios do Fairchild, a dimensão daquele achado os surpreendeu.

À medida que se aproximam, percebem que não se trata de um pedaço qualquer, mas sim da própria cauda, que até então acreditavam ter caído do outro lado da montanha, ao sul, onde o avião se chocou no acidente. A cauda está relativamente intacta, embora tenha perdido as pequenas asas laterais, e curiosamente está de pé, na posição correta em que deveria estar um avião imaginário. Em torno dela, espalhados pelo local, encontram-se diversos objetos: malas, chapas quebradas, roupas que caíram das bagagens. Os três avançam sobre as malas em busca de tudo o que possa ser útil. Primeiro procuram alimentos, depois roupas grossas para trocar pelos farrapos malcheirosos que estão vestindo. Encontram duas garrafas de rum, cigarros, bombons e uma máquina fotográfica. Ao entrarem em um cubículo onde ainda se conserva uma pequena mesa que faz as vezes de cozinha, acham quatro empanadas semicongeladas, esmagadas sobre uma chapa.

Na parte de trás da cauda, num compartimento localizado atrás de uma pesada porta, eles encontram as baterias. Roberto se inclina e as observa: lá estava uma possibilidade concreta de pedir ajuda sem necessidade de morrer na tentativa de obtê-la.

Assaram carne fazendo fogo com alguns engradados de Coca-Cola, e de sobremesa comeram o açúcar encontrado no espaço da cozinha, além de pasta de dente e rum. Ao cair da noite, forraram com roupas o piso do compartimento de bagagens e se deitaram sobre elas, cobrindo-se com as quatro mantas que cada um trazia consigo. Roberto conectou a bateria do avião a uma pequena lâmpada que havia no teto e assim obtiveram luz elétrica. Era a glória. Para se sentirem mais próximos de casa, começaram a ler, distraidamente, as revistas de história em quadrinhos encontradas na cozinha.

Diferentemente do que aconteceu para Roberto, o encontro da cauda e das baterias não representou para Nando uma esperança de mudança em relação ao que se podia esperar. Mas acalmou sua ansiedade, pois o fato de terem encontrado a cauda era uma prova de que estavam dando passos para sair dali.

Quando amanheceu, estava nevando, mas uma hora depois o céu clareou e o sol saiu. Cada um vestiu quatro pulôveres, duas jaquetas, três calças, vários pares de meias e envolveram os calçados de rúgbi com três camadas de náilon. Começaram a caminhar às nove da manhã. O sol ficou mais forte e eles logo começaram a suar, embora soubessem que essa sensação duraria muito pouco. Continuaram descendo, e a tarde refrescou. Subitamente começou o frio.

O que aconteceu naquela tarde definiu o destino das expedições. Ao final do dia, chegaram a um lugar onde perceberam que, como haviam imaginado, brotava água por baixo das rochas. Nessa hora, em vez de considerarem que a nascente de um rio poderia representar um sinal positivo, acabaram se assustando.

— E a se a neve estiver solta e nós cairmos num poço? Ninguém nos tiraria daqui — disse Tintín.

Roberto observava, pensativo.

Não avançaram mais porque tinham perdido a visibilidade e

temiam tropeçar ou cair numa greta. Decidiram procurar um lugar para se abrigar e passar a noite. A lua começava a aparecer, assim como as primeiras estrelas. Nenhuma brisa.

    Decidiram acampar junto a um afloramento rochoso encontrado a cinquenta metros de onde tinham parado para observar a nascente do rio. Fizeram uma espécie de tenda com os tubos de alumínio e a manta maior, mas quando escureceu a temperatura caiu demais. Tentaram escavar na neve para se aquecer e depois se cobrir com as mantas, porém não conseguiram fazer isso porque careciam de ferramentas e as mãos ficavam congeladas. Mesmo assim cavaram na neve o quanto foi possível, puseram ali dentro dois almofadões e se deitaram sobre eles, enrolados nas mantas. Mas isso não os protegia do frio. Sentiam-se nus, pois o frio atravessava as mantas e as roupas como se fossem tecidos finos de algodão. Seria a primeira vez que os três passariam uma noite ao relento, e logo perceberam que estavam repetindo o mesmo erro cometido por Gustavo, Numa e Maspons, que ao voltarem para a fuselagem depois de uma noite a céu aberto estavam quase mortos. Essa lembrança os deixou apavorados. Fizeram fogo com um livro que traziam na mochila, queimando-o folha por folha, pondo as mãos sobre a chama sem sentir nenhuma dor. Pensando que o sangue estivesse se congelando, eles se abraçavam e se enfiavam um no meio dos outros dois, fazendo um rodízio permanente.

    Assim foram passando as horas, com os três olhando em desespero para o leste para ver se o céu clareava sobre as montanhas. Acreditavam que se o sol saísse eles estariam salvos, mas se houvesse nuvens dificilmente resistiriam à umidade e ao frio.

    Quando amanheceu, estavam extenuados, molhados, tremendo, surpresos por ainda estarem vivos, sentindo que a morte lhes dera uma piscadela. Esperaram para ver se o sol aparecia, e quando o viram festejaram em silêncio, sem poder falar, pois suas bocas estavam intumescidas pelo frio e pelo cansaço.

O raciocínio que conseguiram estabelecer foi confuso, devido ao imponderável de passar uma noite ao relento sob temperaturas excepcionalmente baixas. Se tivessem prosseguido, estavam a apenas três dias da salvação, porque com a ajuda da sorte teriam chegado a uma trilha de cascalho à beira do despenhadeiro, e seguindo por esse caminho deserto teriam encontrado um hotel fantasmagórico, hoje abandonado, com piscinas de água com enxofre, as chamadas Termas del Flaco, construído na década de 1950 para receber doentes de reumatismo. A partir do hotel pode-se ver, no horizonte, o local exato a que eles chegaram no domingo, 19 de novembro, a três dias de distância. Não se vê sinal de vida num diâmetro de centenas de quilômetros, à exceção de um posto de guias na nascente do rio Atuel, na pré-cordilheira argentina, junto a um vale reverdecido pelas águas, com uma vegetação baixa. Mas naquela época o hotel funcionava entre dezembro e janeiro, mantendo em novembro um zelador que, mesmo isolado do mundo, tinha em sua despensa alimento para todo o inverno. Quando o tempo melhorava, ele conseguia se comunicar com o povoado mais próximo, San Rafael.

Em 19 de novembro de 1972, de pé diante da nascente do rio, eles perceberam que a corrente não formava a ferradura que se curvaria em direção ao oeste, como haviam imaginado, de modo que a eventualidade de seguir em frente, para o leste, e caminhar até a pré-cordilheira argentina poderia obrigá-los a enfrentar centenas de quilômetros de deserto. Para o outro lado, em contrapartida, o Chile é estreito, daí constituir uma alternativa consistente e simples. A certeza de que a oeste havia uma fronteira, o oceano Pacífico, enquanto o trajeto para o leste não apresentava horizontes, foi a que afinal acabou por induzi-los ao erro. Também contribuiu para a confusão o pico mais alto, o Sosneado, a leste, que parecia bloquear a passagem por aquele lado. Eles sempre encararam o Sosneado como uma referência a mais, quando na verdade era o último pico alto na direção do leste.

Às nove da manhã eles retomaram lentamente a caminhada de retorno à cauda, subindo a encosta.

Ao chegarem, Roberto já havia tomado uma decisão tão firme que nem sequer a expressou em tom de pergunta, mas sim comunicou-a aos companheiros como uma declaração. Antes de se arriscarem mais uma vez, como haviam feito naquela noite, da qual só saíram vivos porque não houve vento nem nevascas, que seguramente os teriam liquidado, deveriam apelar para todas as novas alternativas que se apresentavam. E a novidade que tinha surgido eram as baterias do rádio.

Tintín se convenceu de imediato. Nando ficou surpreso, mas sentiu tanta firmeza nas palavras de Roberto que não quis contradizê-lo, aceitando-as como a última concessão que faria antes de empreender a caminhada em definitivo.

— Vamos experimentar com o rádio, mas, se não funcionar, partimos para o outro lado — afirmou.

A primeira ideia foi levar as baterias até o avião com o trenó. Mas eram tão pesadas que a mala se enterrava na neve macia. Resolveram então fazer o contrário: trazer o rádio até as baterias. Passaram duas noites descansando na cauda, e em 22 de novembro voltaram para a fuselagem.

Fazia cinco dias que tinham partido quando os que estavam na fuselagem os viram voltando da mesma forma como tinham ido, sem nada de novo, nem sequer um cadáver de reserva sobre o trenó.

O fato de terem retornado representava uma dupla frustração. Por um lado, eram mais três pessoas de volta à área muito pequena do avião, e com privilégios de expedicionários, ocupando a melhor parte do espaço. Por outro, era uma volta à terrível sensação de paralisia.

A partir do retorno dos expedicionários, começam a se forjar as duas sociedades que mais tarde acabariam por se cristalizar: o subgrupo estável da fuselagem e os expedicionários que saem e voltam e que aos poucos vão deixando de pertencer ao avião. A diferença fica perceptível não apenas no aspecto físico, como também começa a se insinuar no aspecto mental. Os do avião estão fisicamente muito debilitados, a cada dia fica mais difícil se movimentar, o que provoca alterações em seu estado de consciência, e essa situação os leva a estabelecer uma conexão diferente com o entorno.

Tintín Vizintín percebe que, apesar da formação desses dois grupos separados, os que estão na fuselagem sabem muito bem que os expedicionários, por mais incômodo que causem em seu retorno, arriscam-se por eles todos os dias. Isso se comprova com uma atitude concreta: a partir de então, nas constantes idas e vindas que tiveram de empreender até a cauda para tentar fazer o rádio funcionar, nenhum dos membros da fuselagem se ofereceu para acompanhá-los, nem mesmo por curiosidade. Muitos anos depois, Tintín perguntou sobre isso a um de seus melhores amigos no grupo, que em 72 integrava o subgrupo da fuselagem. Ele respondeu com as mãos na cintura, num gesto de surpresa: "Que curiosidade poderíamos ter se vocês estavam tão bem? Eu pelo menos tinha a segurança do avião. Por que sair com vocês se nem sabíamos quando podiam se perder, onde poderiam cair e morrer congelados?".

A primeira notícia que Carlitos Páez lhes deu quando chegaram de volta à fuselagem foi que o Basco Echavarren tinha morrido no sábado, 18 de novembro.

20. A longa travessia
*Carlitos Páez**

Minha vida tem sido uma longa travessia, da morte para a vida. Quando falava sobre os Andes, nas palestras que ministrava, e ministro, em várias partes do mundo, sempre dedicava minha exposição, em primeiro lugar, aos meus amigos mais íntimos que morreram na cordilheira, Gustavo Nicolich e Diego Storm. Depois vinha minha avó, que eu tanto amava e de quem sentia tanta falta na montanha, também falecida, para então me referir a meu pai e à minha mãe, que lutaram, desafiando a lógica e a sensatez, buscando por mim até o último dia. Em seguida era a vez de Nando e Roberto, esses dois malucos que tiveram peito para sair, arriscando a própria vida, para salvar todos nós. À medida que avançava em minhas dedicatórias, ia me emocionando, sem saber se era por estar concluindo o relato ou por outro motivo, até que nesse momento chegava a hora de dedicar o que tinha acabado de dizer aos meus dois filhos, Carlos Diego e Maria Elena, pois eles representam a continuidade da vida iniciada na montanha, para encerrar dedicando-a, de forma especial, aos meus três netos, por serem o símbolo inquestionável de que a vida merece ser vivida. Mas um dia me dei conta de que, inconscientemente, essa ordem em que eu fazia os meus agradecimentos constituía uma progressão perfeita, uma longa travessia da morte para a vida, de como esta provinha daquela e de como aquela começava em 1972. E isso é para mim o resumo de toda essa aventura. Uma tragédia da qual a vida saiu vitoriosa.

Sinto que renasci nos Andes. Não me refiro ao nascimento biológico, mas à formação de um jovem que caiu entre os picos nevados e que, cobrado pela realidade, foi amadurecendo aos trancos e barrancos. E essa outra pessoa que surgiu com o passar dos dias, que aprendeu o valor da vida, que entendeu como atuar em conjunto, que aprendeu a pensar além do próprio nariz, esse novo Carlitos Páez nasceu ali e incorporou-se em mim para sempre. Aquela experiência tão dura transformou-se numa catapulta que me lançou para outros horizontes, num grande salto da escuridão para a vida, e que, paradoxalmente, me levou a tropeçar várias vezes em minhas experiências posteriores.

A própria história, sua narração, também percorreu sua travessia específica. No começo as pessoas se interessavam pelo fato de que estávamos chegando da morte. Procuravam cadáveres e encontraram dezesseis jovens em agonia, mas que ainda respiravam, o que não apenas surpreendeu como assustou o mundo inteiro. Esses fantasmas que chegavam do além foram rapidamente esquecidos, e o que passou a importar foi a antropofagia, uma situação tão estranha que mais uma vez os assustou, pois era difícil admitir o fato de que, em meio ao vazio absoluto, aqueles moribundos fedorentos tivessem tido o despudor de se alimentar dos corpos de seus amigos mortos. Mas com o tempo deixou de se pensar tanto na antropofagia, que passou a ser um ingrediente suplementar da história, e a aventura pela qual tínhamos passado nos permitiu falar de outras coisas. Por isso, nas palestras que ministro, antes de abrir o tempo para as perguntas dos participantes, para anular os medos e as possíveis falsidades, digo: "Vou responder primeiro ao que muitos de vocês querem perguntar mas talvez não se atrevam, porque não encontram as palavras certas ou por um pudor muito civilizado ou um decoro muito humano: que sabor, que gosto tem a carne humana? Pois lamento decepcioná-los, mas não tem gosto de nada". Como já adianto isso logo de cara, creio que liberto suas almas, espanto os preconceitos e permito que abram a mente, se assim o desejarem, para não se sentirem encurralados nem se acovardarem e consigam formular outras inquietações.

Já me perguntei infinitas vezes qual é a característica mais recorrente da situação-limite que me coube viver na montanha. E sempre chego à mesma conclusão: o imprevisto. Nada do que aconteceu estava nos planos de ninguém.

Como tudo estava alterado, também minha frágil personalidade se deslocou. Aquele jovenzinho mimado, de dezoito anos, filho de pais divorciados, com clara tendência para se tornar dependente, hipocondríaco crônico, foi posto, literalmente, de cabeça para baixo.

Era verossímil, na ocasião, imaginar que aquele rapaz cheio de dúvidas e temores pudesse sobreviver? No entanto, nos Andes, nunca me preocupei com as doenças. Nem com as dúvidas. Nem com a morte. Todos os assuntos que na planície me tiravam o sono desapareceram nas alturas. Tive momentos de depressão, em várias ocasiões cheguei a pensar que nunca sairíamos do caixão de neve onde estávamos, mas continuei lutando, pois sempre mantive viva alguma esperança.

O jovenzinho assustado do início começou a desaparecer lentamente: a cada dia que se passava eu crescia um ano, a cada minuto, um dia. Em contrapartida, tinha de trabalhar nas tarefas fixas que eu mesmo havia escolhido: tapar o rombo da fuselagem todas as noites, cuidar da ferida que Coche Inciarte tinha na perna e me encarregar da câmara da bola de rúgbi que usávamos para urinar durante a noite. Era uma tarefa incômoda, pois quando finalmente conseguia cair naquele sono sempre fugidio e intermitente, alguém me chamava para lhe passar a bola. Eu a entregava, esperava que urinasse e depois tinha de esvaziá-la fora do avião, por um orifício que eu deixava no rombo de trás. Depois que me cansei dessa tarefa, decidi negociá-la. Às vezes, como forma de compensação, exigia um cigarro extra ou um lugar melhor para dormir. Uma noite aconteceu uma coisa inesperada. Adolfo Strauch pediu que eu lhe passasse a câmara da bola, ali perto das três da madrugada, e como não tinha nenhum cigarro para me dar e o seu lugar era pior do que o meu, ele me olhou muito seriamente e disse que, em troca, me daria a lua. A proposta me atraiu, embora não soubesse em que consistia. Passei-lhe a bola, esvaziei o conteúdo do lado de fora, resfriando o corpo que com tanta dificuldade havia aquecido dentro da fuselagem, e me aproximei de Adolfo para que ele me desse a lua. Ele pegou um espelhinho de mulher que guardava entre os pulôveres, arrumou-o numa posição que já conhecia, e ali se refletiu, através da janela oval do avião, uma lua cheia, redonda e enorme, a mais bela imagem que guardo comigo da cordilheira, aquela lua trêmula no espelhinho que Adolfo segurava. Fiquei observando a lua, pasmo, durante mais de um minuto, de cócoras. Adolfo sorria de modo contido, como costuma fazer, num gesto paternal, embora tivesse apenas 24 anos. Quando me cansei da posição em que estava, voltei para o lugar onde dormia, mas fiquei com a imagem gravada em minhas pupilas. Eu tinha crescido tanto nos Andes que meus amigos me presenteavam com a lua.

    Eles sabiam que a lua era o único meio de comunicação que eu tinha com a minha família. Olhava para ela e sabia que meus pais também a estavam observando. E com efeito, quando voltei para a civilização, minha mãe me confidenciou que fazia a mesma coisa que eu, porque sabia que aquilo era a única coisa que nós dois podíamos avistar ao mesmo tempo. Meu pai, por sua vez, que continuou sua busca por mim todos os dias, sem descanso, às vezes me procurava de noite guiado pela luz da lua nas montanhas, como um cego tateando no escuro, orientando-se por mensagens que eu enviava para o seu coração. Por isso escreveu um livro chamado *Entre mi hijo y yo, la luna*.

Depois da avalanche, tão dolorosa, continuei trabalhando, e nesse esforço continuei crescendo. Como só havia um par de peças de metal e de plástico em forma de pá para retirar a neve de trás, onde ficava o rombo da fuselagem soterrada, fui um dos que mais escavaram, porque percebia que por meio do trabalho eu me aproximava mais do grupo, e com eles me aproximava mais da vida. Aquele menino que não sabia fazer nada se transformava então em um indivíduo útil, e como era produtivo, mesmo sendo o menor do grupo, podia falar, e minha voz começava a ser ouvida.

Mas da mesma forma que você lentamente se tornava valioso, ganhando a confiança dos outros com seu esforço, tudo podia desmoronar com uma atitude inapropriada. Três dias antes do resgate, me restavam só três cigarros, que eu guardava numa jaqueta leve que tinha sido do Basco Echavarren. Como estávamos do lado de fora da fuselagem, pedi a Daniel Fernández que me desse um cigarro dele, que eu devolveria um dos meus dali a alguns minutos, assim que entrássemos no avião. Daniel não hesitou, me deu um cigarro, e poucos minutos depois eu pedi mais um, que também devolveria, já que tinha três guardados no bolso da jaqueta. Passado algum tempo, quando entrei na fuselagem para pegar os cigarros e devolver a ele, procurei no bolso... mas meus últimos três cigarros não estavam mais lá. Meu desespero foi tanto que revirei a jaqueta do avesso várias vezes enquanto xingava, sem conseguir me convencer de que tinha me enganado. Afinal tomei coragem, saí e contei a Daniel o que tinha acontecido. Ele não disse uma palavra, mas adivinhei, pelo seu olhar, que na visão dele eu tinha mentido, que tinha violado uma das normas mais sagradas da montanha, que tudo o que havia ganhado com meu esforço eu acabava de jogar pela janela num único lance. Chorando, retornei à fuselagem, me ajoelhei e procurei de modo exaustivo no lugar onde estava a jaqueta, até encontrar os três cigarros, que estavam ocultos numa das dobras do piso destroçado. Exultante, saí novamente e devolvi para Daniel os dois cigarros que ele tinha me adiantado. Adivinhei no seu rosto uma satisfação diferente. Não era por causa dos cigarros, mas sim porque a confiança voltara a se estabelecer entre nós. "Obrigado, Carlitos", disse ele, apertando um dos meus ombros. Daniel estava tão ou mais contente que eu por me reintegrar ao seu círculo de confiança.

Antes dos Andes, eu tomava três antidepressivos por dia. Quando voltei à vida civilizada, o que tinha vivenciado na cordilheira me serviu de pretexto para continuar tomando os psicofármacos. Fiquei internado 32 dias por causa dessa dependência. Tinha chegado a ponto de adicionar um antidepressivo na água para o mate.

Muito tempo depois, em 1981, tornei-me um alcoólatra. Trata-se de um caminho lento e gradual, e por fim você percebe que está totalmente aprisionado, atado de pés e mãos e caindo num precipício para o qual ninguém o empurra a não ser você mesmo. Os Andes, de alguma forma, me respaldavam. Eu sentia que aquilo me permitia tudo, como se constituísse um passaporte para a impunidade. Em seguida, mais uma vez respaldado pela cordilheira, caí na dependência. As quatro cordilheiras que se interpuseram no meu caminho queriam acabar comigo, pois em todos os casos cheguei até o fundo do poço, conhecendo o trecho final do abismo.

Talvez a minha cordilheira tenha começado muito antes, quando conheci pela primeira vez o que significa uma tristeza infinita, a separação de meus pais, a quem eu tanto amava juntos e que não conseguia amar separados.

No meu caso a sobrevivência ao acidente não se deu por ser um grande desportista. Ao contrário. Nem porque fosse muito forte. Tampouco porque tinha grandes ideias ou uma personalidade muito madura. Eu não tinha nada de excepcional, nada de que pudesse, hoje, me vangloriar. Como poderia ter o descaramento de me atrever a mandar mensagens ou dar conselhos?

Quem manda aqui é a história, na qual houve muito mais ações do que palavras, e eu sou apenas o seu transmissor. Com o adicional de que quem me ouve sabe que se trata da verdade, pois eu estive lá. A única particularidade, se preferirem, é o fato de que, em vez de permitir que a desgraça me sepultasse, consegui transformá-la numa dádiva. Às vezes começo minhas palestras no exterior com um pequeno truque. Como ninguém me conhece, me sento na plateia, no fundo do auditório. O apresentador exibe algumas imagens do acidente e depois pergunta aos presentes como teriam reagido diante disso ou daquilo. De repente levanto a mão. Quando me passam a palavra, depois de três ou quatro intervenções do público, me levanto e anuncio que a minha resposta será um pouco mais longa. E, enquanto caminho em direção ao palco, concluo a frase: "Será mais longa porque eu estava lá".

Às vezes sinto que trazemos o nosso destino estampado na testa. Convidei Rafael Echavarren, o Basco, para atravessar a cordilheira dos Andes porque ele passou um dia na Escola Agrária onde eu estudava. Até hoje não consigo esquecer que, se não tivesse ido me visitar naquele dia, Basco teria se salvado. Também convidei Moncho Sabella, pelo telefone. E mais uma vez o destino resolveu agir, mas nesse caso em sentido contrário, pois Moncho sobreviveu. Eles nem eram da minha classe no Stella Maris-Christian Brothers, mas sim amigos da época posterior ao colégio.

Um quinto companheiro de classe, Tito Regules, foi com Roy, Diego Storm, Gustavo Nicolich e eu, na noite anterior à nossa partida, ao cassino do Hotel Carrasco, em Montevidéu, para jogar cinquenta dólares e levar mais ou menos dinheiro para a viagem. Tito bebeu mais do que todos e perdeu a hora na manhã seguinte. Não conseguiu pegar o avião, mas embarcou num voo regular e se salvou do acidente do Fairchild. Quando chegou a Santiago, onde não nos encontrou, Tito passou por uma inesperada comoção que o desequilibrou. Não conseguia se libertar de um pesado sentimento de culpa. E como se o destino quisesse cumprir aquilo que havia estabelecido, ele morreu vinte anos depois.

Nossa aventura é composta por uma sucessão infindável de tolerâncias à adversidade. O que sempre esteve presente em nossa história foi o "não". Quando, quatro dias depois da partida da última expedição, vimos um pontinho descendo em nossa direção, fomos ao seu encontro convencidos de que os outros dois tinham morrido. Ao chegarmos perto de Tintín Vizintín, esperamos mais uma decepção, pois isso era a constante em nossa vida ali. Ele trazia a notícia de que tinham chegado ao topo da montanha e que em vez de enxergarem um panorama alentador, com os verdes campos chilenos, que era a ilusão que todos alimentávamos, depararam com um panorama desolador, em que só se viam montanhas. Consideramos então que Nando e Roberto não tinham morrido, mas que se interpunha à nossa frente mais um dos tantos "nãos" que vinham pautando a nossa vida nos Andes. Porém logo entendemos o significado da decisão que Nando e Roberto tinham tomado, de seguir em frente. Pediram que Vizintín deixasse com eles sua comida, assim como seu casaco, e o mandaram para baixo. Isso é o que eu chamo de "atitude". Porque eles poderiam também voltar para a fuselagem, onde apesar de tudo permanecíamos vivos, embora ao final todos acabaríamos mesmo morrendo, de mãos dadas.

Há outro dado que pode parecer menor para outros, mas não para mim. Eu sentia que os dois expedicionários me levavam junto com eles naquele saco de dormir em que eu tanto trabalhara, em que tanto esmero tinha empregado, costurando-o com um carretel de fio de cobre que nós mesmos fizemos, emendando-o com uma agulha que encontramos na pequena caixa de costura que a mãe de Nando havia trazido. Embora todos tenham participado, era eu quem coordenava a tarefa. Reunia da melhor forma possível aqueles pedaços irregulares e disformes, tomando um cuidado na costura como se estivesse apostando toda a minha vida naquilo, o que no fundo era a pura verdade. No começo os pontos ficaram espaçados demais e o saco se desmanchou quando o provamos, pois teria de abrigar três pessoas ali dentro. Então começamos tudo de novo, eu fazia os pontos mais apertados e trabalhava com mais capricho ainda, para que quando o provássemos, enfiando-nos em três naquilo que já se constituía numa grande bolsa, ele não descosturasse. Costurei e costurei, com a paciência típica de quem está habituado a fazer esse tipo de trabalho diariamente, embora fosse a primeira vez que eu fazia aquilo. Por fim vi à minha frente, estendida na neve, a melhor obra que realizei em toda a minha vida. Rústica, resistente e feia. Minha pequena obra de arte.

Para mim, o evento heroico de nossa história — pois muito se falou em heroísmo, em bravura — aconteceu no sexagésimo dia, quando os três expedicionários partiram para a travessia final, no momento em que Nando, Roberto e Tintín se despediram. Depois de caminharem uns vinte passos, Nando, o mais pragmático de todos nós, retornou para onde eu estava e disse: "Carlitos, quero dar um beijo na cruz do seu rosário". Eu a estendo para ele, que a beija e depois me entrega o sapatinho vermelho do seu sobrinho, dizendo: "Carlitos, prometo que vou voltar para formar o par", pois ele levava o outro consigo. E acrescenta: "Mas se eu não voltar para formar esse par e vocês tiverem de se alimentar de minha mãe e de minha irmã, façam isso". Não apenas Nando Parrado tinha a coragem de partir e enfrentar as montanhas mais incríveis do universo, arriscando a vida, como também autorizava a nos alimentarmos do que ele tinha de mais venerável: a mãe e a irmã.

Desde então, naqueles últimos dias, o tempo passava mais devagar, sentia-se o peso das horas, dos minutos. Fiquei tanto tempo olhando o mostrador do meu relógio, observando a lentidão com que os ponteiros se moviam, que às vezes volto a olhar para ele, para nunca esquecer o que aprendi nos Andes: a passagem do tempo só tem bilhete de ida.

No septuagésimo dia, eu estava abraçado a Coche Inciarte, chorando dentro da fuselagem, porque o tempo dos expedicionários estava se esgotando, quando de repente surgiu alguma coisa em minha mente que me fez mudar drasticamente de atitude. Tive a premonição de que Nando e Roberto tinham conseguido contatar a vida, mas não quis comentar com ninguém para não acrescentar mais uma decepção às tantas que nos faziam desmoronar todos os dias. De repente Daniel Fernández fala da mesma ideia, comentando que teve uma premonição, e então eu contei da minha, e naquela última noite descansamos embalados por essa esperança tão frágil. Na madrugada seguinte, Daniel e Eduardo ouvem no rádio, primeiro uma notícia imprecisa, de que tinham aparecido sobreviventes, mas como não se informavam os nomes e não se sabia de onde eram, eles ficaram no ar, apegando-se àquela frase solta, e quando nos informaram sobre isso, começamos a procurar estações até que pouco tempo depois todas as rádios falavam a mesma coisa. Palavras não são capazes de reconstituir a forma como nos abraçamos, como choramos, como gritamos quando disseram que o próprio Parrado orientaria os helicópteros para nos buscar após um percurso labiríntico pela cordilheira. Só sei que, quando conto isso, minha pele fica toda arrepiada de novo.

Naquele momento eu fiz três coisas. A primeira foi pentear o cabelo, e fiz isso com gomalina, que foi a única coisa que não ingerimos porque podia ser venenosa. A segunda foi me barbear, porque meu pai sempre dizia que fazer a barba era como se afastar das preocupações do dia anterior. Como não havia sabonete, mas apenas uma gilete usada, acabei fazendo vários cortes que sangravam e me deixaram o rosto inchado, porém consegui. A terceira coisa foi fazer a mala. A minha era uma calça jeans com dois nós nas pernas. Dentro eu guardava alguns trapos malcheirosos e três cintos de segurança que iria instalar num Fiat 850 que minha mãe tinha em Montevidéu. Não peguei nenhum equipamento sofisticado, nenhuma peça complexa do avião. Levei o mais simples que havia, porque o que eu mais queria era a coisa mais simples da vida: voltar para casa. E o que encontrei de mais parecido com um lar foram aqueles cintos para o carro da minha mãe, que ficava sempre estacionado na frente de casa e que eu via todas as manhãs da janela do meu quarto.

Horas depois vemos os helicópteros aparecendo no vale. Consigo distinguir a figura de Nando fazendo sinais com as mãos, pois queria me informar que meu pai estava por trás de toda a história desde o primeiro instante até o final.

Voamos para Los Maitenes e depois para San Fernando. Quando descemos do helicóptero, havia uns cinquenta militares em formação fazendo continência. Distingui ao fundo a figura do meu pai, que estava sendo barrado pelos oficiais porque queria sair correndo ao meu encontro e podia ser despedaçado pelas hélices do helicóptero. Porém antes de chegar até meu pai eu abracei todos os militares, que continuavam em formação, rígidos, mas quando os abraçava, um por um, eles começavam a chorar, sem deixar de fazer continência, soltando lágrimas, coitados, tremendo como folhas ao contato do meu corpo.

Pouco depois ficamos sabendo que todo o povo de San Fernando estava nas ruas e queria nos tocar como se fôssemos santos milagrosos. Uma mulher queria que eu benzesse o filho doente para curá-lo. As pessoas nos endeusavam, acreditavam que éramos apóstolos vindos do alto da montanha, e eu não sabia muito bem o que nós éramos, e por isso toquei no menino doente como ela me pedia.

Passado algum tempo chegou minha mãe, que me abraçou com o corpo todo tremendo. Depois de horas de conversa, em que me contava com detalhes tudo que havia acontecido em Montevidéu durante a nossa ausência, como tinham nos procurado, o caso do vidente, do Serviço Aéreo de Resgate, ela acrescentou em tom dramático que nossa cachorrinha chihuahua tinha morrido, e eu pensei comigo mesmo: "Como são estranhas as coisas. Eu perdi 29 pessoas e ela vem e me conta do seu sofrimento por causa de um cachorro". O que me levou a compreender que prazer e dor são relativos e subjetivos, que não existe um "dorímetro" nem um "angustiômetro" para medir o sofrimento.

A chegada a Montevidéu foi ambígua. Eu estava maravilhado por reencontrar os familiares e os amigos, minha cama, minha cidade, mas ao mesmo tempo me sentia obrigado a me comportar de modo artificial, fazendo gestos que se esperavam fossem feitos por parte de alguém que retorna de uma tragédia como aquela. Especialmente diante dos familiares dos mortos. Tinha de ponderar minhas palavras, conter minha alegria, não podia dizer a primeira coisa que me viesse à cabeça. De repente estava rindo e extravasando aos berros a minha felicidade por voltar para casa e ao meu lado havia a mãe de um companheiro que ficara soterrado na neve. Ela não tinha superado, nem superaria jamais tudo aquilo, e eu havia passado por aquele duelo rude e violento por que todos passamos na cordilheira.

Como tudo o que tinha acontecido, a aterrissagem também foi difícil. Quando você tem dezenove anos recém-completados, como eu na ocasião, não é fácil lidar com toda essa fama repentina e, como eu a considerava, imerecida. O reencontro com a civilização, a passagem por um caminho plano depois de ter enfrentado tantos obstáculos, tudo isso me levou a me embrenhar por trilhas equivocadas. Ao trabalhar minhas dependências, que eram o que me matava naquele momento, tive de trabalhar, também, os escolhos dos Andes. E trabalhá-los significava observá-los em perspectiva, não extirpando-os, mas sim integrando-os ao meu passado, pois não dá para descartar algo que faz parte de você, como a cor dos seus olhos ou a expressão do seu sorriso. Quando se tem atrás de si uma história tão tortuosa e tão forte, é preciso saber como canalizá-la.

Ao mesmo tempo, minha história na montanha está diretamente vinculada à história do meu pai, que em nenhum momento deixou de procurar por mim. Foi tamanha a sua tenacidade, tamanha a perseverança com que atuou, apesar de todos os reveses que ia sofrendo, a exemplo do que nós mesmos fazíamos, que ficou conhecido no Chile como "o louco em busca de seu menino perdido". E não há maneira mais verdadeira e ilustrativa de chamá-lo, pois uma busca como essa não pode ser feita de forma racional e sensata, mas sim lidando com os meandros da loucura, por caminhos nunca antes transitados. Ele consultava cartógrafos, videntes, cientistas e parapsicólogos, porque o que mais precisava, além de pistas e equipamentos, era esperança. Esperança para seguir rastros que só ele e os outros loucos que o acompanhavam conseguiam enxergar, descobrindo pistas que apareciam num dia e desapareciam no dia seguinte, de tal maneira que criou uma auréola tão gigantesca em torno da busca que, onde quer que aparecesse, a história de sua peregrinação chegava antes, e ele era então recebido como um ser extraordinário, porque era "o louco em busca de seu menino perdido".

Meu pai movia céu e terra nas montanhas, e minha mãe movia céu e terra no espaço intangível de suas orações. Ela em Montevidéu e nós com o rosário na fuselagem, todos rezávamos a mesma oração, "Salve-rainha", que falava, incrivelmente, do lugar onde nos encontrávamos: "Salve Rainha, mãe de misericórdia, vida, doçura e esperança nossa, salve. A vós bradamos, os degredados filhos de Eva, a vós suspiramos, gemendo e chorando neste vale de lágrimas". E o lugar onde estávamos se chamava, sem que soubéssemos, Vale de las Lágrimas, onde gemíamos e chorávamos.

Há quem me acuse de usar uma tragédia para ganhar dinheiro, dando palestras e conferências, escrevendo um livro, aparecendo num filme. Nem eu nem nenhum dos meus companheiros batalhamos para sair com vida dos Andes a fim de chegar a Hollywood e ser interpretado por John Malkovich. Não lutamos na cordilheira para ficar famosos nem para ganhar dinheiro, luta que aliás não podia nos garantir nada, embora o prêmio fosse poderoso: algo tão simples como voltar para nossas casas, para nossas famílias.

As palestras e conferências que ministro sobre os Andes são sempre diferentes. A única coisa que se repete, pois não tenho como evitar, são os fatos, que sempre fazem minha voz falhar quando os relato, precisando de alguns segundos para me recompor enquanto as pessoas permanecem em silêncio, com compaixão, talvez com expectativa. Minha voz falha quando saio da fuselagem para saudar a imagem de meu pai na neve, numa noite estrelada e sem brisa, dias depois da avalanche; a voz me falha quando na expedição final Nando e Roberto pedem para Vizintín voltar à fuselagem, para que possam ter mais alimento, pois caminharão até a morte, por eles e por nós; quando digo que eles carregavam o nosso peso nas costas, um dia eu mesmo me corrigi e passei a dizer que eles levavam o nosso peso em seus corações. E me falha a voz quando relato aquela situação tão singular que ocorreu com meu pai, quando eu puxava uma corda invisível de um lado dos Andes, no fundo de suas entranhas, e ele puxava pelo outro lado, como um louco perdido, sem mapa nem bússola, com um crucifixo numa mão e os signos do zodíaco na outra, os dois agarrados à mesma corda, que sempre esteve a ponto de se romper, mas que afinal acabou por nos reunir.

Encerro minhas palestras com a foto em que aparecemos juntos todos os sobreviventes, mais os filhos e os netos, porque é como dizer que aqui, apesar de toda a infelicidade, há mais vida do que naquele 12 de outubro, quando partimos para uma viagem em direção à morte. Essa é a foto que mostra que, embora tenha havido uma fatídica viagem de ida, tivemos depois a oportunidade de fazer a viagem de volta. E aqui estamos para dizer presente.

Carlitos Páez nasceu em 1954.

É técnico em agropecuária, formado pela Universidad del Trabajo del Uruguay.

Durante dez anos trabalhou no campo, sendo depois publicitário e diretor de uma consultoria de comunicação, e hoje ministra palestras e conferências sobre os Andes.

Publicou em 2003 o livro autobiográfico Después del dia diez.

Tem dois filhos e três netos.

É alegre e engraçado, não parece se inibir diante de nada nem de ninguém.

Não se importa com o que digam ou pensem sobre ele. Se for bom, será bem-vindo. Se não for, azar. O que interessa para ele é que lhe falem com o coração.

Em alguns momentos parece querer provocar o interlocutor ou quem o escuta. Mas não se trata de provocação, já que não traz em si um pingo de rancor. Por isso inspira confiança, a mesma que inspirou em seus companheiros de tragédia na montanha. Pois ele sabe que, embora tenha se estatelado contra a vida, aquele avião não conseguiu interrompê-la.

21. Ninguém nos ouve?

Quantas vezes Roy Harley amaldiçoou o fato de ter sido escolhido para ser o engenheiro da neve! Como foi possível tamanho absurdo?! Hoje, engenheiro de verdade, aquela ideia de tentar consertar o rádio do avião, sem praticamente conhecimento algum, à base do improviso, lhe parece mais tresloucada ainda.

Ele reconstitui as cenas lentamente. Hoje seu rosto não traz nenhum traço de amargura, mas sim de serenidade. Sim, sem dúvida, quem mais insistia e acreditava na ideia era o seu atual concunhado, Roberto Canessa.

Os expedicionários saíram carregados na sexta-feira, 17 de novembro, para não mais voltar, mas retornaram no dia 22 com uma notícia que parecia maravilhosa para todos, mas terrível e decisiva para Roy. Eles tinham encontrado a cauda do avião, onde, além de dezenas de maços de cigarro, casacos, garrafas de rum, um quilo de açúcar, empanadas de Mendoza meio comidas e outras miudezas, estavam (eles deixaram para o fim, quando contaram a história) as baterias. Como eram pesadas demais, não conseguiram trazê-las e decidiram fazer o contrário: levar o rádio até a cauda para tentar acioná-lo ali. Roy ficou trêmulo, talvez pela emoção diante do surgimento daquela alternativa inesperada, ou talvez por ter adivinhado que seria ele o maldito engenheiro sem diploma que na prática teria de montar o equipamento.

Na quinta-feira, 23 de novembro, Roy e Roberto, com a ajuda de Nando, começaram a retirar o rádio VHF da cabine do piloto, onde havia uma infinidade de botões, alavancas e um painel de comandos em que teriam de adivinhar o que tinha a ver com o rádio e o que se referia a outros equipamentos do avião.

As únicas coisas que visivelmente diziam respeito ao rádio eram os fones de ouvido e um microfone, que foi a primeira coisa que retiraram do painel de controle. Em seguida encontraram no compartimento das bagagens um painel de plástico que também tinha a ver com o rádio. Atrás do transmissor, acharam algumas guarnições conectadas em tomadas. Roy tirou uma das tomadas, da qual surgiu um conjunto de pequeninos fios. O mesmo aconteceu com outra tomada. Resolveram contar: 167 fios saíam de trás, e outros 167 saíam do transmissor. Cada fio tinha uma marcação diferente.

Tiraram do painel o dial usado pelo piloto para sintonizar a frequência desejada e ali apareceu mais um conjunto de fios. Já eram três conjuntos. Passaram horas a examiná-los, pois os feixes de fios do dial e do rádio também estavam codificados, e muitos eram coincidentes.

Naquele primeiro dia ninguém disse que Roy teria que descer até aquele local impossível onde estava a cauda. Apenas pediram sua ajuda para desmontar o rádio. É uma loucura, pensava ele, enquanto, após um descanso de quinze minutos, enfiava-se como uma toupeira na cabine minúscula, com os corpos congelados dos pilotos ao seu lado, para desmontar o que ainda restava do rádio.

Quando terminaram o desmanche, tiraram do avião a antena Collins, em forma de barbatana de tubarão, que ficava na parte superior, e puseram tudo no trenó improvisado com a mala de plástico duro.

Os três primos, de quem ele tanto gostava e a quem respeitava, pois os conhecia desde criança, observavam-no com ternura. Não diziam nada, mas o incentivavam. Chegou a sua hora, Roy. Porém no íntimo ele sabia que não era verdade. Seu físico privilegiado debilitara-se a ponto de o tornar irreconhecível, e sua sensibilidade, sobre a qual tanto haviam dito que era preciso bloquear, manter inacessível, para poder sobreviver, não conseguia evitar que de tempos em tempos, de modo mais frequente do que seria conveniente, fizesse surgir os rostos de seus amigos íntimos mortos na avalanche: Gustavo Nicolich e Diego Storm.

Na verdade, vendo-se em retrospecto, a opção de fazer o rádio funcionar foi, como tudo nos Andes, uma decisão tão casual quanto tresloucada, embora afinal tenha se mostrado sábia, pois eles ganharam tempo até o clima melhorar um pouco e encontraram, por mero acaso, o material isolante que lhes permitiria dormir ao relento naquelas alturas siderais.

À medida que se finalizava o pacote que seria levado até a cauda, consolidava-se a suspeita de que era ele quem seria condenado a partir para lá. O encarregado de anunciar a decisão foi Adolfo. Roy era o engenheiro, e qualquer assunto relacionado a engenharia, em qualquer especialidade, tinha de passar pelas suas mãos, fosse montar o rádio do avião, fosse fazer funcionar o pequeno Spika de pilha.

Adolfo senta-se ao seu lado. Explica que não se trata de conhecimento em eletrônica, mas sim de ignorância, e que ele é o menos ignorante de todos. Roy argumenta que nunca na vida havia visto um rádio de avião, nem sequer em livros. Adolfo põe a mão sobre a mão dele. "Sei disso, todos nós sabemos. Apenas quero dizer que você é o que sabe lidar melhor com fios e bornes, só isso, mas isso, agora, é muito, faz uma diferença enorme, você é o engenheiro." Roy, quase sem fôlego, acrescenta uma coisa que o amigo mais velho já sabe: "Eu estou apenas no primeiro ano da faculdade de engenharia, tenho vinte anos, a única coisa que já fiz parecida com isso foi instalar o equipamento de som dos meus primos". "Você também arrumou o rádio Spika", retruca Adolfo, como se referindo a uma estação termonuclear, e não a um simples radinho portátil do tamanho de um maço de cigarros. Antes que Adolfo dissesse a última frase, Roy sentiu claramente que era tão doloroso para seu amigo dizer aquilo tudo quanto para ele escutar. "Roy, o grupo precisa dos seus serviços. Estamos pedindo para você tentar fazer isso funcionar."

Aqueles seis dias fatídicos tiveram início na sexta-feira, 24 de novembro, bem cedo, quando eles empreenderam a caminhada até a cauda, numa manhã fria e límpida. Roy se recorda daquela caminhada encosta abaixo como uma bela experiência. A última. A neve estava firme, com uma camada de gelo duro na superfície, e ele não sentia a fraqueza e o enjoo que costumava sentir na cabine partida. Roberto puxava o trenó com o rádio, a antena e todos os equipamentos. Iam separados a uma distância de cerca de cinquenta metros um do outro. Diferentemente do que acontecia com os expedicionários, para Roy constituía uma novidade encontrar os restos dispersos do avião, à medida que se aproximavam da cauda. Roupas, chapas amassadas, fios, malas, até mesmo um sapato feminino.

Ao ver a cauda de longe, Roy ficou perplexo, tal como acontecera com os expedicionários no dia em que a descobriram.

Entrou até a parte do fundo, onde ficava o compartimento de bagagens, com algumas valises protegidas pela rede, que as impedira de se espalharem com o impacto. Ao encontrar sua mala, Roy estremeceu. Levou-a para fora, na neve, e a abriu. A primeira coisa que fez foi encostar o rosto na roupa limpa e bem passada para sentir o cheiro. O perfume o encheu de recordações. Ali estavam a sua casa, sua mãe arrumando as roupas, acomodando-as com as mãos suaves, tão minuciosamente, tudo bem organizado. Controlou-se, sentia vontade de chorar. Tudo parecia tão distante, eles ali perdidos numa montanha no fim do mundo, tendo diante de si a missão delirante de consertar um rádio que não conheciam, de um avião partido em dois, com sua mãe ali de repente, entre as suas mãos, arrumando as roupas de lã embaixo, as camisas em cima, bem passadinhas. A recordação é interrompida pela voz enérgica de Tintín, que se aproxima com uma garrafa de rum, para que ele beba um gole. A bebida queima seu estômago, mas seu sabor diferente, o primeiro que experimentava em mais de um mês, cai muito bem. Pede mais um gole. Volta em seguida para a cauda e põe um pouco de açúcar na boca. Mais um sabor diferente.

Naquele dia eles descansaram, mas no sábado, 25, bem cedo, Roy e Roberto começaram o cansativo trabalho de descascar aquele enxame de fios, um a um, uni-los e isolá-los com fita adesiva encontrada nas sacolas dos jogadores de rúgbi. Trabalhavam com cortadores de unha e alicates. Às vezes com as próprias unhas.

Roy instalou a antena sobre umas rochas ali perto.

No dia seguinte eles já tinham conectado a maioria dos fios, embora sobrassem 58 cujos códigos e números não correspondiam a nenhum outro. Roberto olhava para eles e massageava o queixo. Roy franzia o cenho. "Precisamos começar os testes", disse Roberto.

Agora era preciso fazer as conexões das baterias, mas quando tentavam fazer isso, o contato faiscava. Quando ligavam o rádio, ouviam a descarga atmosférica interferindo na recepção, em meio a fortes faiscadas. Tinham também um dial elétrico que funcionava com um motorzinho. Às vezes ouviam um zumbido pelos fones. Mas nunca conseguiram escutar mais do que isso: a estática e o zumbido, acreditando ser vozes de fantasmas. Falavam pelo fone, pediam ajuda, gritavam, desesperavam-se, mas ninguém os ouvia.

Como estavam demorando, Nando e Tintín resolveram buscar mais carne na fuselagem. Estavam com as garrafas de rum — usavam apenas uma, preservando a outra para uma eventual expedição para o lado oeste — e o pacote de açúcar que se esforçavam para fazer durar uma eternidade, mas naquela área do vale não havia corpos, e a carne que tinham trazido chegava ao fim. Ao chegar à fuselagem após dois dias de ausência, ficaram sabendo que a comida estava escassa e, pior, que o pessoal do avião estava tão fraco que se tornava difícil ir atrás dos corpos ainda enterrados sob a neve da avalanche. Eles enfiaram um tubo de alumínio na neve para ver se atingia algum cadáver, mas nada conseguiram. Tintín e Nando ficaram dois dias no avião ajudando a escavar até encontrarem mais corpos.

Quando retornaram à cauda, Roy e Roberto ainda continuavam testando o rádio, que agora emitia ainda mais faíscas quando ligado. Tintín pegou uma máquina fotográfica de uma das malas, pertencente a Soledad González, namorada de Coche Inciarte, e fez a foto que está na contracapa do livro *Os sobreviventes*: Nando comendo alguma coisa, Roy de costas e Roberto com um pedaço de carne no joelho, que eles tinham deixado secar ao sol para comer como charque, cortando os pedacinhos com um dos alicates usados para descascar os fios.

O aborrecimento e a sensação de impotência provocados pelo fato de o rádio não funcionar refletiram-se no relacionamento entre os quatro dentro daquele cubículo de um metro de comprimento por dois de largura. O detonador da crise, embora Roy acredite que podia ter sido qualquer outra coisa, foram os cigarros. A cauda estava cheia de maços de cigarros, mas por acaso nenhum dos três expedicionários fumava. Mais do que isso, detestavam cigarro e achavam que aquilo só prejudicaria ainda mais seu estado físico, em especial os órgãos mais valiosos para escalar montanhas, os pulmões. Além disso, achavam que o único isqueiro que havia na cauda seria imprescindível, junto com outros dois, para a expedição final, que cada vez mais parecia ser o último e único recurso. Seria criminoso gastar o isqueiro em futilidades como acender cigarros. Por isso eles proibiram Roy de fumar. Mas naquelas circunstâncias, para ele, o cigarro, mais do que uma necessidade física, transformou-se numa urgência psicológica que mitigava a ansiedade e o estresse, bem como a terrível incerteza que o paralisava à medida que iam se convencendo de que o rádio jamais emitiria qualquer sinal. Sem rádio, ele não tinha volta. E o cigarro apaziguava, em alguma medida, esse desconcerto. O ambiente entre eles se deteriorou.

Era tanto o estresse, somado à frustração e à sua fragilidade física, que Roy sentiu que não conseguiria aguentar mais. Uma noite, Tintín rasgou-lhe o lábio com um pontapé enquanto dormiam. Claro que não foi proposital, mas ele sentia que continuavam a puni-lo. Por isso, começou cada vez mais a sentir a falta do outro grupo, o da fuselagem, com mais pessoas, em que as tensões se diluíam.

Até que um dia acendeu um cigarro escondido. Os demais o descobriram por causa do cheiro. Foi recriminado com tal violência — não se podia desperdiçar fogo, o cigarro enfraquecia a todos, ele estava jogando com a vida dos outros por causa de um capricho —, que Roy ficou arrasado.

No dia seguinte Roberto vê Tintín retirando um pedaço de material dos dutos da ventilação. Pouco depois já tinha cortado alguns pedaços. Roberto pede para ver: era leve e resistente, mole por dentro e coberto por um tecido duro e rígido e outro mais macio na parte interna. Tintín pretendia confeccionar um colete, pois o tecido parecia forte e resistente. Roy e Nando se aproximam. Tintín pega um pedaço do tecido e o enche de neve: "A umidade não passa", diz. "Estou testando desde de manhã." "Puta que pariu!

Não passa mesmo!", exclama Roberto, pasmo. "Vamos fazer uma grande manta... não, um saco de dormir", ele se corrige.

A partir daí, Nando e Tintín se dedicam a cortar todo o material existente nos dutos de ventilação, armazenando-o numa sacola. Pouco a pouco, o rádio passa para um segundo plano: agora a esperança está nesse material miraculoso surgido inesperadamente na cauda.

Na terça-feira, 28, Roy conectou o radinho Spika na antena Collins que havia instalado. Giraram o dial e uma hora depois ouviram uma notícia que os deixou atônitos. A Força Aérea Uruguaia estava preparando um avião Douglas C-47, especialmente equipado para procurar o F571. Decidiram fazer uma grande cruz, enfileirando vinte malas num sentido e dez no outro.

Quando amanheceu, na quarta-feira, 29, enquanto se preparavam para partir, Roy começou a dar chutes no rádio, cuja utilidade eles já haviam descartado. Se já contava com pouca energia, agora a desperdiçava inutilmente, descarregando sua impotência no que considerava ter sido a sua última esperança.

Minutos depois eles partiram rumo à fuselagem. Depois de caminharem cem metros, Roy virou-se para olhar pela última vez: nunca mais eles voltariam à cauda. Nem nunca mais a veriam naquele lugar, pois, não se sabe como nem quando, ela deslizou encosta abaixo até parar a quilômetros de distância, no fundo de uma torrente, onde se encontra até hoje.

Em pouco tempo ergueu-se o temível vendaval, o *vento branco*. A temperatura caiu de repente e a neve esvoaçou, formando um redemoinho e deixando-os desnorteados. A visibilidade ficou quase nula. A inclinação se acentuou. Após o *vento branco*, que durou uns cinco minutos, foram atingidos por uma tempestade.

Roy se detém. Minutos depois enxerga Nando, que volta em sua direção.

— Continuem vocês, eu vou ficar. Vou tentar voltar para a cauda — diz Roy.

Nando agarra-o pelo braço e começa a empurrá-lo para cima. Ao mesmo tempo o insulta, para que seu corpo recupere as energias. Roy retribui o insulto. E assim, com um gritando com o outro, os músculos de Roy voltam a se tonificar, a adrenalina se atiça, e ele consegue empreender a caminhada que considerava impossível. Quando o sol começa a se pôr e a temperatura cai, eles avistam o avião. Tinham andado o dia inteiro.

Roy sentiu que era como se voltasse para casa. Mais tarde, quando desabou dentro da cabine, consolado pelos amigos, refletiu: "Voltei para o mesmo lugar de sempre, nada mudou, estou no mesmo cemitério, bem mais enfraquecido, muito mais decepcionado e mesmo assim me sinto maravilhosamente bem".

Todos estavam fumando, ouvindo o que os expedicionários contavam sobre o que havia acontecido. Roy estava sem forças para falar; lembra-se vivamente dos abraços, do calor dos outros, bem mais do que das palavras. Adolfo se sentou ao lado dele e acariciava sua cabeça enquanto enfiava pedaços de carne em sua boca.

Ao final, os expedicionários anunciaram que traziam uma grande surpresa na sacola. Quando a abriram, todos se amontoaram ao redor. "O que é?", perguntavam, sem entender o que era aquela mistura disforme de tecidos.

— Isso vai nos permitir dormir do lado de fora — disse Tintín, tirando os pedaços irregulares daquele material isolante.

Daniel Fernández pegou um pedaço. Esticou-o, aproximou-o do rosto e o observou detidamente, recorrendo aos últimos raios de luz que ainda se infiltravam na fuselagem. Percebeu que continha plástico e fibra artificial, embora a espessura fosse de apenas um centímetro. Não disse nada, mas se sentiu bem.

22. Os filhos da cordilheira
*Roy Harley**

Em 1995, Daniel Fernández e eu organizamos a primeira viagem à cordilheira. Somente Nando já tinha voltado ali antes, com o pai, caminhando durante dias e dias na montanha, ao longo de uma trilha que não existia. Do total de dezesseis, fomos em doze. Tínhamos uma necessidade de voltar ali que não conseguíamos verbalizar, nem compreender em sua verdadeira magnitude. Percebemos aquela urgência por causa do impacto que aquilo nos causou, e tive a nítida consciência de que era algo muito pessoal, difícil de transmitir para os outros. Fomos em caminhonetes especialmente preparadas até a pré-cordilheira, saindo de San Rafael, e depois seguimos a cavalo, improvisando o caminho, com a ajuda de vários guias locais. Uma semana mais tarde, o ônibus que havíamos fretado nos trouxe de volta e me deixou aqui, na minha casa, às 7h30 da manhã. Eu não tinha dormido nada à noite. Viajei sob um estado espiritual e emocional muito intenso, como se chegasse de outra dimensão, que não era só do passado, mas de outra era, de outra vida. Ao descer, abracei fortemente os que continuavam no ônibus rumo às suas casas, peguei minha sacola e abri a porta de casa. Foi estranho chegar ali, eu estava à beira de um ataque de choro. A primeira pessoa que vi foi minha filha Carolina, exatamente na hora em que saía para ir ao colégio. Deixei a sacola no chão para lhe dar um abraço muito, muito forte, mas como ela não se encontrava no mesmo estado anímico que eu, nem teria como estar, pois não chegava naquela hora de nenhuma montanha, apenas beijou meu rosto com seu sorriso franco e perguntou normalmente, pois para ela eu estava chegando de uma viagem qualquer: "Oi, papai, como foi?". E antes mesmo que eu pudesse responder, acrescentou: "Depois a gente se vê, tchau!", mais um beijinho e desapareceu. Fiquei paralisado na sala de estar, confuso, e percebo que minha mulher, Cecilia, que me tinha me ouvido chegar, estava descendo. Estava vestida para sair. Sorriu carinhosamente quando me viu, me deu um abraço forte, mas antes que eu pudesse dizer qualquer coisa, ainda com um pouco de dificuldade para articular as palavras, disse que precisava sair correndo para o trabalho, que estava atrasada por ter me esperado e que conversaríamos com calma na volta. Sussurrei uma saudação qualquer, ela me deu um beijo terno, comentou que felizmente eu tinha voltado e partiu. Fiquei ali parado, com toda a minha história nas costas, todo aquele peso que não tinha conseguido descarregar, como a minha sacola não desfeita, e me dei conta de que, no fundo, no fim das contas, aquela história era só minha, e que eu não tinha por que envolver com tanta dor e tantas comoções as pessoas que mais amo no mundo: meus filhos e minha mulher.

 Anexo ao living fica a nossa sala de jantar, que não tem janelas para o lado externo, mas dá para uma parede cega onde havia uma curiosa mancha de umidade que eu nunca tinha notado. Sentei-me então à mesa, onde fiquei um bom tempo, "como um patinho molhado", como dizia minha mãe quando eu era criança e chorava em silêncio sozinho. Quando olhei para o relógio, já eram 9h30. Eu tinha ficado sentado duas horas, sozinho, observando a mancha cuja forma lembrava — ao menos para mim — o contorno do Vale de las Lágrimas.

O que aconteceu ali foi que eu e minha família estávamos em frequências diferentes. Por isso não conseguimos nos encontrar naquela manhã. Mas à noite, quando todos me perguntaram como as coisas tinham ido e tive de contar tudo, em detalhes, os dois mundos já tinham se reaproximado. Eu já não carregava o mesmo peso da manhã e eles tinham concluído os seus afazeres e estavam ansiosos para me ouvir. Mas não era a mesma coisa. É algo que sinto e sempre senti em relação aos Andes: trata-se de uma história mais para nós mesmos do que para os outros, ainda que tenha sido recontada inúmeras vezes em conferências, livros, entrevistas ou filmes.

O tema está presente e é vivido em minha família, mas nem de longe faz parte do nosso dia a dia. Eles se sentem orgulhosos do que vivi, do que fizemos para voltar, têm interesse em conhecer tudo, mas isso não é um assunto recorrente. Eles estão tocando as próprias vidas e é isso que importa, e sabem que têm de encontrar seus valores por si mesmos, por aquilo que eles próprios realizarem, porque cada um é fruto daquilo que faz, de suas ações boas ou ruins, não das obras dos pais.

Mas para nós, os doze que viajamos até a cordilheira — embora tenha organizado a viagem comigo, Daniel nunca pensou em participar dela —, foi um impacto diferente. Chegamos de lá com a sensibilidade aguçada, porque descobrimos claramente que aquele era um assunto ainda pendente em nossas vidas, voltar ao local onde tínhamos passado aqueles 72 dias, para onde nunca tínhamos regressado, retornar à tumba onde estavam os mortos, nossos amigos de alma que não haviam conseguido voltar conosco.

Embora acreditasse tratar-se de uma questão pendente, não imaginava que me afetaria tanto como de fato aconteceu. Mas como nessa história nada é o que parece, e a única constante é a incerteza, de novo cometi uma besteira na montanha. Fiz uma besteira quando nos sentamos em torno da cruz de ferro, muito perto de onde ficava a fuselagem, e começamos a rezar e a recordar casos, rostos, frases, episódios, e então eu, que aparentemente estava em perfeito estado de corpo e alma, de repente me soltei e desandei a chorar, como todos, e ninguém conseguiu deixar de fazer isso. Choramos tudo o que não pudemos chorar em 1972. Eu observava o que nos cercava, o vale, a montanha do lado oeste, e me sentia voltando ao passado, como se o tempo não tivesse transcorrido, como se estivéssemos todos de volta, que podia falar com eles, tocá-los com a mão se a estendesse mais.

Além disso, a viagem se realizou de uma forma especial, porque os doze fomos chegando aos poucos, de mais de 2 mil quilômetros de distância. Primeiro foram muitos dias juntos no ônibus, depois nas caminhonetes, fechados naquelas cápsulas que se aproximavam da montanha. Foram muitas horas de preparação para chegar, falando sobre o local, imaginando o que encontraríamos ali, e à medida que nos aproximávamos, eu voltava no tempo até me sentir naquele ano distante, com vinte anos de idade. Depois da longa travessia a cavalo, quando já estávamos no alto, dormindo numa barraca assolada por um vento inclemente, ouvindo as mesmas avalanches que se precipitavam bem perto da área onde estava a fuselagem, a oitocentos metros de nós, me transportei totalmente para o passado.

As mortes de Gustavo Nicolich e Diego Storm me atingiram de uma forma demasiado forte. Muitos conseguiram represar o que sentiam, ou postergar para mais adiante, para não desperdiçar as energias que éramos obrigados a despender em conta-gotas, pois o que nos separava da morte era apenas uma lágrima. Não consegui fazer isso. Embora fosse um dos mais bem preparados, eu me aniquilei fisicamente ao não conseguir me blindar contra os afetos, pois tinha me entregado às emoções. Trinta e seis anos depois, não posso dizer que me arrependo de minha atitude nos Andes, já que não soube nem pude agir de outra maneira.

Na fuselagem havia momentos de muita atividade, mas também outros em que o tempo passava muito lentamente. Fazíamos uma brincadeira, eu, Diego Storm e Gustavo Nicolich, que consistia em imaginar o que estariam fazendo nas nossas casas naquele exato instante. Cada um contava o que visualizava. Fechávamos os olhos e víamos todos, ao mesmo tempo que ouvíamos o relato da vez, e sentíamos que estávamos lá, que voltávamos a fazer parte daquela rotina tão maravilhosa à qual até então nunca tínhamos dado valor. O que faziam minha mãe, meu pai, meus irmãos; em que dia do mês estávamos, tentar sentir a temperatura daquele momento em Montevidéu, o calor da primavera, o murmúrio permanente do rio da Prata, a tepidez das árvores brotando, o cheiro de comida acabando de sair do forno. Imaginávamos inclusive os pratos que estariam comendo, pois cada família tem a sua pequena rotina, e nas quintas-feiras costuma-se comer essa comida, ao meio-dia das sextas-feiras aquela outra, simples e saborosa, e isso nos tirava da neve, da cordilheira, e nos transportava para os lugares mais acolhedores do mundo, sentados em torno da mesa, com nossos pais indo para lá e para cá, com nossos irmãos nos protegendo. Agora é você que conta, Diego, enquanto eu fecho os olhos.

Mas no domingo, 29 de outubro, veio a avalanche. Naquela noite Diego Storm estava na parte alta do piso, e eu na parte baixa e ondulada da fuselagem. Diego me perguntou se eu me incomodava de trocar de lugar, com aquele jeito sempre amável e terno que tinha, porque sentia uma dor forte demais no cóccix. Trocamos, e eu me deitei então no piso do avião, que, como o aparelho estava de lado, ficava num nível mais elevado.

Muitos dias depois, eu olhava para o céu, de cara para o sol, e fechava os olhos para repetir o mesmo que fazia com Diego Storm e Gustavo Nicolich, e embora relatasse tudo murmurando, não conseguia visualizar nada, apenas nuvens escuras, não conseguia visualizar Montevidéu, não conseguia sentir os aromas nem ouvir os sons.

No acidente de 13 de outubro, eu e meus amigos mais próximos tínhamos dado sorte e saído ilesos, sem nenhum arranhão, e então vem aquela avalanche e nos mata de forma tão cruel. Pois a avalanche arrancou pedaços até mesmo de nós, os que sobrevivemos a ela.

Logo depois da avalanche tudo mudou para mim. Mergulhei num poço de depressão, comecei a me fazer a pergunta mais elementar e mais autêntica, que repetiria durante anos depois de ter voltado a Montevidéu: por que aquelas coisas estavam acontecendo comigo? Por que eu continuava vivo e eles não? Por que a vida era assim?

Todas essas agressões emocionais me castigaram fisicamente. Deixei de ser um dos mais bem preparados para me tornar o pior, pesando 38 quilos, com mais de 1,80 de altura. Tinha perdido cinquenta quilos.

Ao mesmo tempo, outra parte de minha personalidade ia desenvolvendo verdadeiros calos emocionais, tornando-se mais dura. Hoje, se estou andando na rua e vejo uma pessoa cair e se ferir, a primeira coisa que me ocorre é me aproximar, sem hesitar um instante, pois sei o que significa alguém segurar a sua mão quando você está ferido ou moribundo. Se vejo um acidente de trânsito, paro o carro e corro até lá para ver se alguém precisa de ajuda. Conheço muito bem a importância que adquire em momentos como esse o fato de ouvir uma voz, essas coisas tão pequenas que fazem a diferença entre a companhia e a solidão na hora do lobo, aquelas madrugadas solitárias em que uma pessoa acorda e se assusta ao sentir que é a única a continuar viva no universo, como aconteceu comigo na avalanche.

Quando soubemos pelo rádio em 22 de dezembro que Nando e Roberto tinham aparecido e que o resgate estava em preparação, nós nos arrumamos, penteamos os cabelos e nos lavamos. Na hora em que os helicópteros apareceram com aquele ruído assombroso, depois de passarmos 72 dias no silêncio absoluto, parecia que nossos tímpanos iam estourar. Foi como um estampido, voava neve para todos os lados e não entendíamos o que estava acontecendo. Quando se aproximaram, o deslocamento de ar que provocavam foi tão violento que me derrubou. Adolfo Strauch me pegou, e ao me erguer e me levar sob o seu ombro ele disse: "Vamos para aquele helicóptero, Roy". Mas quando chegamos, manquitolando, o helicóptero subiu, e ele então me disse: "Vamos naquele outro, Roy", e caminhamos aos trancos e barrancos, mas quando chegamos ele também já partia, e ficamos ali abraçados, sozinhos, cada um com sua pequena sacola, tudo passando rápido demais. "Por que não esperaram por nós?", perguntei. Adolfo deu de ombros. Em minha sacola eu levava um folheto e um cinto de segurança do avião. Era o pedaço da montanha que eu sentia que pertencia a mim. "Não se preocupe. Eles já voltam", ele me consolou.

Para cada um a história é diferente, inclusive o final. No meu caso, depois do resgate eu me isolei do grupo. No mesmo dia em que me levaram ao hotel Sheraton de Santiago, me desestabilizei, sofri uma disenteria aguda, perdi potássio até ficar às portas da morte, seguindo-se uma arritmia cardíaca, razão pelo qual me internaram de emergência na clínica Santa Maria, onde passei doze dias numa UTI. Muito tempo depois voltei a encontrar o médico que me atendeu, e ele admitiu que naquela ocasião estava convencido de que eu ia morrer. Disse-me: "Você não imagina como era doloroso para mim que aquele menino que tanto tinha sofrido acabasse morrendo nas minhas mãos, mas a verdade é que a cada minuto que passava eu esperava a chegada da sua morte". Por essa razão ele tinha praticamente se mudado para a clínica, pois não se conformava com a ideia de que depois de me ressuscitar eu acabasse morrendo. Contou que cheguei a entrar na fase descendente, em que todos os sinais vitais desaparecem. Mas um dia meu organismo despertou, para surpresa dele e de todos os médicos que cuidavam de mim, e os mesmos indicadores que até então caíam rapidamente aos níveis mais baixos começaram a melhorar, todos juntos, até que, após meu regresso a Montevidéu, passei a engordar um quilo por dia. Quando perceberam que eu não ia morrer, o pessoal da clínica vinha me visitar como se eu fosse um prodigioso acidente da medicina. E isso reproduz, também, toda a nossa aventura. A esperança de sobreviver quando partimos no helicóptero, a recaída quando meu organismo se desequilibrou, e aquela luta desigual contra a morte, todos juntos na clínica, para que afinal eu conseguisse voltar à vida.

Quando o grupo foi a Montevidéu para a entrevista coletiva do dia 28 de dezembro, eu estava sendo monitorado e cheio de tubos por todos os lados, isolado até da minha família. Durante aqueles primeiros dias de aterrissagem do grupo em Montevidéu, eu continuava na cordilheira, navegando entre a vida e a morte, trancado no cone partido da UTI, sem ver ninguém do lado de fora.

Cheguei a Montevidéu duas semanas depois, sob os cuidados de dois médicos, que se alternavam com minha família e meus amigos me fazendo companhia ao pé da cama. Assim foram os meus primeiros quinze dias em casa. No décimo sexto dia eu consegui ficar de pé e andar, cambaleando, até a janela. Dois dias depois já não precisava de ajuda para me levantar. Em fevereiro comecei a caminhar até a praia, e em março retomei as aulas na faculdade de engenharia.

Assim que consegui sair de casa, passei bastante tempo com Rosina, a namorada de Gustavo Nicolich, com a mãe dela, com a mãe de Diego. Procurei fazer o máximo de companhia possível.

Desde o primeiro dia assumi comigo mesmo o compromisso de me manter sem muita exposição.

Casei-me aos 23 anos, quando minha namorada estava com 21. Cecilia é irmã de Lauri, mulher de Roberto Canessa. Nossa primeira filha, Carolina, nasceu dois anos e meio depois, quando eu já estava com 25 anos. No meu terceiro ano de faculdade nasceu Alejandro e depois Eloísa.

Continuei a me encontrar com o pessoal do grupo de sobreviventes, embora admita que gostaria que fosse um tanto diferente. O grupo não foi escolhido por nós mesmos, somos os que conseguiram escapar. Somos todos muito diferentes uns dos outros, mas temos algo que nos une e que é muito forte. Porém penso que ainda não nos aproveitamos disso o bastante. Mas, se assim foi, se ainda não o conseguimos, talvez haja alguma razão.

Não digo que eu esteja certo, talvez o equivocado seja eu. Mas eu teria guardado mais o tema da cordilheira para nós mesmos e menos para os outros. Teria vivido tudo mais para dentro. Não vejo, não sinto essa necessidade de que o grupo deva dar depoimentos. Sinto que nosso testemunho deve ser dado, sim, na vida diária, com base no que fazemos dela, honrando aquilo por que passamos: coube-nos experimentar algo muito singular e acredito que devemos transmitir nossa mensagem todos os dias, de forma permanente, a partir do que fazemos, e não do que falamos. Em silêncio, em homenagem aos que morreram e que permitiram que nos mantivéssemos vivos.

Os ingleses chamam isso de *walk the talk*. Ou ainda este outro ditado: se você não vive conforme o que pensa, acabará pensando conforme o que vive. É possível que muitos dos dezesseis sobreviventes sejam pessoas bem melhores do que eu. Mas *walk the talk*, faça o que diz, é uma boa pauta de comportamento para pessoas que sofreram o que sofremos.

Ninguém sabe o que foi viver 72 dias dentro daquele túnel

gelado. Só nós sabemos, e essa vivência morrerá conosco. Por mais livros que se escrevam ou filmes que se realizem, é difícil transmitir todas as dimensões daquela experiência. E foi tempo demais. Uma coisa que fiz durante muitos anos, quando chegava o dia 13 de outubro, era marcar na agenda e acompanhar o dia a dia para lembrar com clareza como era demorado chegar até o 23 de dezembro. Quando passava um dia depois do 13 de outubro eu me dizia: hoje seria mais um dia na montanha, e no dia 14 repetia a mesma coisa, hoje será mais um dia, e o dia 15 será mais um. É uma enormidade de tempo para se viver sob uma incerteza constante, que foi pior que a sede, pior que a fome, pior que o medo.

Às vezes me pergunto em que a cordilheira me fez mudar, e sempre chego a uma conclusão elementar: aprendi a desfrutar a vida, em especial as coisas mais simples, a família, os amigos. Rir, me sentir grato, sem necessidade de viver num paraíso ou com dinheiro no bolso. É básico, mas foi o que aprendi. Também adquiri segurança e confiança. Aquilo me possibilitou encarar a vida de outra forma. Quando você passa 72 dias andando em um parapeito, aprende a viver numa cornija.

Admito que na intimidade gosto de falar sobre a cordilheira, porque o assunto tem inúmeras facetas, porque sempre descobrimos ângulos novos, mas não conseguiria viver amarrado àquilo que vivenciamos na montanha, porque seria como um ímã muito poderoso de sofrimento, que pode acabar com você.

Um dos ângulos positivos pelos quais o assunto pode ser abordado, e que para mim funciona como um sinal, é a qualidade de todos os filhos dos sobreviventes. Claro não me refiro apenas aos meus, mas aos filhos de todos. Creio que isso expressa a atitude do grupo que se formou na montanha de uma forma mais eloquente do que cada um pode narrar ou acreditar. São filhos de alguma coisa que vai além do próprio grupo, algo que tantas vezes procurei resgatar e não consegui, talvez por não saber exatamente o que procuro. Mas sei que os dezesseis dos Andes, assim como nossos filhos, são de boa cepa. E comprovo isso toda vez que conheço algum deles mais intimamente, e me sinto comovido ao comprovar esse fato. Sei que por trás dessa integridade está o grupo que se formou na montanha. Não somos especiais se vistos isoladamente. O que é especial é o grupo, como se fosse um conjunto humano ao qual se olha com um dos olhos tapados: pelo olho que nada vê passam todas as pequenezas humanas, que todos nós temos, e com o outro só se veem as virtudes, que dessa maneira acabam por se agigantar. E foi dessa forma que criamos os nossos filhos.

Alguma coisa ficou pendente na montanha, um buraco na alma que nunca cicatrizou. Um buraco na alma que continua aberto. Quando voltei a Montevidéu, senti uma grande responsabilidade para com as famílias dos que tinham morrido. Senti muita falta dos meus amigos mortos, uma ausência que, em vez de se dissipar, crescia com o passar do tempo, e eu não sabia como compensá-la. Mas a vida me deu uma das grandes satisfações que já conheci. Com nossos quatro melhores amigos de agora formamos um grupo muito coeso, unido pela ternura, pela afinidade, somos seis que nos queremos muito, e temos uma relação direta com os meus amigos de então: Rosina, que era namorada de Gustavo Nicolich, e seu marido Martín; Mónica, irmã de Gustavo Nicolich, e seu marido Juan; Cecilia e eu. Com eles eu me sinto bem. E aquele buraco na alma para de doer.

* Roy Harley nasceu em 1952. É engenheiro industrial e trabalha numa grande fábrica de tintas. Além disso é dono de uma empresa de manutenção de áreas verdes, junto com seus três irmãos. Vive numa casa bem no coração de Carrasco.

Agora que exibe um porte atlético, por se exercitar várias vezes por semana, é difícil imaginar que um dia tenha chegado a pesar 38 quilos.

Parece simples e sensível. Tem o riso fácil e inspira muita ternura.

Quando fala sobre sua vida, de todos os seus êxitos e fracassos, das expectativas atingidas e das que não sabe se algum dia se concretizarão, fica sempre no ar a sensação de que o que realmente importa é outra coisa. O que o deixa orgulhoso não é o seu trabalho, tampouco o fato de ter sobrevivido aos Andes. Quando os filhos aparecem na casa, a incógnita se desfaz. Ele se levanta e os apresenta um por um, com admiração, com ternura e com uma expressão no rosto que não deixa lugar a dúvidas.

Este é, para Roy, o verdadeiro sentido das coisas: os filhos dos Andes.

23. Os buscadores

Quando Moncho saiu da fuselagem, na sexta-feira, 1º de dezembro, dois dias depois do retorno da expedição realizada para conectar o rádio, deparou com uma cena inusitada: todos olhavam atônitos para o céu, onde três condores planavam sobre eles. Alguém tinha perguntado se os pássaros não seriam capazes de atacar algum sobrevivente que se afastasse da fuselagem, nem que fosse para defecar, mas Pedro Algorta explicara que aquelas aves não eram caçadoras, mas sim carniceiras.

A partir de então foi preciso encontrar novos corpos antes dos condores, que disputavam com eles as mesmas presas. Ao acharem um corpo, deveriam sempre cobri-lo de neve, que agora evaporava rapidamente com o degelo.

Às necessidades cotidianas somou-se a carne suplementar que devia ser cortada para que os expedicionários pudessem comer o que necessitassem e levar o que fosse preciso para a escalada final, em direção ao oeste.

Eles começam então a comer partes que antes haviam descartado. Os mais desesperados chegam a comer carnes já em processo de decomposição. À prisão de ventre seguiam-se então diarreias que os deixavam atordoados e abatidos.

Durante as noites, Eduardo Strauch sentava-se ao lado de Adolfo e o acalmava: não é uma degradação, mas sim uma etapa necessária para se atingir uma forma de pensamento diferente. Mas você não pode ver isso com os olhos de antes. Adolfo intuía o que Eduardo queria transmitir, embora não chegasse a compreender totalmente. "Nós vamos superar esta situação e chegar mais longe", prometia Eduardo. "Já aconteceu comigo", acrescentava, enigmático, uma frase que provocava inquietação em Adolfo.

Uma noite Roberto Canessa despertou agoniado e exaltado: um condor carniceiro, com um pescoço enrugado e sem penas, com um bico portentoso capaz de rasgar o couro de animais mortos, tentava enfiar a cabeça em suas entranhas, atingindo-o no ventre com aquele bico até abrir um orifício sanguinolento. Roberto deu um grito, fez um gesto inconsciente para espantá-lo e acabou atingindo o rosto de Nando, que estava ao lado dele, acordado: "Fique tranquilo, Roberto", sussurrou Nando. "Foi só um pesadelo."

Enquanto os condores os espreitavam, esperando o momento de descer e enfiar seus bicos encurvados nos cadáveres, seus familiares de Montevidéu tinham conseguido obter um novo avião de busca. Era um Douglas C-47 da Força Aérea Uruguaia, equipado com oxigênio e pressurização especial para altitudes mais elevadas. Essa aeronave atuaria em conjunto com os que vinham realizando buscas desde o primeiro dia, como o pai de Carlitos, o conhecido pintor Carlos Páez Vilaró.

A busca desesperada empreendida pelos pais reproduziu, em outra escala, a aventura que seus filhos viviam no coração dos Andes.

Também se organizou pouco a pouco, por tentativa e erro, e enquanto uns faziam parte do grupo de ação e realizavam o trabalho físico e arriscado de procurá-los de avião, a cavalo, de helicóptero ou a pé, outros faziam o planejamento, consultavam especialistas ou videntes, ou financiavam com seu dinheiro inúmeras expedições de resgate.

Quando o Controle de Trânsito Aéreo do aeroporto de Pudahel, em Santiago, perdeu contato com o F571, em 13 de outubro, logo fez um chamado ao Serviço Aéreo de Resgate (SAR). O SAR não é um grupo de trabalho fixo, mas sim um serviço que se mobiliza de imediato quando se detecta a perda de um avião. Dele participam a Força Aérea do Chile, a polícia, o Corpo de Socorro Andino e clubes de aviação. Naquela mesma tarde um DC-6 de quatro hélices da Força Aérea do Chile percorreu a rota desde a última posição registrada pelo avião uruguaio. No dia seguinte analisou-se com mais atenção a informação, a hora exata em que o aparelho tinha partido de Mendoza, o momento em que sobrevoava Malargüe, cruzando-se esses dados com a informação existente a respeito da velocidade do aparelho e do vento naquele horário. Logo chegaram a uma conclusão de qual poderia ter sido o erro cometido pelos pilotos: o avião não estava sobre Curicó, como eles acreditavam, mas sim sobre Planchón, e em vez de virar na direção de Angostura e Santiago, a aeronave penetrou no coração dos Andes e desceu ou caiu na região das montanhas de Tinguiririca, Sosneado e Palomo. Marcaram no mapa um quadrado com trinta centímetros de cada lado, equivalente a uns 250 quilômetros quadrados, e orientaram os aviões de busca a escrutinar a região.

Embora as turbulências formadas nas montanhas pudessem causar novas perdas de aparelhos e de vidas, procedeu-se a uma investigação metódica da área. Sabia-se que à noite a temperatura naquelas altitudes chegava a trinta ou quarenta graus abaixo de zero, razão pela qual no segundo dia concluíram que seria impossível encontrar pessoas com vida. Mas a regulamentação internacional determina que o país onde ocorre o acidente deve realizar buscas durante dez dias.

Ao saber do acidente, o pintor Páez Vilaró viajou a Santiago para se juntar às equipes de resgate. Os comandantes encarregados da tarefa, Carlos García Monasterio e Jorge Massa, da Força Aérea do Chile, foram seus principais interlocutores do primeiro ao último dia.

Depois que o SAR encerrou suas buscas, Páez Vilaró redobrou a sua, com apoio de alguns dos pais dos acidentados que também foram a Santiago.

De início as buscas dos familiares se orientavam com base em princípios técnicos e racionais, como havia feito o Serviço Aéreo de Resgate, a partir de estratégias concebidas por cartógrafos uruguaios como o dr. Luis Surraco, pai da namorada de Roberto Canessa. Com base nessas informações, delimitou-se uma região entre o Tinguiririca, as serras de San Hilario e o vulcão Sosneado, muito próxima da área trabalhada pelo SAR.

Mas à medida que se sobrevoava o local onde estava o Fairchild sem avistar nada (a rigor, a fuselagem partida e toda branca não podia ser vista da altura em que os aviões voavam, da qual por sua vez era difícil enxergar qualquer coisa por causa das turbulências), muitas famílias, afora rezar, começaram a apelar e a confiar em outras forças que iam muito além da razão.

No dia 16 de outubro, Madelón, mãe de Carlitos, e Juan José Methol, irmão de Javier, consultaram um famoso astrólogo uruguaio, que lhes indicou o nome daquele que tinha a reputação de ser o maior vidente e buscador de pessoas perdidas do mundo: Gérard Croiset, de Utrecht, Holanda.

Por estar convalescendo de uma doença grave, Gérard Croiset, a quem a polícia europeia costumava recorrer em casos de busca mais complicados, delegou a tarefa a seu filho, Gérard Croiset Jr., de 34 anos, que morava em Enschede e que, segundo o pai, tinha herdado todos os seus dons parapsicológicos.

O método de Croiset consistia em pegar um objeto que pertencia à pessoa desaparecida e, concentrando-se nele, descrever a sequência de imagens que se formava em sua mente. Para começar o trabalho, enviaram-lhe um mapa aéreo da região, e o adivinho em pouco tempo afirmou ter estabelecido contato com o avião, fornecendo detalhes que deixaram os familiares arrepiados: o F571 estava sob comando do copiloto, uma das turbinas tinha se soltado e o aparelho caíra próximo a uma laguna de água azul-turquesa. Mas ele via vida, em sua mente se configuravam com clareza imagens de sobreviventes nas áreas próximas à laguna.

Enquanto o SAR e os relatórios técnicos do dr. Surraco sugeriam que o avião havia caído nos arredores do vulcão Tinguiririca, Croiset Jr. garantia que conseguia vê-los ao sul, ao pé da cordilheira chilena, em montanhas mais baixas. Páez Vilaró se deslocou para lá, e no domingo, 22, já sobrevoava as montanhas nos arredores de Talca.

Paralelamente, Miguel Comparada, um uruguaio humilde a quem se atribuíam poderes paranormais, recebeu dois pais angustiados em sua casa modesta numa área isolada da zona oeste de Montevidéu, que dava para o rio da Prata. Usava um chapéu de feltro marrom que nunca tirava da cabeça. Moveu a sua varinha pelo mapa que lhe levaram e ela vibrou em um ponto entre os vulcões Tinguiririca e Sosneado, perto da serra de San Hilario, exatamente onde se encontrava o cone partido do Fairchild. Mas a informação foi descartada, pois a área já tinha sido rastreada pelos aviões do SAR chileno no segundo dia após o acidente, e nada fora encontrado. Miguel Comparada, já então um homem idoso, não só era tido como detentor de poderes paranormais como também costumava ser contratado por seus conhecimentos em radioestesia, para localizar águas profundas em locais rochosos e inacessíveis, onde as brocas se quebravam como se fossem de argila.

A aventura de Carlos Páez Vilaró foi recheada de coincidências e acasos, que ele sempre interpretou como sendo mensagens que alimentavam suas esperanças.

Como o pintor falava com todo mundo e a todos contava sua desgraça, no quarto dia de seu trabalho de buscas ele conheceu a irmã do tropeiro Sergio Catalán, que foi quem afinal encontrou os expedicionários. Quando ela contou a Páez Vilaró que seu irmão Sergio era tropeiro e cuidava de animais em áreas ao pé das montanhas, o pai de Carlitos quis conhecê-lo, mas como naquela hora o homem estava em um lugar distante e muito elevado na cordilheira, sendo muito difícil encontrá-lo, para não perder tempo o pintor continuou seguindo as pistas que já tinha. É provável que esse fato tenha contribuído para o resultado final, pois quando o tropeiro Sergio Catalán viu os dois expedicionários e recebeu a mensagem redigida por Nando Parrado, não teve dúvidas de que se tratava dos sobreviventes do avião uruguaio sobre o qual comentara sua irmã a partir do relato feito havia algum tempo por um pintor excêntrico.

Tamanha era a paixão com que Páez Vilaró atuava que, em meados de novembro, o heterogêneo grupo de buscadores formado em torno dele já reunia desde professoras rurais da pré-cordilheira chilena até jovens, tropeiros, carvoeiros e religiosos.

A partir de 28 de outubro juntaram-se na busca o dr. Luis Surraco e o advogado Jorge Zembrino, pai de Gustavo. Surraco sabia falar a língua dos técnicos do SAR, e juntos refizeram os cálculos, que sempre os levavam às imediações do Vale de las Lágrimas. O comandante Jorge Massa informou então que retomaria as buscas no local, mas que isso só poderia ser feito quando o degelo se intensificasse, no final de janeiro, pois temia perder novas vidas numa busca por cadáveres.

No dia 1º de dezembro, enquanto na montanha se confeccionava freneticamente o saco de dormir para os expedicionários, anunciou-se em Montevidéu que a Força Aérea Uruguaia concluíra a preparação do avião de resgate. Nele viajariam Páez Vilaró, Raúl Rodríguez Escalada, especialista em aviação e amigo dos familiares, e os pais de Roberto Canessa, Roy Harley e Gustavo Nicolich.

Às seis da manhã do dia 11 de dezembro, um dia antes da expedição final de Nando, Canessa e Vizintín, o Douglas C-47 decolou de Montevidéu rumo a Santiago, pilotado pelo coronel Ruben Terra, com apoio de quatro tripulantes.

As peripécias do Douglas C-47 acompanharam com surpreendente sincronia as vicissitudes pelas quais os sobreviventes passavam naqueles mesmos momentos. Em sua primeira viagem, logo depois de partir, um dos motores começou a soltar uma fumaça preta e espessa e parou de funcionar, enquanto o aparelho sacolejava e vibrava como se estivesse desmanchando. O comandante Terra avisou aos passageiros, que tinham percebido a parada da hélice e as explosões do motor, que seria feito um pouso de emergência, extremamente arriscado, no aeroporto de El Palomar, na província de Buenos Aires. Ao aterrissar, depois de descerem pela escada em direção às pequenas instalações do aeroporto, os pais não conseguiam acreditar no que acontecia. Quase tinham sofrido o seu próprio acidente aéreo numa viagem pela montanha.

Terra solicitou a Montevidéu as peças de motor de que necessitava, mas, como elas demorariam para chegar, os passageiros resolveram pegar um avião de carreira para Santiago. No dia seguinte estavam na antessala da sede do Serviço Aéreo de Resgate.

Jorge Massa recebeu-os com surpresa e cordialidade, colaborou como pôde para prestar todas as informações que pediam, mas repetiu que só retomaria as buscas no final de dezembro ou em janeiro, com o degelo. Os buscadores então, municiados apenas com sua própria força de vontade, dividiram-se em três grupos, para cobrir um número maior de áreas: um se aproximaria da região do Tinguiririca por terra, ou pelo menos até onde os guias conseguissem levá-los a cavalo (muito distante do local do acidente); outro grupo esperaria o Douglas C-47 em Santiago, para empreender a busca original, seguindo a rota do primeiro grupo; e o terceiro sairia à procura de um mineiro que achava ter visto o avião cair na montanha, ao sul, nas proximidades de Curicó.

Em 14 de dezembro, já consertado, o C-47 pousou no aeroporto Los Cerrillos, de Santiago. Estava pronto para iniciar uma busca acidentada, durante os mesmos dias em que Nando Parrado e Roberto Canessa atravessavam a cordilheira no sentido leste-oeste. No dia seguinte, decolou com Nicolich e Rodríguez Escalada a bordo para sobrevoar o Paso de Planchón. Enquanto isso, Páez Vilaró percorria a cavalo a região de Los Maitenes, junto a um dos braços do rio Azufre, e o dr. Canessa e Harley alugavam um automóvel para ir até Curicó falar pessoalmente com o mineiro.

Dois dias depois, o comandante Jorge Massa, do SAR, anunciou ter recebido a informação de que dois aviadores, em diferentes voos, tinham avistado na parte alta das montanhas uma cruz que parecia ter sido feita por seres humanos. Páez Vilaró voltou para Santiago, e juntamente com o dr. Canessa e Gustavo Nicolich partiu no Douglas C-47 para ver a cruz. Chegaram a acreditar terem visto até mesmo pegadas humanas na parte alta das montanhas (a serra de San Hilario), mas depois consideraram que seria impossível: como poderia haver pegadas humanas numa montanha a 5 mil metros de altitude? Na verdade, eles poderiam ter visto as pegadas que tinham sido deixadas, pouco tempo antes, por Roberto Canessa e Nando Parrado, em sua expedição final para o oeste.

Momentos depois, quando faltavam poucos minutos para chegar ao local onde a cruz fora avistada, Nicolich, que devido às turbulências tinha dificuldade para enxergar com o binóculo pela janela da direita, viu uma fumaça preta e espessa saindo da mesma hélice, que por fim parou de funcionar. Imediatamente o avião começou a sacolejar e a vibrar. Todos se sentaram e afivelaram os cintos de segurança e outras correntes que ficavam penduradas no aparelho, imaginando que não conseguiriam resistir a mais um arriscado pouso de emergência. Mas quando, depois de vibrar como nunca, o avião começou a deslizar pela pista de Los Cerrillos, os três aplaudiram emocionados o comandante Terra, que transpirava e ria ao mesmo tempo, embora na verdade quisesse chorar, pois tinha se salvado pela segunda vez numa única semana.

Na tarde daquele dia 16 de dezembro, chegou da Argentina a informação de que aquela cruz era obra de uma expedição de geofísicos de Mendoza, que tinham enterrado doze cones em forma de X para estudar o processo de degelo. Enquanto isso, no topo dos Andes, Parrado e Canessa chegavam à metade de sua travessia... e continuavam vivos.

Em 18 de dezembro, Páez Vilaró alugou um pequeno avião para sobrevoar o Tinguiririca com o mineiro, cujo sobrenome era Rivera, que afirmava ter visto um avião caindo numa encosta. No aparelho estava também o comandante do Corpo de Socorro Andino, Claudio Lucero, que viria a ser um dos montanhistas que quatro dias depois passariam a noite com sete sobreviventes no cone partido do Fairchild. O Corpo de Socorro Andino, que gozava de grande reputação, era integrado exclusivamente por voluntários muito bem preparados física e psicologicamente. Eles voltaram sem ter visto nada além da infinita sucessão de montanhas de neve.

A busca chegava ao fim sem nenhum resultado. Com as esperanças desfeitas, os buscadores teriam de encarar as mães e dizer que tudo tinha sido em vão. Canessa, Harley e Nicolich se prepararam para voltar no C-47 com o comandante Terra. Páez Vilaró e Rodríguez Escalada regressariam em um avião de carreira. Todos estariam em Montevidéu para o Natal. Enquanto isso, Nando e

Roberto começavam a encontrar vestígios de vida humana em sua marcha para o oeste.

    O C-47 decolou de Santiago na quinta-feira, 21 de dezembro (o mesmo dia em que Roberto e Nando fizeram contato com o tropeiro Catalán), mas teve de retornar meia hora mais tarde por causa do mau tempo. Canessa, Harley e Nicolich pensaram em pegar um avião de carreira, mas sentiam-se comprometidos com os esforços empregados pelo comandante Ruben Terra e também com a Força Aérea Uruguaia, que tinha preparado aquele avião especial, embora só tenha servido para pôr em risco a vida de todos. Quando o avião decolou, às duas da tarde, os três pais dos acidentados observavam com pesar as montanhas brancas da cordilheira, onde em algum lugar oculto poderiam estar seus filhos. Quando o aparelho sobrevoava Malargüe, Harley, boquiaberto, segurou Canessa pelo braço e fez um sinal indicando o motor da direita: sim, mais uma vez a hélice perdia velocidade, até parar por completo. Ninguém conseguia acreditar, em especial o comandante Terra, que precisaria se preparar para fazer o seu terceiro pouso de emergência em apenas nove dias. Com uma destreza e uma firmeza que surpreenderam os três passageiros, Terra pousou no aeroporto de San Rafael, ao pé da cordilheira argentina, onde era esperado por duas unidades do corpo de bombeiros e uma ambulância.

    Dessa vez eles não riram nem comemoraram, como das vezes anteriores. Terra secou o suor da testa com a manga da jaqueta, e os três passageiros o cumprimentaram com um aperto de mãos. Era a terceira vez que quase morriam. "Na verdade, não teria importado muito para mim", disse Canessa para Harley, que também olhava para ele desconsolado.

    Naquela noite o dr. Canessa pegou um ônibus para Buenos Aires, para voar de lá para Montevidéu. Terra tinha de permanecer em San Rafael até que o motor fosse consertado. Harley e Nicolich não sabiam o que fazer.

No meio da tarde de 21 de dezembro, Páez Vilaró e Rodríguez Escalada dirigiam-se ao aeroporto de Pudahuel, em Santiago, para pegar um avião da Lan Chile com destino ao Uruguai. Quando já tinham despachado suas malas e se preparavam para embarcar, Carlos Páez Vilaró foi chamado pelos alto-falantes. Os dois amigos se detiveram, surpresos. Páez achou que haviam descoberto que ele trazia escondido dentro da roupa um cachorrinho que estava levando de presente para uma de suas filhas a fim de entretê-la enquanto narrasse todas as desgraças ocorridas. Chamaram mais uma vez.

— Tanto barulho só por causa de um cachorrinho clandestino? — comentou com seu companheiro de viagem.

Abordou um funcionário e perguntou o que estava acontecendo. Este o conduziu a um escritório na administração do aeroporto, onde foi informado de que o comandante do regimento de San Fernando, coronel Morel Donoso, tinha uma notícia para lhe dar. Pelo telefone, Morel Donoso explicou que havia surgido um bilhete em Los Maitenes, trazido por um tropeiro, mencionando um avião uruguaio caído nas montanhas. O papel, redigido pelo caminhante, mencionava que havia outros feridos mais acima na cordilheira. O coração de Páez Vilaró parou de bater e seu corpo tremeu por inteiro. O cachorrinho, escondido entre as roupas, assustou-se com a tremedeira e urinou nele. Como Páez tinha perdido a fala, Rodríguez Escalada pegou o fone para fazer perguntas concretas ao coronel Morel Donoso. Páez Vilaró ouvia-o dizendo "sim... não... O que o senhor acha? O que foi que disse? Como é a letra?".

À meia-noite, Harley e Nicolich, que ainda estavam em San Rafael, comunicaram-se com Montevidéu, de onde lhes informaram do aparecimento daquele bilhete, mas era tudo ainda nebuloso, ninguém tinha confirmado nada, não seria mais uma de tantas esperanças frustradas com que haviam deparado? Pegaram imediatamente um ônibus para Mendoza, onde chegaram ao amanhecer. Com a ajuda das autoridades do aeroporto, que estavam tão surpresas quanto eles, conseguiram embarcar em um avião que transportava carne congelada que tinha acabado de fazer uma escala técnica ali e que passaria por Santiago. No mesmo momento em que eles chegavam ao Chile, Juan Carlos Canessa se aproximava de ônibus dos arredores de Buenos Aires. Canessa acordou quando o ônibus começou a dar alguns solavancos antes de parar completamente. Ele saíra de um avião quebrado e agora era a vez do ônibus. Desolado, pegou um táxi e pediu que o levasse ao centro, para a casa de um primo, onde tomaria banho para depois pegar o avião para Montevidéu ao meio-dia. O motorista perguntou qual caminho ele preferia. "O que o senhor quiser", respondeu Canessa, abatido. Apenas com essa frase o taxista já percebeu que seu passageiro era uruguaio. "O senhor ouviu a notícia do avião? Que incrível!", comentou. Canessa não conseguia entender como era possível que aquele homem estivesse informado de que o C-47 tinha feito um terceiro pouso forçado em San Rafael. "Que garotos!", prosseguiu, quando Juan Carlos Canessa tentou corrigi-lo: eu sou pai de um dos meninos que caíram na montanha, mas o acidente de ontem aconteceu comigo, não com os rapazes. "Mas o senhor não ouviu?", retrucou o motorista, observando-o pelo espelho retrovisor. "Dois do avião dos jogadores de rúgbi apareceram!" "Do que você está falando?", perguntou Canessa, subitamente inquieto. "Todas as emissoras estão dando!", respondeu o motorista, ligando o rádio. As primeiras palavras que Juan Carlos ouviu no rádio foram "Roberto Canessa": "Roberto Canessa e Fernando Parrado são os dois sobreviventes que chegaram a Los Maitenes".

Totalmente descontrolado, o dr. Juan Carlos Canessa pulou para o banco da frente para abraçar e beijar o motorista, que pisou no freio no meio da rua e começou também a chorar descontroladamente.

24. No limite
*Bobby François**

Nos Andes nunca me entreguei, mas também não me afligi demais. Fiquei sempre no limite, literal e metafórico. No limite entre a vida e a morte, no limite entre acreditar que escaparíamos e que não escaparíamos. Mesmo na fuselagem, eu vivia no limite: dormia na parte mais fria, encostado no gelo, quase congelado. Às vezes nem sequer me cobria com as mantas. Tanto vivi no limite que acredito que, da mesma maneira como sobrevivi, eu poderia ter morrido. As duas possibilidades estavam abertas para mim. Mas aconteceu dessa maneira.

Muita coisa dependia do nível de esperança de cada um. Para os que tinham mais confiança em voltar, a mente os ajudou o máximo possível a que vivessem, a não ser nos episódios que dependeram unicamente do acaso, como no momento do acidente da avalanche. Os que não tinham nenhuma confiança, ou que foram se convencendo aos poucos de que não havia saída naquele acúmulo de adversidades que se sucediam umas após outras, cedo ou tarde pereceram.

Eu me situo num ponto intermediário. Oscilava entre uma

atitude e a outra. Como nunca vi nenhuma saída com clareza, o que eu enxergava era uma série de matizes, que iam de um cinza opaco a um negro tão profundo que impedia qualquer entrada de luz. Vivi esse conflito interior durante os 72 dias. Por isso tive para comigo mesmo atitudes de sobrevivente e atitudes de indolente. Dependia do horizonte que vislumbrava a cada momento. O horizonte exterior, os picos que nos cercavam, e o horizonte interior, como eu vislumbrava o meu futuro, minhas possibilidades imediatas. Mesmo quando ouvimos que Nando e Roberto tinham chegado a Los Maitenes, eu continuava a não ver com clareza o destino final. O acúmulo de tragédias se dera de forma tão ininterrupta, que eu já não tinha certeza de nada. Essa luta interior só terminou ao chegar a Santiago, pois mesmo quando voltamos a decolar com os helicópteros em Los Maitenes, rumo a San Fernando e depois a Santiago, lembro que eu dizia aos pilotos, com uma serenidade que os assustava: "Nós vamos cair de novo, estamos indo muito perto um do outro". Observava pela janela e achava que as hélices iam se chocar umas com as outras e que voltaríamos a cair, como em 13 de outubro. Era assim que eu imaginava o futuro: a morte estaria sempre voando ao redor.

Por isso meus companheiros se surpreenderam quando adotei atitudes explícitas de sobrevivência, como quando, no começo, desci do avião em movimento, para evitar a explosão que achava inevitável e iminente, pois o aparelho espalhava combustível para todos os lados sobre a neve. E depois, ao contrário, quando assumi atitudes de absoluta apatia, como após a avalanche, quando deixava os pés descalços enterrados na neve porque na verdade nada mais me importava, e não fosse por meus amigos, não fosse por gente como Daniel Fernández, que passou horas massageando os meus pés, eles teriam gangrenado e eu teria morrido.

Não gosto de falar dos Andes, não gosto de falar dos mortos, não gosto de dizer que tivemos de comê-los. É muito difícil, para mim sempre foi. Nunca contei a ninguém, nem aos mais próximos, quem foram e quem não foram.

Também não gosto de falar a esse respeito por causa da dor que isso provoca nos familiares dos que não voltaram. Eles vivem aqui, à nossa volta, e não temos por que, acredito, fazê-los ficar lembrando o tempo todo do que aconteceu. O tempo passa, e talvez os pais sintam isso menos, alguns já se foram, mas ainda restam os irmãos. Muitos deles vêm e me dizem: "Bobby, até quando?! Até quando vamos remexer na ferida com um ferro em brasa?". Outros familiares, em contrapartida, reagiram de modo inverso, querendo nos ver sempre em suas casas. Todos reagem de formas distintas. Mas sempre existem os outros, e basta haver um para quem é tudo muito doloroso para que esse sofrimento seja para mim mais do que suficiente.

Foi muito difícil encarar as mães dos meus amigos mortos e ouvi-las dizendo, olhos nos olhos, que preferiam não se encontrar comigo. Entendo-as perfeitamente, pois minha presença significa claramente a ausência de seus filhos. Sei que não dizem isso por minha causa. Mas também é doloroso, pois você acaba vivendo como que cheio de vergonha, como se tivesse cometido algo muito terrível, algo que na verdade não cometeu.

Lembro um dia na casa de Carlitos Páez, com quem eu sempre andava junto, quando chegou de visita a mãe de um dos que não tinham voltado. Assim que entrou e viu Carlitos ela disse, enquanto eu escutava da cozinha: "Se soubesse que você estava aqui, eu não teria vindo". E Carlitos teve de lembrá-la que aquela era a casa dele, que ele morava ali, que era muito provável que ela se encontrasse com ele.

Além disso, é doloroso que as coisas de que mais gosto — as que mais me satisfazem, pelo menos a mim — sejam as que não se divulgam, que, por diversas razões, não são conhecidas.

Um dia Roberto Canessa veio à minha casa e disse que aparecera na casa dele o filho de Carlos Roque, o mecânico da Força Aérea que sobreviveu no Fairchild até a avalanche. A mãe dele estava muito mal e o menino tinha crescido aos trancos e barrancos. Roberto queria convidar o menino, que naquela ocasião estava com dezoito anos de idade, para um acampamento em minha fazenda. Fomos eu, Roberto, o filho de Carlos Roque e um dos velhos indigentes que Roberto abriga e sustenta em sua casa. Foi muito bonito, muito emocionante. Três dias com o filho de Carlos Roque, caminhando sob as estrelas, pescando, preparando churrasco. Eu observava aquele menino tão maravilhoso e me sentia tomado pela tristeza diante do quanto tudo tinha sido injusto. A história do caso de Carlos Roque está mal contada, estereotipada. Ele não era apenas aquela pessoa aturdida e desorientada, como todos nós estávamos, que passara a primeira noite pedindo documentos para os outros por não saber onde estava nem o que tinha acontecido. Tampouco era o sujeito que baixou a ordem de que quando chegasse o resgate que nunca chegou ele seria o único a falar, pois aqueles destroços eram de um avião da Força Aérea e ele era o único militar a continuar vivo. Não. O verdadeiro Carlos Roque era aquele que, quando ninguém estava vendo, apoiava-se em Roberto Canessa para chorar no seu ombro, para contar que tinha um filhinho de um ano e cinco meses e que daria a vida para poder voltar a vê-lo, nem que fosse por um instante. E durante dezoito anos Roberto sempre falava desse garotinho por quem Carlos Roque tanto havia sofrido, até que um dia esse filho decidiu telefonar, e acertou em procurar Roberto porque foi ele quem ouviu as confissões do seu pai, e acabamos todos caminhando sob as estrelas, pescando no riacho da fazenda, enquanto eu o observava e reconhecia nele os traços do mecânico. Depois disso Roberto continuou a vê-lo, ajudou-o muito, pois Roberto faz muita coisa sem ficar alardeando. E tenho certeza de que não vai gostar que eu conte isso. E essas histórias, que para mim são as mais valiosas, são as que ninguém conhece, pois imagino que sejam as que menos atraem o interesse das pessoas, mas são as que mais me interessam.

Roberto é uma pessoa extraordinária. Mostrou isso na montanha e voltou a mostrar aqui embaixo quando voltamos! Um dia tive um infarto muito sério, e quando Roberto soube disso, cardiologista que é, quis se inteirar de tudo o que estava sendo feito, moveu céu e mar, não dormia, me seguia como uma sombra, e creio que não descansou enquanto eu não saí, até se convencer realmente de que eu não iria morrer. Falava com todos os que me atendiam com a mesma paixão e a mesma dor, para que me tirassem do transe. Eu olhava para ele e pensava: esse homem me trata como se eu fosse filho dele. Um filho que tem a mesma idade que ele. Mas ele se mobiliza por todos da mesma maneira, por mim ou pelo filho de Roque, ou por um daqueles velhinhos que abriga e sustenta, e isso ninguém sabe, e são essas as histórias dos Andes que mais aprecio.

Vivo a maior parte do tempo numa fazenda no departamento de Tacuarembó, na região central do Uruguai. Na cidade de Paso de los Toros, centro urbano mais próximo, todo mundo me conhece e ninguém fala da cordilheira, pois sabem que não gosto disso e não querem me fazer sofrer. No dia em que se completavam trinta anos do acidente, fui a um posto de gasolina e o frentista me disse: "Mas você não foi para o Chile? Todos os jornais dizem que você tinha ido para a celebração no Chile, com os sobreviventes". Respondi: "Você pode ver que os jornais erraram e que estou aqui abastecendo porque preciso comprar forragem para os animais".

Jamais iria àquela celebração, nem a nenhuma outra comemoração. Não consigo ir a um lugar onde me aplaudam, porque não gosto, não me interessa, porque não sinto que seja autêntico, não sinto que mereça nenhum tipo de reconhecimento. Com a mão no coração digo que não compreendo nem nunca compreendi o que as pessoas aplaudem. Eu tive sorte, só isso. Não me escondo nem sinto vergonha, nem acho que o que fizemos foi errado, mas também não vejo nisso nenhum motivo de orgulho, nem me sinto merecedor de nenhum elogio. Mas da mesma forma que digo isso, também acredito e sinto que aqueles que querem ou sentem necessidade de falar, de dar palestras, conferências ou escrever sobre o assunto têm o direito absoluto de fazê-lo. Da mesma forma que cada um vivenciou a cordilheira de uma maneira específica, cada um a vivencia agora que tudo passou. Ninguém tem de se sentir intimidado com o que os outros pensam, muito menos com o que eu penso. Mas eu me intimido, não gosto de ser conhecido por causa do acidente dos Andes. Prefiro que me conheçam e que gostem de mim, as poucas pessoas com quem tenho contato, por aquilo que sou, pela maneira como ajo, pela família que tenho. Que gostem de mim porque nunca incomodei ninguém. Porque se posso dar uma ajuda a alguém, eu dou. Isso é o que me interessa. Sobre isso, sim, eu conversaria com qualquer pessoa. Mas também não é nenhum motivo para aplausos. Nem interessa a ninguém publicar isso.

Reconheço que essa atitude pode ser uma consequência da maneira como reagi ao acidente, de como me comportei na montanha. Quando me comparo àqueles que se sacrificavam até não poder mais, posso dizer que na cordilheira eu era um ser passivo. E ali houve gente que fez muita coisa, e como fez! Não falo apenas do pessoal mais ativo, os caminhantes, os que empregavam todas as forças de seus músculos, os escaladores, mas também daqueles que davam aos outros apoio psicológico, que ajudavam você, que traçavam estratégias, que ajudavam os feridos, apoiavam os que sofriam de um estado de confusão mental, consolavam os moribundos, auxiliavam pessoas como eu, que estavam deprimidas.

Sou eternamente grato aos amigos dos Andes pelo que fizeram por mim. Mas devo admitir que eles fizeram isso motivados por suas próprias almas. Nunca pedi que agissem daquela maneira. Pois se quisessem teriam me deixado de lado com muita facilidade.

É um aspecto do qual não se fala explicitamente, mas que está sempre implícito. As circunstâncias e o clima se desenvolveram de uma maneira que não houve necessidade de descartar ninguém. Fazendo as coisas da maneira certa, tínhamos algo como dois ou três meses de vida, não sei se dá para entender o que estou dizendo, mas é dessa forma, e não de outra, que devo explicar. Pois a realidade lá em cima era muito, muito dura. Por que deveria falar com eufemismos? Eu não teria me importado se tivessem tido de me descartar, porque intimamente previa a possibilidade de chegar uma hora em que isso acabaria acontecendo, pois não haveria outro remédio, eles teriam de escolher, e eu era o candidato mais apropriado, já que nunca fiz nada para merecer ser poupado. Mas nunca fizeram isso. E acredito que nunca passou pela cabeça deles a ideia de fazer isso. A mim, sim, isso ocorreu, pois sentia que seria o primeiro do grupo que teriam que descartar. E quando menciono isso hoje, eles caem na gargalhada. "Não enche, Bobby", dizem. "Você está com algum problema na cabeça. Anda bebendo demais."

Assim que voltamos para o Uruguai, imediatamente fui trabalhar na fazenda de minha família. Não digo que tenha ido me esconder, mas posso dizer, sim, que quando ia à cidade mais próxima, Paso de los Toros, onde há pouquíssima gente, as pessoas me reconheciam e diziam: "Eu conheço você". E eu respondia: "Não, não sou eu, quem você conhece é um primo meu parecido comigo". E esse primo, que não existe, concentrou nele todas as fantasias: foi herói e mártir, vítima e carrasco.

Quando falam comigo sobre o assunto, fico tenso. Percebe-se que restou alguma fobia ou algo oculto em minha psique, que não sei o que é. Com o tempo me deixaram em paz, pois quem vai querer entrevistar uma pessoa que não quer falar e que desmitifica tudo o que viveu, ou que manda falar com um primo que não existe, que a pessoa depois procura e nunca encontra. Não tem utilidade para ninguém. Só para mim, porque no fim das contas consegui fazer com que me deixassem em paz. Qual é o telefone do seu primo?, perguntam. "Não sei, vocês já procuraram na lista telefônica? Estranho, talvez ele tenha trocado de número para que o deixem em paz, pois já deve estar incomodado diante de tanta expectativa que provoca."

Mas se os amigos da montanha me pedem alguma coisa, atendo sem titubear. Faço tudo o que o grupo dos Andes me pede. Às vezes querem que eu vá a alguma reunião, e como sabem que não falo, vou, fico quietinho, acompanho, mas sem abrir a boca.

Quando se tenta racionalizar tudo o que aconteceu e se fala no papel que cada um desempenhou, muitas elucubrações podem ser feitas. Vêm então alguns amigos da montanha e me dizem, com muita ternura, que eu, com minha indiferença em relação à minha pessoa, acabei por ajudá-los, porque estimulava-os a cuidar de mim como quem cuida de um irmão menor mais vulnerável, dava a eles motivo para resistir porque tinham de cuidar de mim também. Mas penso que isso são racionalizações de amigos, que as elaboram porque gostam de mim.

A verdade é que eu não estava preparado para cair em um avião numa cordilheira, comer gente morta e suportar trinta graus abaixo de zero aos dezenove anos de idade. Mas quem está? Foi por isso que vivi no limite, durante 72 dias. Mas esse limite em que me movi, essa linha tão tênue, curiosamente, foi bastante para sobreviver. Esse é o grande paradoxo: outras pessoas que deram tudo de si, que fizeram os maiores esforços para se salvar e para salvar os outros, não conseguiram, enquanto eu, fazendo o mínimo indispensável, consegui. Por quê? Não tenho a resposta. Nunca tive nem nunca terei. Por isso um dia deixei de me fazer essa pergunta, pois me mortificava.

Todos os dias eu dizia ao grupo de amigos lá na cordilheira que se eles não aceitassem que eu vivesse naquela linha limítrofe, que me abandonassem, que me pusessem para fora da fuselagem, que fizessem comigo o que quisessem ou o que precisassem fazer. Não me importava, eu estava preparado para essa contingência. Mas assim como oferecia isso, também pedia o contrário, que não cobrassem de mim mais do que eu estava preparado para dar. Não porque não quisesse fazer mais, mas porque não conseguia. E o grupo não só não me expulsou como também não exigiu mais do que eu podia dar, e me acolheu em seu seio e me deu tudo que eu precisava. Por isso ultimamente tenho pensado se na verdade, como eles mesmos me dizem, eu também não dei alguma coisa, alguma coisa que nem eu mesmo sei o que pode ser, pois não fosse assim, por que me acolheram com tanto carinho e dedicação? Por que se preocuparam em me cobrir com as mantas nas noites geladas quando nem eu mesmo fazia isso? Por que Daniel passou tantas horas me massageando os pés para que não gangrenassem, simplesmente porque eu os tinha deixado no gelo, porque não tinha interesse em protegê-los? Por que me querem tão bem, tanto quanto os quero? Como puderam suportar que, em uma situação tão extrema, eu fosse tão apático, não com eles, já que nunca fiz nada que pusesse em risco a vida dos outros, mas em relação à minha própria vida?

Todo o mal que possa ter feito foi dirigido contra o único a quem eu tinha o direito de fazer isso, contra a minha própria vida. Meus amigos pediam constantemente que usasse os óculos que Adolfo tinha confeccionado para não ficar cego com o sol sem filtro dos Andes, como aconteceu com Gustavo Zerbino na caminhada do décimo primeiro dia. Pois eu deixava os óculos na testa e não me preocupava em baixá-los para os olhos. Meus amigos não se cansavam de ajustá-los em mim. Mas muitas vezes não percebiam que eu continuava sem os óculos. E com efeito aconteceu o que eles temiam: perdi a visão de um olho e a córnea do outro, passei por vários transplantes e continuo tendo problemas, tantos anos depois.

Na montanha eu dizia aos meus amigos: "Como eu não trabalho, é preciso ser justo, e por isso devo comer menos que os outros". Mas eles davam a mim a mesma porção que cabia aos demais, o necessário para sobreviver. Ia até eles e dizia que não tinham entendido, que não era justo o que estavam fazendo, não era justo para com os outros, que davam tudo de si para se salvar e salvar o grupo. Eles então me recriminavam: "Não enche, Bobby, que temos muita coisa a fazer". Por fim eu dizia: "Tudo bem, eu vou comer o que vocês me dão, mas que fique registrado que faço isso sob protesto". E todos riam.

Daniel Fernández, que cuidava de mim como um pai, costuma dizer uma coisa que sempre me surpreende: que eu, com o que dizia, com minha atitude indolente, como se fosse indiferente ao que acontecia, deixava mais leve um ambiente de tensão máxima, no limite do desequilíbrio. Não sei, não percebo isso, são palavras de Daniel. Claro, como não me importava com nada, eu podia dizer os maiores disparates. E Daniel e os outros se divertiam com a minha maneira de falar, minhas gírias do interior, minhas tiradas imprevistas, porque eu não via o panorama como eles, não lutava por um objetivo, por isso tudo o que via e dizia era imprevisível. Dentro desse contexto, ele sempre conta um episódio. Um dia alguém bateu no meu rosto e eu perguntei, sem raiva alguma: "Foi sério ou sem querer?". "Foi sem querer", respondeu a pessoa de imediato. "Ah, bom." Mas Daniel garante que se tivessem dito que o golpe tinha sido proposital, eu teria respondido exatamente o mesmo: "Ah, bom". E acrescenta que essa atitude deixava mais leve aquela loucura que compartilhávamos.

Tem gente que sente compaixão ou piedade perante minha atitude. Eu não. E se alguém sente isso, eu o corrijo: não tenha pena de mim. Lembro quando falei com Piers Paul Read, na fazenda de Tacuarembó, pouco depois do acidente. Uma intérprete me escutava e transmitia a Read em inglês o que eu dizia em espanhol, mas era muito difícil para ela, pois cada vez que me escutava ela começava a chorar, me ouvia e chorava, e dessa forma era impossível dialogar. Eu então disse-lhe: "Não sinta pena de mim, porque eu não sinto". Mas dava na mesma: era eu abrir a boca e ela se punha a chorar. Pedi então a Read que fizéssemos um intervalo e acompanhei a intérprete numa caminhada pela fazenda, para acalmá-la. Era uma noite clara, olhamos para as estrelas, e eu dizia que aquelas estrelas tinham milhares de anos, que algumas já haviam se extinguido, assim como há coisas do passado que ainda brilham mas que na verdade não existem mais. E assim ela foi se acalmando, compreendendo que aquele passado na montanha já se extinguira, como as estrelas. Voltamos para prosseguir com a entrevista. Começamos a falar de novo; Read me fez uma pergunta, ela traduziu, e quando respondi, ela começou a chorar de novo, com mais intensidade que antes.

No momento do acidente eu estava sozinho, porque a pessoa que viajava na poltrona contígua tinha mudado de lugar, e justo nesse instante uma das asas bateu contra a rocha da montanha e o teto se partiu ao meio, exatamente onde eu estava. Eu era o último antes do rombo que se abriu. Instintivamente, pus um pé na janela para não voar para a frente com todas as poltronas, que iam se amontoando umas sobre as outras. Como eu estava nessa extremidade, ninguém caiu em cima de mim por trás. Então, quando aquele tubo que deslizava trepidando na neve começou a diminuir a marcha, embora ainda estivesse muito rápido, antes da freada final contra um pequeno monte de neve eu saltei dele como quem salta de um daqueles ônibus antigos de plataforma, porque achei que o avião ia pegar fogo. Sentei, acendi um cigarro, meio atordoado, a cinquenta metros, porque o avião ainda continuou descendo um pouco mais, e aí Carlitos apareceu e eu disse: "Vamos ficar por aqui mesmo, não tem volta". E no entanto não tínhamos sofrido um único arranhão, eu estava mais inteiro depois daquele choque do que estou agora.

Sempre pensei assim: não tem volta. Podíamos virar a montanha de cabeça para baixo, aplainá-la com uma pá, planejar, trabalhar, nos esforçar, dar tudo de nós, mas no fim não haveria volta. Sentia que meus amigos, mais do que sonhar com uma saída, o que os estimularia a correr atrás dela, estavam fantasiando, distanciando-se da realidade. Eu estava enganado, claro.

E depois? Primeiro, eu nunca mais entrei, nem entrarei, num avião. Aprendi a lição. Nunca mais voltei nem vou voltar à cordilheira. Aprendi a lição. Ela se incorporou em mim, tenho isso muito claro. Talvez tenha criado um bloqueio em relação a muita coisa que aconteceu. Costumo ter pesadelos bastante desagradáveis, mas sempre sobre outros assuntos, a infância, o colégio, a família, porém a cordilheira nunca se intrometeu neles. Nem o acidente. Nem o avião. Parece uma coisa estranha, pois isso deve estar em algum canto escuro, em alguma parte do meu inconsciente, mas não aparece. Melhor assim. Que eu fique quietinho, como um animal assustado que já levou pauladas demais.

É evidente que sofri de uma depressão aguda nos Andes. Meu pai era médico, e conversamos sobre isso antes de ele falecer. Suponho que era por isso que eu dormia tanto, por isso ia ficando cada vez mais lerdo, a cada dia perdia mais o interesse pelas coisas, tinha menos vontade de trabalhar, de comer, de me cobrir, de cuidar de mim mesmo.

Nas poucas vezes em que penso nos Andes, me concentro principalmente nas coincidências. E são tantas que fico impressionado. Uma que sempre me vem à lembrança é o fato de ter sobrevivido um de cada geração do Stella Maris-Christian Brothers. Daniel Fernández era da geração de 1962; Eduardo Strauch, da de 1963; Adolfo, da de 1964; Nando, da de 1965; Pedro, da de 1966; eu, de 1967; Roberto, de 1968...

Às vezes penso, também, que a evolução dessa história em cada um de nós teve a ver, em parte, com a maneira com que aterrissamos na civilização depois de tudo. Eu voltei antes dos outros, em 24 de dezembro, com Daniel Fernández, a família Nicolich e a família Shaw, que foram atrás dos filhos errados, pois os deles estavam mortos. Viemos no mesmo avião, com uma escala em Buenos Aires por causa do mau tempo. Quando chegamos a Montevidéu, fui retirado escondido do aeroporto e me levaram direto para casa. Já com Daniel, não, ele foi pego de surpresa. As primeiras pessoas que vi eram de uma delegação do Old Christians que vieram à minha casa e disseram: "Procure não aparecer, Bobby, tente não falar nada, porque a imprensa vai tentar pegar você sozinho e crucificá-lo". De alguma forma estavam dizendo que eu não deveria ir à entrevista coletiva de 28 de dezembro, da qual com efeito não participei. Quer dizer, desde o primeiro dia, desde a hora em que desembarquei, já me pediam que me escondesse.

Três anos depois, me casei com minha atual mulher, Graciana, com quem sempre me dei muito bem. Tive uma vida marcada por desgraças. Sofri um infarto grave, e com os exames que me fizeram acabaram descobrindo um câncer de próstata. Fui operado e agora estou bem. Há vários anos sou monitorado e continuo vivo.

Sei que as pessoas têm interesse em saber como a sociedade dos Andes se desenvolveu. Fico surpreso com esse tipo de coisa: vocês sabem quanto tempo dura um dia lá em cima, sem saber se a gente vai viver ou morrer? Não, ninguém sabe. Sabem que o meu relógio, um Seiko que ainda conservo, se congelava de noite e voltava a funcionar no meio da manhã? Então eu nunca sabia que horas eram, quanto tempo tinha passado. Não conseguia medir o tempo, e por isso tenho a sensação de que o tempo na montanha foi eterno. Foi um período infinito da minha vida, que não é contado em dias ou horas.

Com o passar dos anos, quando estou sozinho no campo, às vezes me ponho a pensar que sim, talvez eu tenha tido um papel na montanha. Vai ver eles têm razão, e eu, sem querer, tenha despertado neles a ternura que os ajudava a se manter vivos e, no que me diz respeito, a me manter vivo também.

Além disso eu sei, e isso está muito claro, que devo minha vida ao grupo dos Andes. Mas de tudo o que aconteceu na minha vida o que mais me emociona é que eles, nenhum deles, jamais me cobraram essa dívida. Em alguns momentos, chego a acreditar que nem sequer sentem que eu devo alguma coisa.

Bobby François nasceu em 1951. É técnico em agropecuária e sempre trabalhou na empresa rural herdada da família. Casado com Graciana, tem cinco filhos.

Tem a fala do interior do Uruguai, entremeando a conversa com ditos gauchescos e criativos. É extremamente afetuoso, a ponto de inspirar um carinho íntimo.

Sua casa é rústica e acolhedora, com um amplo jardim, na zona noroeste de Carrasco. A longa conversa que tivemos se deu diante de uma lareira, na qual ele colocava lenha permanentemente, acomodando-a com destreza.

Quando encerramos o encontro, eram dez da noite e caía uma tempestade colossal. Saímos para a rua, em pleno inverno montevideano, e ao frio rigoroso somava-se um vento muito forte, que trazia consigo bastante água.

Ele caminha pelo jardim em mangas de camisa, num ritmo pausado. Pergunto se não está com frio, observando que fazia algo entre três e quatro graus. "É, dizem que vai esfriar", responde. "A qualquer hora vai cair uma geada."

Protejo-o com meu guarda-chuva, mas ele pega na minha mão e volta a pôr o guarda-chuva sobre a minha cabeça. Assim que che-

gamos à calçada, posiciono de novo o guarda-chuva para cobri-lo e ele automaticamente volta a pegar minha mão para fazer o mesmo de antes: "Quem esqueceu o guarda-chuva em casa fui eu, não você", *disse.*

Do meu carro o observo voltando para casa. Ele não apressa o passo nem treme por causa do frio ou da água. Caminha com o mesmo andar tranquilo, como se estivesse totalmente alheio à tempestade que esvoaça seus cabelos.

25. O abismo que escalamos

Em 11 de dezembro Numa Turcatti faleceu, o que precipitou a partida dos expedicionários. "Amanhã a gente sai", disse Roberto em voz baixa. Gustavo encarregou-se de passar a informação ao restante do grupo, para que fossem preparados os miseráveis utensílios para a expedição de vida ou morte.

Aquela noite, a última na fuselagem, foi muito longa para os três expedicionários, nenhum deles conseguiu dormir. Partiram às sete da manhã do dia 12 de dezembro para aproveitar o horário em que a neve ainda estava firme. Roberto levava o saco de dormir; Nando, uma mochila; e Tintín, a carga mais pesada, uma mochila com cerca de quarenta quilos contendo as almofadas, as meias de rúgbi recheadas de carne e gordura, a água, a lanterna, o revólver do piloto e todo o resto.

Roberto Canessa vestia três calças, três pulôveres de lã e uma jaqueta. Além disso, usava duas luvas de esqui de Pancho Abal, botas e a bússola que tinha retirado do painel de controle do avião.

Nando usava três calças jeans em cima de uma calça de lã feminina, três pulôveres sobre uma camiseta de algodão, uma jaqueta, um gorro de lã que cobria também a boca e o nariz, o abrigo com capuz e ombreiras de couro de sua irmã Susy, quatro pares de meias e chuteiras de rúgbi. Embora seu corpo expressasse uma determinação inabalável, a mente o levava a outros caminhos. A fuselagem, com a umidade e todos aqueles odores e a morte à espreita, pareceu-lhe, na hora da partida, um lar seguro, firme e acolhedor.

Tintín calçava um par de botas de cano alto, três calças, seis pulôveres, quatro pares de meias, uma capa de chuva, um gorro branco que cobria a boca e o nariz, mais o gorro do piloto e uma camiseta em volta da cabeça para proteger as orelhas do frio. Ia visivelmente mais carregado que os outros dois, mas, como sempre, em nenhum momento perguntou por quê. Tinha de levar aquilo que pediam para levar. Carregava também um tubo de alumínio à guisa de bengala, como os outros dois.

Os três começaram a subir pelo declive da geleira em direção às encostas mais baixas das montanhas. Sabiam que a neve acumulada nas beiradas das rochas era instável e que podia desabar a qualquer momento em cima deles, que podia haver gretas ocultas sob a fina camada de gelo e que frequentemente rolavam pela encosta rochas gigantescas das partes mais salientes da montanha, que, como souberam muitos anos depois, tinha 5180 metros de altitude.

No meio da manhã, quando a neve já se amaciava e as pernas afundavam até os joelhos, decidiram calçar as rústicas raquetes de neve. No começo elas funcionaram, mas devido ao tamanho, as almofadas, com o estofo e o tecido molhados, pesavam demais, o que os fazia andar muito lentamente e de modo grotesco, como patos mareados.

Ao meio-dia já tinham atingido uma altitude que causava tonturas. A montanha descia de forma tão verticalizada atrás deles que, se descuidassem por um segundo, podiam se precipitar no vazio. Ao final da manhã calcularam ter escalado cerca de seiscentos metros.

Uma hora depois, chegaram a encostas tão íngremes, a mais de 4 mil metros, que nem sequer havia acúmulo de neve, motivo pelo qual puderam tirar as almofadas dos pés. Pouco depois começaram a sentir o mal da altitude, o que os obrigou a avançar metro por metro, com uma profunda dor de cabeça pulsando entre as têmporas. Aturdidos, ofegando pela falta de oxigênio, eram obrigados a descansar a cada vinte passos, apoiando as mãos nos joelhos. A frequência cardíaca e respiratória disparou, o que, com a perda de hidratação dos corpos, requeria cada vez mais água, necessidade que só conseguiam satisfazer comendo pedaços de neve ou bebendo da água que derretia lentamente dentro das duas garrafas que carregavam.

No início da tarde, a paisagem mudou. Surgiram rochas enormes que se erguiam acima da neve, muito difíceis de escalar. Por isso tinham de dar a volta, cravando os pés na neve com o corpo inclinado para a frente, de forma a não cair para trás.

Pouco depois soprou o vento, que começou como uma brisa fria e logo se transformou numa corrente de ar gelado. Às quatro da tarde a bagagem já estava toda molhada. Pensaram em parar e procurar um canto onde pudessem se proteger para passar a noite, mas, como o topo parecia estar muito próximo, decidiram avançar um pouco mais. Estavam tão cansados que precisavam movimentar as pernas com a ajuda das mãos.

Uma hora depois a penumbra já cobria aquela parte da montanha. Resolveram procurar um local apropriado para se refugiar, já que a escuridão avançava a cada segundo, mas não conseguiam encontrar nada além de ladeiras íngremes e perigosas. Primeiro deu um frio na barriga; depois, à medida que continuavam andando e a escuridão se projetava pela montanha, entraram em pânico. Nando amaldiçoava o erro que tinham cometido, Tintín não conseguia entender por que não tinham feito o que ele sempre havia planejado, procurado um lugar plano enquanto ainda havia luz, e Roberto chorava de raiva porque achava que não encontrariam um local para descansar e morreriam congelados na primeira noite.

A subida era tão íngreme que Tintín quase caiu para trás por causa do peso que levava nas costas. Deteve-se, petrificado: sentiu que se avançasse ou recuasse despencaria no vazio. Chamou por Roberto, conseguiu passar-lhe a mochila e, sem aquele peso, retomou o equilíbrio.

O vento soprava de modo cada vez mais inclemente, já não se via quase nada, mas eles não podiam permanecer ali, pois era impossível estender o saco de dormir. Esses últimos passos foram providenciais, pois sob os últimos instantes de luz eles encontraram uma grande pedra plana onde o sol se refletira durante todo o dia, derretendo parte da neve e formando uma esplanada levemente inclinada. Os três a encararam perplexos. Como tinha aparecido ali, de repente? Roberto chorou de alegria. Nando e Tintín começaram a gritar. Estenderam o saco de dormir, e antes de entrar tiraram os calçados e botas para não romper sua frágil costura. Pouco depois o vento se acalmou e a lua apareceu.

A temperatura caiu tanto que uma das garrafas com água rachou. Quando o sol saiu, puseram os calçados e as botas, congeladas como cubos de gelo, na região mais elevada da rocha para que secassem, e ficaram no saco de dormir até recomporem a temperatura do corpo. Mesmo sem falar nada, os três acabavam de confirmar que, apesar da noite terrível, o saco de dormir tinha funcionado.

A quarta-feira, 13 de dezembro, foi mais um dia de muita luminosidade. Ao escalarem naquela altitude de 4500 metros, a montanha era quase vertical. Às suas costas havia sempre o vazio; qualquer descuido e podiam cair encosta abaixo. Nando e Tintín passaram a ir na frente, para formar degraus com a ajuda dos tubos de alumínio ou chutando e enfiando a ponta dos calçados na neve.

Chutavam várias vezes até formar um buraco que permitisse enfiar o pé e subir meio metro, aproximando o peito da encosta, para então dar novos chutes e formar mais um degrau. Aquele que ia à frente tinha a desvantagem de ter de construir os degraus, mas, ao mesmo tempo, a garantia de que o degrau estava novo e firme. O último, em contrapartida, tinha de pisar num degrau já escorregadio e mais perigoso, que em muitos casos não suportava o seu peso, por isso era obrigado a cavar novamente.

No começo da tarde Roberto se deteve, atônito. Pôs e tirou os óculos de sol e esfregou os olhos várias vezes. Tinha enxergado uma faixa preta ao leste, bem além do local onde estava o avião. Ficou observando, concentrado. Nando estava mais acima, e atrás vinha Tintín. A faixa escura atravessava o fundo do vale de um lado ao outro, muito antes do gigantesco vulcão que eles sempre tinham avaliado que bloqueava o caminho para o leste, o Sosneado. Embaixo parecia haver um outro caminho, paralelo ao primeiro. Também havia menos neve desse lado. Não acreditava que pudesse ser uma falha geológica tão perfeita, embora não chegasse a enxergar tudo claramente. Esfregava os olhos cansados, mas não conseguia chegar a uma conclusão definitiva. Por isso não disse nada aos companheiros e continuou subindo. No final da tarde chegaram a um lugar semelhante àquele onde haviam dormido na noite anterior e decidiram ficar ali, sem avançar mais, para não cometer o mesmo erro. O vento era tão forte que os três tiritavam de frio como se estivessem sem roupa. Estavam a 4700 metros de altitude.

— Eu vi dois caminhos na direção do leste — disse Roberto, de repente. Os outros dois olharam para ele. — Acho que devemos descer — acrescentou.

Diante da percepção de uma possível saída, multiplicou-se em sua mente o nível de fragilidade do que estavam fazendo.

Sentia-se no meio de um oceano, agarrado a um toco de madeira que afundava.

— Não estou vendo caminho nenhum — disse Nando, erguendo o corpo ao máximo.

Tintín também tentou enxergar, dando de ombros.

— Parecem caminhos, mas talvez não sejam — murmurou.

Ficaram mais de meia hora observando o lado leste, como três águias pousadas sobre a rocha. Quando a escuridão os impediu de continuar olhando, os três se enfiaram no saco de dormir.

Na manhã seguinte, quinta-feira, 14 de dezembro, o dia estava mais uma vez radiante.

— Que sorte estamos tendo com o tempo! — disse Roberto para Nando. — Se não fosse esse sol, não conseguiríamos prosseguir.

— Nossa sorte vai continuar — disse Nando, adivinhando o pensamento do amigo enquanto expunham os corpos ao sol e esperavam que os calçados descongelassem.

— Vou ficar aqui o dia todo para ver se é um caminho, com a variação da luminosidade. Deixem as mochilas comigo e tentem chegar lá em cima. Vai ser mais fácil. Aí vocês me chamam — disse Roberto, com tanta convicção que Nando preferiu não argumentar.

Meneou a cabeça, fez um sinal para Tintín, e os dois retomaram a subida. Ultrapassaram uma área cheia de neve e percorreram um pedregal misturado com gelo. A ladeira ficou tão íngreme que tiveram de fazer degraus novamente, como no dia anterior. Nando foi à frente e perdeu Tintín de vista.

No final da manhã, visualizou um pedaço de céu por cima do contorno da montanha; sem dúvida estava perto do topo.

Ao chegar ali, estremeceu. Esperava ver algum sinal de vida humana, mais longe ou mais perto, mas viu apenas montanhas, 360 graus de montanhas nevadas. Entendeu que tinha se enganado, que a salvação não estava no oeste, que o avião tinha caído em um ponto bem no meio da vasta cordilheira, que tudo havia sido uma maldita alucinação.

— Dá para ver alguma coisa verde? — gritou Tintín, oitenta metros mais abaixo, tirando-o da introspecção.

Nando não respondeu à pergunta.

— Chame o Roberto, diga que já cheguei e que é para ele subir aqui! — retrucou, furioso.

Quando Tintín chegou onde Roberto estava, na pedra nua, encontrou-o de pé, tal como o haviam deixado seis horas antes, olhando para o leste, com as duas mãos sobre os olhos para que o sol não atrapalhasse a visão.

— Nando disse para você subir, que ele já chegou ao topo — afirmou.

— E o que se vê de lá de cima? O que você viu? — perguntou Roberto, ansioso.

— Eu não cheguei até lá, está muito difícil, não sei de nada. Ele disse pra você ir e ver com seus próprios olhos.

Roberto interpretou aquilo como um mau sinal. Se tivesse visto algum verde chileno, Nando teria mandado uma mensagem entusiasmada, e não aquela frase enigmática: "Venha ver com seus próprios olhos".

Tintín estava tão exausto que se enfiou no saco de dormir e, minutos depois, adormeceu.

Enquanto esperava Roberto subir, Nando tirou da mochila uma sacola de náilon e o batom que levava consigo e escreveu as palavras "Monte Seler", o nome de seu pai, e guardou a sacola debaixo de uma pedra.

Roberto levou três horas para subir até o cume. Ao chegar, olhou em volta, meneando com a cabeça.

— Estamos mortos, Nando — disse.

O amigo não titubeou:

— Eu vou em frente, Roberto. Vamos até o fim.

— Não sei se eu vou junto — respondeu, sem tirar os olhos da paisagem a oeste, aquela sucessão infindável de picos nevados.

— Existe uma passagem entre as montanhas — disse Nando, sem convicção. — Estou de olho nela há horas. Acaba no fim do horizonte, onde há dois picos mais baixos, sem neve. Devíamos ir nessa direção.

Roberto meneou a cabeça.

— Dá uns oitenta quilômetros — disse. — Como vamos chegar lá nesse estado?

Como se não tivesse escutado, Nando prosseguiu:

— No fim do vale se forma um "Y". Está vendo?

Roberto olhou para onde ele apontava. Era verdade: o vale serpenteava pelas montanhas, seguindo na direção dos picos mais baixos que Nando mencionava. Mas a distância era enorme, inatingível, absurda.

— Eu ouvi um avião. O resgate foi retomado — disse Roberto.

— Você vem comigo? — perguntou Nando, como se não ouvisse o que o outro dizia.

Roberto fechou os punhos e apertou os dentes. Recordou que seu pai sempre dizia que não se deviam tomar decisões depois de determinada hora da tarde, pois o cansaço acumulado ao longo do dia costumava induzir ao erro.

— Amanhã eu respondo — disse.

Quando começaram a voltar pelo caminho em direção à pedra onde tinham deixado o saco de dormir, ocorreu a Nando a ideia de pedir a Tintín que descesse, deixando que eles dois ficassem com mais alimento e mais conforto no saco de dormir.

O dia seguinte amanheceu com muito sol. Roberto sentiu uma satisfação estranha pelo fato de que só eles podiam apreciar aquela paisagem deslumbrante. Embora sempre tivesse a sensação de que não conseguiria sobreviver, nesse momento pensou que aquele lugar lhe pertencia por algum tempo e que era grandioso demais para não ser admirado. Essa impressão tão subjetiva influenciou sua decisão de acompanhar Nando na impossível travessia, deixando de lado opções que considerava mais seguras e racionais.

Quando comunicou a decisão ao amigo, Nando não conseguiu conter a alegria. Tintín, por sua vez, comemorou a decisão de voltar para o avião, pois na verdade acreditava ter se "queimado" com o esforço desmedido que realizara transportando o grosso de toda a bagagem até o topo da montanha.

Os dois abraçaram Tintín e disseram para avisar a Adolfo que caso o resgate aparecesse na fuselagem, eles deveriam procurar em linha reta na direção do oeste.

Nando e Roberto permaneceram na pedra plana durante todo aquele dia, sexta-feira 15, descansando, preparando-se para a escalada final. No fim da tarde, comeram carne e gordura, beberam um gole de rum e se enfiaram no saco de dormir, para observar como o sol tingia de dourado os cumes de todas as montanhas que os rodeavam.

26. Amigos por toda a eternidade
*Tintín Vizintín**

A escala em Mendoza no dia 12 de outubro foi uma coisa imprevista, não só porque não estava nos planos como também pelo que aconteceu ali. Os nove do nosso grupo mais próximo fomos para o mesmo hotel, onde dividi um quarto com Juan Carlos Menéndez e Carlos Valeta. Uma das coisas mais curiosas dentre as inúmeras que aconteceram foi que nos alojamos em três quartos e só um de cada se salvou.

Em Mendoza nosso grupo de nove amigos mais próximos saiu para passear, e conhecemos umas garotas que nos levaram para jantar num lugar que nunca mais consegui encontrar, embora o tenha procurado várias vezes, na região leste da cidade. Às vezes acho que ele simplesmente desapareceu, chego a pensar que talvez nunca tenha existido. Era uma casa muito antiga, que consigo rememorar em seus mínimos detalhes, com o pé-direito muito alto, abóbadas de tijolo e vigas de madeira bem grossas. O cardápio era basicamente de sanduíches, como anunciavam os cavaletes na entrada, um para cada lado da calçada, num ambiente muito amplo e jovial. Logo percebemos que em todas as paredes do restaurante estavam escritas algumas frases alusivas aos seus signatários, e resolvemos gravar ali também os nossos nomes. Uma das meninas que nos acompanhavam observou como nós, os nove, escrevíamos os nossos nomes, rindo bastante. Quando acabamos, ela se aproximou da parede e escreveu uma frase que até hoje me faz tremer: "Amigos para toda a eternidade". Não se referia a ela, àquele laço incipiente que acabava de se estabelecer, mas sim à amizade que existia no nosso grupo e que ela percebera pela forma como a desfrutávamos. Podia ter feito mil outras frases, combinações infinitas de palavras, mas por que escolheu justamente essa? Por que "amigos para toda a eternidade"? Não consigo evitar que isso me comova a ponto de chorar e que me leve de volta à montanha.

Saímos bem tarde do restaurante, e tudo o que aconteceu depois foi muito rápido. Eu ia conhecer o Chile e ver neve pela primeira vez, e acabei caminhando pela cordilheira dos Andes a mais de 5 mil metros de altitude, equilibrando-me acima de um precipício, com uma mochila de quarenta quilos nas costas.

Saímos do hotel de Mendoza bem cedo e na correria, pois nos chamavam do aeroporto, nos arredores da cidade. Naquele momento surgiram aquelas dúvidas fatídicas, a tensão e a decisão de empreender o voo rumo ao desastre. No acidente levei uma pancada na cabeça que me causou uma comoção cerebral, outra pancada no peito que fraturou duas costelas, e algumas feridas muito profundas num dos braços, coisas que me fizeram ficar oito dias prostrado dentro da fuselagem, praticamente sem conseguir me mexer e sem poder participar ativamente naqueles primeiros dias.

O rúgbi ensina você a sofrer, e a posição em que eu jogava, de pilar, ensina a empurrar, a não amolecer, a bater uma vez, duas, cem vezes contra a parede, que é o pilar adversário, normalmente um sujeito retangular com mais de cem quilos. E mesmo quando você não aguenta mais, ainda assim tem de continuar, pois o limite do seu esforço é sempre flexível, sempre pode esticar um pouquinho mais. Você se acostuma com o fato de esse esforço suplementar fazer parte da sua natureza. No colégio Stella Maris-Christian Brothers nos apresentavam os espartanos como modelos, com aquele estoicismo e espírito de sacrifício, e nos ensinavam que eles usavam túnicas da cor púrpura porque, quando se feriam nas batalhas, não percebiam que sangravam, pois o sangue se confundia com as roupas, e assim podiam seguir lutando com a adrenalina ao máximo. Pensei muito em tudo isso quando estava na montanha. Tinha aquelas feridas, uma comoção cerebral, uma dor muito forte no peito, e na expedição final praticamente acabei com os dedos do pé direito chutando a parede de gelo para cavar os degraus e escalar a montanha, mas, como não via nada daquilo, as mazelas não afetavam o meu ânimo e eu conseguia seguir em frente.

Naqueles primeiros oito dias depois do acidente, meus amigos me ajudavam a sair para urinar do lado de fora, me apoiando nos braços, em dois, pois eu era e ainda sou muito pesado, e depois me traziam de volta. Um dia, quando já estava um pouco mais forte, fui levado por Gustavo Zerbino, e como minha urina estava marrom, pois estávamos nos consumindo por dentro, ele me disse que eu estava com hepatite. Mas eu sabia que não podia estar com hepatite, pois não tinha o direito de adoecer. A urgência de me recuperar era tanta que não podia sequer pensar na hipótese de ter hepatite, doença que me deixaria prostrado por muito tempo e que acabaria me matando na montanha.

Nem eu nem ninguém tirávamos a roupa nos Andes. Antes de viajar, eu tinha comprado um casaco, uma jaqueta azul com botões dourados. Já recuperado da comoção cerebral do acidente, um dia em que me senti com mais energia e consegui levantar e caminhar um pouco, parei por um instante diante do rombo do avião, observando a imensidão das montanhas. Álvaro Mangino estava embaixo, com a perna quebrada, derretendo neve para fazer água. De repente, ele me disse: "Olha, Tintín", e me mostrou como num instante, parado por cima dele, eu o tinha molhado de sangue. Era verdade: ao me mover da posição em que estava, o sangue começou a gotejar, mas quando passei a mão na manga não descobri de onde aquilo provinha, embora estivesse molhada. Então Roberto e Gustavo cortaram a manga da jaqueta com uma tesourinha e descobriram um grande coágulo de sangue que pesava mais de dois quilos. "Parece um fígado", exclamou Canessa, que fez um torniquete na artéria de onde saía o sangue, cortou o coágulo com uma lâmina de barbear e jogou-o fora, que ao cair tingiu a neve com uma grande mancha escura. Para que as costelas fraturadas não me incomodassem, eu me enfaixava, apertava bem o cinto e assim conseguia respirar melhor. Passei os 72 dias com o cinto o mais apertado possível, embora fosse mudando sempre de furo à medida que emagrecia. Sabia que alguma coisa tinha acontecido no meu peito, mas não havia um diagnóstico preciso, e eu também não precisava disso. Dois anos depois de voltar a Montevidéu, levei uma pancada forte no peito jogando rúgbi. Tiraram algumas radiografias numa clínica e foi constatado que eu estava havia dois anos com duas costelas fraturadas.

    Desde o momento que se deu o acidente, impus a mim mesmo um objetivo que tirei do rúgbi: se eu ia morrer, se nós íamos morrer, então que fosse em ação, dando de tudo, acima de nossas forças; no meu caso, caminhando, e depois fazendo parte da equipe de expedicionários. Ou seja, eu ia morrer de pé, não prostrado sobre aquelas chapas amassadas do avião. E esse era um princípio que eu trazia comigo dos Irmãos Cristãos irlandeses do colégio, como se tudo o que haviam me ensinado ao longo de dez anos de formação durante o primário e o secundário fosse posto à prova naquelas circunstâncias dramáticas dos Andes. Tudo parecia fazer parte de uma ordem preestabelecida, como o "Amigos por toda a eternidade".

    Em março daquele ano, 1972, quando eu estava para fazer dezenove anos, o treinador da primeira divisão do clube Old

Christians, o Brother Eamon O'Donnell, um irlandês rigoroso e espontâneo, me integrou à equipe. Ele tomou essa decisão por causa da minha força física, sem dúvida, mas eu sabia que O'Donnell também acreditava que eu tinha as qualidades que considerava imprescindíveis para ocupar aquela posição tão sofrida, a de pilar, à frente de todos no amontoado de gente do *scrum*, aquele que recebe mais pancadas e tem de suportar o peso maior, embora não tenha de ser o mais talentoso para esse esporte. São como os hoplitas das falanges gregas, aqueles que vão na frente, contra tudo o que vier. Os Irmãos eram e ainda são irlandeses muito rígidos, curtidos e diretos, cuja filosofia se baseia na integridade, no agir conforme o que se diz, e em todos os momentos nos Andes senti que estava fazendo o que eles esperariam que eu fizesse. Parece uma alegoria, mas o acidente todo e tudo o que a ele se seguiu estão carregados de simbolismos. Não creio que seja coincidência o fato de que os três expedicionários fôssemos jogadores de rúgbi, com uma filosofia semelhante, sendo dois deles — Nando e eu — do *scrum*, a posição que tem menos glamour, se você quiser, mas que é sem dúvida a mais sacrificada, sem almejar a glória ou o destaque individual. E é no *scrum* que mais se percebe o espírito de equipe, sofrer em silêncio, e se você se machuca continua em frente, pois no rúgbi não há trocas nem substituições, como na expedição final da montanha.

Ao mesmo tempo, por trás da minha fortaleza física, abatia-se sobre mim o desespero pelo que estava sofrendo. Vivíamos sob tensão permanente, convivendo com os que estavam muito feridos sobre as redes, com os mortos ao lado, com uma avalanche, com umas malas, um biombo e uma porta quebrada formando uma frágil barreira que toda noite compunha uma espécie de anteparo entre você e a morte por congelamento. Eu observava aquilo e pensava: atrás dessa barreira, que eu posso derrubar com um simples empurrão, está o fim ou o começo de tudo.

Nas malas que estavam na cauda do avião encontrei uma máquina fotográfica e alguns filmes. Tirei várias fotos, imaginando que, se morrêssemos ali, ao menos alguém algum dia ficaria sabendo como tínhamos vivido aqueles momentos. Há fotos tiradas na fuselagem do avião e há fotos na cauda, onde também escrevemos num papel uma mensagem para um hipotético resgate, em que explicávamos que tínhamos tentado consertar um rádio e que se ele seguisse encosta acima encontraria os restos do avião, onde fizemos todo o possível para sobreviver, pois éramos amigos para toda a eternidade. A mensagem foi escrita de tal modo que não se sabe se era para o presente ou para um futuro distante, quando todos já estaríamos mortos. Era o testemunho de nossa luta, e para nós era importante que perdurasse.

O Stella Maris-Christian Brothers e os Irmãos Irlandeses tinham deixado marcas profundas na minha personalidade. Além da integridade e do arrojo, havia a disciplina e a confiança naquele que está encarregado de orientar você, como no caso do capitão do time. A base dessa lealdade é a confiança. Se ele pede para fazer uma coisa, você não deve discutir, mas sim desempenhar o seu papel da melhor forma possível, para o bem do grupo, com a segurança de que a decisão foi tomada acertadamente.

Sempre senti, e ainda sinto, que durante anos os Irmãos foram como que depositando moedas ou medalhas dentro do cofrinho de cada um, e que cada medalha era uma mensagem, um ensinamento simples porém contundente. Quando você necessitava, elas estavam ali. Nos Andes eu precisei de todas ao mesmo tempo. O cofrinho ficou vazio.

Há um episódio muito ilustrativo sobre o regresso a Montevidéu com a maioria dos sobreviventes no dia 28 de dezembro. Fui o primeiro a descer do avião da Lan Chile naquele aeroporto lotado de gente. Do alto da escada avistei os dois ônibus que aguardavam na pista para nos levar à entrevista coletiva no ginásio do colégio. De pé, ao lado de um dos ônibus, vi o então diretor do Stella Maris-Christian Brothers, o Brother John McGuinness, que morreu no final de 2007. Estava a uns vinte metros da escada. Como eu era o primeiro a descer, ele me olhou com firmeza através de seus óculos de lentes grossas, imóvel. Mas eu sabia o que ele queria. Antes de embarcar no ônibus, fui até ele e trocamos um abraço que para mim foi um dos mais emocionantes que recebi em toda a minha vida, e sabia também o que aquilo representava para ele, que sofria na alma a dor por todos os amigos que tinham morrido no acidente. Mas como ele era fiel a si mesmo, e fiel à maneira estoica com que nos havia educado, o abraço tão terno e profundo foi também breve, como se não explicasse nada mas sugerisse tudo. E embora eu sentisse que seu corpo tremia como uma folha, antes do que esperava eu o ouvi sussurrando, já que não conseguia articular uma palavra, "Up, Tintín, up, up!", para que eu subisse no ônibus, como que dizendo: não ceda, Tintín, olhe para a frente, não se prenda ao passado.

Durante aqueles 72 dias me baseei nesse lema, que McGuinness depois reproduziu de modo tão fiel no aeroporto: levante-se, caia de pé, não ceda. Acho que foi por isso que quis ser um dos expedicionários nos Andes. Não tenho nenhuma explicação lógica do porquê de termos empreendido aquela caminhada absurda com Roy Harley e Carlitos Páez. Hoje acredito que foi uma loucura. Uma temeridade desnecessária. Os três mais novos do grupo queriam ser caminhantes sem conhecer nada sobre a neve, sem ter analisado o clima nem a maneira como a borrasca ataca na montanha. A única explicação que encontro é que etapas foram se cumprindo. Houve gente que se arriscou no começo e acabou morrendo. Ou se "queimou", como dizíamos dos que esgotavam suas forças em definitivo. Alguns dos que fizeram as primeiras caminhadas morreram. Numa e Daniel Maspons faleceram, Gustavo ficou cego. Sentimos que era hora de nos colocarmos à prova. Foi então que passei a ser o terceiro integrante do grupo expedicionário.

Havia o lado executivo, que eram os que caminhavam, e a parte de planejamento e logística. O planejamento sempre esteve a cargo dos três primos Strauch, enquanto o restante cuidava da logística. Nós éramos a parte da execução, e embora tivéssemos autonomia no campo, que era a montanha nevada, havia o roteiro do pessoal do planejamento, e você tinha de respeitá-lo, o que fez com que o grupo funcionasse como um organismo eficiente. A última expedição não foi fruto de um acaso ou de um impulso cego e repentino, mas sim resultado de várias expedições que tinham fracassado, de outros expedicionários que morreram, de aprendizados que custaram sangue, suor e lágrimas.

Há uma coisa dos Andes que guardo comigo com muita clareza. Lembro-me tanto dos êxitos como dos fracassos. O mais terrível para caminhar sempre foi o frio nos pés, o fato de estarem constantemente úmidos, com a possibilidade quase certa da gangrena. Às vezes envolvíamos os pés com sacolas de náilon, mas a transpiração se condensava dentro e você acabava se molhando tanto ou mais até do que antes. Um dia alguém lembrou a bota de couro de potro usada pelos gaúchos em nossa história (no começo do século xix) e teve a ideia de fazer algo equivalente usando partes dos cotovelos e dos joelhos dos cadáveres, raciocinando que a gordura e a pele isolariam os pés do frio e da umidade. Isso acabou fracassando também, primeiro porque a superfície do pé ficava aumentada em quase um centímetro, o que dificultava para se calçar, e ao mesmo tempo a gordura fazia os pés escorregarem, não funcionando como isolante. Mas o fracasso estimulava a tentar de novo, por outras vias, nos forçava a buscar outros ângulos, e pouco a pouco encontramos, com os escassos elementos de que dispúnhamos, as melhores soluções para sobreviver e escapar da morte.

Ao encarar todas as desgraças dessa forma, a ideia de escalar aquela imensa parede de neve deixou de ser impossível. Entre outras razões, porque o temor se transformara em perseverança, e aprendemos que o que faz você cometer erros é justamente o medo de errar.

Foram os dezesseis que tornaram possível que três e depois mais dois chegassem ao destino. Não é demagogia nem discurso barato dizer que foi a equipe que tornou isso possível. É apenas uma questão de justiça, é ser fiel à verdade, não ao que as tribunas da sociedade tradicional ávidas por heróis querem ouvir. Sei que os filmes ou os livros exigem determinado personagem que concentre todos os atributos, pois isso facilita a identificação do leitor ou do espectador, que de outra maneira dispersaria sua atenção entre diversas pessoas. Mas a realidade funciona de outro modo.

Nos Andes nunca inferiorizamos os que morreram dizendo que um, dois ou três salvaram os demais, nem elegemos heróis mitológicos, pois, se pensarmos em heróis, estaremos humilhando os mortos. E quantos heróis deixamos de conhecer por terem morrido de forma corajosa, por puro azar ou por força do destino, como se queira chamar, sem que ninguém testemunhasse o seu momento final para poder relatar sua façanha? Eu conhecia a maioria dos que estavam lá. Sabia do que eram feitos. E sempre imagino quantas lições teriam a nos dar se tivessem sobrevivido! Simplesmente não tiveram essa chance. Por isso, se falo em heróis referindo-me aos que tiveram a sorte de escapar, acabo diminuindo os outros. Eles realizaram o lado mais horrendo da travessia. Eu segui o caminho que me indicavam e me salvei, mas jamais poderei cometer a deslealdade de abandoná-los.

Por isso essa história não pode ser contada pela metade. Nem a partir de uma só perspectiva, mas sim das dezesseis que existem. Na montanha não se pode dizer "eu salvei a sua vida", porque a verdade é bem outra: "Nós ajudamos você a salvar a nossa vida". Ou, dito de outra forma, todos nós salvamos a vida de todos, do primeiro ao último instante, incluindo, é claro, os próprios mortos. Por acaso esses nossos amigos de uma vida inteira não salvaram a nossa vida com os seus corpos? Duvido que haja um exemplo mais claro dessa realidade.

Se é para relatar esses acontecimentos, vamos fazer isso como homens. Seria muito doloroso para mim que, se essa história venha a perdurar, se percam os nomes dos que não voltaram, o empenho daqueles rapazinhos tão jovens. Quem eram ou quem foram? O que mais quero é que seus nomes sejam ao menos lidos sempre que alguém contar a história dos Andes, pois um nome é uma recordação, e uma recordação é uma vida que dura para toda a eternidade.

Hoje, em meio à civilização, revejo meu comportamento na montanha e considero que poderia ter feito minha opinião pesar mais, pois é claro que às vezes eu concordava e outras discordava do que fazíamos, mas impus a mim mesmo com tanta convicção o papel de apoiar o que fosse decidido que em nenhum momento rompi esse compromisso. Por isso estava disposto a escalar a montanha na hora em que decidissem fazer isso. Pois sabia que naquele time havia gente como Roberto, que avaliava todas as variáveis, que esperava a chegada do mês de dezembro para que a neve nos permitisse caminhar sem perder a vida, para que o *vento branco* não nos matasse na primeira noite. Sabia que havia Nando com sua coragem inabalável. Sabia que havia os Strauch, pensando e preparando tudo para nós. Mas Roberto e Nando precisavam de alguém incondicional na equipe. E essa pessoa era eu. Vamos sair agora, Tintín? Sim, vamos. Vamos sair amanhã, Tintín? Sim, vamos. Sempre às ordens. Esse era o meu papel, como jogador de rúgbi, como o pilar.

Quando as bagagens foram preparadas para a expedição final, não pesei o que ia com Nando nem o que ia com Roberto, embora tenha ouvido dizer várias vezes que estavam reservando para mim uma mochila de mais ou menos quarenta quilos, com todas as meias cheias de carne para dez dias, para três pessoas. Tudo bem, quarenta quilos. E vou chegar com ela até onde puder, até arrebentar, como de fato aconteceu. Quando partimos para a expedição sem volta, em 12 de dezembro, pus a mochila nas costas e senti que estava pesada, muito pesada. Minha vantagem era a força, e estávamos aproveitando isso da melhor forma possível. E como minha mochila pesava mais que o dobro das outras, é claro que eu ficava para trás quando a subida ficava quase vertical, claro que não conseguia avançar e que o medo me deixava paralisado. Mas os escaladores, para chegar a algum destino, precisavam que alguém levasse aquela carga, que a transportasse pela parede quase vertical de neve e a depositasse lá em cima. Alguém tinha de fazer isso. Havia alguém melhor? Talvez sim, talvez não, mas o fato é que eu podia fazer aquilo. Quando cheguei lá em cima, senti que tinha me "queimado". Na verdade, eu estava tão cansado que não sabia como fazer para continuar andando. Mas, como tudo ocorreu de maneira adequada, Nando e Roberto decidiram prosseguir sozinhos, porque o percurso era mais longo do que imaginávamos, eles precisariam de mais alimento, mais espaço no saco de dormir, e a carga já estava no alto da montanha. Então eles me pediram que descesse e voltasse para a fuselagem. E da mesma forma como subi com aqueles quarenta quilos nas costas e os deixei onde era preciso, desci quando eles me pediram e fui refazendo o caminho de volta montanha abaixo. Em pouco tempo não conseguia mais ver os dois, estava no meio da cordilheira dos Andes, rumo a um avião que não se enxergava. Estava sozinho, eu comigo mesmo, sem comida e sem bagagem. Essa é a minha história. Esse foi o meu papel.

    Vivendo em desespero na montanha, você se apegava a qualquer experiência religiosa e espiritual, desde que o ajudasse a enfrentar a situação no momento. Rezávamos, e com aquela litania que permitia se agarrar a qualquer pedaço de sonho suplicávamos que nos ajudassem a sair, que não se esquecessem de nós. Eu morria todas as noites em silêncio para que não me ouvissem e renascia todas as manhãs, quando raiava o dia. Minha mãe era médica e muito pragmática. Alguns dias depois do acidente ela compareceu a uma das reuniões com as outras mães, que afirmavam que estávamos vivos, comendo lebres e pássaros em algum lugar fantasioso, mas assim que ouviu o que diziam resolveu não voltar mais, pois sentia que aquilo propiciava uma esperança sem fundamento, causando-lhe mais dor ainda.

Como tínhamos constituído uma sociedade bem pequena e simples, ficamos muito surpresos com a recepção que nos deram quando descemos para a civilização. No hospital San Juan de Dios, em San Fernando, as pessoas nos aplaudiam; no sanatório Posta Central, os médicos e o pessoal formaram um corredor para nos saudar, e quando chegamos à rua havia uma multidão nos glorificando. Como estão enganados, pensávamos nós. Estão vendo o que querem ver, e não o que está diante de seus olhos. Às vezes sinto que a sociedade vive conflitos que não consegue solucionar, e nós servimos como pretexto para se buscar explicações que talvez não existam, como a morte ou a crença na imortalidade.

Por isso no meu retorno eu caminhava em meio a essa situação alucinante me sentindo como um astronauta pisando num planeta desconhecido, que não era o meu. Meus pais perceberam isso de imediato. Nasci em um ambiente de muito realismo, mas ao mesmo tempo nada frio. Lembro a noite da minha chegada a Montevidéu, quando estava jantando, tomando um prato de sopa, com a casa cheia de gente que queria me ver tomando sopa, como se eu fosse um personagem de circo. Depois que saíram, de madrugada, meu pai se aproxima e diz: "Acho melhor sairmos daqui". E assim foi feito. No dia seguinte partimos para um balneário distante, La Coronilla, no leste, na fronteira com o Brasil. Passei três meses lá, e isso foi muito sábio da parte de meu pai, pois sendo um balneário com pouca gente, na segunda vez que o veem já não o olham como se fosse um animal raro, e em alguns dias você volta a ter a vida normal de sempre.

Quando voltei de La Coronilla para Montevidéu, em março, as águas já tinham se acalmado, e junto com os quilos que me faltavam recuperei a tranquilidade. Entrei na faculdade de direito e voltei a estudar normalmente. O furor daquela fama repentina havia se apagado.

Muitas vezes me pergunto em que o desastre dos Andes nos fez mudar. Analiso um por um os que sobreviveram e chego a uma conclusão taxativa: ele nos transformou em lutadores, eliminou para sempre qualquer atitude de resignação. Uns se deram melhor na vida que outros, e é claro que não me refiro ao sucesso mundano que se conhece na sociedade. Mas todos têm um denominador comum: são lutadores, não se dobram. Esta é a fórmula que define os Andes, nunca houve resignação. Todos conheceram tragédias depois, maiores ou menores. Minha primeira mulher morreu muito jovem, em circunstâncias dramáticas, porém nenhum de nós se deixou abater. Não se trata de uma reflexão teórica, mas de uma constatação. Todos os sobreviventes são combativos, vão em frente mesmo quando terão de perder. É por isso que nenhum deles desapareceu.

Outra coisa que mudou em mim é uma sensação relacionada com o tempo. Por que escreveram naquela parede, que nunca mais vi, "Amigos para toda a eternidade"?

Hoje sinto que não sou amigo para toda a eternidade apenas do grupo de sobreviventes, mas dos 45 passageiros do Fairchild. E essa convicção é tão firme como uma rocha da cordilheira dos Andes.

* *Tintín Vizintín nasceu em 1953. Sua primeira mulher, Graciela, morreu em 1992. Tiveram dois filhos, Lucía e Patricio.*

Durante muitos anos ele reuniu semanalmente em sua casa o grupo de sobreviventes para falar da montanha.

Anos depois, casou novamente, com sua atual mulher, Josefina.

Mora numa casa ampla, em Carrasco. Teve diversas empresas, com êxito variado. Foi também presidente da União de Rúgbi do Uruguai.

Em alguns momentos Tintín se torna enigmático. É muito forte e parece bastante rígido. Mas ao final o enigma se revela e ele fica parecido com os Irmãos do colégio, a quem tanto admira: duro por fora, sensível por dentro.

Por isso de vez em quando surge em seu rosto decidido um olhar lânguido, perdido... "Up! Up!", disse o Brother McGuinness depois de lhe dar um abraço que durou menos do que ele queria, mas o bastante para que seguisse em frente.

27. "Venho de um avião que caiu nas montanhas"

No sábado, 16 de dezembro, Nando e Roberto levantaram cedo. Sentiam-se descansados, e depois de deixarem secar os sapatos e as botas, começaram a escalar em direção ao topo pelos degraus escavados no dia anterior. À medida que subiam, o ar ficava mais rarefeito, sentiam como se o coração saísse pela boca. Tinham de parar a cada dez passos.

Levaram quase três horas para chegar ao topo. E agora que tinham decidido prosseguir, a paisagem parecia ainda mais imensa e desolada. Um via o medo nos olhos do outro.

— Nós sempre seremos amigos — disse Nando, sem saber se estava fazendo uma previsão do futuro ou uma despedida.

— Sempre — respondeu Roberto. — Por mais íngreme que seja a encosta.

Avançaram pela beirada rochosa e começaram a descida, descobrindo que descer era bem mais perigoso que subir.

Levaram quatro horas para descer cinquenta metros. No final, as pedras deram lugar a algumas ladeiras com uma camada espessa de neve. Caminharam por meia hora e chegaram a um paredão de gelo que os obrigou a retroceder. Em outra ocasião, desembocaram em um precipício, o que também os levou a voltar pelo mesmo caminho. Depois de descerem duzentos metros, o terreno se alterou abruptamente. Como a face oeste da montanha estava exposta ao sol da tarde, diferente da face leste, surgiam superfícies rochosas em que a neve havia derretido. O solo seco permitiu que avançassem com mais facilidade. Porém, devido às pedras soltas, depois de poucos passos perdiam o equilíbrio e tinham de se agarrar nas rochas para não rolar encosta abaixo.

Após duas horas, chegaram a uma área com uma espessa camada de neve, onde tinham de pisar na superfície dura com cuidado para não escorregar. Sem que Roberto percebesse, Nando se sentou sobre uma almofada, deu um impulso com os cotovelos e começou a deslizar pela descida. Depois de poucos metros atingiu uma velocidade vertiginosa, pois a rampa tinha uma inclinação de setenta graus, algo que ele não tinha percebido quando estava no alto. Para diminuir a marcha, enfiou o tubo de alumínio na neve e afundou os pés, mas isso não serviu para nada, e além do mais ele temia rolar para a frente. Continuou descendo numa velocidade cada vez maior, sem bater nas rochas, por mero acaso, até se chocar mais adiante com um banco de neve que não encobria nenhuma rocha, o que amorteceu o impacto frontal. Do alto, Roberto olhava espantado para o que havia acontecido, pois pensou que o outro tinha morrido ou quebrado todos os ossos quando se estatelou e ele viu voar neve para todos os lados. Logo Nando emergiu da neve, todo branco, e sinalizou, com gestos, que estava tudo bem. Roberto meneou a cabeça: "Que loucura!", gritou.

Finalmente os dois pararam. Roberto queria descansar, comer alguma coisa e costurar o saco de dormir, que na noite anterior apresentara um rasgo num dos lados, pelo qual tinha entrado tanto frio que uma parte de seu corpo ficara intumescida.

No dia seguinte, domingo, 17 de dezembro, os dois continuaram descendo a ladeira. Sentiam entorpecimento nas pernas o tempo todo. À tarde chegaram à parte inferior da montanha, onde encontraram a entrada do vale que tinham avistado do alto. Com a altitude menor eles respiravam melhor, o que trouxe de volta um pouco de força. A neve da geleira tinha se fragmentado, formando pedras geladas que dificultavam a caminhada. Ambos sabiam do perigo que representava tropeçar naquela região. Se um deles quebrasse ou torcesse um tornozelo, o que o impediria de continuar avançando, seria morte na certa. Apesar de terem combinado que caso um se machucasse o outro seguiria adiante, na verdade não sabiam o que fariam se isso acontecesse.

Naquela tarde Roberto percebeu que no final do vale o sol ficava fora do alcance de sua vista, mas que não havia sombras cobrindo a área que ficava atrás da montanha que tinham pela frente.

— Se não conseguimos ver o sol daqui, como é que aquele raio de luz está entrando? — perguntou.

Nando o observava, sem entender seu raciocínio.

— Isso quer dizer que essa é a saída da montanha! — exclamou Roberto. — Significa que mais à frente é mais baixo, que esta é a entrada e que finalmente estamos saindo da parte alta!

Nando não disse nada, mas sorriu.

No dia seguinte, segunda-feira, 18, sétimo dia da expedição, a neve começou a diminuir e surgiram mais rochas, ainda rodeadas por alguns remendos de neve.

Naquela tarde, Nando, que ia à frente, parou de supetão. Esperou por Roberto e fez sinais para que ouvisse. Ouvia-se nitidamente o som de uma queda-d'água ao longe.

Um pouco mais adiante o vale por onde caminhavam se bifurcou: era o "Y" que tinham avistado do alto da montanha. Por acaso optaram pelo lado esquerdo, até encontrarem um paredão de gelo de onde brotava água por uma fenda. Dali de onde estavam, podiam ver que essa corrente de água, cem metros adiante, transformava-se numa torrente impetuosa que avançava por uma garganta em direção ao oeste. Estavam diante da nascente de um rio. Decidiram caminhar junto a ele, para que os conduzisse até a desembocadura. No entanto, a caminhada ao lado do rio era mais difícil ainda, pois o terreno estava coberto de enormes pedras arredondadas ou irregulares, que em alguns casos eles tinham de escalar. À medida que avançavam, o rio se alargava, ganhando em volume e velocidade. A neve acabou de modo repentino, e eles puderam caminhar em terreno seco.

A certa altura Roberto se deteve, surpreso. Diante dos seus olhos, a meio metro, havia uma lagartixa, olhando-o fixamente. Era o primeiro ser vivo que via. Percebeu então que, ao deixar de ver neve, ele deixava de ver a morte. Havia lagartixas, água e, um pouco mais adiante, uma mistura de pasto, musgo, erva e junco. Embora fosse um lugar extremamente árido e abandonado, pareceu-lhe o paraíso.

Ao entardecer avistaram ao longe, junto a algumas árvores, duas vacas. Pela primeira vez, desde o acidente, foram tomados por uma sensação totalmente nova: talvez não morressem.

Pouco depois encontram uma trilha estreita onde veem pegadas de animais. Mais adiante, o primeiro sinal claramente humano (pois Nando argumentava que aquelas vacas podiam ser chucras ou selvagens): uma lata de sopa, vazia e enferrujada. Duzentos metros à frente encontram uma ferradura de cavalo. Mais tarde voltam a ver vacas e algumas árvores abatidas a machadadas. Sob essas lenhas cortadas eles estenderam o saco de dormir e se deitaram com uma sensação estranha em todo o corpo.

— Será que vamos viver? — pergunta Roberto a Nando.

— Parece que sim — responde Nando, com um sorriso que havia tempos Roberto não via.

Na manhã seguinte os dois estão exaustos, como se não tivessem descansado. Sentem dores nas pernas e nos pés. Descobrem que mais adiante o curso de água que vinham seguindo (o rio Azufre) se liga a uma outra corrente que desce pelo outro lado da montanha, ambas convergindo numa gigantesca cascata. Toda a serenidade com que tinham dormido se transforma de repente em espanto: estavam presos entre duas torrentes de água.

Voltaram para trás a fim de tentar cruzar o primeiro rio num trecho mais estreito e com a correnteza menos forte, com uma pedra no meio pela qual podiam saltar sem tocar na água. Mas quando jogaram as mochilas da rocha para a outra margem, uma delas caiu na água, ficando presa apenas pela alça. Com o choque a garrafa de rum quebrou, impregnando a carne com o sabor do álcool. Paralelamente, com a temperatura mais elevada, a carne começava a se decompor, adquirindo uma coloração esverdeada.

Naquela tarde surgiu mais uma novidade: eles encontraram troncos e galhos soltos e conseguiram fazer fogo. Secaram a roupa úmida e estenderam o saco de dormir próximo ao braseiro. Estavam perplexos, sentados junto ao fogo, observando a silhueta gigantesca da montanha. De uma hora para outra toda a perspectiva mudava. Os moribundos de ontem eram agora dois jovens que conseguiam sorrir.

Na terça-feira, 19 de dezembro, eles pararam ao meio-dia para descansar. Ao final do dia chegaram à base de um altiplano. Nesse local, o leito do rio torrencial chegava a trinta metros de largura. Acamparam junto a um monte com árvores baixas e atarracadas.

Na manhã de quarta-feira, 20 de dezembro, nono dia da expedição, estavam tão cansados que, para poder continuar andando, decidiram abandonar parte da carga que já consideravam desnecessária, como o saco de dormir e a carne que estava no fundo das meias, mais esverdeada e decomposta do que a que estava na parte superior. Com menos peso, seguiram andando pelo vale, mas se alarmaram quando não encontraram mais nenhum vestígio de civilização. Começaram a andar em zigue-zague, mas se até então achavam natural improvisar o caminho, agora, que tinham resgatado a esperança de continuar vivos, isso lhes parecia aloucado. Por fim encontraram outra trilha, formada por cascos de animais, que avançava ao longo do rio, e pouco depois desembocaram num vale onde havia dois cavalos num pasto. O contato com alguma pessoa era iminente.

Roberto começou a cambalear, curvado para a frente e apertando o estômago. Acometia-o uma forte diarreia, produto, segundo acreditava, da carne estragada que tinham comido. A partir daí Nando teve de levar as duas mochilas e andar mais devagar, até que no fim da tarde depararam com um curral feito de pedra e uma porteira rústica de madeira.

Roberto ficou muito impressionado ao tomar contato com algo que era fruto do trabalho humano, pois embora tivessem visto antes alguns indícios — árvores abatidas, a lata enferrujada, a ferradura —, chegar a essa porteira rudimentar que algum homem havia construído com arame e ver ao redor algumas pegadas de botas deixou-o muito emocionado.

Nando começou a percorrer toda a área para encontrar a passagem por onde saía o cavalo, enquanto Roberto permaneceu sentado numa grande pedra, olhando para o leste, para a cordilheira. Nando voltou uma hora mais tarde com uma notícia ruim: estavam cercados por dois rios caudalosos, impossíveis de atravessar.

A novidade não alarmou Roberto, pois aquele homem e aquele cavalo, cujos rastros eram recentes, tinham de ter passado por algum ponto. Pediu a Nando que trouxesse lenha para fazer uma fogueira e pensar com calma. Mas quando Nando andou alguns metros na pradaria, ouviu a voz aguda de Roberto, naquele tom de falsete que aflorava quando ele se exaltava.

— Um homem a cavalo! Um homem a cavalo!

Nando virou-se e viu Roberto parado sobre a pedra, exaltado, apontando para o rio.

— Corra! — gritou Roberto. — Ele vem do outro lado do rio! A uns trezentos metros!

Nando desceu rumo ao rio, enquanto Roberto indicava a direção onde tinha visto o cavaleiro. Roberto se arrastava atrás dele, com a mão na barriga.

— Juro que vi! Eu vi! — exclamava.

Nesse instante, Nando olhou na direção do rio e, com efeito, viu um homem a cavalo, a uns duzentos metros dali, com um chapéu de abas largas, cavalgando vagarosamente, descendo a montanha. Os dois começaram a gritar como loucos, enquanto Nando também saltava e agitava os braços: "Socorro! Socorro! Nosso avião caiu! Um avião! Ajude!". A gritaria soou como um estrondo em meio ao silêncio da montanha. O cavaleiro parou e ficou quieto, a observá-los. Eles continuavam saltando e gritando, simulando as asas de um avião com os braços e repetindo a palavra "avião", até que Nando se ajoelhou e uniu as mãos em um gesto de súplica. Depois correu até a margem do rio quando praticamente já não se conseguia ver mais nada, temendo cair na água ou em algum barranco. O cavaleiro então retoma a sua marcha, e instantes antes de a luz desaparecer, grita uma palavra que Nando e Roberto identificam claramente, apesar do barulho da correnteza do rio: "Amanhã!".

Escurece de repente, e os dois voltam para o local onde tinham deixado as mochilas, junto à porteira e às pegadas do cavaleiro. Procuram abrigo sob as árvores e acendem uma fogueira. Estão tão felizes que trocam tapas nas costas, rindo sem parar. Apertam os punhos, erguem os braços e olham para o céu, como que comemorando.

— Ele disse "amanhã", não foi? — perguntou Roberto.

— Eu ouvi, não tenho nenhuma dúvida — respondeu Nando.

— Foi "amanhã", não foi...? — perguntou novamente Roberto.

Por um momento, antes de dormir, eles voltam a ficar em dúvida.

— Será que ele vai voltar? — pergunta Nando.

— Por que ele nos abandonaria? — questiona Roberto.

— Talvez pense que somos ladrões de gado. Veja a nossa cara — responde Nando.

Decidiram montar guarda ao longo da noite, revezando-se a cada duas horas, de forma que um sempre estivesse acordado para o caso de o homem aparecer de novo. No entanto, ao ver Nando dormindo tão profundamente, Roberto teve pena de despertá-lo e ficou ele próprio acordado, olhando para todos os lados, a fim de detectar qualquer movimento que aparecesse. Enquanto isso sua mente se encheu de pensamentos e recordações, ele observava as patéticas meias de rúgbi com carne humana semiapodrecida, pensou em tudo o que haviam tido de sacrificar na montanha e, com esses pensamentos, adormeceu. Ao despertar, sobressaltado, chamou por Nando para que visse o que havia do outro lado do rio: o cavaleiro tinha feito uma fogueira gigantesca para que eles o vissem. Nando saltou como uma mola e correu até a margem do rio. Roberto não conseguia se mover, estava como que enrijecido pelo cansaço e pela diarreia.

Ao chegar à margem, viu três homens sentados ao calor do fogo, do outro lado, a pouco mais de trinta metros. O do chapéu de abas largas se levantou e se aproximou da margem, com a mesma calma do dia anterior. Nando tentou gritar, mas o barulho do rio sufocou suas palavras. Apontou para o céu e voltou a gesticular para indicar a queda do avião. O camponês tirou um papel do bolso, escreveu alguma coisa, amarrou o papel e um lápis numa pedra com um barbante e jogou-o para o outro lado do rio. Nando o pegou, e com as mãos trêmulas arrebentou o barbante, desdobrou o papel e leu o seguinte: "Está chegando um homem que mandei ir até aí. Diga o que você quer".

Nando escreveu uma mensagem no verso da mesma folha, com o mesmo lápis: "Venho de um avião que caiu nas montanhas. Sou uruguaio. Estamos andando há dez dias. Tenho um amigo ferido lá em cima. No avião existem mais catorze pessoas feridas. Temos que sair rápido daqui e não sabemos como. Não temos comida. Estamos fracos. Quando vão nos pegar lá em cima? Por favor, não conseguimos nem andar. Onde estamos?". Aproximou-se da margem e atirou a pedra com toda a força que tinha. O homem pegou o bilhete, leu e fez alguns sinais com as mãos para acalmá-lo, como que dizendo "já entendi". Antes de partir, foi até o cavalo, pegou alguns pães e um queijo, envolveu-os com um lenço junto com uma pedra e jogou tudo mais uma vez por cima do rio San José, um afluente do rio Azufre.

Eram sete horas da manhã de 21 de dezembro de 1972. Haviam se passado setenta dias desde o acidente. Roberto enterrou a carne que tinha sobrado junto a uma pedra e disse adeus à sociedade da neve.

Duas horas mais tarde apareceu naquele lado do rio um camponês de traços mapuches montando uma mula. Chamava-se Armando Serda e trabalhava como peão para o homem do chapéu de abas largas, o tropeiro Sergio Catalán. O camponês levava uma pá para escavar, pois precisava colocar dois postes. Olhava para eles de modo reservado e falava em monossílabos, mas era evidente que estava ali para ajudá-los. Disse que voltaria para buscá-los dali a duas horas. Voltou às onze em ponto. Roberto subiu na garupa junto com ele, pois não conseguia mais andar, e Nando seguiu-os a pé. Pegou um caminho pelo rio, e uma hora depois chegaram a uma enramada, com duas pequenas cabanas rústicas de madeira, junto a outro afluente do rio Azufre. Armando Serda ajudou Roberto a descer da mula e pediu que se sentassem em uns bancos feitos com toras enquanto ele e outro camponês que estava na cabana, a quem Armando apresentou como Enrique González, ofereciam queijo de cabra, pão e um prato de *"porotos con riendas"* — feijão com macarrão e pedaços de carne —, que Nando e Roberto — apesar da diarreia que o afligia — devoraram.

— Onde estamos? — perguntou Nando.

— Los Maitenes — respondeu Armando Serda.

Nenhum dos dois jamais esqueceria aquele nome pelo resto de suas vidas.

Eles estavam na região montanhosa da província de Colchagua, no Chile. Armando explicou que eles usavam aquela cabana no verão, quando cuidavam dos rebanhos que pastavam no verde que se formava em meio à neve da montanha. Contou que todos ali trabalhavam para os donos daquelas terras, a família de Joaquin Gandarillas. Sergio Catalán, o capataz, tinha ido até o povoado de Puente Negro pedir ajuda, a oito horas de distância a cavalo, mais algumas pela estrada, levando o bilhete que Nando tinha jogado por cima do rio San José.

Às seis da tarde chegaram o tropeiro Sergio Catalán e dez policiais a cavalo, que não paravam de olhar, com estranheza, para Nando e Roberto. No comando estava o sargento Orlando Menares, que trazia nas mãos um rolo de corda. Também estava assustado, mas dissimulava esse sentimento falando. Tinham chegado em dois caminhões até uma ponte do rio Azufre. Num dos veículos vinham os homens e no outro, os cavalos. Depois cavalgaram até a cabana dos peões, entre os *maitenes*, junto a uma curva do rio. O sargento abriu um mapa no chão e perguntou onde estava o avião acidentado com os demais sobreviventes. Nando e Roberto estudaram o mapa e começaram a reconstituir o caminho que haviam percorrido. Encontraram o rio onde estavam, com o dedo indicador Nando chegou até a nascente do outro rio, o Azufre, depois ao último vale, ao anterior, às geleiras, à neve e às montanhas gigantescas.

— Eles estão do outro lado — afirmou.

— Impossível, aí é a Argentina, perto do Sosneado, é do outro lado da cordilheira — respondeu o sargento, com um gesto nervoso.

— Eles estão do outro lado — reafirmou Roberto.

— Vocês não podem ter atravessado os Andes, vocês não sabem ler mapas, eles devem estar mais perto — voltou a insistir o chefe do pelotão.

— Eles estão lá — repetiu Nando.

Afinal o sargento admitiu que eles talvez estivessem certos, pois os dois rapazes pareciam muito convencidos e estavam extenuados demais para mentir. Enviou dois de seus homens a Puente Negro para que se comunicassem novamente com o destacamento de San Fernando e pedissem, pelo rádio, helicópteros a Santiago. Como não podiam voar de noite, teriam de aguardar até a manhã seguinte.

Nessa noite eles forneceram mais comida e abrigo a Nando e Roberto, que falaram por horas e horas, contando episódios da epopeia. Sergio Catalán falou pouco, mas ouvia com atenção. Comentou que eles estavam com cheiro de ervas, "ervas da montanha".

O dia seguinte amanheceu com uma névoa espessa, coisa que nunca tinham visto na cordilheira. Não conseguiam enxergar nada que estivesse a mais de trinta metros de distância.

Às nove horas começaram a ouvir uma gritaria, um alvoroço enorme. Até então só haviam escutado murmúrios, vento, tempestades e água.

— O que é isso? — perguntou Roberto a Sergio Catalán.

O tropeiro deu de ombros.

No meio da neblina, sujos de barro até os joelhos, começaram a aparecer dezenas de jornalistas com câmeras de televisão e máquinas fotográficas, microfones e gravadores, para fazer anotações e entrevistas.

— Eu sou da BBC de Londres, gostaria que me desse uma declaração — disse o primeiro.

— Por quê? — perguntou Roberto, desconcertado.

— Porque essa é uma história inverossímil, todo mundo quer saber — disse o repórter, enquanto os outros os filmavam e fotografavam.

Uma hora depois os dois helicópteros chegaram a Los Maitenes. O comandante Carlos García, o mesmo que desde o primeiro dia estivera à procura do Fairchild acidentado, olhava-os boquiaberto. Logo estendeu um mapa no chão, e Nando e Roberto indicaram mais uma vez o ponto que já tinham assinalado para o sargento Orlando Menares na tarde anterior.

— É impossível — disse García, olhando para o comandante do segundo helicóptero, Jorge Massa.

— É isso mesmo — voltou a dizer Nando, com mais firmeza, pois o resgate já estava demorando demais.

— Deem uma olhada e vejam o que são os Andes, nós não podemos sair para procurar esse pessoal às cegas. O único jeito é um de vocês vir conosco. Você vem? — perguntou García, olhando para Nando.

28. Voar com as asas congeladas
*Pancho Delgado**

O processo pelo qual passamos nos Andes nos levou, mais do que a esconder sentimentos, a enterrá-los na neve, a tal ponto que quando deixei a montanha estava com minhas emoções congeladas, e esse período de congelamento dependeu de cada um e de como cada um vivenciou sua reinserção na sociedade. Talvez seja por isso que eu, até hoje, nunca dei uma entrevista, nunca ministrei uma palestra, nunca falei sobre os Andes, a não ser no meu círculo de pessoas mais íntimo. Só falei naqueles primeiros dias logo depois de voltar à vida, quando não entendia bem o que estava acontecendo.

Falar dessa tragédia era e continua a ser doloroso, na época e agora. Não me sinto bem quando a relembro, nem quando me perguntam sobre o assunto. Nunca mais peguei um avião e me distancio o máximo possível de tudo o que me lembra do que sofremos em 1972. Não só não busco isso como continuo me afastando, querendo que permaneça como um episódio que ocorreu em minha vida num passado o mais remoto possível.

Nos 72 dias nos Andes, o que fizemos para sobreviver foi uma viagem que nos tirou do registro da sociedade civilizada para nos transportar até a barbárie e retroceder a outros ciclos da história humana, chegando a algo parecido com o Paleolítico. O período que passamos na montanha, se comparado com outras tragédias, foi muito longo. Por isso sinto que percorremos, em 72 dias, milhares de anos. E para poder sobreviver, para conseguir nos adaptar a esse ciclo diferente da história humana, tivemos de transformar as nossas emoções em pedra, não só porque convivíamos lado a lado com a morte e com o desamparo, mas também porque tivemos de criar todo um mundo com os poucos elementos existentes à nossa volta, que era como fazia o homem no Paleolítico, com a diferença de que trazíamos uma bagagem anterior que o homem pré-histórico não tinha: ele criava do nada, nós criávamos com base no que lembrávamos, o que, embora ajudasse na prática, acabava por nos destruir intimamente. Como ele, estávamos totalmente submetidos à natureza e aos seus caprichos.

É inimaginável que um processo como esse acabe de repente no septuagésimo segundo dia, como quando se vira a página de um calendário. Tínhamos deixado subitamente a era da civilização. Cada dia representava um século, 72 séculos, 7200 anos. Às vezes me pergunto a qual etapa teríamos chegado se sobrevivêssemos mais alguns dias. Não sabemos. Sabíamos apenas que havia um fim, um limite no horizonte, mais próximo ou mais distante. E de repente tiram você da Idade da Pedra Polida num helicóptero e o transportam de volta para a civilização, numa viagem de trinta minutos que o homem levou 7200 anos para fazer. Por isso, quando cheguei a Los Maitenes eu continuava no Paleolítico. Conseguia reagir conforme o registro da civilização porque me lembrava de como ele era, não porque o sentisse de fato. Essa diferença é crucial, pois na verdade você está congelado, é um bloco de gelo que se perdeu no tempo. Então o que você faz é uma representação, um simulacro do que era antes, do que é a vida de um homem em sociedade.

Essa viagem rumo ao congelamento das emoções começou

em 13 de outubro de 1972, às duas da tarde, quando eu estava na fila para embarcar no F571 e tive um pressentimento muito forte de que aquele avião iria cair. Aconteceu de repente, no momento em que subia a escadinha, e foi uma certeza que me atingiu como um raio, uma convicção de que uma tragédia iria acontecer conosco, e foi com esse estremecimento que subi os últimos degraus, com as mãos tremendo no corrimão.

    Tive apenas um pequeno gesto de contenção, de dúvida, mas já era tarde demais para voltar atrás, pois naquele momento ocorreu o que nos acontece tantas vezes na vida, quando nos deixamos levar mais pela inércia do que pela convicção, em especial quando se é parte de um grupo. Senti que não podia me arrepender, que não podia descer do avião, por isso optei por seguir a corrente, tomando algumas precauções básicas, com aquele pensamento a me atormentar. Preferi me sentar no fundo do Fairchild, porque sempre tinha ouvido falar que a cauda era a parte mais segura de um avião em caso de acidente. Mas as coisas aconteceram como tinham de acontecer. Embora eu estivesse na última fileira, no momento em que as fortes turbulências começaram, o navegador da tripulação apareceu com os mapas de voo nas mãos para estudá-los e pediu aos que estávamos naquele lugar para passarmos para a frente, a fim de deixar espaço para poder abrir aquelas folhas grandes de papel. Foi esse o motivo pelo qual estou aqui hoje, assim como está vivo Tintín Vizintín, que também foi para a parte da frente nas mesmas circunstâncias.

    Depois vieram aquelas horas angustiantes que se prolongaram desde o momento do choque até a manhã seguinte, que foram como uma antecipação, uma preparação para o que viria depois. Como se nos dissessem: é disto que se trata, este é o cenário que vocês terão pela frente. Prossigam na viagem ou então desçam, deixando-se levar pela morte, suave e neutra. Mas se forem prosseguir, saibam que o périplo terá um custo ilimitado.

Esse processo de endurecimento começou aí e continuou até o final, multiplicando-se e solidificando-se. Cada acontecimento na montanha reforçava esse retrocesso. No décimo dia, quando ficamos sabendo que as buscas tinham sido suspensas, fomos obrigados a entrar, de uma hora para outra, em um autêntico processo de estarmos "sozinhos no mundo". É uma coisa muito cruel e severa, pois essa sensação de estar "sozinhos no mundo", quando analisada em profundidade, torna-se algo inabitual. Quando alguém se prepara para ir ao polo Sul ou ao polo Norte, ou se organiza para atravessar o deserto sobre um camelo, ou o oceano em um veleiro, ou se dispõe a ir à guerra, há sempre uma preparação anterior, física e psicológica. Nós estávamos sozinhos sob qualquer ponto de vista que se queira avaliar, nos confins do planeta, numa das regiões mais inóspitas que se possa imaginar, nas mãos de Deus, onde havia variáveis que podíamos controlar e organizar, mas onde a maioria delas estava muito além do nosso alcance.

Comecei a constatar, em um nível que jamais imaginara, que o ser humano pode se adaptar a tudo, desde que faça isso aos poucos, dia após dia, e, principalmente, acredito, se não sabe qual será o final.

Quando você fala com um chileno e conta alguma coisa sobre o acidente, invariavelmente ele diz: "Eu ficaria louco num lugar como esse já no primeiro dia, porque sei que jamais conseguiria sair". Porque eles veem a cordilheira todos os dias. Essa foi a grande diferença: nós não tínhamos consciência do que era a neve, o frio, os deslizamentos, o mal da altitude, a cordilheira. Ou seja, não sabíamos que "jamais conseguiríamos sair". Nosso hábitat natural no Uruguai é a praia, o rio, o oceano e o verde. Essa nossa ignorância na matéria foi, surpreendentemente, o nosso principal aliado, porque nos impediu de enlouquecer, amorteceu o desespero, o caos e a histeria e nos permitiu acreditar, irracionalmente, que na verdade havia uma possibilidade. A ignorância maximiza a ousadia e, fator-chave, evita que a profecia tenda a se cumprir: o que você acredita serem seus limites acabam determinando as suas fronteiras. Quando Numa Turcatti realizou aquela primeira expedição para a montanha do sul, com Gustavo Zerbino e Daniel Maspons, como depois contou a Daniel Fernández, ele teve a primeira suspeita de que "jamais conseguiríamos sair". Daniel está convencido, até hoje, de que foi isso que o matou.

A passagem mais dura foi nos adaptarmos às mortes indiscriminadas e totalmente arbitrárias, como aconteceu na avalanche, quando se aprendia da forma mais crua possível que o próximo podia ser você. Que era apenas uma questão de tempo. Se me salvei no acidente porque me obrigaram a mudar de poltrona, no caso da avalanche eu só escapei junto com Numa porque estávamos na pior localização. Como estávamos ao lado do rombo do avião, a porta de emergência convexa que usávamos junto com as malas e o biombo para construir a barricada que o tapava caiu em cima de nós, criando uma pequena cavidade, com alguns minutos a mais de oxigênio que os outros. Fomos os últimos a ser resgatados, mas dispúnhamos daqueles minutos suplementares. Em seguida a essas mortes aleatórias, em que esse morreu e aquele sobreviveu, permanecemos três dias sepultados. E essa enorme infelicidade, que se somava às anteriores, continuou nos adaptando, pois íamos nos moldando conforme essas contingências, em que esse morre e o outro continua vivo, e qualquer um pode morrer. Quando meus filhos ou os amigos deles me perguntam por que me salvei, respondo que os que morreram eram os melhores, porque Deus ou o destino não queriam que sofressem mais. Talvez seja mera racionalização, mas é como sinto.

Uma coisa que sempre me surpreende e me deixa admirado é que tudo aconteceu no tempo exato. A decisão tão complicada de nos alimentarmos dos corpos foi tomada no momento adequado. Antes mesmo que acabassem as provisões mínimas que havia no avião, começamos a nos preparar para o inevitável. O assunto foi abordado de diferentes formas. Não chegamos a essa etapa tão triste em um estado de desespero ou de inanição, quando o cérebro emite sinais distorcidos, nem esperamos até o fim, quando a deterioração de nossos corpos já seria irreversível. Fomos obrigados a decidir antes que nossas forças nos abandonassem por completo. E os que demoraram mais para assimilar essa necessidade tiveram ainda aquele décimo dia, quando experimentamos a verdadeira solidão, o que acabou convencendo os mais renitentes, já que ninguém viria nos resgatar. Mas se a decisão tivesse sido tomada fora do tempo adequado, se não tivesse sido assumida plenamente, depois a divisão do grupo seria irreversível: por mais que consiga se preservar, se você já se afastou não pode voltar a somar, e sem a união do grupo não sairíamos dali.

Tudo aconteceu no tempo apropriado. Vivíamos nos adaptando à adversidade que emanava daquele ambiente gélido, onde nenhum dos micróbios existentes se manifestava porque estava paralisado pelo frio. Mas estou convencido — e falei a esse respeito com especialistas — de que, se o resgate demorasse mais um pouco, não teríamos sobrevivido. Todos aqueles micróbios que trazíamos em nossos organismos, em especial os estafilococos que estavam latentes, começariam a entrar em ebulição e a causar estragos com o calor. Percebíamos a cada minuto, quando subia a temperatura, como se propagavam as infecções. Não tínhamos nenhuma defesa, nossos organismos careciam de qualquer reserva, e nosso sistema imunológico estava claudicante por causa da inanição. Paradoxalmente, o calor e o sol por que tanto ansiávamos na montanha nos teriam matado.

Depois que retornei à vida, levei muitos meses para voltar a dormir como fazia antes do acidente. Porque lá em cima eu passava as noites velando, dormindo em intervalos, e o sono nunca era sono de verdade. E embora temesse dormir e morrer sem poder me defender no caso de uma nova avalanche, eu temia mais ainda acordar, já que invariavelmente sonhava com a minha vida normal, em Montevidéu, e no sonho o avião e o acidente eram um pesadelo irreal. A verdade dos meus sonhos era a minha vida cotidiana, minhas idas à faculdade, minha namorada, minha casa, meus pais, e cada despertar era um impacto intolerável, pois eu abria os olhos e sempre vislumbrava as letras fosforescentes da plaquinha do avião que dizia "EXIT". Senti que em pouco tempo ficaria louco, pois os estados depressivos que se seguiam a cada despertar me afundavam cada vez mais no desespero. Então decidi não dormir. Mas sem dormir eu não conseguiria resistir, por isso inventei de esvaziar a mente antes de me deixar levar pelo cansaço, com os olhos fechados.

Cada um tinha sua própria fórmula para se segurar. A minha era recordar os lugares de que mais sentia falta, os espaços familiares, cantinhos da minha casa, regiões dos balneários onde passava férias de verão com a família, porém sempre percorria mentalmente esses lugares sem nenhuma pessoa neles, com todos os elementos, mas desertos. Lembrava lugares, momentos, porém tirava deles as pessoas queridas. Às vezes nas minhas lembranças eu me instalava em casa, caminhava por ela, sentava num canto qualquer, ficava lendo no meu quarto. Mas sempre tomava um cuidado especial para deixar esses momentos e esses lugares sem nenhuma pessoa. Dessa forma, as andanças pelo passado me serviam como estímulo para superar as ondas depressivas que constantemente me espreitavam.

Havia pessoas ilesas, que podiam trabalhar. Entre os feridos, havia os mais graves e os fraturados, como eu, que tinha de me arrastar para me mover, pois estava com a bacia quebrada, e então trabalhava naquilo que minha condição permitia, o que era muito limitado em termos de ação. Fundamentalmente, eu derretia neve, enchendo as garrafas com água. Álvaro Mangino estava em situação semelhante, com uma perna quebrada. Que impotência, quando tanto se requeria uma ação e você estava como um inválido, prostrado, sem nem sequer um andador ou uma cadeira de rodas! Não é a impotência que se conhece na vida comum, é de outro naipe, porque obriga você a se mover do mesmo jeito, apesar dos ossos quebrados que estalam no seu corpo.

Colaborei então como pude. Quando voltamos e planejamos a entrevista coletiva, me convenci de que ali sim eu poderia atuar, pois não precisava estar com a bacia intacta, não tinha nenhuma importância se eu mancasse. Da mesma forma como estava prostrado na montanha, embaixo me ergui o máximo que pude e falei sobre o tema tão doloroso e embaraçoso que a todos atormentava, tanto a nós quanto aos familiares: como nos alimentávamos, por que fizemos aquilo, onde estavam os falecidos. Essa foi, acredito, a minha principal contribuição: dessa maneira, penso, compensei o osso fraturado que me derrubou na cordilheira.

Sinto que a minha contribuição se deu naquela entrevista coletiva do dia 28 de dezembro de 1972, no ginásio do colégio Stella Maris-Christian Brothers, diante da imprensa do mundo inteiro. Nunca mais na vida conseguirei falar melhor do que falei naquele momento. E como se trata de um tema muito doloroso para mim, sempre senti que não fazia sentido continuar falando, porque o que eu tinha a dizer, e no momento em que tinha de dizer, eu disse naquela tarde.

No Chile, antes de voltarmos, começaram a circular rumores de que tínhamos nos alimentado com os corpos dos mortos, algo vazado nas fotos tiradas pelos próprios tripulantes dos helicópteros que tinham chegado aos jornais. Lembro que fomos a uma reunião na embaixada uruguaia em Santiago, onde estavam meus pais, Cesar Charlone, adido comercial que representava a embaixada, e outros pais de sobreviventes. Carlos Páez Vilaró disse: "Quando estivermos de volta a Montevidéu, será preciso colocar as pessoas no verdadeiro contexto, no cenário da montanha, e depois explicar isso. Se for bem-feito, as coisas serão bem compreendidas". Ele tinha ido ao ponto certo, o fundamental era o contexto. E essa preocupação que todos tínhamos começou a ocupar meus pensamentos, e eu disse a mim mesmo: a primeira coisa a fazer é descrever bem o lugar, a montanha gelada, com neve e nada mais que neve.

Quando chegamos ao aeroporto, em 28 de dezembro de 1972, muitos dos que tinham estudado no Colégio Stella Maris-Christian Brothers (eu estudara em outro colégio, o Sagrado Coração, dos jesuítas) queriam primeiro falar com o Brother John McGuinness, o diretor, e com o Brother Eamon O'Donnell, que tinha sido diretor do colégio em outro período. Os motoristas dos dois ônibus fizeram um contorno, e enquanto todos nos aguardavam na frente do ginásio, eles pegaram a rua French e entraram pelos fundos dos campos de rúgbi, onde o cerco estava aberto. Dessa maneira, chegamos ao prédio sem que ninguém nos visse, e foi possível conversar com os dois Brothers sem as pessoas e sem a imprensa. Nesse momento alguém confessou que havia duas possibilidades a respeito do que podíamos dizer, e queríamos saber a opinião deles. O Brother John McGuinness não hesitou um instante: "Vocês devem dizer a verdade". Emitiu apenas essas cinco palavras, enquanto Eamon O'Donnell concordava em silêncio. Saímos então para o ginásio, com todo mundo à nossa espera, mediado pela imprensa internacional.

Planejamos rapidamente o que cada um iria dizer, e fui encarregado de abordar o assunto que todos queriam saber. Minhas frases saíram espontaneamente. Não preparei nada, não consultei os dois Irmãos Cristãos com quem estivéramos pouco antes da entrevista. Tampouco me assessorei com os pais dos integrantes do grupo, muitos dos quais tinham viajado conosco. Eu disse: "Eu falo, podem confiar em mim", porque sabia perfeitamente o que tinha a dizer. Eu precisava transportá-los para o lugar, e a partir daí tudo seria compreendido, como dissera o pai de Carlitos Páez. E falei: "Você se levanta de manhã e vê por todos os lados aqueles picos nevados, impressionantes. O silêncio da cordilheira é majestoso. É uma coisa assustadora, e você se sente sozinho no mundo...", comecei, e fez-se um silêncio sepulcral no ginásio.

 Permaneceram em mim reminiscências de tudo aquilo, é claro. Um preço muito alto, e deixei pedaços de mim pelo caminho. Também ficaram em mim ensinamentos indeléveis, gravados a ferro e fogo, que nunca mais se apagarão. Acredito saber o que um homem idoso sente ao ver a morte espreitando do outro lado da janela, decidindo se já está na hora ou se será dali a pouco que ela irá bater na sua porta. Aprendi, além disso, que podemos nos endurecer e ficar tão frios que acabamos anestesiados, deixando de sentir.

 Eu acabava de chegar de uma situação em que pessoas que estavam ao meu lado morriam no meu colo, em que sempre achava que o próximo seria eu, mas que ao mesmo tempo era preciso continuar resistindo, e quando voltei à vida a primeira coisa que me disseram foi que eu tinha de retomar os meus estudos de tabelionato. Mas como querem que eu estude se até um dia antes eu estava para morrer a qualquer momento? Eu estava namorando Susana havia oito anos, e como completei 25 anos na cordilheira, a primeira coisa que meus pais e os pais dela me disseram na minha volta foi que eu deveria me casar logo. Mas como poderia me casar se até o dia anterior eu estava para morrer a qualquer momento? Não sabia o que iria fazer da minha vida, porque a única certeza que eu tinha era de ter me preparado para morrer na hora menos prevista. Então a primeira coisa que fiz foi pedir um tempo, decidi que ainda não podia me casar, que ainda não podia estudar, que ainda não podia fazer nada além de amaciar a mim mesmo, deixar de ser uma pedra. E não só não me casei como disse a Susana que nem sequer conseguiria manter um relacionamento normal até me estabilizar. Muitos meses depois consegui reordenar minimamente a minha cabeça, o meu futuro, o que eu queria fazer, e isso porque comecei a ter sensibilidade. E então me dei conta de que estava voltando da montanha, estava me incorporando novamente à sociedade, estava deixando para trás o Paleolítico, deixando de representar para passar a viver de verdade.

Os primeiros seis meses foram terríveis. Eu me sentia no limbo, não pertencia a lugar nenhum, nem ao mundo dos vivos nem ao dos mortos. Não entendia o sentido das coisas, não compreendia como alguém podia se preocupar com o futuro, porque na verdade o futuro não existia, o tempo era apenas um ponto, não um processo. Não entendia nem mesmo o motivo pelo qual as pessoas sofriam tanto, pois eu não me angustiava, porque não tinha emoções. Queria voltar a ser como era antes, a sentir como antes, mas não conseguia.

Primeiro tentei convencer a mim mesmo de que existia a possibilidade de pensar mais além do amanhã, não por acreditar nisso, mas por ver que outros o faziam, e não era possível que todos estivessem errados. A partir daí fui reaprendendo que a vida funciona à base de projetos, planos, expectativas, e que nem todos são falsos e enganosos, pois às vezes se realizam. Minha sensibilidade foi voltando aos poucos. Lembro que às vezes sentia necessidade de fazer uma carícia, ou de chorar, mas ficava a meio caminho, sentia que as lágrimas começariam a cair, mas tocava nas minhas faces e elas estavam secas, as lágrimas não tinham brotado, embora tivesse a sensação de ter chorado. Até que um dia aconteceu a mesma coisa, só que eu tinha chorado mesmo. Toquei meu rosto e estava realmente úmido. Levei um susto e de imediato fiquei feliz. Quando recuperei as emoções, pude prosseguir nos estudos, concluí o curso, casei-me com Susana e confirmei definitivamente que minha vida era o presente, sim, mas que também podia incluir planos, como se deu quando começaram a nascer os nossos filhos, que eram nossos projetos.

A cordilheira também dividiu ao meio a minha memória. Curiosamente, apaguei as piores lembranças da montanha. Sim, me lembro da lua que via pela janelinha, do céu cheio de estrelas, do horizonte infinito. Além disso, embora tenha completado 25 anos de idade na montanha, perdi praticamente todas as lembranças de 1972 para trás. Por mais que me esforce, não consigo chegar até elas. É como se minha vida tivesse começado ali. As poucas lembranças que ainda conservo são do colégio, mas desconfio que seja porque Numa Turcatti, meu melhor amigo, aparece em todas elas. Fui eu quem o convenceu a ir para o Chile, tive até mesmo de falar com a mãe dele para que ela o estimulasse a viajar, pois ele estava indeciso. E Numa morreu no sexagésimo segundo dia, quando já faltava tão pouco.

Voltei à montanha pela primeira vez em 1995, com boa parte do grupo. Na verdade eu não queria fazer essa viagem, resisti até o final, não queria continuar sofrendo em um mundo que não mais me pertencia, mas na última hora meus amigos me convenceram. A rigor, como foi uma viagem feita contra a vontade, tudo foi muito sofrido. Quando cheguei à geleira onde estava a fuselagem, depois de uma subida dificílima, e visualizei aquele lugar que virara a minha vida pelo avesso, vivenciei uma confluência de emoções tão intensas e contraditórias que me senti muito mal. Dormimos lá em cima, num local próximo de onde estava a fuselagem, onde está agora a cruz de ferro, e chorei, chorei, não conseguia parar de chorar.

Passaram-se os anos e, uma década mais tarde, em 2005, voltei novamente, mas nesse caso foi uma travessia desejada, voluntária, com minha mulher, Susana, e todos os meus filhos. Era uma pendência que eu tinha com eles. E essa viagem acabou sendo um dos melhores episódios de toda a minha vida. Creio que nunca mais vou voltar, mas nessa segunda vez pude reviver todo aquele calvário a partir de uma perspectiva diferente: foi uma catarse, pois botei para fora muitas coisas que se mantinham represadas havia 33 anos.

Hoje consigo reconstituir a passagem do tempo, quando da noite para o dia acomodam você num helicóptero e o transportam para a civilização que não tem a menor condição de saber ou adivinhar o que você acabou de passar. É impossível para a sociedade entender que você se transformou numa rocha, que suas emoções estão congeladas, pois ela não sabe o que é isso, nunca vivenciou essa situação, e não foram inventadas palavras para explicá-la. Mas da mesma forma como realizou aquele processo que o levou ao Paleolítico, você começa agora a fazer a viagem no sentido inverso. A partir daí a rocha começa a passar por um lento processo de erosão, as emoções voltam a se insinuar, no início muito lentamente, depois com mais intensidade, pois recuperaram a confiança, perderam o medo da eterna frustração, e quando você decide acordar, já voltou a sorrir, a chorar, a amar. Mesmo tendo de admitir que você não é, nem jamais voltará a ser, o mesmo de antes de 13 de outubro de 1972. Pois agora já sabe que a qualquer momento a cortina pode se fechar, abruptamente.

* *Pancho Delgado nasceu em 1947. Casou com Susana, sua namorada de toda a vida, que ao longo dos 72 dias em que Pancho esteve nos Andes sempre sentiu que ele estava vivo. Tiveram quatro filhos.*

Diplomado como escrevente, possui hoje um dos tabelionatos de maior prestígio no Uruguai.

Mora numa casa ampla em Carrasco, muito bem cuidada nos mínimos detalhes.

Fica evidente o quanto lhe dói falar sobre a cordilheira. O rosto se contrai, os olhos se enchem de melancolia, ainda que ele procure sorrir vagamente para dissimular a dor.

A melancolia está lá e ao mesmo tempo não está, porque dói muito.

Acompanha os amigos dos Andes quando lhe pedem, inclusive indo até a montanha com eles, mas sempre mantém um pé atrás, para se preservar.

Parece ser um homem afetuoso, de gestos ternos e que, como ele mesmo diz, daria a vida por qualquer um de seus quatro filhos. Mas por trás de tudo, no seu olhar, surge um brilho distante e insondável: os Andes não estão lá e estão.

29. A espera

Nando se sentia em terra firme, com comida, com pessoas, e não queria subir num helicóptero por nada nesse mundo. Mas, sem saber como nem por quê, quando os comandantes perguntaram se ele poderia guiá-los, em trinta segundos estava sentado no helicóptero, com um tripulante afivelando-o com o cinto de segurança numa poltrona. Enfiaram uns fones de ouvido com um microfone em sua cabeça e um minuto depois o aparelho decolou em meio à neblina. Nando orientou a tripulação ao longo do rio, dos vales, da geleira, até chegarem à base das montanhas mais altas.

— Eles estão do outro lado — disse.

Quando indicou as serras de San Hilário, García achou, mais uma vez, que ele estava perdido.

Nando escutou a conversa entre o piloto e o copiloto pelo fone de ouvido.

— Esse menino está perdido, não faz ideia de onde está — dizia o piloto.

Ao ouvi-lo, Nando interveio com firmeza.

— Eu não estou perdido. Eles estão do outro lado. Juro!

Os dois olharam para ele para confirmar essa determinação em seus olhos. García assentiu, respirou fundo e tentou subir, uma vez, duas vezes, três vezes, mas não conseguiam. O ar era muito rarefeito, havia turbulência demais e o helicóptero descia, vibrava, enquanto o segundo helicóptero, a uma distância cautelosa, aguardava que o primeiro avançasse. Nando ouvia a conversação consternada dos pilotos: "Dá mais potência! Cuidado, sai daí! Cuidado com as rochas!", ou "Desce, desce!", enquanto os motores rangiam e parecia que o aparelho ia se desintegrar.

Por fim, como não conseguiam cruzar pela região mais elevada, os helicópteros se dirigiram para o sul, à procura de uma passagem mais baixa. Enquanto faziam esse trajeto, o piloto García dirigiu-se à tripulação para pedir autorização.

— Esta missão inclui risco de morte e não quero tomar a decisão sozinho. Vamos tentar avançar acima do limite de voo. Se a tripulação considerar que devemos prosseguir, vamos em frente, caso contrário, voltamos — disse em tom grave.

Todos os membros da tripulação, à exceção de Nando, que não foi consultado, concordaram ao mesmo tempo.

Ao sul eles voltaram a enfrentar fortes turbulências, o aparelho sacolejava para todos os lados, parecia não responder aos comandos, mas afinal aproveitaram uma corrente de ar e cruzaram as montanhas, quase roçando nas rochas.

Os dois aparelhos adentraram as geleiras da Argentina, dobraram à esquerda, e dez minutos depois subiram pelo vale onde estava a fuselagem. Nando reconheceu imediatamente a área que tantas vezes havia percorrido: o Vale de las Lágrimas.

— Esse é o vale, no final tem uma geleira, e mais acima, à esquerda, está o avião — gritou.

— Não estou vendo, não estou vendo! — exclamou García, nervoso.

Dois minutos depois, García viu o avião, ao mesmo tempo

em que Nando também avistou uma pequena mancha cinza sobre o gigantesco fundo branco.

— Agora fique quieto, não fale mais nada — pediu García, ansioso e concentrando-se nos instrumentos.

Os helicópteros começaram a dar voltas sobre os restos do Fairchild, procurando uma forma de descer, comunicando-se entre si, enquanto Nando tentava contar os sobreviventes que corriam enlouquecidos em torno da fuselagem, manquitolando, com as mãos para o alto ou ajoelhando-se para rezar. Mas como o helicóptero girava e se balançava muito, ele os perdia de vista e não conseguia contar mais do que nove. "Não pode ser", pensou.

— Pelo menos nove estão vivos — gritou para García.

— Não tenho sustentação suficiente, há muitos redemoinhos de vento. Não posso aterrissar, vou descer até bem próximo da neve para o pessoal do resgate pular e subo de novo, não vou ficar mais do que trinta segundos perto da neve — respondeu o piloto.

Massa, por sua vez, faria o mesmo, depois que García iniciasse a operação.

Nando conseguiu ver mais um sobrevivente e exclamou:

— Dez! Estou vendo dez!

No terceiro dia da expedição final de Nando e Roberto, Álvaro Mangino saiu mais cedo da fuselagem. Procurou os dois com a excelente vista que tinha, mas não os encontrou. Esfregou os olhos maldormidos até que afinal pareceu distinguir uma sombra, no próprio cume, ou bem próxima do cume. Sorriu, e sua vista enxergou o que acreditava que os olhos estavam vendo. Por um instante fechou-os para imaginar melhor. Os verdes vales do Chile. Será que estavam salvos?

No quarto dia Álvaro continuou observando aquela ladeira imóvel, até que pareceu enxergar um ponto que surgia novamente do alto, porém agora se movendo no sentido inverso. Deu um grito. O ponto se movia, mas em vez de se dirigir ao cume, aos verdes prados chilenos, estava voltando para a natureza morta do avião abandonado.

Quando reconheceram que era Tintín, foi difícil acreditar que Nando, com aquela veemência, e Roberto, com sua força e brilhantismo, tivessem fenecido. Uma avalanche, alguma greta? Teriam sido traídos pelo *vento branco* que tanto os castigara nas caminhadas anteriores? Depois de discutirem em voz alta, cada um considerou as hipóteses mais sombrias consigo mesmo, sem transmiti-las ao grupo.

A primeira coisa que Vizintín fez ao se preparar para voltar foi procurar o pontinho mínimo do avião, ou ao menos paisagens de seu entorno que pudesse reconhecer.

Quando avistou o avião, minúsculo, a uma distância inatingível, entrou em pânico. "Eu nunca vou conseguir chegar hoje", pensou. Começou a caminhar, e cem passos depois percebeu que a descida era íngreme demais, com um ângulo entre sessenta e setenta graus. Desesperado, decidiu que em vez de descer andando, deslizaria sentado sobre as almofadas quando a ladeira permitisse, como se fossem um trenó ou esquis. Pôs um almofadão sob os pés, amarrado fortemente com um cinto, como faziam normalmente para caminhar, e sentou-se no outro. Antes de se impulsionar com os braços, raciocinou e percebeu que estava fazendo uma loucura. A descida era tão abrupta que parecia que ele sairia voando para a frente. Mas não havia outro recurso. Impulsionou-se com as mãos e começou a deslizar montanha abaixo. Jamais imaginara que aquele trenó improvisado pudesse atingir tamanha velocidade, exatamente como aconteceu com Nando, do outro lado da montanha.

Quando se aproximava da fuselagem, antes de chegar à subida mais leve da geleira, Tintín conseguiu enxergar todos os que tinham saído para esperá-lo. Deslizou até a parte mais horizontal, pressionou os pés contra a neve e o trenó parou. Não conseguia acreditar: estava inteiro, não tinha batido em nada. Os que se aproximavam estavam surpresos e assustados. O primeiro a aparecer, já a cem metros do avião, com um gesto consternado, foi Daniel Fernández. Imediatamente chegaram Adolfo, Pedro e Gustavo, que o abraçaram acreditando que fosse o único a ter sobrevivido. Quando se aproximou mais da fuselagem, já estavam todos em volta dele.

— Talvez eles consigam. Estão muito animados — disse ele, concluindo o seu relato.

"Talvez, talvez", pensou Adolfo, e no mesmo instante virou-se para o leste, na direção dos vales gelados, e decidiu preparar o quanto antes um plano alternativo caso a expedição final fracassasse. Olhou para os treze que estavam ali do lado de fora, um por um, para ver quem poderia fazer parte de mais uma intrépida aventura.

Depois de recrutar Gustavo, impuseram a si mesmos uma dieta melhor e começaram a treinar caminhando pelos arredores do avião. Fizeram inclusive uma caminhada mais longa até as montanhas do sul, para procurar corpos. Encontraram um e o trouxeram para as proximidades da fuselagem. Para Adolfo, foi uma situação particularmente dolorosa, pois o corpo que encontraram na montanha era de outro primo-irmão, Daniel Shaw, mas ele sabia que não se podiam fazer diferenciações. Ainda assim colocaram-no junto com os corpos que seriam preservados até o final: Liliana e a mãe e a irmã de Nando. E na verdade não precisaram recorrer a eles.

A cada dia eram em maior número os que passavam as 24 horas dentro da fuselagem, sem sair nem mesmo quando havia sol. Adolfo e os outros que ainda continuavam firmes tinham de levar comida e água para todos, e até mesmo obrigá-los a comer e beber ou ajudá-los a fazer suas necessidades, pois por eles não fariam nem isso. A comida os enojava, eles urinavam nas calças, e a vontade de viver ia se esvaindo a cada minuto, como se via pelo brilho cada vez mais fraco de seus olhares.

A primeira coisa que Daniel e Eduardo ouviram pelo rádio foi uma notícia vaga: alguns sobreviventes tinham aparecido, mas não se divulgavam os nomes nem se sabia ao que tinham sobrevivido, embora fosse possível que se referissem a eles. Foram tomados de tamanha ansiedade que o rádio caía de suas mãos, os dois queriam girar o dial e mover o aparelhinho ao mesmo tempo. Tinham falta de ar, como se tivessem esquecido de respirar.

— São onze, doze, treze — exclamou Nando, exaltado, na lateral do helicóptero, que baixava o máximo possível. — Catorze! — gritou, eufórico, ao ver Pancho Delgado deslocando-se com dificuldade, com a bacia quebrada.

O piloto Carlos García não prestava atenção, pois a descida do aparelho ficava cada vez mais difícil, a máquina subia e descia, ou voava de lado, como se fosse uma folha de papel levada pelo vento, que formava redemoinhos. Finalmente conseguiu aproximar da neve um dos esquis, deixando o outro suspenso na ladeira, mas não poderia permanecer nessa posição por mais de trinta ou quarenta segundos. Quando García tentou subir de novo, assustou-se por não conseguir erguer o helicóptero, que era empurrado para baixo pelo vento, enquanto os sobreviventes que já tinham embarcado, que ele nem sequer tinha visto passar pela porta corrediça, abraçavam-se e choravam, alheios à catástrofe que ele vislumbrava.

Por fim o helicóptero subiu, afastou-se daquele local, pegou algumas correntes ascendentes e conseguiu passar a aproximadamente três metros de distância do topo, seguido pelo aparelho de Massa.

Quando os helicópteros chegaram a Los Maitenes, enquanto os sobreviventes desciam correndo e se abraçavam ou se jogavam na pradaria, os tripulantes ficaram olhando uns para os outros.

Todos sabiam que só tinham conseguido se salvar por milagre. Alguns começaram a chorar. García e Massa se aproximaram para consolá-los, um por um, apertando-se as mãos. "Obrigado", eles diziam. "Obrigado."

30. O que eu encontrei na montanha
*Eduardo Strauch**

Numa tarde de fevereiro de 2005, eu estava trabalhando no meu escritório de arquitetura quando recebi um telefonema de Mendoza, Argentina, de um montanhista mexicano dizendo que tinha alguns objetos para me entregar. Quando ele começou a falar, minha pele ficou arrepiada.

O montanhista mexicano Ricardo Peña, um homem de 38 anos, que conhece em todos os detalhes a nossa odisseia de 1972, tinha explorado a área do acidente tentando encontrar vestígios do lugar onde o avião bateu, para reunir elementos que ajudassem a entender o que havia acontecido. Muito próximo ao lugar onde o F571 se chocou, a 4700 metros de altitude, espremido entre umas pedras, ele viu um pedaço de pano escuro. Com todo o cuidado, pensando se tratar de restos de algum corpo, escavou com ferramentas apropriadas e percebeu que aquele pano azul era um casaco, a jaqueta que eu tinha colocado sobre o bagageiro vinte minutos antes do acidente, pouco depois da decolagem do aeroporto de El Plumerillo, em Mendoza. Lembro perfeitamente que tinha colocado meus óculos de sol no bolso superior esquerdo da jaqueta. Estava em mangas de camisa, sentado, e depois aconteceu tudo aquilo. O montanhista me disse ter encontrado a minha carteira na jaqueta, com dinheiro, minha cédula de identidade, a carta de motorista e o tíquete da empresa aérea uruguaia para retirar a bagagem quando chegássemos a Santiago do Chile. Também estava ali meu passaporte, em ótimo estado, com a assinatura perfeitamente legível, o carimbo da alfândega de saída do Uruguai, o da entrada na Argentina em 12 de outubro e a saída em 13 de outubro de 1972, de Mendoza. Todos os documentos que ele listava eram os que eu tinha esquecido em casa no dia da partida e que quase me impediram de viajar. A seis metros daquele local, Ricardo Peña também encontrou a armação metálica dos meus óculos Ray Ban, sem as lentes.

Em todos esses anos eu tinha pensado várias vezes nesse passaporte, que era como uma síntese de uma parte da minha vida de estudante, pois estava cheio de carimbos de alfândegas da minha primeira viagem mais longa, quando dei a volta ao mundo como estudante de arquitetura. Várias vezes também pensei na jaqueta, que eu havia comprado especialmente para a ocasião e que tinha ficado como um rastro meu em algum local recôndito da cordilheira. E todos esses objetos me transportaram para o avião de maneira muito vívida, como se o tempo tivesse parado e nem um minuto tivesse se passado desde então. E agora, que voltei, não consigo mais me afastar.

Apesar do meu silêncio durante todo esse tempo, principalmente em respeito aos familiares dos mortos, minha vida posterior ao acidente foi, de certo modo, uma procura daquilo que o montanhista Ricardo Peña encontrou no topo dos Andes: quem era eu antes do acidente, o que aconteceu comigo na montanha e como fiquei depois do ocorrido. Sempre soube que em meio àquele infortúnio atingi estados de consciência até então desconhecidos para mim e com os quais procurava fugir das atribulações que me cercavam.

Nos primeiros momentos do acidente, vivi estados de confusão muito fortes, quis ir embora do avião várias vezes, nunca vou saber para onde. Queria beber água porque morria de sede, então pegava pedaços de neve impregnados de combustível em volta do avião e minhas mãos ficavam duras e os lábios queimavam. Foi preciso um bom tempo e muito esforço para ajustar minha psique àqueles primeiros momentos tão aterrorizantes.

Vejo esse Eduardo das fotos dos documentos e me admira que ele tenha conseguido extrair algo positivo daquela experiência tão lúgubre. Que, fugindo da realidade, tenha caído sem querer na espiritualidade.

Acredito que quase todos nós, os jovens que viajávamos naquele avião, estávamos dentro de uma bolha que ainda não havia estourado. Vivíamos sem maiores problemas, em Carrasco. A maioria de nossas famílias estava bem de vida, morávamos em casas confortáveis, com muito espaço e um ambiente de afeto. Até aquele momento, eu e a maioria dos passageiros havíamos tido uma vida muito tranquila. Jamais poderíamos imaginar que essa bolha fosse estourar daquela forma, gerando uma onda que nunca mais deixou de se expandir.

Para vencer aquele sofrimento, que teria me levado à loucura em meio àqueles estados de delírio que sofri desde os primeiros dias do acidente, me voltei para dentro de mim mesmo em busca de alguma explicação, ou de uma saída, posto que no mundo exterior não só não havia nada que pudesse me ajudar como também ficava tudo cada vez mais nebuloso. Esse foi o método que adotei para evitar a demência: a ampliação da consciência, facilitada pela solidão e pelo sofrimento.

Ao mesmo tempo, quando analiso e penso no que está na base de todas as religiões, vejo que tudo estava presente na montanha. Em primeiro lugar a esperança, acreditar que existe uma saída, o que constitui o seu fundamento; a necessidade de perder o medo, que na cordilheira era um terror onipresente; a necessidade de se integrar ao absoluto, o que permitia afastar a mente do que estava mais próximo; a experiência mística, que sempre guarda um mistério que não se revela, e ali tudo era um enigma, a começar pelo nosso destino; os rituais ou mantras que produzem paz e equilíbrio, quando a mente se vê acossada continuamente pelo desequilíbrio e pelo caos, como o rosário noturno que rezávamos no avião; a sensação de que somos mais do que os nossos corpos físicos, o que permite enfrentar a morte de outra maneira.

    A primeira vez que tive essa impressão, de que minha mente se separava do corpo físico, foi quando achei que estava morrendo na avalanche. Foi um processo que se desenvolveu de forma muito rápida. Ao me sentir aprisionado naquela massa de neve compacta, pensei de imediato que tinha chegado a hora da minha morte. Nos dias anteriores, eu sabia que isso poderia ocorrer, e finalmente o momento chegava. Primeiro foi aquela sensação de medo que se transformava em pânico enquanto eu rumava para o desconhecido. Depois, senti uma nostalgia, sensações que se encaixavam umas nas outras, o medo com o terror, o terror com a nostalgia. Veio em seguida uma tristeza profunda por deixar a vida, e em meio a essa angústia comecei a rever o meu passado em imagens. Até que essa aflição foi cedendo, sobreposta por um magnetismo que me arrastava para um outro estado, que me atraía física e espiritualmente para alguma coisa muito agradável, impossível de descrever. Desapareceram as imagens do passado e eu me vi sendo levado para algo maravilhoso, até que chegou um momento em que senti que estava morto. Depois disso, sinto movimentos no lado do corpo, ouço ao longe a voz de Adolfo e uma tragada de oxigênio me traz de volta à vida. Respiro outra vez, e surge a angústia de voltar ao sofrimento, com uma vontade de gritar "Eu quero morrer de novo!", mas a pulsão pela vida é forte demais e, com uma potência arrasadora, passa por cima das outras sensações.

Todo esse processo repentino, que se deu de forma praticamente simultânea, me permitiu enxergar, entre outras coisas, a fugacidade do tempo. O medo, a nostalgia e o magnetismo prazeroso se sucedem num único instante, e quando Adolfo me chama e abre uma brecha para eu respirar, interrompe-se a viagem iniciada, mas o que surgiu foi algo novo, porque eu já conhecia aquele magnetismo que foi interrompido antes de se finalizar.

Depois da avalanche, após passar três dias soterrados, quando o vento amainou, três de nós chegamos à superfície. Ao sair pelo buraco que conseguimos fazer, demos com um dia de sol majestoso, um céu azul mais límpido do que nunca, sem uma nuvem, e a superfície coberta com um espesso manto de neve. Aspirei profundamente o ar da montanha e senti que ele me purificava.

Então, junto com Nando e Carlitos, nos jogamos na neve, e senti claramente que me fundia com a natureza, que minha mente se ampliava naquela paisagem esplendorosa, a 3700 metros de altitude, numa região que jamais fora pisada por um ser humano, e senti como que uma explosão para o universo, meu espírito se expandia e logo voltava para mim, como uma gigantesca rede que se lança ao exterior, recolhe elementos e depois os traz de volta para o interior.

Fiquei aspirando e expirando aquele ar tão limpo, hipnotizado diante da nova visão que a montanha me proporcionava, até que meus amigos interromperam esse processo misterioso que eu começava a conhecer ao me chamarem de volta à realidade da fuselagem, para trabalhar e aumentar o túnel que tínhamos cavado e permitir que os outros também pudessem sair.

Quando me enfiei ali, engatinhando, eu estava sorrindo, porque compreendia que tinha vivido algo extraordinário. Sem querer e nem imaginar, eu tinha concebido uma espiritualidade diferente, que fazia com que me sentisse parte de algo maior, que é o que busco até o dia de hoje. Depois disso não pedi mais nada a Deus, como vinha fazendo até ali, não quis mais apelar para uma entidade que estava fora de mim, infinitamente superior, mas comecei a conceber uma divindade dentro do meu próprio ser.

Naquela avalanche morreu Marcelo, o líder do time e meu melhor amigo, com quem compartilhara a aventura da vida dos sete aos 25 anos de idade. Os três primos Strauch — Daniel, Adolfo e eu — assumimos aquela segunda liderança, a segunda etapa da cordilheira, sem que isso tenha sido explícito ou imposto. Tínhamos praticamente a mesma idade, éramos muito unidos, e isso possibilitou que nenhuma decisão na montanha fosse tomada apenas por uma pessoa, pois conversávamos entre nós três e depois com os demais.

Os mais novos não só precisavam de uma liderança, como precisavam também de uma imagem paterna, buscavam alguém que apontasse alguma direção e dissesse: as coisas estão encaminhadas, não esmoreçam, nós vamos sair dessa.

Ao mesmo tempo, todos precisávamos de consolo. No meu caso, me apoiei na atitude de Nando, embora ele fosse mais novo. Quando voltou do coma, no quarto dia, Nando disse: "Eu vou voltar a abraçar o meu pai". E disse isso com tanta convicção, e repetiu aquilo com tanta segurança durante todo o período que passamos na montanha, que me deixava tranquilo: "Este é um dos que vão se salvar", eu pensava.

Nas últimas semanas de dezembro, quando o clima melhorou, procurei uma ou outra vez resgatar aquele estado de expansão da consciência que tinha vivenciado logo após a avalanche, quando saímos para o exterior. Quando eu me soltava, liberando meus pensamentos para que se distanciassem do ambiente mais próximo, chegava a fundir de novo minha mente e meu espírito com a natureza, e consegui experimentar sensações cujo vigor jamais voltei a conhecer aqui embaixo, na vida cotidiana.

Muito tempo depois de meu retorno a Montevidéu, entendi

que o que tinha acontecido é que, sem nenhuma preparação anterior e sem saber o que acontecia, eu tinha vivido o que é chamado de "meditação".

É sabido — e eu, na ocasião, desconhecia — que a meditação permite controlar as tensões da vida e ao mesmo tempo atingir um melhor funcionamento do nosso organismo, porque reduz a respiração, consome-se menos oxigênio e o ritmo metabólico diminui. Lá em cima não havia oxigênio, estávamos extremamente fragilizados e precisávamos reduzir o metabolismo ao mínimo imprescindível para continuar vivos. A meditação combate o estresse, e o que era aquilo que vivenciávamos 24 horas por dia se não estresse em seu mais alto nível? Todos os elementos necessários para entrar nesse estado especial de relaxamento estavam presentes na montanha. Estimulado pela minha predisposição em relação a essas sensações, meu mecanismo de defesa apontou para essa direção. Cada um teve o seu. Mas essa defesa não me levou a formar uma couraça que depois seria difícil de romper; ao contrário: contribuiu para que me abrisse mais, e quando fiz isso as experiências nunca mais deixaram de acontecer.

O mais paradoxal é que a paz verdadeira só chega quando deixamos de correr atrás dela. Na montanha eu não estava procurando nenhuma paz, mas sim fugindo apavorado do terror. Sem saber, tinha encontrado um método para sobreviver: o desapego ao que estava vivendo. Hoje, quando me aproximo de um estado desses, que me leva ao êxtase e ao arrebatamento, percebo que é semelhante ao que experimentei em 72, quando minha mente vagava em busca de outras dimensões, já que a que me envolvia era intolerável.

Alguém pode considerar que naquela situação tão violenta eu estava sofrendo de um estado alterado da consciência, com o cérebro alucinando por causa do choque e da falta de oxigênio. Prefiro acreditar que vivenciei uma forma especial de meditação. Estávamos a 3700 metros, a mesma altitude do Palácio Potala dos budistas, para quem as adversidades da vida são muito mais suportáveis, já que tudo não passa de uma ilusão.

Sempre tive, e continuo tendo, 20% de mim na cordilheira, e não tenho nenhum interesse em trazer isso aqui para baixo. Na verdade, não é que eu tenha deixado algo lá em cima. É mais como um cordão umbilical que me liga a tudo o que vivenciei, e por isso sinto tanta necessidade de voltar à montanha de tempos em tempos. Voltei em 1995, com outros onze do grupo. Em 2006 estive lá duas vezes, voltei de novo em 2007 e três vezes em 2008. Quando volto para lá, me conecto outra vez com algo tão novo e emocionante que nem sequer pretendo compreender, mas apenas sentir. Vivencio isso como um antídoto contra a vaidade ou o ataque da vida cotidiana aos sentidos.

Por esse mesmo motivo me liguei muito profundamente com a gente da montanha, com os guias locais, com os que vivem nos arredores e a conhecem bem, que sobem nela de vez em quando, esses homens que dormem ao relento no verão, a vinte graus abaixo de zero, cobrindo-se com os pelegos dos cavalos, pois estão sintonizados diretamente com a frequência transmitida pela cordilheira.

Tudo isso me levou a falar sobre os Andes, a dar palestras, conferências, para contar que mesmo com a vida estilhaçada eu encontrei uma curiosa forma de felicidade vinculada a essa fantasia ou a esse desejo tão humano de ir um pouco mais além. Quando conto a história, fico impressionado e maravilhado com a reação das pessoas. Elas escutam sem piscar os olhos, você vê lágrimas, força, uma integração. E como essa experiência é muito intensa, quando chega a hora de fazerem perguntas ou esboçarem reflexões, que é o que mais me gratifica, sempre acabo emocionado e transformado. Ao final, quando o evento já se encerrou, vem o momento mais íntimo, quando algumas pessoas se aproximam e se apresentam, não para fazer perguntas, mas para conversar cara a cara, para comentar algo sobre suas próprias cordilheiras, sobre como as relacionaram com o que acabaram de ouvir e como esboçam possíveis soluções, e depois agradecem por ouvi-las com tanto interesse.

Na cruz de ferro colocada no Vale de las Lágrimas em janeiro de 1973, as mensagens que deixamos junto às sepulturas dos mortos no acidente se revezam com outras mensagens ou epitáfios que outras pessoas que não conhecemos deixam para os seus próprios mortos, ou em referência às suas próprias desgraças, bem encaixadas entre as pedras para que não sejam levadas pela ventania dos Andes. Parece que depositam ali sua angústia e descem a cordilheira em paz, serenas com a experiência dolorosa e majestosa da montanha.

Quando se completaram trinta anos do acidente, todos nós experimentamos uma transformação, porque precisávamos disso, e o aniversário serviu como pretexto. Reencontramos muitas famílias dos mortos que antes não queriam nos ver, reencontramos os oficiais da Força Aérea, que também não queriam saber nada de nós, os espectros dos Andes. Foi uma elaboração muito lenta, mas necessária para processar o que tínhamos vivido.

Até então não só eu nunca tinha falado sobre os Andes como nem sequer mencionava nada a respeito. Mesmo quando as pessoas faziam alguma referência ao que ocorreu na cordilheira, eu não dizia que tinha feito parte da viagem. Em 2003, estava num automóvel com um médico e sua esposa, para quem eu construía uma casa em José Ignácio, a trinta quilômetros de Punta del Este. Quando passamos por um ferro-velho na estrada, que abriga uns restos de um avião igual ao que caiu nos Andes, o médico começou a me contar a história de 1972, descrevendo como era o avião por dentro. Tive de corrigi-lo várias vezes, especialmente em relação às dimensões da cabine dos pilotos e à distribuição dos assentos na cabine dos passageiros. A mulher do médico virou-se no banco e perguntou: "Como você sabe de tantos detalhes?". "Porque eu estava lá", respondi. O médico parou o carro de repente, e com os olhos fora de órbita os dois me bombardearam de perguntas durante uma hora, estacionados no acostamento. Falei, falei muito, e fiquei surpreso com o fato de ter conseguido fazer isso sem sentir dor. O que estava acontecendo? O relacionamento com eles estreitou-se tanto a partir daí, que de clientes passaram a ser amigos e confidentes.

 Penso com frequência naquela reação aparentemente tão ilógica que tivemos em 22 de dezembro quando, depois de ouvirmos no rádio que o resgate estava a caminho, cada um, sem falar com os demais, começou a improvisar uma sacola e a reunir qualquer coisa que conseguisse para levar dos Andes. Depois de muito pensar sobre isso, concluí que foi um ato simbólico importante para todos nós. Assim como havíamos perdido muito na montanha, tínhamos encontrado outras coisas, e levar aqueles objetos sem valor algum que enfiávamos nas sacolas (eu peguei um cartaz de "EXIT" e duas ferramentas do avião) era como guardar um símbolo que representasse aquele lar miserável que tínhamos criado e que permaneceria dentro de nós para sempre. É por isso que aconteceu a mesma coisa com muitos de nós quando fomos levados pelos helicópteros: aquela alegria irrefreável e ao mesmo tempo um toque de nostalgia.

 Depois de voltar a Montevidéu, levei mais de um ano para me reinserir na sociedade. A descida foi muito difícil para mim, pois continuava com um pé nos Andes e não queria descer dali totalmente. Tinha acabado de iniciar o luto pela morte de meus amigos, processando o que não tinha tido tempo de processar lá em cima. O tempo passava e eu não me acostumava, achando que nada poderia me tirar daquele poço. Mais do que me questionar se havia vida depois da morte, eu me perguntava o que era a vida antes da morte. Mas no final, como em tudo, a gente vai se recompondo. E a cordilheira me serviu para suportar aqueles momentos difíceis em que você acha que não existe saída.

Em casa, naquele verão de 1972, ninguém sabia como lidar comigo. Eles me superprotegiam, me sufocavam, o que era muito sofrido para mim. Parecia inacreditável que, depois de nos salvarmos por um milagre, eu estivesse de volta à vida e esta me parecesse insossa, deprimente, incompreensível. Eu achava que as pessoas não me entendiam, e só me sentia bem entre os meus amigos do acidente. Onde estava aquele algo mais que eu tinha conhecido na montanha? Uma parte estava nos meus companheiros.

Agora, quando subo na cordilheira, ou quando dou uma palestra e ouço as perguntas e os comentários dos que me ouviram, e até mesmo quando fico pensando ou falando por algum tempo sobre a questão dos Andes, volto a me sentir deslocado e incômodo em relação à realidade cotidiana, à rotina. Quando volto da cordilheira sinto a mesma coisa, com mais intensidade, e mais uma vez, como em 1972, demoro para aterrissar. Mas agora é uma aterrissagem sem traumas, sem depressão, porque já sei como se dá o processo, sei por que isso acontece comigo e sei que posso retornar à montanha quando quiser, enquanto tiver forças, para sentir aquele sonho lúcido tão gratificante de ir além dos meus limites.

É difícil definir a sociedade da neve que criamos nos Andes. À primeira vista pode parecer uma comunidade pré-histórica e selvagem em um ambiente rústico e malcheiroso. Muitos podem achar, como já aconteceu, que formamos uma sociedade desumanizada, onde o animal se fez presente e sufocou o homem. Embora na aparência possa parecer que vivemos abaixo dos padrões humanos, fomos mais humanos que nunca. Deixamos de lado todo o mundo material e nos aproximamos de nossa essência, enriquecemos o espírito, e nossos dons como seres pensantes funcionaram ao máximo. Um grupo de moribundos semicongelados e famélicos, que ignoravam totalmente onde estavam, abraçando-se para não morrer de frio, sem contar com nenhum outro elemento além do afeto e da inteligência, encontrou a saída, tanto a física quanto a espiritual.

Quando ouvimos naquele rádio minúsculo que dois sobreviventes cujos nomes não se divulgavam tinham chegado a Los Maitenes, giramos o dial buscando mais informações, e de repente começou a soar, de uma forma inconcebível, a *Ave Maria*. Isso foi para mim uma confirmação inquestionável de que eram eles, de que estávamos salvos. Vivenciei então uma alegria que brotava como uma emanação saindo de todos os meus poros.

Durante a Segunda Guerra Mundial, em 1942, o célebre violinista britânico Yehudi Menuhin, em Honolulu, tocava seu violino para os soldados que partiam para a frente de batalha e também para os feridos que retornavam, a caminho de suas casas, depois de uma escala no hospital do Havaí. Para os dois grupos ele tocava a *Ave Maria*, para os que partiam para a morte e para os que estavam de volta à vida. E os dois grupos ouviam com o mesmo arrebatamento, com a mesma esperança. A vida e a morte não eram, assim, tão antagônicas.

Hoje estou convencido de que os 45 passageiros que embarcaram no Fairchild, na manhã de 12 de outubro de 1972, não sabiam para onde iam. Era um voo sem destino, por isso cada um chegou a um lugar diferente. E todos que se aproximam dessa viagem embarcam no mesmo voo de destino incerto, sem saber aonde ele os levará.

* Eduardo Strauch nasceu em 1947.
É casado com Laura, com quem tem cinco filhos.
Mantém um dos escritórios de arquitetura de maior prestígio no Uruguai.

Mora em um apartamento dos anos 1950, no centro da cidade, muito amplo e elegante.

Eduardo é calmo, de fala pausada. Parece muito mais jovem do que é, como se o tempo para ele não passasse.

Trinta e três anos após o acidente ele começou a dar palestras e conferências sobre os Andes, com uma visão humanista e desprovida de qualquer sentimento de heroísmo.

Fala com o entusiasmo de quem está sempre dando início a um novo projeto. Porém o que mais o seduz é voltar à montanha no verão seguinte e dormir ao relento com os guias, coberto com as peles de ovelha que eles usam como pelego nos cavalos, enfrentando vinte graus abaixo de zero, para poder sentir as estrelas mais próximas e ficar mais próximo também de tudo o que aprendeu na montanha.

31. Los Maitenes

O dia 22 de dezembro amanheceu nublado na fuselagem. O Sosneado estava encoberto por uma bruma espessa, algo que os sobreviventes conheciam bem: sinal de tempo ruim, que os faria tremer por dentro.

Como tinham deixado o rádio ligado durante toda a manhã, sabiam de tudo o que acontecia, minuto a minuto. Tiveram conhecimento do momento exato em que os helicópteros chegaram a Los Maitenes, e até quando decolaram para buscá-los, tendo Nando como guia.

Depois do meio-dia Bobby François ouviu o eco dos helicópteros reverberando ao longe no vale do leste. Começou a olhar para o alto com tanta ansiedade que não conseguia firmar a vista, o sol o ofuscava e feria seu olho enfermo, mas o som roncava cada vez mais próximo, embora ele continuasse sem enxergar nada.

Daniel, que aguardava a chegada do resgate pela montanha do oeste, ouviu de repente um som que o sobressaltou. Correu para o outro lado da fuselagem e viu os helicópteros, cada vez mais próximos, subindo pelo vale, e ficou dando voltas, perplexo.

Tintín, que se encontrava em condições físicas excelentes, foi o primeiro a sair correndo ao avistar os helicópteros no vale. Um deles passou rasante sobre suas cabeças e lançou uma sacola: ele correu até ela, abriu-a e encontrou sanduíches enormes de pão com carne. Enquanto esse helicóptero subiu de novo e permaneceu voando mais acima, dando voltas, o outro tentou pousar.

Até hoje Carlitos estremece ao recordar o barulho das hélices dos helicópteros subindo pelo vale ao leste, um som que se ouve a grande distância, que se aproxima, até que os aparelhos irrompem subitamente como pássaros gigantescos e começam a bater asas sobre eles. Saiu correndo com o outro sapatinho do sobrinho de Nando em direção a um local onde parecia que um dos aparelhos tentaria se aproximar, sacolejado pelo vento.

Eduardo fez o mesmo, e quando chegou lá, um tripulante estendeu um braço, no qual ele se agarrou com as duas mãos e subiu com um só puxão.

Gustavo, que era um dos que mais gritava, tinha um olho focado nos helicópteros e o outro na sacola em que trazia os restos de seus amigos.

Pancho Delgado, com a bacia fraturada, era um dos que se movia com mais dificuldade. Entre a alegria do resgate e a lentidão com que se deslocava, sentia-se como que aturdido, não sabia para onde ir.

Coche olhava para os helicópteros com incredulidade. Estava a três dias de sua morte, e ver Nando fazendo sinais com as mãos parecia uma miragem, mais uma das armadilhas de sua mente, mas por via das dúvidas aproximou-se junto com Pedro, mancando, do local onde parecia que um dos aparelhos iria descer. O primeiro helicóptero desceu muito rápido, logo seguido pelo segundo: o pessoal do Socorro Andino abriu a porta e saltou. Rapidamente Nando chamou Álvaro Mangino e Daniel Fernández, que vinham correndo em direção ao ponto onde o helicóptero se aproximou da neve, para embarcarem como uma rajada de vento. Quando se penduraram no aparelho, que estava a um metro de altura, Nando segurou-os pelas mãos e puxou os dois para dentro.

— Eu vou subir, eu vou subir, eu vou subir! — repetia o piloto, nervoso, pois não conseguia manter o aparelho suspenso.

Em vinte segundos alçou voo novamente, enquanto os dois recém-chegados abraçavam e beijavam Nando.

No outro helicóptero conseguiram subir Carlitos Páez, Pedro Algorta, Eduardo Strauch e Coche Inciarte. Os outros ficaram em torno da fuselagem, surpresos, com os integrantes do Socorro Andino e o enfermeiro José Bravo.

O voo a bordo dos helicópteros rumo a Los Maitenes naquele 22 de dezembro foi tenebroso. O helicóptero parecia voar descontrolado, o vento ou o vácuo o empurravam para todos os lados. Pedro, Coche, Carlitos e Eduardo perceberam como os tripulantes suavam e trocavam olhares, mas nenhum dos quatro expressava em voz alta o que estavam pensando. Tinham aprendido na montanha que o azar a gente chama, e se não o chamamos, às vezes ele é exorcizado.

No outro helicóptero, Daniel ia sentado atrás do piloto, de quem conseguia ver apenas a parte posterior do capacete, mas enxergava um lado do rosto do copiloto, jovem demais para lidar com tudo aquilo. Ao seu lado viajava Nando, e atrás, Álvaro Mangino. Quando o helicóptero começou a vibrar como uma batedeira, ele perguntou a Nando se a viagem de ida tinha sido igual, já que o helicóptero parecia prestes a desmanchar com aquele rangido de metais, e por mais potência que imprimissem ao motor, não conseguiam estabilizá-lo nem atingir o topo da montanha que queriam ultrapassar. Nando respondeu que sim, que ficasse tranquilo, que tinha sido a mesma coisa. Daniel observou novamente o copiloto e percebeu que agora ele estava chorando. Voltou a olhar para Nando e deparou com uma expressão sombria. Que incongruência, pensou Daniel, 71 dias sofrendo para acabar assim. Mas não entrou em pânico. Começou a pensar que pior ainda era o caso de Nando, que já estava salvo e acabaria morrendo por ter voltado para buscá-los. O helicóptero despencava para baixo e parecia que ia se chocar com o outro que vinha atrás, mas depois conseguiu se distanciar, e observando o outro aparelho Daniel pensou que pareciam duas moscas na imensidão do espaço, cruzando-se para um lado e para o outro. Uma vez mais Daniel sentiu que as coisas eram extremamente difíceis, que na verdade na história deles sempre havia uma volta imprevista no parafuso, pois iam acabar sofrendo um segundo acidente aéreo ainda pior que o primeiro.

No segundo helicóptero, Coche fechou os olhos. Ao som metálico do aparelho, que parecia que ia soltar todos os rebites e parafusos, seguia-se o silêncio, porque o helicóptero deslizava com o ar quente e o piloto não conseguia tirá-lo do Vale de las Lágrimas. Quando abriu os olhos mais tarde, avistou os verdes vales do Chile, com árvores e correntes de água. Se até alguns segundos antes estava chorando de medo, agora chorava de euforia.

Por ocasião do trigésimo aniversário do acidente, realizou-se uma cerimônia, seguida por uma versão amistosa da partida de rúgbi que acabou não acontecendo em Santiago do Chile em 1972. Dela participaram todos os personagens diretamente vinculados à tragédia, os dois pilotos, García e Massa, e o tropeiro Sergio Catalán. Nessa ocasião, o piloto Jorge Massa confessou a Daniel Fernández, com a sobriedade de um militar experiente, que de todos os voos que fez na montanha, aquele de 22 de dezembro de 1972 foi sem dúvida o mais perigoso e no qual ficou mais assustado, pois na verdade achou que não teriam sucesso.

Por isso o resgate da tarde foi suspenso e os oito sobreviventes que continuaram nos restos do avião só foram trazidos no dia seguinte.

Quando o helicóptero estava aterrissando, Coche Inciarte achou que aquela pradaria verde fosse um campo de alfafa. Os famosos verdes vales do Chile, que ele já tinha dado como mortos e murchos, na verdade existiam, e explodiam de tantas flores e aromas.

Somente em Los Maitenes Álvaro teve a consciência real de que estavam salvos. Caído no meio do pasto, comeu tudo o que lhe ofereciam: feijão, pão, café, chocolate.

Daniel Fernández sentiu um impulso irresistível e rolou no pasto de felicidade. Mas aí vieram os imprevistos, porque depois do médico e do pessoal da Cruz Vermelha surgiu um enxame de jornalistas.

— O que estão fazendo aqui? O que aconteceu? Aconteceu algum terremoto? — perguntou, achando que algum cataclismo importante tinha ocorrido para que todos estivessem ali.

— O terremoto é que vocês estão vivos — disse um repórter, que o observava sem piscar os olhos.

Logo depois de descer do helicóptero, Eduardo Strauch viu Nando e Carlitos. Os três se abraçaram, choraram e rolaram abraçados no chão. Já de pé, viu que perto dali brotavam flores silvestres amarelas. Arrancou uma, em êxtase, e mostrou-a a Carlitos para que sentisse o perfume, mas Carlitos não entendeu que era para cheirá-la e levou-a à boca e comeu. Eduardo decidiu então imitá-lo: fez um buquê com flores e mato e levou-o à boca, enquanto as pessoas que os aguardavam olhavam preocupadas: "Realmente eles enlouqueceram! Estão comendo capim!".

Na manhã seguinte, sábado, 23 de dezembro, às 9h30, os dois helicópteros voltaram à montanha. No primeiro retornaram Pancho, Tintín, Javier e Roy. À certa altura, sem ter outra forma de se fazer ouvir, Pancho Delgado bateu no capacete de um dos tripulantes, e quando este se virou ele perguntou, em seu estilo preciso, se aquilo que acontecia estava dentro dos padrões normais de um voo. Sim, totalmente normal, respondeu o tripulante, mas Pancho não acreditou e reclinou a cabeça, colocando-se em posição fetal para se proteger daquele que seria o segundo acidente aéreo de sua vida.

No segundo helicóptero voltaram Adolfo, Moncho, Bobby François e Gustavo Zerbino.

Ao pisar no vale de Los Maitenes, sentindo sob seus pés aquele campo de trevos e pasto macio, Adolfo sentiu seu coração se expandir até ser sufocado, pois havia sensações demais que não cabiam em seu peito. Dois médicos pediram para examiná-lo, pois achavam que não estava conseguindo respirar, mas ele pediu para cuidarem de Roy e de Javier, que tinham chegado no outro voo, pois eles sim estavam realmente mal.

Gustavo Zerbino desceu do helicóptero sem desviar os olhos da sacola em que trazia os restos de seus amigos, pois suspeitava que o comandante queria pegá-la; não sabia por quê, mas ele não ia permitir aquilo nem que tivesse de defendê-la à força.

Pancho Delgado estava ao mesmo tempo exultante e pasmo, pois finalmente eles estavam em terra firme e o helicóptero não tinha caído.

Quando Moncho desceu do helicóptero em Los Maitenes, ouviu o som de uma corrente de água. Aproximou-se para tocá-la com as mãos, olhando-a absorto, como se nunca tivesse visto algo semelhante. Enquanto enfiava as mãos sujas e queimadas pelo sol da montanha na água gelada, sentiu um calafrio. Molhou o rosto com a água do rio, que se confundia com suas lágrimas, para trocar de mundo, quando ouviu que os chamavam para partir para San Fernando, a escala seguinte.

32. "Siga em frente, papai"
*Nando Parrado**

Durante muitos anos eu tive uma fantasia. Naquele dia 12 de outubro de 1972, íamos eu e minha família pela avenida da costa de Montevidéu rumo ao aeroporto. Na frente estavam meus pais, e no banco de trás da Rover verde-oliva íamos eu e minha irmã Susy. No meio do caminho, quando já tínhamos atravessado o riacho Carrasco, onde a estrada se bifurca, e o trecho à esquerda leva ao aeroporto e o da direita vai para os balneários do rio da Prata, eu dizia ao meu pai: "Vire, papai, gire o volante, vá pela direita, não vá para o aeroporto". Se ele tivesse virado, a montanha não teria cruzado o meu destino.

Muitos anos se passaram e eu continuava tendo esse sonho acordado, porque nunca foi um pesadelo e nem sequer apareceu nos meus sonhos noturnos. Poucos anos atrás, um dia tive um sobressalto ao perceber que esse sonho acordado recorrente tinha sofrido uma alteração. Eu recriava a cena na avenida, mas quando chegávamos à bifurcação eu não dizia mais para virar o volante, mas indicava em meus pensamentos: "Não vire, papai, siga em frente, deixe a gente no aeroporto e no inferno". E entendi que essa mudança em minha fantasia não se referia à minha mãe e à minha irmã, cujos lutos eu já tinha lentamente vivido, nem à tragédia a que estávamos condenados, mas sim que eu queria dizer ao meu pai que pelo caminho do inferno, por aquela bifurcação depois do riacho Carrasco, também se chegava àquilo que seria inevitavelmente a minha vida, com a família que tenho hoje. Que um dia minha mulher, Veronique, também passaria por aquele caminho, e se continuássemos naquela rodovia, um dia nasceriam minhas duas filhas, Verônica e Cecília, e o que eu dizia ao meu pai era, simplesmente, que me deixasse viver minha vida, que meu destino fosse adiante, porque eu conseguiria conhecer a paz, não apesar, mas justamente por causa de tudo o que viria a sofrer. Desde então parei de ter esse pensamento angustiante que me atormentou durante tanto tempo.

Quando contei essa história à minha mulher e às minhas filhas, as três me disseram, pela primeira vez, que queriam ir comigo até a montanha, ao lugar onde passamos aqueles 71 dias, pois queriam conhecer o local onde haviam nascido. E fomos, os quatro, em março de 2006, e as três contemplaram aquela paisagem com uma ideia em mente: este foi o começo dos começos.

Voltei onze vezes àquele lugar. Meu pai voltou em dezessete oportunidades. Um ano depois do acidente, meu pai me disse que queria colocar flores sobre as sepulturas da minha mãe e da minha irmã. Como ninguém ainda tinha ido até lá, tivemos de improvisar um caminho com um montanhista, a pé, numa peregrinação perigosa que levou três dias de ida e três de volta. Meu pai levou as flores e uma caixa de aço com o urso de pelúcia que sempre fez companhia à minha irmã, durante toda sua vida.

Por que voltei, e ainda volto, tantas vezes? Ali estão minha mãe e minha irmã. E ali está a cicatriz que trago na testa.

A primeira lembrança que tenho da cordilheira é de uma dor de cabeça fortíssima, como se houvesse um alienígena dentro do meu cérebro fazendo de tudo para sair dali. Depois me lembro de pequenas figuras acinzentadas que se movem e a dificuldade para sair daquele coma, com muitas horas naquela etapa intermediária, até que abro os olhos e vejo olhares, rostos, cabelos, lábios que se movem, falando comigo e dizendo: "Nando, o avião caiu; Nando, nos arrebentamos; Nando, você está vivo". Distingo Roberto Canessa, Gustavo Zerbino e Diego Storm, que me observam.

Viro a cabeça e vejo mais gente. Há feridos, sangue por todos os lados. Minutos depois meus olhos já conseguem ver com mais clareza e posso captar naqueles olhares o abatimento geral. O acidente aconteceu há três dias, eles esperavam um resgate imediato, mas ele ainda não chegou. Ouço gemidos, o choro dos feridos.

Nesse momento, quando meus pensamentos começam a se reorganizar, lembro que não estava sozinho no avião, que estava com minha mãe e com minha irmã, e pergunto aos que me observavam onde elas estão. E aqueles rapazes, que em três dias já tinham feito um curso intensivo de terror, respondem de forma drástica e direta: sua mãe morreu, sua irmã está muito ferida ali na frente, deitada dentro da fuselagem. Senti um golpe forte, mas logo raciocinei que Susy ainda estava viva e precisava de mim, e me arrastei até onde estava caída e com ela fiquei até o fim.

Ela não conseguia falar, pois tinha feridas internas muito graves e só se expressava pelo olhar, e foi assim que dialogamos. Dois dias depois, minha querida irmã morreu nos meus braços.

Foi aí que o foco de meus pensamentos mudou, e percebi que estávamos numa situação sem saída. Observei as montanhas e disse a mim mesmo: "É preciso sair daqui". E esse foi o meu pensamento desde o começo, talvez equivocado porque o resgate poderia chegar, e por isso tentar fugir dali sem nenhuma preparação naquelas circunstâncias teria sido um suicídio, mas a semente da fuga foi plantada no mesmo instante em que minha irmã morreu.

Várias razões me motivaram ou me influenciaram a preparar minha fuga com tanta angústia e pressa. Eu conseguia enxergar o roteiro completo do filme e sabia que cedo ou tarde os corpos acabariam e teríamos de usar os da minha mãe e da minha irmã. Impossível. Era preciso escapar dali antes que isso acontecesse. Além do mais, havia meu pai, que pensava ter perdido toda a família na montanha, mas como eu estava vivo, tinha de voltar logo para dizer isso a ele. Numa situação tão absurda, a única coisa em que eu conseguia pensar era na minha família. Não havia outro objetivo. Meu pai e minha irmã mais velha eram a família que me restava.

Meu pai era e é um homem muito pragmático, que subiu na vida à custa de um trabalho incansável. De simples seleiro ambulante que vendia seus produtos em fazendas no interior do país, chegou a proprietário da maior cadeia de ferragens do Uruguai. E todo esse esforço e essa vocação inflexível para trabalhar de sol a sol, durante toda a vida, sempre se apoiaram em um único objetivo: o bem-estar da família. Uma de suas frases de que sempre me recordo é a que me dizia quando explicava, um a um, como eram os parafusos vendidos por nossa empresa: o parafuso articulado, o parafuso de âncora, o parafuso de torno, as porcas com asa, as arandelas de freio de anel, e tudo isso descrevendo com paciência e ternura infinitas, de noite, cansado, com seus óculos enormes, no escritório da firma, tudo isso para criar um ambiente para o seguinte conceito final: "Não fique nas nuvens, Nando. Preste atenção nos detalhes". Que era uma forma de me dizer: a vida é esforço, Nando, é nela que se respondem as grandes perguntas, a vida vale a pena, mas exige sacrifício, é preciso construí-la aos pouquinhos, ajustando as porcas e os parafusos.

Pouco antes dos Andes eu tinha muitas dúvidas em relação ao meu futuro. Não eram hesitações profissionais, mas dúvidas sobre como eu seria. Eu observava aquelas montanhas e percebia que elas tinham me roubado a possibilidade de ter um projeto, não de ganhar dinheiro ou de ser um profissional bem-sucedido, mas um projeto bem mais simples e com que eu mais sonhava, que era ter uma família como a que tivera quando criança e adolescente. Tive então um pensamento poderoso como um raio: não sei como nem quando, mas enquanto estiver vivo vou lutar por isso. Vou atacar essas montanhas com fúria, vou escalá-las, vou atrás da minha vida até quando não puder mais e, como desconfio que não vou conseguir, então vou morrer lutando, e quando meu rosto se estatelar no gelo, vou me erguer de novo, até chegar uma hora em que não consiga mais me levantar.

Também não ficava lamentando, pois a mente passou a funcionar em outra dimensão. Queixas? Críticas? Por que convidei minha mãe e minha irmã para esta viagem? Não fazia sentido. A mente funciona de modo diferente. Foi um desígnio de Deus? Não, o acidente aconteceu porque o piloto errou, calculou mal a posição onde estava e se chocou contra uma montanha, com a sorte posterior de que o tubo partido não oscilou e seu ângulo de descida se ajustou à ladeira, razão pela qual não saiu capotando. Pensamentos como esses o transformam, você vai se tornando uma máquina de sobrevivência. Pensei: "O que posso fazer pela minha mãe? Nada, ela morreu". Parece muito frio dizer isso, mas é preciso estar lá para entender. Você não pode fazer absolutamente nada em relação ao passado, por isso tem de enfrentar a realidade com aquilo de que dispõe, depois de enterrar a mãe e a irmã com uma camadinha de gelo sobre os rostos, concentrando-se no que poderá fazer no dia seguinte. Sua mente chega a pensar coisas assim: não posso chorar, porque se eu chorar vou perder sal pelas lágrimas.

Lembro o que pensava na fuselagem na noite da avalanche, no domingo, 29 de outubro. À minha esquerda estava Liliana, com quem fiquei conversando por quase uma hora, sussurrando. Falamos sobre os filhos dela. Eu perguntava o que iria acontecer comigo, onde estaria a mulher com quem um dia me casaria se não tivesse acontecido aquele desvio no meu destino. Como seriam os meus filhos, será que eu os amaria tanto quanto ela amava os dela? E pensar que estou aqui, congelado no topo de uma montanha e pensando numa mulher que jamais conhecerei. Nossos filhos não nasceriam, nunca constituiríamos um lar, porque as montanhas haviam me amputado esse destino. Liliana tentou me consolar: tudo vai dar certo, falou, acredite no que estou dizendo.

A coisa mais terrível por que já passei na minha vida foram aqueles três dias soterrados embaixo da neve trazida pela avalanche, naquela escuridão, com os amigos mortos ao lado, apertados contra o teto, totalmente molhados, abraçados ao que estava mais próximo para trocarmos calor, força, sem a menor ideia do que fazer.

Ao mesmo tempo, a avalanche é uma desgraça que marca e decide definitivamente a sorte de todos. Aqueles três dias sepultados serviram para unir ainda mais os que continuaram vivos, o que ajudou na luta para escapar dali. Mas esse acidente dentro do acidente também nos trouxe a possibilidade de aguentarmos mais um mês e meio na montanha, pois havia oito corpos a mais. Não fosse isso, teríamos sido obrigados a arriscar aquela expedição camicase um mês antes e teríamos morrido na escalada, porque o mau tempo a impossibilitaria. É preciso saber analisar o fato friamente: não procuro explicações religiosas ou esotéricas, não acho que tenha sido vontade de Deus ou uma combinação de signos zodiacais. Essas coisas simplesmente acontecem, e assim aconteceu. Naquele avião não havia bilhetes, nem tíquetes com assentos marcados, cada um sentava onde quisesse e ia trocando de lugar por impulso ou por alguma contingência qualquer. Dessa escolha absolutamente casual é que acabou dependendo o destino de cada um, do primeiro ao último dia. Os que morreram tinham tanta vontade de viver quanto nós: oito de nós poderíamos ter morrido, e outros oito se salvado, e a história poderia ser a mesma ou nunca se saberia o final. Não sabemos, mas foi o que aconteceu.

Quando alguém pensa nos Andes e diz "setenta e um dias" ou "setenta e dois dias", no caso dos que foram resgatados um dia depois, eu sempre acrescento: "Não foram setenta e dois dias, foram setenta e duas noites". Porque as noites eram muito piores que os dias. As noites eram o medo, o escuro, mas também as lembranças, a percepção de que a vida tinha se desviado do caminho e travado de uma hora para outra. O frio queimava, o vento penetrava como uma faca, e o único calor que trazia algum alívio era o hálito do garoto ao seu lado, a quem você pedia que respirasse sobre você. Se o inferno existe, ele não é feito de fogo: é escuro e feito de gelo.

Por isso acredito que a força que nos impulsionou a empreender a fuga não veio da coragem, mas do desespero, da fome e do medo físico que se instala na boca do estômago e nunca abandona você.

As pessoas o veem de uma forma diferente da que você é, do que pensava naquele momento. Veem arrojo, talvez porque sintam necessidade de ver coragem, mas eu estava totalmente aterrorizado. Não conseguia respirar de tanto medo que sentia. Olho para o passado e me pergunto: foi consciente a decisão de tomar as iniciativas que tomei, será que ponderei racionalmente os passos a serem dados? Acho que não. Agi movido por impulsos que não controlam muitas variáveis, mas que são profundos e inefáveis, e a energia existente por trás dessas pulsões era o pavor. Eu estava convencido de que ia morrer. E creio que foi isso que me levou a escapar. É um pensamento estranho, que pode levá-lo à apatia ou, ao contrário, alavancar você para a ação quando ele responde, como se fosse o eco da sua dúvida: entre morrer aqui, sentado, que será uma morte horrível, prefiro morrer enfrentando as montanhas.

Uma noite sonhei que estavam cortando pedaços do meu corpo. Gritava tão agitado que Roberto me acordou. E aquilo me fez pensar no que aconteceria quando os corpos acabassem.

Sabíamos o que tínhamos sido capazes de fazer até então para sobreviver, mas onde estava o limite? Quando os cadáveres acabassem, o que aconteceria? Esperaríamos para ver quem morreria primeiro para poder comer? Já tínhamos ultrapassado uma barreira, mas quais seriam as etapas seguintes? Foi um pesadelo terrível, que também reforçou a minha vontade de fugir.

Minha mente tinha tantas interrogações, estava tão confusa, que me agarrei à única coisa de que tinha certeza: o Chile está para o oeste, e por ali existe uma saída. A partir daí comecei a arquitetar minha fuga com tanta determinação que em alguns momentos era o único pensamento que me ocupava a mente: como fazer as coisas direito, como aumentar as minhas chances, como minimizar as minhas inúmeras carências.

A subida à montanha com minha mulher e minhas filhas, em março de 2006, a cavalo, não foi uma travessia fácil por aquelas ladeiras íngremes ou pelas cornijas escarpadas e perigosas. Eu ia ao lado das três, atento como nunca, observando todos os detalhes, as cilhas com os mantimentos, o som monótono dos cascos cambaleando entre as pedras em trilhas minúsculas, vertiginosas. "Não olhem para o lado, olhem para a frente", orientava. Em alguns momentos eu me arrependia: não devia tê-las trazido para fazer uma travessia tão arriscada. Atravessamos torrentes, subimos e descemos as encostas mais íngremes. Mas ao mesmo tempo percebia que as três observavam, extasiadas, a beleza da paisagem, com a expectativa de ir até o fim. Na primeira noite, no acampamento-base, minha filha Verónica começou a sofrer os efeitos do mal da altitude: cansaço, náuseas, confusão mental. No dia seguinte estava visivelmente pior e cambaleava sobre o cavalo. Nós paramos e eu disse que teríamos de voltar de imediato, que ela não tinha condições de prosseguir, pois o pior ainda estava por vir. "Eu quero continuar, papai", disse ela com uma convicção que me deixou trêmulo. "Como você fez", acrescentou. Para minha surpresa, à medida que nos aproximávamos do nosso destino, Verónica ia melhorando, em vez de piorar. Seis horas depois chegamos ao Vale de las Lágrimas.

Quando subimos no promontório onde fica a cruz de ferro, com as sepulturas de minha mãe, minha irmã e meus amigos, notei a atenção com que elas observavam a gigantesca montanha para o lado oeste. Não disseram uma palavra, mas não tenho dúvida de que sentiam que a minha história era também a delas. E que minha luta para sair dali foi minha luta para chegar a elas.

À certa altura, na última curva de onde ainda se pode ver o Vale de las Lágrimas, parei o cavalo e me virei, para dar uma última olhada no lugar. Tive então um pensamento que me deixa emocionado só de lembrar: "Valeu a pena. Eu voltaria a fazer tudo de novo por elas".

Naquele cenário impressionante que eu observava de cima do meu cavalo, tínhamos constituído uma sociedade completamente diferente, mas muito afetuosa e eficaz. Sempre repito a mim mesmo que minha glória foi ter tido amigos como aqueles na montanha, e muitos dos melhores deles estão entre os que não voltaram, garotos que lutaram como nós ou até mais, empenhando sua intuição, sua inteligência, sua coragem. Uns morreram e outros não, por escolha de Deus para os crentes, ou da natureza ou do destino para os que não acreditam. Mas todos deram o máximo, e nunca fomos homens melhores do que quando estávamos na montanha. Dez minutos depois do acidente, quando eu ainda estava inconsciente, em coma, já agíamos como um time, com responsabilidades, organização e eficácia.

É nesse contexto que deve ser entendida, também, a questão da alimentação com os corpos. É uma das facetas que fizeram com que essa história se tornasse mundialmente conhecida. Para mim isso não foi o mais importante, longe disso. As pessoas que leem, que ouvem ou que formulam a pergunta muitas vezes não se põem, ou não conseguem se pôr, no nosso lugar, nem têm em mente a informação de que dispúnhamos para poder tomar uma decisão como essa.

Estávamos sozinhos numa geleira, não tínhamos comida, faltava água. Na alta montanha o corpo se desidrata como no Saara, cinco vezes mais que no nível do mar, e o rádio nos avisou que estávamos abandonados. Não sabíamos onde estávamos nem tínhamos a menor informação a respeito de como se vivia ou se caminhava numa montanha. Aí a mente atua de uma forma totalmente inesperada. Quando existem opções, existem opções. Mas quando elas inexistem, não adianta procurar. E no entanto, no que se refere à forma de usar os cadáveres, nós agimos de uma maneira que antecipou muita coisa. Hoje, décadas depois, quantas pessoas assinam documentos em que estabelecem que, "quando eu morrer, meus órgãos devem ser doados para que outros possam viver"? Atualmente isso é comum. Nós, ainda tão jovens, no meio de uma geleira, criamos isso. E o fizemos por meio de um pacto. Os 27 o subscreveram, mesmo que só dezesseis tenham sobrevivido. Foi um gesto de verdadeira grandeza e, acredito, uma forma avançada de pensar: doar-se em vida.

É muito fácil dizer: "Eu não teria feito isso". Não se engane: você teria feito exatamente a mesma coisa que fizemos naquele momento, porque quando se está famélico, mais do que a fome é o medo que o empurra a procurar comida. Uns fizeram aquilo pelos filhos, como Liliana, e uma mãe faz qualquer coisa pelos filhos; outros encararam como uma comunhão espiritual; outros porque queriam voltar para seus pais, sua namorada, ou para a vida.

Nunca fomos pessoas melhores do que quando estávamos nos Andes. Ali não havia interferência externa, não havia dinheiro, não havia intolerância, não havia a hipocrisia das relações baseadas na busca por vantagens ou em interesses, pois ninguém tinha nada de material a oferecer, não havia discursos de duplo sentido, não havia possibilidade de ascensão no trabalho, pois não havia emprego, não havia nada. Éramos todos absolutamente honestos, pois íamos morrer. Se um médico dissesse que você tem apenas uma semana de vida, passaria pela sua cabeça a ideia de mentir para os seus amigos?

Tenho também a sensação de que a minha cordilheira é diferente da dos outros, não sei se pior ou melhor, mas diferente, por ter tido outros componentes. No acidente eu quebrei a cabeça em quatro lugares. Estava tão inchado que Roberto nem conseguia me reconhecer, pois eu parecia um monstro. Fico três dias em coma, mas não um coma num hospital, mas sim num campo de batalha. Perco minha mãe, minha irmã e meus dois melhores amigos. Atravesso os Andes com Roberto a pé. Subo num helicóptero e quase morro. Chego ao hospital de San Fernando e tenho de anunciar ao meu pai e à minha outra irmã que minha família está morta. Volto a Montevidéu, meu pai está buscando paz e consolo com outra mulher e vou morar num apartamento alugado. O Natal seguinte, doze meses depois, eu passo sozinho, sentado num carro na rua Blanes Viale, de Carrasco, esperando bater a meia-noite porque não tenho onde passar aquela data, esperando para ir ao Natal de Roberto Canessa depois que abrissem os presentes. Ou seja, minha cordilheira não se encerrou em 1972. Voltei à sociedade para morar sozinho, fazendo minha própria comida, trabalhando, sem poder continuar os estudos. Tudo isso também estava incluído no preço da minha passagem.

Com o passar do tempo a montanha se tornou uma parte da minha vida, interferiu na minha personalidade, no meu destino, e devo aceitar que será assim para sempre. E quando você aceita isso e para de ficar se lamentando ou de tentar imaginar como teria sido a sua vida se não tivesse ocorrido o acidente, você consegue ir em frente. Foi a pior coisa que aconteceu comigo, e por isso não guardo nenhuma lembrança daqueles dias. Por que guardar objetos do dia em que minha mãe, minha irmã e meus melhores amigos me deixaram para sempre? Não, não guardo nada. Aceito aquilo tudo, sei o que aconteceu, sei o que fiz e sempre olhei para a frente e nunca para trás. E o tempo é um bom cicatrizante, caso contrário viveríamos ancorados na dor, de tragédia em tragédia, e não resistiríamos. Nossa vida não é, por acaso, aprender a tolerar a frustração sem viver o tempo todo sob o seu feitiço? Penso da mesma forma que um dos heróis da minha juventude, Ernest Schackleton, que depois de vagar dois anos perdido na Antártida escreveu à esposa, do Sul do Chile: missão cumprida, e estivemos no inferno.

Quase vinte anos depois do acidente, em 1991, eu estava cuidando da minha vida, olhando para a frente, quando um amigo mexicano me telefona sugerindo que eu desse uma palestra sobre os Andes. Recusei a ideia mais uma vez, porém ele insistiu tanto que acabei cedendo. Preparei a apresentação com muito esforço, mas quando chegou a hora de falar, com 1200 pessoas lotando o auditório, tive um bloqueio absoluto, as palavras não me vinham à boca. Era a primeira vez que eu dava uma conferência na minha vida. Preparei-a ao longo de seis meses. Mas quando subi ao palco e encarei aquela multidão, fiquei paralisado e não consegui ler o que havia escrito. Não conseguia nem mesmo enxergar nada, como que ofuscado pelos refletores. Eu suava e minhas mãos tremiam. "Que sufoco", eu pensava, "por que tive de aceitar isso!?" E meu amigo mexicano tinha conseguido criar tamanha expectativa naquela multidão imensa, que todos me olhavam cada vez mais ansiosos, à medida que percebiam o meu pavor. "O que houve com ele?", as pessoas se perguntavam. Depois de um momento de terrível silêncio, no limite da tolerância do público, optei por uma dessas ideias simples e muito práticas que costumam pautar minha vida: "Faça o mais simples, Nando. Esqueça a teoria". O parafuso articulado, as porcas com asa, o parafuso de âncora... Deixei de lado as anotações que tinha feito e decidi falar com a emoção, sem nenhuma ordem preestabelecida, com uma primeira frase que deu o tom de toda a palestra: "Eu não deveria estar aqui. Eu deveria estar morto numa geleira dos Andes". Bebi um gole de água, percebi que o fato de deixar a papelada de lado tinha me acalmado e desandei a falar. Foi uma apresentação muito longa, de uma hora e meia, sendo que a previsão era que durasse menos de uma hora. Mas o público ouviu em silêncio, compenetrado, da primeira à última palavra. E ao final aplaudiu estrondosamente. Meu amigo mexicano, que trabalhava na organização desse tipo de evento, estava fascinado.

Em 2006 escrevi um livro, *O milagre dos Andes*, contando a história da minha vida, tendo a cordilheira como eixo central. O que me levou a fazer isso? Foram vários motivos. Sei que uma das pessoas que me influenciou para isso foi uma mulher que veio falar comigo depois de uma conferência, nos Estados Unidos. Chegou chorando como eu nunca tinha visto antes. Estava abraçada por uma amiga e me disse: "Queria agradecer pelas suas palavras, porque hoje estou voltando à vida". "O que houve com você?", perguntei. E ela me contou sua tragédia: "Aconteceu comigo uma coisa que não pode acontecer, o pior que pode acontecer com uma mãe. Mas hoje percebi que tenho de seguir em frente. Tenho dois filhos. Tinha três. Dois anos e meio atrás dei marcha à ré com meu carro e matei o meu próprio bebê na garagem. Faz dois anos e meio que não consigo raciocinar, não consigo comer, não consigo dormir, não consigo fazer absolutamente nada, porque estou morta. Mas agora percebo que pode haver vida mesmo depois que a gente morre". O que eu tinha proporcionado a essa mulher? O que proporciono a essas pessoas que me ouvem ou que me leem? Simplesmente conto a elas o que houve, e cada uma guarda para si um pedacinho da história, incorporando-o e recriando-o da melhor forma possível, formando sua própria cordilheira a partir do meu relato.

Há vários momentos que me marcaram a ferro e fogo nos

Andes. Um deles foi quando ouvimos pelo rádio que tinham nos abandonado, o que equivalia a estar debaixo de uma guilhotina e sentir que a lâmina estava caindo. Outro momento semelhante foi quando cheguei ao topo da montanha mais alta, na expedição final, e vi o que havia do outro lado. Fiquei tão assustado que me esqueci de respirar, não conseguia elaborar nenhum pensamento, não conseguia mover um músculo. Esperava enxergar o verde, muitas árvores ao longe, fumaça saindo de alguma chaminé, luzes distantes, mas a única coisa que eu via eram montanhas e mais montanhas, 360 graus de montanhas nevadas à minha volta. Ouvi então Tintín gritando lá embaixo, mas eu não conseguia falar com ele; senti que estávamos definitivamente acabados.

Três horas depois Roberto chegou, viu a mesma coisa e deu voz às minhas palavras: "Estamos mortos, Nando". É incrível, mas creio que norteei toda a minha vida por esse momento, quando tomei a mais difícil de todas as decisões que tive de tomar até hoje: como eu iria morrer e, principalmente, com quem eu iria morrer. Menos de trinta segundos depois eu disse: "Eu vou em frente, Roberto, vamos até o fim, e peço que você venha comigo". Qualquer outra decisão em minha vida, se comparada com essa, foi muito fácil. Quem é que decide como e com quem irá morrer?

Muita gente fala em ajuda divina, na Virgem Maria, em Deus. Pode ser. Eu rezei como todos, ou mais do que todos na montanha, mas o que Roberto Canessa e eu fizemos só ele e eu sabemos, e não senti nenhuma mão divina ao nosso lado, nenhum rosário que me tivesse ajudado. Que me perdoem, pode haver algo de religioso nisso tudo, mas o que Roberto e eu fizemos foi com as nossas próprias pernas, e sem ele eu não teria feito nada, e creio que ele não teria conseguido nada sem mim. Para mim, o verdadeiro milagre é que, ao viver tanto tempo se esquivando da morte, resvalando nela o tempo todo, aprendemos da forma mais intensa o que significa estar vivo.

Por isso a noite em que dormimos lá em cima, depois que Tintín voltou para a fuselagem e nós ficamos descansando para encarar a escalada final, foi como um arco-íris após a tormenta. Ali estávamos os dois no meio do nada, no topo do imenso paredão de gelo que durante 65 dias nos bloqueara a visão do horizonte. Ao anoitecer estendemos o saco de dormir, e quando o sol se escondeu por trás dos Andes, que na etimologia aimará significa "as montanhas que se iluminam", estas resplandeceram no crepúsculo mais maravilhoso que já vi.

Então eu disse a Roberto: "Que maravilha seria isso se não estivéssemos mortos". Senti que ele apertava a minha mão. Estava tão assustado quanto eu, mas com as mãos dadas transmitíamos força um ao outro, e sabíamos que ambos tínhamos a mesma convicção, de que daríamos o melhor de nós. O melhor de todos os demais catorze sobreviventes que estavam na fuselagem e o melhor dos outros 29 que tinham morrido.

* *Nando Parrado nasceu em 1949. Casou-se com Veronique, com que teve duas filhas, Cecilia e Verónica.*

Já teve e ainda tem diversas empresas bem-sucedidas, entre elas várias produtoras de televisão, em que realiza programas sobre a paixão que cultiva desde a infância, o automobilismo.

Diferentemente do que lhe pedia o pai, sempre foi um sonhador, para quem o futuro é apenas um rumor distante. Nunca imaginou uma vida pacata, mas sim cheia de desafios e aventuras, sempre ampliando suas fronteiras. Realizou seus desejos mais profundos e participou de provas profissionais de automobilismo. Mas um dia descobriu que as emoções mais fortes não têm de ser necessariamente desafios ao perigo ou às leis da física. Hoje em sua vida as emoções mais intensas são sua mulher e suas duas filhas, aquelas que nasceram na cordilheira dos Andes.

33. O reencontro

Enquanto Nando orientava o trajeto dos helicópteros que se dirigiam ao resgate dos catorze sobreviventes, seu pai, sua outra irmã, Graciela, e seu cunhado, Juan, estavam em um voo para Santiago. Seler Parrado sabia apenas que seu filho estava vivo e que havia mais catorze na montanha. Nando e Roberto não queriam que os nomes fossem divulgados, porque três deles estavam muito fracos e eles duvidavam de que tivessem sobrevivido àqueles onze dias. Quando Seler Parrado, junto com a filha e o marido dela, chegaram ao hospital San Juan de Dios em San Fernando, não sabiam se a mãe, Eugenia, e a outra irmã, Susy, estavam vivas. Ficaram sabendo naquele mesmo instante.

Apesar da proibição da enfermeira, Graciela conseguiu entrar no quarto de Nando e o abraçou chorando. Nando viu o pai no final do corredor, com a cabeça inclinada para a frente. Num primeiro momento Seler achou que os três haviam morrido, depois aventou a possibilidade de que os três estivessem vivos. Nando caminhou até ele e o abraçou. Com o rosto apoiado no peito do filho, ele perguntou sussurrando pela mulher e pela filha. Nando ficou em silêncio, e Seler entendeu tudo. O pai de Nando tinha passado mais de dois meses em um estado de irrealidade. Perambulava sem destino pelas ruas de Montevidéu, deixou de comparecer a suas empresas, caminhava dez ou doze horas sem direção, desembocando nos lugares mais estranhos da cidade, onde sempre encontrava alguém que se compadecia de sua desgraça e o levava de volta para casa, que ele nem sequer lembrava onde ficava.

Os três sentaram-se em torno da cama, e Nando contou sua história.

— Você fez o que tinha de fazer — disse Seler, quando Nando revelou como se alimentavam.

A partir daí, Nando notou que à medida que os resgatados da montanha iam chegando, todos, à exceção de Javier, comemoravam ruidosamente com suas famílias, mas metade da sua família estava faltando. Discretamente, sua irmã fechou a porta do quarto.

Quando passou a noite de Natal com os demais sobreviventes na discoteca do hotel Sheraton, Nando percebeu definitivamente que não tinha motivos para comemorar. Falou com o pai, com a irmã e o cunhado, e decidiram ir sozinhos para Viña del Mar, a fim de se reintroduzirem gradualmente na realidade. Voltaram a Montevidéu no dia 30 de dezembro, dois dias depois da entrevista coletiva. Quando chegou em casa e abraçou Lina, sua avó ucraniana, ela o apertou com tanta força que Nando sentiu que o abraço envolvia também a filha Eugenia e a neta Susy, a sua "querida".

O dr. Juan Carlos Canessa embarcou no dia 22 de dezembro para Santiago, onde se reuniu com a mãe de Roberto, Mercedes, e com a namorada dele, Lauri, e pouco depois encontrou-se com o filho em San Fernando. Ao vê-los, Roberto começou a chorar tão intensamente que o pai temeu que fosse passar mal, mas Roberto pediu que ficassem, segurando Lauri pela mão. Depois de se acalmar, quando o pai perguntou se estava bem naquele lugar onde o haviam alojado, Roberto disse que dava na mesma estar ali, naquele hospital, ou na cabana dos tropeiros onde havia dormido duas noites atrás.

Quando Eduardo Strauch chegou ao hospital de San Juan de Dios, de San Fernando, como seu corpo tinha se acostumado a dormir inclinado, ao deitar numa cama horizontal teve a sensação de que estava caindo encosta abaixo na montanha. Pediu cinco travesseiros e formou no leito um plano inclinado de trinta graus, semelhante ao da fuselagem, e só então conciliou o sono sem rolar pela encosta.

Na manhã seguinte, bem cedo, sua mãe apareceu à porta do quarto. Eduardo levantou e abraçou-a emocionado. A mãe, embora fizesse parte do grupo de pessoas que sempre achou que eles estavam vivos, estava tensa, muito impressionada, tentando transmitir uma naturalidade que não conseguia, pois já havia ouvido os rumores de que os sobreviventes tinham se alimentado com os corpos dos mortos.

Como queria se convencer de que aquilo não passava de uma mentira infame e repulsiva, depois de conversar um pouco, fez a pergunta que tanto a inquietava:

— Vocês comeram... liquens e pássaros? Do que se alimentavam?

Com a maior espontaneidade, Eduardo contou o que tinha acontecido, e a mãe procurou, em vão, parecer natural, mas ficou pálida.

Ao despertar no hospital San Juan de Dios, Coche experimentou uma forte sensação de plenitude. Quando sua namorada, Soledad, apareceu, o primeiro dos nomes registrados em seu caderninho de contas pendentes, sentiu uma espécie de estalo de luz que o ofuscou.

Pedro Algorta encontrou os pais no hospital de San Fernando. Ao receber alta, seu pai alugou um automóvel a fim de partirem o quanto antes para Santiago, onde se reuniriam com os outros sobreviventes e decidiriam o que fazer.

Em sua primeira noite no hotel Sheraton San Cristóbal, em Santiago, os sobreviventes desceram até a piscina, cercada de mesas. Quando os hóspedes os viram, levantaram-se para cumprimentá-los, para tocar neles. Trocaram então de mesa, mas outros hóspedes apareciam para abordá-los, o que os obrigava a trocar de mesa outra vez, e assim por diante, intimidados por aquele tumulto, até que tiveram de retornar aos seus quartos.

Tão logo Daniel Fernández foi acomodado em seu quarto do Sheraton, chegou ali um de seus amigos íntimos, Miguel Shaw, irmão de Daniel. A lista ainda não tinha sido divulgada, e Miguel tinha a esperança de que seu irmão, um atleta excepcional, estivesse a salvo. Mas Daniel não o deixou especular mais, por isso o abraçou na hora para acabar com a tortura da dúvida e disse: "Daniel não vai voltar". Não pôde ver o rosto de Miguel, mas nesse momento o abraço ficou ainda mais apertado, prolongando-se por um tempo que Daniel não sabe calcular. Daniel se lembraria desse abraço durante muitos e muitos anos, e isso, somado à mudança que observou na expressão corporal de Miguel, foi um dos motivos principais por que manteve silêncio sobre o acidente durante três décadas. Às nove horas da noite, Daniel foi avisado de um telefonema da rádio El Espectador, para uma ligação direta com sua família em Montevidéu. A conversa telefônica deixou seus pais, sua irmã e sua namorada Amalia pasmos. Daniel não parava de falar, mas suas palavras não transmitiam nenhuma emoção, brotando com absoluto sangue-frio, enquanto em Montevidéu ninguém conseguia articular uma palavra por inteiro, de tão afogados em pranto.

Bobby François se encontrou com o pai na escala técnica de San Fernando, no segundo dia de resgate. Como fez no acidente, lançou-se do helicóptero ainda no ar para correr e abraçá-lo. O dr. Roberto François, como no caso de todos os pais dos sobreviventes, em especial os que eram médicos, chorava e pedia perdão por ter pensado que estava morto, a tal ponto que a família tinha guardado luto desde o dia do acidente.

Depois de aterrissarem no sanatório Posta Central, as enfermeiras e o pessoal do ambulatório formaram um corredor em que os aplaudiam e rezavam. Os médicos, que não imaginavam como lidar com eles, não sabiam se deviam levá-los em macas, andadores ou cadeiras de rodas. Adolfo pediu que o levassem pela mão, pois sentia como se estivesse caminhando nas nuvens.

Assim que Moncho Sabella foi acomodado em seu quarto, entrou Juan, seu irmão, que estava magro e definhado como se tivesse também chegado da cordilheira. Ao abraçá-lo, Juan disse que tinha recuperado não só o irmão, mas também a mãe, pois achava que ela havia enlouquecido. Durante aqueles 72 dias ela sempre punha o prato de Moncho na mesa, como se ele estivesse presente, e mandava trocar e lavar suas roupas de cama duas vezes por semana, como se ele estivesse dormindo ali. Moncho olhava para ele boquiaberto: aquela mesa familiar que Juan descrevia, com seu prato de sobra, era o que tinha visualizado quando quase morreu na hora da avalanche.

Pouco mais tarde, Moncho não conseguia pregar o olho em sua primeira noite no hotel. Tinha se acostumado a dormir apertado e a cama lhe parecia insuportável, como já havia acontecido na noite anterior com Eduardo. Estava tão habituado com o frio que, mesmo regulando o ar-condicionado na temperatura mínima, não conseguia respirar naquele ambiente sufocante de quinze graus. Sentia uma fome tão insaciável que achou necessário reproduzir o esquema preventivo que se adotava na montanha. Levou seis pratos para o quarto, três para comer de imediato e três de reserva para a madrugada, caso surgisse algum imprevisto, um terremoto, um deslizamento ou uma avalanche.

Em 24 de dezembro, José Pedro Algorta foi pegar os filhos

mais novos no aeroporto de Santiago. Em meio à euforia generalizada, alertou-os sobre como tratar o irmão mais velho, de um modo que ninguém entendeu muito bem. Só entenderam quando entraram no quarto do hotel. Pedro estava sentado na cama ao lado da mãe, tomando café da manhã diante de uma bandeja enorme. Sua mãe, Gloria, quase não tinha tempo de preparar as torradas com creme, geleia ou manteiga, pois o filho as devorava em poucas mastigadas enquanto fazia sinal com os dedos para pedir mais. À medida que seus irmãos iam entrando, com os olhos lacrimejantes, Pedro os cumprimentava, um por um, mas sem descuidar por um instante da próxima torrada que a mãe preparava.

Javier Methol passou o Natal no sanatório Posta Central. Pesava 54 quilos, e segundo relato das enfermeiras que o acompanhavam, era apenas pele e osso. Quando Roy Harley chegou, tinha os olhos fundos, o rosto sem carne e a pele grudada nos ossos. Quase desmaiou e sofreu uma forte perda de potássio. Não apenas passou o Natal mas também outros quinze dias internado na clínica Santa Maria, debatendo-se entre a vida e a morte.

Em 26 de dezembro, o jornal *El Mercurio* publicou na primeira página uma fotografia da fuselagem, feita a partir de um helicóptero, em que se via nitidamente uma perna humana meio comida a poucos metros do avião. Um jornal sensacionalista estampou o título: "Que Deus os perdoe!".

Daniel Fernández e Bobby François foram os primeiros a chegar a Montevidéu, em 24 de dezembro. Bobby, que viajava com os pais, foi tirado do avião pela parte traseira, numa ambulância, sedado, pois não tinha conseguido embarcar normalmente no aparelho.

Quando Daniel Fernández deixou o aeroporto, foi cercado por microfones. Respondeu a todos os repórteres com a mesma tranquilidade, sem nenhum alarme na voz ou na expressão do rosto. Porém, cinco minutos mais tarde, depois de entrar no carro do pai, no estacionamento do aeroporto, ao se sentar no banco de trás com a namorada, mudou de repente e começou a chorar de forma inconsolável. Chorava sem parar, afogava-se em lágrimas, mas não abraçava a namorada nem os pais, permanecendo isolado, como se fizesse uma catarse a sós, enquanto o veículo avançava lentamente pela avenida de las Américas rumo ao Parque de los Aliados, onde moravam.

Dois meses depois da chegada, no balneário de Punta del Diablo, próximo à fronteira com o Brasil, Amalia recebeu de Daniel Fernández o primeiro abraço terno e carinhoso. Esse foi o tempo que seu namorado levou para expressar pela primeira vez uma emoção que ela interpretou como genuína.

A maioria viajou para Montevidéu no dia 28 de dezembro. O que imaginavam fosse ser uma viagem íntima se transformou numa excursão lotada de jornalistas de todos os cantos do mundo que os acompanharam do Pacífico até o Atlântico. A Lan Chile havia disponibilizado uma tripulação antipânico, temerosa de que ocorresse algum problema durante o voo. Quando o avião tocou o solo uruguaio, alguns sobreviventes e suas famílias começaram a cantar o hino nacional.

A recepção no aeroporto de Carrasco foi muito bem organizada. Dois ônibus os aguardavam a poucos metros de onde o Boeing 707 aterrissou. Membros do clube Old Christians tinham cuidado de todos os detalhes da chegada e da entrevista coletiva de imprensa. Assim que subiram ao palco, por trás, depararam com um espetáculo insólito: nunca se vira naquele pequeno país tantas câmeras de televisão e microfones de todas as partes do mundo.

Os sobreviventes foram se sentando nas cadeiras distribuídas no palco. O moderador, o presidente do clube Old Christians, fazia as perguntas a um de cada vez conforme um roteiro básico preestabelecido, anunciando o assunto a que cada um se referiria por alguns minutos. Aproximava-se o momento que todos esperavam, quando se revelaria como eles se alimentavam. A tarefa mais difícil cabia a Pancho Delgado, o já tarimbado estudante de direito cuja visível facilidade em se expressar com palavras e a habilidade para articular conceitos complexos e transmiti-los de forma simples e convincente era admirada por todos. As palavras de Pancho foram tão persuasivas que os jornalistas começaram a gesticular com as mãos, expressando que não fariam mais perguntas, o que foi seguido por uma estrondosa salva de palmas. Não que não tivessem curiosidade ou não quisessem saber mais detalhes, mas preferiram deixá-los em paz, para que voltassem às suas famílias, pois já tinham sofrido demais.

Nem bem chegou a Montevidéu, Roberto Canessa foi à casa do pai de Lauri, dr. Luis Surraco, o médico e cartógrafo que tanto havia colaborado nas buscas. Levou consigo uma sacola com toda a roupa que havia usado para atravessar a cordilheira. Entrou na casa daquele que depois se tornaria seu sogro e acomodou a sacola no meio da sala, sobre um tapete. Imediatamente ouviu a voz de um dos irmãos da namorada, no andar de cima, que não o tinha visto chegar e que dizia estar sentindo um cheiro muito forte de mato. Roberto olhou para a sacola e sorriu, lembrando-se de que o tropeiro Sergio Catalán tinha dito a mesma coisa. Logo apareceu o dr. Surraco. Abraçou o futuro genro e disse uma frase que Roberto nunca mais esqueceu:

— O que você fez foi coisa de homem.

Nos primeiros tempos de seu retorno, os sobreviventes achavam que só eles entendiam uns aos outros. Por isso reuniam-se com frequência para rememorar os acontecimentos, pois precisavam falar sobre o assunto sozinhos. Chegaram a se isolar tanto das pessoas que os familiares e amigos achavam que nunca mais voltariam a ter com eles a intimidade e a confiança de antes, pois eles se expressavam num linguajar tão cifrado que somente o grupo conseguia compreender.

Em pouco tempo, a vida de Nando Parrado mudou por completo. Começou a trabalhar nas empresas do pai, substituindo a mãe, que era até então o seu braço direito, o que o levou a abandonar o curso de administração de empresas. Perseguido pela fama que não conseguia administrar, mergulhou num redemoinho de recepções, festas e viagens. Num dia de janeiro, em Punta del Este, numa discoteca que costumava frequentar com o amigo Pancho Abal, Nando começou a chorar desconsoladamente, pela primeira vez desde o acidente de 13 de outubro.

Eduardo Strauch sentia que tinha deixado um pedaço do seu mundo em outro planeta. Percorria a cidade a pé, sentindo que tudo não passava de um devaneio ininterrupto. Pouco depois de sua chegada ao Uruguai, viajou para a Espanha, onde o convidaram para uma festa cheia de glamour em Marbella. Nem bem chegou, a anfitriã pediu silêncio e apresentou-o aos seus convidados: "*C'est le cannibale sud-américain*".

O paramédico Sergio Díaz, que passou a noite com os sobreviventes na fuselagem, teve sua vida alterada de um dia para o outro. Homem pacato, sem problemas de sono, passou a sofrer pesadelos terríveis, como lembra sua filha Maricruz: "Ele tinha sobressaltos de madrugada, gritava. Não falava com ninguém, mas nós ouvíamos o barulho e o acordávamos". Morreu subitamente pouco tempo depois, em 18 de março de 1975, aos cinquenta anos de idade. Foi cremado, e Maricruz levou a urna até a cordilheira, na parte mais avançada a que conseguiu chegar, abriu-a e deixou que o vento espalhasse suas cinzas.

Nos anos 1990, Gustavo Zerbino criou a Associación Solidaridad Viven. Comprou um projetor portátil de 35 milímetros, alugou uma caminhonete e percorreu todos os vilarejos do Uruguai distribuindo o dinheiro arrecadado no primeiro dia de exibição do filme *Os sobreviventes dos Andes* na comunidade onde era exibido, em nome dos que morreram na montanha.

Em junho de 2006, Moncho Sabella, o único que ainda continuava solteiro, casou-se com uma jovem paraguaia. Sete sobreviventes viajaram a Assunção para comparecer ao casamento. Bobby François, que era uma das testemunhas e que não consegue mais viajar de avião, foi de automóvel, em uma viagem de dois dias.

Em agosto de 2006, Daniel Fernández abriu um restaurante no centro de Carrasco, a quarenta metros da praça que homenageia a epopeia dos Andes, onde um pequeno monumento de granito estampa as seguintes palavras: "*Unión, valor y fe en los Andes*". Quando inaugurou o estabelecimento, na presença de vários sobreviventes, era como se estivessem atingindo o objetivo por que tanto ansiavam na fuselagem, quando, mortos de fome, sonhavam com comida, e o maior desejo era se sentarem em restaurantes imaginários que servissem pratos abundantes e saborosos, cheios de cores.

No final de 2006, os sobreviventes criaram uma instituição havia muito acalentada: a Fundación Viven, cujos princípios fundamentais, como destacam seus estatutos, são o amor, a honra, a piedade, o orgulho, a compaixão e o sacrifício. Uma frase de William Faulkner, incluída com destaque em seus documentos, expressa a sua essência: "Criar algo que não existia a partir dos elementos do espírito humano".

O tropeiro Sergio Catalán continuou amigo do grupo. Ele sorri ao dizer que é "o segundo pai dos rapazes e o avô postiço dos filhos dos sobreviventes". Em junho de 2007, aos 79 anos, o homem que desde os sete sai a cavalo cuidando de animais na montanha, como fez seu próprio pai desde quando tinha a mesma idade, conheceu seu primeiro problema de saúde, uma osteoporose na bacia direita. Com a humildade de sempre, compareceu ao hospital público de San Fernando e recebeu uma senha para ser operado no ano seguinte. Até lá deveria repousar, sem poder cavalgar nem subir até sua "casa de pedra" na montanha. Um pequeno registro sobre sua situação na imprensa local chegou às mãos de Roberto Canessa e de Tintín Vizintín, que juntamente com os demais sobreviventes reuniram, em uma semana, dinheiro suficiente para que ele fosse operado numa clínica particular com o melhor cirurgião do Chile, um amigo do grupo.

No dia 19 de agosto de 2007 fui visitar Catalán em sua casa de madeira em Los Baños de Roma. Primeiro é preciso chegar a San Fernando, depois andar mais cinco quilômetros e enfiar-se numa rua de terra em direção a Agua Fría, muito humilde e bem cuidada, cercada de casinhas de madeira rodeadas por flores coloridas, típicas da pré-cordilheira. Como elas não têm números, é preciso perguntar pela casa de Catalán. Todos o conhecem, e a impressão é de que todos gostam dele. Sua casa é de madeira azul, com aves de criação na parte de trás do quintal. A montanha está ali, a dois passos. Sergio está eufórico porque já consegue andar sem muletas e garante que no verão vai voltar a montar a cavalo. Seu olhar é transparente. Usa o mesmo tipo de trajes que usava em 1972, quanto tinha 44 anos, o chapéu de abas largas e a jaqueta típica da região central do Chile, na província de Colchagua. Só agora, passados 35 anos, Sergio admite a hipótese de seu grande amigo Roberto Canessa: talvez o encontro dele com os caminhantes, aqueles "homens secos, com o estômago colado na espinha", estivesse programado, sabe-se lá por quem ou pelo quê. Ainda se surpreende com as coincidências. Sempre desconfiou que os encontraria, porque ninguém conhecia aquela parte da pré-cordilheira como ele, que circula por ela a cavalo há 72 anos. Naquele dia, ele passou justamente pelo percurso dos dois escaladores, e acredita ser o único camponês de toda a pré-cordilheira a sempre levar consigo lápis e papel (para contar os animais no início e no fim de cada jornada), o que foi fundamental para que os policiais acreditassem nele. E embora ele mesmo não goste de dizer, sua mulher, Virginia, garante: como as autoridades já tinham recebido inúmeras informações falsas sobre supostos avistamentos de sobreviventes com o objetivo de receber recompensas, o único em quem elas acreditariam era Sergio Catalán. "Por isso, quando Sergio falou com o sargento Orlando Menares, depois de viajar um dia inteiro a cavalo e de caminhão, o oficial ligou para o comandante em San Fernando e disse: 'O que o sr. Sergio diz é verdade. Se não for, eu entrego o meu uniforme, comandante'. E o comandante retrucou: 'Se não for verdade, o senhor estará exonerado'."

No dia 8 de maio de 2008, um sábado de outono, casou-se Sofía, a filha mais velha de Bobby François. O evento se realizou na igreja Stella Maris, a cem metros da praça que lembra os Andes. Entre as poucas pessoas que aguardavam na entrada da igreja estava a maioria dos sobreviventes. Quando chegou em seu automóvel com a filha, Bobby estava muito nervoso. Os sobreviventes se aproximaram e sussurraram alguma coisa em seu ouvido, um de cada vez. Quando Bobby chegou à porta da igreja, estava transformado.

Recentemente, a filha de Sergio Díaz, Maricruz, ouviu dizer que um memorial sobre o acidente dos Andes estava para ser construído no bairro de Carrasco, em Montevidéu. Tomou coragem e pela primeira vez ligou para um dos sobreviventes, Roberto Canessa, para pedir um favor. Se iam mesmo construir esse memorial, por mais humilde que fosse, que colocassem em algum lugar o poema de Martí que seu pai havia ensinado a eles no avião, naquela noite tão sublime.

Todo dia 22 de dezembro, data do primeiro resgate, os sobreviventes cumprem um ritual: reúnem-se todos, com suas famílias. Dessa forma foram vendo nascer os filhos dos amigos, junto com os próprios, que chegavam nos braços de suas mães. Depois, já maiores, brincavam com eles, os pegavam no colo. Agora a maioria dos filhos tem entre dezoito e 26 anos, exatamente a mesma faixa de idade que eles tinham na montanha. São parecidos com eles. Na última reunião de 22 de dezembro, na casa de Pancho Delgado, havia quase cem pessoas. Todos parecem irmãos ou primos. É difícil adivinhar quem é filho de quem, porque todos parecem ser filhos de todos.

Todo verão, há vários anos, Eduardo Strauch sobe a cordilheira. Seu filho mais novo, Pedro, está aprendendo montanhismo com Ricardo Peña, o alpinista que encontrou a carteira e o passaporte em meio a algumas pedras. Em março de 2008, Eduardo subiu a cordilheira com um grupo de homens e mulheres de cinco países, que precisavam saber o que se sente ali. Antes de chegar ao topo, um guia o levou a cavalo até uma laguna que tinha acabado de descobrir, no meio da montanha. Ao deparar com aquela vastidão de trezentos metros de largura por duzentos de comprimento, com uma água azul-turquesa, Eduardo ficou extasiado. A paisagem era exatamente a mesma que o mentalista Gérard Croiset Jr., que tanto alento transmitira às mães dos acidentados 36 anos antes, havia reconstituído pouco depois do acidente.

Em 16 de maio de 2008 faleceu Seler Parrado, pai de Nando e sua principal alavanca para que voltasse à vida. Estava com 91 anos de idade e morreu totalmente lúcido, pedindo ao filho que continuasse a viver em paz. Não houve velório, apenas uma missa simples na paróquia Stella Maris, à qual compareceram os sobreviventes e os amigos mais próximos. Suas cinzas foram levadas à cordilheira dos Andes, onde descansam os restos de sua mulher, Eugenia, e da filha mais nova, Susy.

No dia 24 de dezembro de 1972, o coronel Ruben Terra voltou a Montevidéu no avião Douglas C-47. O chefe da Base Aérea Nº 1 registrou a seguinte anotação: "Nesta data retornou de sua missão de busca na cordilheira dos Andes, na qual voou mais de 35 horas sobre uma região com a qual não estava familiarizado" e "onde superou situações de emergência como o desligamento total de um motor", demonstrando, além de "capacidade técnica, um elevado espírito de voo". O coronel Ruben Terra morreu em 1999, aos 64 anos de idade. A bordo do C-47 ele também estava à procura de seus amigos queridos, os pilotos Julio Ferradás e Dante Lagurara, dois "*transporteros*" como ele, que é como são chamados os pilotos de transporte de carga no jargão da aeronáutica.

Em 18 de janeiro de 1973, 27 dias depois do resgate dos sobreviventes, dois helicópteros transportaram uma patrulha do Corpo de Socorro Andino até onde estava o Fairchild, para que recolhesse os restos dos mortos, tanto os que estavam ao redor do avião (ossos, rostos feito máscaras, mãos, pés e corpos inteiros) quanto os que tinham ficado na parte alta da montanha ao sul.

A oitocentos metros da fuselagem o grupo encontrou uma área mais elevada, onde calcularam que as avalanches não chegavam e onde havia terra e rochas suficientes para cavar uma fossa, na qual seriam sepultados aqueles restos. Junto à fossa eles colocaram uma cruz de ferro rústica sobre uma placa de bronze onde se lê: "Perto, oh Deus, de ti". Até hoje, passados 36 anos, misteriosamente essa área nunca foi encoberta pela neve, apesar de ficar no alto da montanha.

Na sexta-feira, 13 de outubro de 2006, quando se completavam exatamente 34 anos do acidente, Roberto Canessa convidou os sobreviventes para a inauguração de um grande salão que mandou construir em sua casa labiríntica. Ele criou esse espaço com a expectativa de torná-lo o local de encontro do grupo. Com paredes de pedra e madeira, teto de telhas e uma gigantesca lareira emoldurada com pedaços de ferro comprados num desmanche de navios, o ambiente convida à troca de confidências, à introversão e à serenidade.

Nem todos compareceram. Nando estava na Espanha lançando seu livro, Tintín não estava em Montevidéu, Eduardo tinha viajado para Washington para dar uma palestra e Carlitos estava no México para uma série de três conferências.

Os únicos que não pertenciam ao grupo de sobreviventes eram Mercedes, mãe de Roberto, que se sentou num canto, como sempre faz, observando minuciosamente os movimentos de seu filho mais velho, e um dos idosos que Roberto abriga em sua casa, o sr. Miguel Comparada.

Esse homem, que aparenta cerca de oitenta anos de idade, embora possa ter muito mais do que isso, apareceu ali dois anos atrás, bateu na porta e pediu um prato de comida. Por acaso foi Roberto quem o atendeu. O homem usava um velho chapéu de feltro marrom. Roberto ficou surpreso com sua aparência, convidou-o a entrar e serviu-lhe comida. Os dois conversaram durante duas horas, e como o homem não tinha onde dormir, Roberto ofereceu um alojamento numa das alas da casa, que se amplia para os lados e para os fundos, com vários anexos, como se sua construção nunca tivesse fim. Miguel, que tinha sido rabdomante, ajudou Roberto a encontrar água em dois poços de uma chácara que ele possui nos arredores de Montevidéu. Numa das caminhadas que fizeram pelo campo, Miguel contou a Roberto, de passagem, o que havia acontecido em outubro de 1972, quando dois familiares dos acidentados dos Andes apareceram em sua casinha junto ao rio da Prata para pedir que tentasse localizá-los com sua varinha de madeira em um grande mapa que abriram sobre o chão. Roberto parou, estupefato, observando-o. Um ano depois, Miguel, sem que ninguém pedisse, ajudou a construir o salão inaugurado na sexta-feira, 13 de outubro, e foi quem cuidou dos últimos detalhes, em especial para que a grande lareira funcionasse bem e aquecesse o ambiente.

Desde o primeiro instante o grupo conversou sobre os Andes. Novas histórias apareceram, e à certa altura Álvaro Mangino começou a dizer os nomes dos 45 passageiros do Fairchild 571. Todos ouviam. Quando chegou o sétimo, ele parou para lembrar melhor, e todos foram então completando a relação. Os mortos e os vivos.

Miguel, que foi apresentado por Roberto como o construtor do salão, estava sentado na outra ponta, junto às janelas enormes que davam para o fundo, com seu indefectível chapéu de feltro. De tempos em tempos levantava-se para acrescentar lenha ao fogo, de modo a mantê-lo o tempo todo aceso.

À meia-noite, com os rostos cansados e a luz tênue, Roberto sentiu que o grupo tinha se aproximado da fuselagem.

Às duas da manhã, os primeiros começaram a partir. Às três, restavam ainda seis sobreviventes, além de Roberto, sua mãe e Miguel. O grupo agora falava sussurrando, como na montanha. A mãe de Roberto continuava a segui-lo com os olhos, como sempre, para não perdê-lo de novo.

Às quatro da manhã, com a maior discrição, procurando passar despercebido, Miguel se levantou, abriu a porta de trás e saiu para os fundos. Restava na lareira uma brasa suficiente para aquecer o amplo salão até o amanhecer. Adolfo Strauch, que estava de pé junto à lareira, observou-o caminhar na penumbra do jardim e se sentar num banco de madeira, sob os galhos de um salgueiro. Quando voltou a olhar para ele, passados cinco minutos, ficou surpreso ao vê-lo com a cabeça inclinada junto aos joelhos, sem o chapéu. Aproximou-se da janela e olhou com mais atenção: sim, ele estava encolhido no banco sob a árvore, na escuridão.

Adolfo continuou a observá-lo, esquecendo o murmúrio das vozes dos amigos. Abriu a porta e logo foi atingido pelo frio. Aproximou-se do velho e perguntou se ele estava se sentindo bem. O homem assentiu com a cabeça.

Adolfo se sentou ao seu lado, colocando o chapéu dele no colo. Quando voltou a lhe dirigir a palavra, e Miguel olhou para ele, Adolfo percebeu que o outro estava chorando. Seus olhos escuros tinham se avermelhado. A lua cheia banhava o jardim inacabado, cheio de entulhos junto ao muro e um portão de madeira mais ao longe, que dava para a avenida Rivera.

Adolfo pôs a mão num de seus ombros.

— Não fique triste, homem — disse.

— Eu não estou triste — retrucou Miguel.

— Tem certeza? — sorriu Adolfo.

— Absoluta. Estou me sentindo muito bem — afirmou o velho.

Adolfo fitou-o com atenção, e ele de fato não parecia estar sofrendo.

— Pois então não sinta pena de nós, nem compaixão — acrescentou, com o mesmo sorriso carinhoso, levantando-se para voltar ao salão. — Nós falamos de recordações dolorosas, mas também de muita vida.

— Eu sei — acrescentou o velho. — Não sinto compaixão por vocês. De modo algum.

— Então por quem está chorando? — perguntou Adolfo, massageando o queixo, com curiosidade.

O velho olhou para ele com ternura.

— Estou chorando por mim — balbuciou.

Agradecimentos

Esta obra começou a ser escrita em fevereiro de 1973. Nando Parrado tinha chegado do Chile havia alguns dias depois do acidente e queria narrar a epopeia que vivera. Ele me ligou para que o ajudasse. O que ele me pedia tinha lógica: éramos amigos, fomos colegas de classe durante os dez anos do ensino fundamental e médio no colégio Stella Maris-Christian Brothers e ambos gostávamos de histórias e de cinema. A isso acrescenta-se que eu era o "escrevinhador" da escola, uma qualidade não muito relevante naquele ambiente de meninos inteligentes e rudes em uma instituição exclusiva para meninos, mas que meus amigos viam como uma excentricidade passageira, que evaporaria ao longo do tempo. Colaborei com o projeto de Nando por alguns meses. Inclusive, para capturar a atmosfera da montanha, fomos à base da Força Aérea em Carrasco, onde vimos imagens (fotos de quando queimaram a fuselagem, em janeiro de 1973) que nunca mais voltei a ver.

Mas aquele livro sobre os Andes corria por outros trilhos. Surgira uma polêmica em escala global e o grupo queria dar uma versão definitiva do que acontecera. Um dia, fui convidado para ir a um bar em Carrasco pela pessoa que era então o presidente do Old Christians, o pequeno clube de ex-alunos do colégio (cuja comissão diretiva eu mesmo havia integrado no passado). Ele vinha me pedir para "dar um passo atrás" no livro, porque aquilo tinha tomado outras dimensões. O que ele estava solicitando me parecia tão prudente que nunca mais toquei no assunto.

Para todos nós que participamos daqueles anos de rúgbi, e do Stella Maris-Christian Brothers, o acidente foi um divisor de águas. Eu sempre joguei rúgbi, embora com uma diferença curiosa em relação aos meus companheiros de equipe: nunca consegui levá-lo muito a sério. Usava as partidas para me divertir e irritar os adversários, estimulado por uma pequena torcida liderada, entre outros, por Gustavo Zerbino e Julio Martínez-Lamas (o primeiro sobreviveu à tragédia e o segundo pereceu). Aos gritos de "Vamos lá, Niño!" (meu apelido desde a infância, por ser o mais jovem da classe), e aproveitando o fato de que eu tinha alguma velocidade e era bastante grande, corria atrás da linha do gol adversário, mas, em vez de pôr a bola no chão, voltava para o campo, a toda a velocidade e evitando os jogadores da equipe adversária, só para irritá-los e fazer minha pequena torcida vibrar de alegria, aos gritos. Até que um dia, depois de entrar e sair da linha do gol adversário três vezes sem pôr a bola no chão, com meus torcedores animadíssimos, o irmão cristão irlandês que atuava como treinador, que me admirava tanto como aluno da escola, me expulsou do jogo. Minha exótica torcida ficou com o coração partido, e eu nunca mais voltei a pisar em um campo de rúgbi, embora continuasse amigo de todos.

Minha outra extravagância, a de ser o "escrevinhador" do colégio, em vez de ser atenuada, se consolidou ao longo do tempo.

O trauma que o acidente nos Andes nos causou também foi consolidado. Nunca entendemos completamente o que tinha acontecido. É por isso que tentei abordá-lo de todos os ângulos que pude, escrevendo nos diferentes jornais e publicações onde eu trabalhava. Destaco três tentativas, embora nenhuma delas tenha me agradado. No jornal *El Día*, tentei uma abordagem sociológica, entrevistando especialistas na área. No mesmo veículo, fiz uma extensa reportagem entrevistando vários pilotos, para ver se, entendendo o que tinha acontecido no momento do acidente, eu poderia chegar mais perto do que veio a seguir. Trinta anos depois da tragédia, em 2002, escrevi um longo artigo para o *El País*, intitulado "Nosotros, los otros". Naquela ocasião, escrevi do ponto de vista dos mortos, em primeira pessoa.

Em 2005, o colégio Stella Maris-Christian Brothers me pediu que escrevesse o livro em comemoração dos cinquenta anos de sua fundação, que intitulei com o lema da instituição, *Ad astra* ("ao máximo, até minha estrela"), no qual o capítulo dedicado à cordilheira divide o livro ao meio e é intitulado "Antes e depois dos Andes". A apresentação tentou recriar a coletiva de imprensa realizada no ginásio da escola em 28 de dezembro de 1972. No palco estava a maioria dos sobreviventes, com o ginásio lotado de gente, a ponto de outras salas com telões terem sido adaptadas para atender à demanda excessiva. Era muito óbvio, como eu disse na ocasião, que aquelas pessoas não tinham ido à apresentação de um livro, mas para reviver um sentimento que havia experimentado 33 anos antes. O que mais me agradou naquele livro foi a carta de agradecimento enviada a mim pelas mães dos mortos na montanha, que em 1973 fundaram a Biblioteca Nuestros Hijos.

Em 1955, os irmãos cristãos da congregação Christian Brothers da Irlanda decidiram fundar um colégio católico de língua inglesa no Uruguai, depois de terem criado o Cardenal Newman em Buenos Aires, em 1948. Foi uma experiência temerária, que se impôs contra todas as probabilidades, através de regras rígidas e austeras, na qual o que mais se valorizava era a lealdade e a integridade. É por isso que se apoiou na prática do rúgbi, um esporte que os irmãos imaginavam que cristalizaria sua proposta pedagógica, em um país eminentemente futebolístico, que na época era o único que havia vencido duas Copas do Mundo, nas décadas de 1930 e 1950.

O Uruguai era um país qualificado como "modelo" e que, no início do século xx, havia estabelecido o primeiro Estado de bem-estar social da América Latina. A partir de 1955, o país parou de crescer, iniciando-se um período de estagnação econômica que durou trinta anos. O declínio trouxe tensões e instabilidade política. Veio a guerrilha tupamara — encorajada pelo desencantamento por um país que havia perdido de vista um passado exemplar e idealizado —, abrindo caminho para a ditadura militar em 1973, oito meses depois do acidente nos Andes. O golpe de Estado, que durou onze anos, foi desencadeado ao mesmo tempo em todos os países do Cone Sul, como uma expressão violenta da Guerra Fria que, paradoxalmente, não produziu convulsões tão sangrentas nos continentes onde o conflito de fato se dirimia.

Naquela época e nesse contexto, em um país formado essencialmente por uma vasta classe média, aquele grupo de jogadores de rúgbi e seus amigos, pertencentes à classe média alta, provenientes em sua maioria do bairro-jardim mais exclusivo de Montevidéu, Carrasco, alugaram um avião da Força Aérea Uruguaia, que participaria poucos meses depois do golpe de Estado que derrubou instituições democráticas.

Em agosto de 2005, Roberto Canessa e Gustavo Zerbino pediram a Gonzalo Arijón, um documentarista uruguaio radicado na França que estava rodando havia vários anos um filme com os sobreviventes, intitulado *Stranded* em inglês e *Vengo de un avión que cayó en las montañas* em espanhol, que compartilhasse comigo as entrevistas que faria com eles, para que eu pudesse elaborar, acrescentando as entrevistas que eu mesmo faria, o primeiro livro em que os dezesseis se expressassem. Quando Gonzalo me ligou e me contou a ideia, eu não parava de sorrir: como dizer a ele que eu estava esperando por aquela ligação havia 33 anos?

Duas condições me pareciam imprescindíveis para elaborar este livro. Em primeiro lugar, subir à montanha e permanecer no local do acidente o maior tempo possível, até que as tempestades nos expulsassem, para poder vislumbrar, mesmo que por lampejos, o que eles sentiram. Consegui fazer isso em março de 2006, com quatro sobreviventes: Adolfo Strauch, Moncho Sabella, Gustavo Zerbino e Roberto Canessa. A segunda condição era que todos os dezesseis participassem. Não foi uma tarefa fácil, porque muitos deles não só jamais haviam concedido uma entrevista, mas se afastaram do acidente tanto quanto puderam. Optei por tentar a sorte com o que todos consideravam o mais difícil: Pedro Algorta, que morava em Buenos Aires. Eu o conhecia desde a infância e a juventude, porque ele estava uma classe atrás da minha. Embora fizesse mais de quarenta anos que eu não o via, lembrava-me perfeitamente que nos dávamos bem na época, que ele era muito cordial e talentoso. Encorajado pela expectativa do livro, escrevi-lhe um e-mail excessivamente longo. No primeiro parágrafo, eu expunha meu objetivo, mas depois me estendi nas lembranças do passado, que Pedro achou desmesuradas. Sua resposta foi tão lacônica que me machucou: "Para que tudo isso?". Com essas quatro palavras, o projeto do livro se desvaneceu. Respondi no mesmo tom, sem saudações ou despedidas, contando-lhe a seguinte história: quatro anos atrás, navegando pelo lago Argentino na Patagônia andina, quando estávamos nos aproximando da geleira Upsala, tive de subir até a parte mais alta do catamarã, sozinho, para que minha esposa e minhas filhas não me vissem, porque eu não conseguia parar de chorar, inconsolável, pensando nos meus amigos da montanha de 1972.

Quinze minutos depois, Pedro voltou a me escrever: "Te encontro na sexta-feira em Montevidéu, no bar Anrejó, às nove da noite".

Agradeço aos dezesseis sobreviventes por este livro; com muitos deles compartilhei a infância e a juventude, e fico grato por me permitirem compartilhar, também, sua maturidade.

Mas, fundamentalmente, agradeço aos 29 que perderam a vida tão jovens, dentre os quais estavam meus amigos de toda a vida, companheiros de geração e de esportes do colégio Stella Maris--Christian Brothers.

Pelos acasos do destino eu não entrei naquele avião, mas sua viagem me marcou para sempre e me fez empreender minha própria travessia com um rumo diferente.

P. V.

Passageiros e tripulantes do Fairchild 571

Francisco Abal
Pedro Algorta
Roberto Canessa
Gastón Costemalle
Alfredo Delgado
Rafael Echavarren
Daniel Fernández
Julio Ferradás
Roberto François
Roy Harley
Alexis Hounié
José Luis Inciarte
Dante Lagurara
Guido Magri
Álvaro Mangino
Felipe Maquirriaín
Graziela Mariani
Julio Martínez-Lamas

Ramón Martínez
Daniel Maspons
Juan Carlos Menéndez
Javier Methol
Liliana Navarro de Methol
Francisco Nicola
Esther Horta de Nicola
Gustavo Nicolich
Arturo Nogueira
Carlos Páez
Eugenia Dolgay de Parrado
Fernando Parrado
Susana Parrado
Marcelo Pérez del Castillo
Enrique Platero
Ovidio Joaquín Ramírez
Carlos Roque
Ramón Sabella
Daniel Shaw
Diego Storm
Adolfo Strauch
Eduardo Strauch
Numa Turcatti
Carlos Valeta
Fernando Vázquez
Antonio Vizintín
Gustavo Zerbino

Créditos das imagens

1: Ezequiel Bolumburu
2: Cortesia do coronel Mariano Rodrigo, da Força Aérea Uruguaia
3: Piloto Daniel Bello
4, 5 e 6: Força Aérea Uruguaia
7 a 14: *El País*, Uruguai
15 a 24: Cortesia de Netflix, © Quim Vives

1ª EDIÇÃO [2010] 1 reimpressão
2ª EDIÇÃO [2023] 1 reimpressão

ESTA OBRA FOI COMPOSTA PELA SPRESS EM MINION E IMPRESSA EM OFSETE
PELA LIS GRÁFICA SOBRE PAPEL PÓLEN NATURAL DA SUZANO S.A.
PARA A EDITORA SCHWARCZ EM FEVEREIRO DE 2024

A marca FSC® é a garantia de que a madeira utilizada na fabricação do papel deste livro provém de florestas que foram gerenciadas de maneira ambientalmente correta, socialmente justa e economicamente viável, além de outras fontes de origem controlada.